# 新譯資治通鑑（三十六）

唐紀七十八—八十一
後梁紀一—三

張大可
韓兆琦 等 注譯

三民書局

國家圖書館出版品預行編目資料

新譯資治通鑑(三十六)／張大可,韓兆琦等注譯.——
初版三刷.——臺北市：三民，2024
　冊；　公分.——(古籍今注新譯叢書)

ISBN 978-957-14-6239-4（全套:精裝）
1. 資治通鑑 2. 注釋

610.23　　105022920

古籍今注新譯叢書


# 新譯資治通鑑(三十六)

注譯者｜張大可　韓兆琦等
創辦人｜劉振強
發行人｜劉仲傑
出版者｜三民書局股份有限公司(成立於1953年)

三民網路書店
https://www.sanmin.com.tw

地　址｜臺北市復興北路386號　(復北門市)　(02)2500-6600
臺北市重慶南路一段61號(重南門市)　(02)2361-7511

出版日期｜初版一刷 2017年1月
初版三刷 2024年5月

全套不分售
ISBN｜978-957-14-6239-4

# 新譯資治通鑑 目次

## 第三十六冊

# 卷第二百六十二

## 唐紀七十八

起上章涒灘（庚申　西元九〇〇年），盡重光作噩（辛酉　西元九〇一年），凡二[1]年。

【題解】本卷記事起西元九〇〇年，迄西元九〇一年，載述史事凡二年。當唐昭宗光化三年至天復元年。兩年間京師再發政治地震，唐昭宗先是被宦官廢為太上皇，復辟後又被宦官劫持至鳳翔，皇帝成為權臣、諸侯手中的玩物，綱紀蕩然矣。禍皆起於崔胤盡誅宦官，神策軍中尉宦官劉季述發動宮廷政變廢唐昭宗為太上皇，立太子即皇帝位。崔胤策動左神策軍指揮使發動反政變誅殺劉季述，昭宗復辟，崔胤大權獨攬。昭宗用樞密使宦官韓全誨掌控禁軍以分崔胤之權，崔胤留鳳翔兵二千以抗宦官。此時朱全忠兵服河北諸鎮，身兼宣武、宣義、天平、護國四鎮節度使，自謂天下無敵。韓全誨外結李茂貞自保，崔胤所留鳳翔兵反為韓全誨所用。朱全忠與李茂貞都想挾天子以令諸侯，朝中南司崔胤、北衙韓全誨分別為其朝中代言人，水火不容。昭宗既無識人之智，又無乾綱獨斷之才，優柔寡斷，不納宰相韓偓之正言，苟且度日，等到朱全忠發兵西向，韓全誨劫持昭宗幸鳳翔，回天無術矣。朱全忠入長安，劫持百官送華州。兩個諸侯，一個劫天子，一個劫百官，朝廷分裂不全，標誌唐王朝實際已亡，禪代之舉，只待一個儀式罷了。

## 昭宗聖穆景文孝皇帝中之中

### 光化三年（庚申　西元九〇〇年）

春，正月，宣州將❶康儒攻睦州❷，錢鏐使其從弟銶拒之。

二月庚申❸，以西川節度使王建兼中書令。○壬申❹，加威武節度使王審知同平章事。○壬午❺，以吏部尚書崔胤同平章事，充❻清海❼節度使。

李克用大發軍民治晉陽城塹❽，押牙劉延業諫曰：「大王聲振華、夷，宜揚兵❾以嚴四境，不當[2]近治城塹，損威望而啟寇心❿。」克用謝之，賞以金帛。

夏，四月，加定難⓫軍節度使李承慶同平章事。

朱全忠遣葛從周帥兗、鄆、滑、魏四鎮兵十萬擊劉仁恭，五月庚寅⓬，拔德州，斬刺史傅公和。己亥⓭，圍劉守文⓮於滄州。仁恭復遣使卑辭厚禮⓯求救[3]於河東，李克用遣周德威將五千騎出黃澤⓰，攻邢、洺以救之。

邕州⓱軍亂，逐節度使李鐬⓲，鐬借兵鄰道討平之。

六月癸亥⓳，加東川節度使王宗滌同平章事。

司空、門下侍郎、同平章事王摶，明達⑳有度量，時稱良相。上素疾宦官樞密使宋道弼、景務脩專橫，崔胤日與上謀去宦官，宦官知之。由是南、北司㉑益相憎嫉，各結藩鎮為援以相傾奪。摶恐其致亂，從容言於上曰：「人君當務㉒明大體，無所偏私。宦官擅權㉓之弊，誰不知之！顧其勢未可猝除㉔，宜俟多難㉕漸平，以道消息㉖。願陛下言勿輕泄以速姦變。」胤聞之，譖㉗摶於上曰：「王摶姦邪，已為道弼輩外應。」上疑之。及胤罷相，意摶排己，愈恨之。及出鎮廣州，遺朱全忠書，具道摶語㉘，令全忠表論之。全忠上言：「胤不可離輔弼㉙之地。摶與敕使相表裏，同危社稷。」表連上不已。上雖察其情，迫於全忠，不得已，胤至湖南復召還。丁卯㉚，以胤為司空、門下侍郎、同平章事，摶罷為工部侍郎㉛。以道弼監荊南軍，務脩監青州軍。戊辰㉜，貶摶溪州㉝刺史。己巳㉞，又貶崖州司戶。道弼長流驩州㉟，務脩長流愛州㊱。是日，皆賜自盡。摶死於藍田驛㊲，道弼、務脩死於霸橋驛㊳。於是胤專制朝政，勢震中外，宦官皆側目㊴，不勝其憤。

【章旨】以上為第一段，寫崔胤外結朱全忠專朝政，排抑異己之大臣，昭宗既無識人之智，又無剛毅獨斷之才，日益淪落為權臣掌上傀儡。

【注釋】❶宣州將　宣歙節度使田頵所遣之將。❷睦州　州名，治所在今浙江建德東。❸庚申　二月初二日。❹壬申　二月十四日。❺壬午　二月二十四日。❻充　擔任。❼清海　方鎮名，治所廣州。❽城塹　城牆與護城的壕溝。❾揚兵　顯示武力。❿啓寇心　開啟敵寇進攻之心。⓫定難　方鎮名，唐僖宗中和二年（西元八八二年）夏州節度賜號定難節度，治所朔方，在今陝西靖邊白城子。⓬庚寅　五月初四日。⓭己亥　五月十三日。⓮劉守文　劉仁恭長子。曾任義昌節度使，後被其弟劉守光殺死。⑮卑辭厚禮　謙卑的言辭，豐厚的禮物。⑯黃澤　關名，在遼州遼山縣黃澤嶺，今山西左權東。⑰邕州　州名，治所在今廣西南寧。唐玄宗天寶十四載（西元七五五年）置邕州管內經略使，唐懿宗咸通三年（西元八六二年）升邕管經略使為嶺南西道節度使。⑱李鐬　原為神策大將軍，景福二年八月，嗣覃王為京西招討使，李鐬副之。光化二年，授嶺南西道節度使。⑲癸亥　六月初七日。⑳明達　明智達觀。㉑南北司　唐時稱宰相為南司，宦官為北司，因所居在宮禁的南邊與北邊，故有此稱。㉒務　專注；致力於。㉓擅權　專權。㉔猝除　突然消除。㉕多難　指國家眾多的災難。㉖以道消息　通過正常途徑逐漸消除平息宦官之禍。消，消滅。息，生息增長。消息連用，指此消彼長，有一個逐漸的過程。謂宦官之惡，以漸殺其勢，則久而自消，為政之善，以漸培其根，則久而自長。㉗譖　說壞話誣陷別人。㉘具道搏語　崔胤把王摶向昭宗說的話，原原本本告訴朱全忠。㉙輔弼　佐助，此指宰相。㉚丁卯　六月十一日。㉛工部侍郎　官名，工部次官，員一人，正四品下。工部為六部之一，掌管營造工程事項。㉜戊辰　六月十二日。㉝溪州　州名，治所在今湖南永順東。㉞己巳　六月十三日。㉟驩州　州名，治所在今越南榮市。㊱愛州　州名，治所在今越南清化。㊲藍田驛　驛站名，在今陝西藍田。㊳霸橋驛　驛站名，在今陝西西安東，近霸橋。㊴側目　橫目而視，形容忿恨。

【校　記】①二　原作「三」。據章鈺校，乙十一行本、孔天胤本皆作「二」，熊羅宿《胡刻資治通鑑校字記》同，今從改。②不當　原作「不宜」。據章鈺校，十二行本、乙十一行本皆作「不當」，今從改。③救　原作「援」。據章鈺校，十二行本、乙十一行本皆作「救」，今從改。

【語　譯】昭宗聖穆景文孝皇帝中之中

光化三年（庚申　西元九〇〇年）

春，正月，宣州將領康儒進攻睦州，錢鏐派遣他的堂弟錢銶去抵禦康儒。

二月初二日庚申，以西川節度使王建兼任中書令。〇十四日壬申，加威武節度使王審知為同平章事。〇二十四日壬午，以吏部尚書崔胤為同平章事，充任清海節度使。

李克用大舉徵發軍中士兵和百姓修建晉陽城的城牆壕溝，押牙劉延業勸諫說：「大王的聲威震動華夏和四夷，應該出動軍事力量嚴守四方邊境，不該整修近處的城牆壕溝，既有損自己的威望，又開啟敵人的覬覦之心。」李克用對劉延業表示感謝，賞賜給他黃金與絹帛。

夏，四月，加定難軍節度使李承慶為同平章事。

朱全忠派遣葛從周率領兗州、鄆州、滑州、魏州四鎮的軍隊十萬人進攻劉仁恭。五月初四日庚寅，攻取德州，斬殺刺史傅公和。十三日己亥，在滄州包圍劉守文。劉仁恭又派遣使者用謙卑的言辭和豐厚的禮物到河東向李克用求援，李克用派周德威率領騎兵五千人從黃澤關出發，進攻邢州、洺州來救援劉仁恭。

邕州的軍隊叛亂，驅逐節度使李鐬，李鐬向鄰道借兵討伐平定了叛亂。

六月初七日癸亥，加東川節度使王宗滌為同平章事。

司空、門下侍郎、同平章事王摶，明智通達，寬宏大量，當時稱為良相。昭宗一向痛恨宦官樞密使宋道弼、景務脩專橫，崔胤每天與昭宗商議鏟除宦官，宦官知道他們的計畫。因此南司和北司相互更加憎惡嫉恨，各自勾結藩鎮作為援助，用來相互傾軋，爭權奪利。王摶擔心這樣會招致變亂，閒暇時向昭宗進言說：「君王應該致力於認清大局，無所偏袒。宦官專權的弊端，誰不知道呢！但是看他們的勢頭不能馬上消除乾淨，應當等待災亂漸漸平定，通過正常途徑逐步消除。希望陛下說話不要輕易洩漏這些想法，以加速奸人的變亂。」崔胤得知這些，就向昭宗進讒言誣陷王摶，說：「王摶奸詐邪惡，已成為宋道弼之輩的外應。」昭宗懷疑這話是否真實。到崔胤被罷免宰相的職位，認為是王摶排斥自己，更加痛恨王摶。到崔胤離開京城去廣州赴任，他就寫信給朱全忠，詳細告知王摶所說的話，要朱全忠上表章來辯論是非。朱全忠就向昭宗上表說：「崔胤不可以離開輔佐陛下的位置。王摶和宦官這些人相互勾結，共同危害社稷。」表章接連送上，沒有停止。昭宗雖然察覺其中實情，迫於朱全忠的勢力，無可奈何，只好把到達湖南的崔胤再次召回京城。六月十一日丁卯，昭宗以崔胤為司空、門下侍郎、同平章事，罷免王摶為工部侍郎，以宋道弼為荊南監軍，景務脩為青州監軍。十二日戊辰，又貶王摶為溪州刺史。十三日己巳，再貶他為崖州司戶。宋道弼長途流放到驩州，景務脩長途流放到愛州。這一天，全部賜他們自殺。王摶死在藍田驛，宋道弼、景務脩死在霸橋驛。於是崔胤掌控了朝政大權，勢力威震朝野，宦官們都側目而視，對崔胤非常憤恨。

劉仁恭將幽州兵五萬救滄州，營於乾寧軍❶，葛從周留張存敬、氏叔琮守滄州寨，自將精兵逆戰於老鴉堤❷，大破仁恭，斬首三萬級，仁恭走保瓦橋❸。秋，七月，李克用復遣都指揮使李嗣昭將兵五萬攻邢、洺以救仁恭，敗汴軍於內丘❹。王鎔遣使和解幽、汴，會久雨，朱全忠召從周還❺。

庚戌❻，以昭義留後孟遷為節度使。○甲寅❼，以西川節度使王建兼東川、武信軍[1]兩道都指揮制置等使。

八月，李嗣昭又敗汴軍于沙門河❽，攻[2]洺州。乙丑❾，朱全忠引兵救之，未至，嗣昭拔洺州，擒刺史朱紹宗。全忠命葛從周將兵擊嗣昭。○宣州將康儒食盡，自清溪❿遁歸。

九月，葛從周自鄴縣⓫度漳水⓬，營於黃龍鎮⓭。朱全忠自將中軍三萬涉洺水⓮置營。李嗣昭棄城⓯走，從周設伏於青山口⓰，邀擊，大破之。

崔胤以太保⓱、門下侍郎、同平章事徐彥若位在己上，惡⓲之。彥若亦自求引去。時藩鎮皆為彊臣所據，惟嗣薛王知柔在廣州，乃求代之。乙巳⓳，以彥若同平章事，充清海⓴節度使。

初，荊南節度成汭以澧㉑、朗㉒本其巡屬，為雷滿所據，屢求割隸荊南，朝廷不許，汭頗怨望。及彥若過荊南，汭置酒，從容以為言。彥若曰：「令公㉓位尊方面㉔，自比桓、文㉕，雷滿小盜不能取，乃怨朝廷乎！」汭甚慚。

丙午㉖，中書侍郎兼吏部尚書、同平章事崔遠罷守本官，以刑部尚書裴贄㉗為中書侍郎、同平章事。贄，坦之弟子也。○升桂管為靜江軍㉘，以經略使劉士政為節度使。

朱全忠以王鎔與李克用交通，移兵㉙伐之，下臨城㉚，踰滹沱㉛，攻鎮州南門，焚其關城。全忠自至元氏㉜，鎔懼，遣判官㉝周式詣全忠請和。全忠盛怒，謂式曰：「僕屢以書諭王公，竟不之聽㉞！今兵已至此，期㉟於無捨㊱！」式曰：「鎮州密邇㊲太原，困於侵暴㊳，四鄰各自保，莫相救恤㊴，王公與之連和，乃為百姓故也。今明公果能為人除害，則天下誰不聽命？豈惟鎮州！明公為唐桓、文，當崇禮義以成霸業。若但窮威武㊵，則鎮州雖小，城堅食足，明公雖有十萬之眾，未易攻也！況王氏秉旄㊶五代㊷，時推忠孝，人人[3]欲為之死，庸㊸可冀㊹乎！」全忠笑攬式袂㊺，延㊻之帳中，曰：「與公戲㊼耳！」乃遣客將㊽開封劉捍入見鎔，鎔以其子節度副使昭祚㊾及大將子弟㊿為質，以文繒(51)二十萬犒軍。全忠引還，以女妻昭祚。

【章旨】以上為第二段，寫崔胤排斥右相徐彥若。朱全忠兵服成德節度使王鎔。

【注釋】❶乾寧軍　在滄州西一百里，因乾寧年間置此軍，故名。❷老鴉堤　地名，在乾寧軍東南。❸瓦橋　橋名，在涿州歸義縣南，至莫州三十里。今河北雄縣東南。❹內丘　縣名，縣治在今河北內丘，時屬邢州。❺召從周還　滄州地勢低窪，久雨，難以駐軍，且欲救邢、洺，故召還。❻庚戌　七月二十五日。❼甲寅　七月二十九日。❽沙門河　胡三省注疑當作「沙河」，即邢州沙河縣，縣治在今河北邢臺南。❾乙丑　八月初十日。❿清溪　縣名，原名新安、雉山、還淳。永貞元年（西元八〇五年）避唐憲宗諱，改名清溪。縣治在今浙江淳安西北。時屬睦州。⓫鄴縣　縣名，縣治在今河北磁縣南。⓬漳水　水名，源出山西東部，有清、濁二漳河，東南流至今河北、河南兩省邊境，合為漳河，又東流至大名入衛河。⓭黃龍鎮　鎮名，在今河北磁縣。⓮洺水　水名，源出太行山東麓，經河北永年流入滏陽河。一名南易水。⓯棄城　棄洺州城。⓰青山口　鎮名，在邢州青山縣西，今河北內丘西南。⓱太保　官名，三公之一，位次於太傅。漢代以後多為勳戚文武大臣加銜贈官，無實職。⓲惡　厭惡。⓳乙巳　九月二十日。⓴清海　方鎮名，即嶺南東道節度使，治廣州。㉑澧　州名，治所在今湖南澧縣東南。㉒朗　州名，治所在今湖南常德。唐肅宗至德二載（西元七五七年）置荊南節度，領荊、澧、朗、郢等十州。自雷滿據澧、朗，又分置武貞軍節度。㉓令公　時成汭進中書令，故稱之為令公。㉔方面　專制一方，代指節度。㉕桓文　指春秋五霸之齊桓公和晉文公。㉖丙午　九月二十一日。㉗裴贄　（？—西元九〇五年）字敬臣，懿宗朝尚書右丞裴坦之從子。後曾任尚書左僕射，致仕後被朱全忠所殺。傳附《新唐書》卷一百八十二〈裴坦傳〉。㉘升桂管為靜江軍　升級桂管經略使為靜江軍，置節度使。治所桂州，在今廣西桂林。㉙移兵　自洺州移兵伐鎮州王鎔。㉚臨城　縣名，縣治在今河北臨城。㉛滹沱　水名，出山西繁峙東之泰戲山，穿割太行山，東流入河北平原，在獻縣與滏陽河匯為子牙河，至天津市，會北運河入海。㉜元氏　縣名，縣治在今河北元氏。㉝判官　官名，唐代節度、觀察、防禦諸使都有判官，是地方長官的主要僚屬，佐理政事。㉞竟不之聽　竟不聽之。「之」為賓語前置。㉟期　期望。㊱無捨　不會放棄。意為將要蕩平鎮州的一切。㊲密邇　貼得很近。鎮州與太原僅隔一太行山，相距四百三十里。㊳侵暴　李克用自得河東以來，多次攻鎮州。㊴救恤　救助。㊵但窮威武　只是一味窮盡武力。㊶秉旄　握持旌旗，引申為掌握兵權。㊷五代　王家自王庭湊於唐穆宗長慶二年（西元八二二年）為成德軍節度使，中經王元逵、王紹鼎、王紹懿、王景崇及王鎔共五代。紹鼎、紹懿是兄弟，為一代。㊸庸　難道。㊹可冀　可圖。㊺袂　衣袖。㊻延　引進；接待。㊼戲　開玩笑。周式一番話，正確地分析了汴、鎮攻守的形勢，所以朱全忠轉怒為笑。

㊽客將　主持招待賓客，掌通名贊謁。㊾昭祚　（？—西元九一一年）王鎔之子。傳附《舊五代史》卷五十四〈王鎔傳〉。㊿大將子弟　大將梁公儒、李弘規之子各一人。(51)文縉　織有花紋圖案的絲織品，亦稱花絹。

【校　記】①武信軍　原作「信武軍」。嚴衍《通鑑補》改作「武信軍」，今據以校止。按，《舊唐書》卷二十上〈昭宗紀上〉載：「王建可兼劍南東川、武信軍兩道都指揮制置等使。」②攻　原作「進攻」。據章鈺校，十二行本、乙十一行本皆無「進」字，今據刪。③人人　二字原不重。據章鈺校，十二行本、乙十一行本皆重此二字，今據補。

【語　譯】劉仁恭率領幽州軍隊五萬人救援滄州，駐紮在乾寧軍。葛從周留下張存敬、氏叔琮防守滄州營寨，自己率領精兵在老鵶堤迎戰，大敗劉仁恭，斬下敵軍的頭顱三萬個，劉仁恭逃走退守瓦橋。秋，七月，李克用又派遣都指揮使李嗣昭率軍五萬人進攻邢州、洺州以救援劉仁恭，在內丘擊敗汴州軍。王鎔派遣使者勸幽州劉仁恭、汴州朱全忠和解，正趕上長時間下雨，朱全忠召葛從周率軍返回。

七月二十五日庚戌，以昭義軍留後孟遷為節度使。〇二十九日甲寅，以西川節度使王建兼任東川、武信軍兩道都指揮制置等使。

八月，李嗣昭又在沙門河擊敗汴州軍，攻打洺州。初十日乙丑，朱全忠率軍救援洺州，還沒有到達，李嗣昭已經攻取洺州，捉住刺史朱紹宗。朱全忠命令葛從周率軍進攻李嗣昭。〇宣州將領康儒由於軍中糧食吃完了，從清溪逃回宣州。

九月，葛從周從鄴縣渡過漳水，紮營在黃龍鎮。朱全忠親自率領中軍三萬人渡過洺水安營紮寨。李嗣昭放棄洺州城退走，葛從周在青山口設下埋伏，進行攔擊，大敗李嗣昭的軍隊。

崔胤因為太保、門下侍郎、同平章事徐彥若的職位在自己之上，所以憎惡他。徐彥若也自己請求引退去職。當時藩鎮都被那些強臣所佔據，只有嗣薛王李知柔在廣州任節度使，於是徐彥若請求去替代李知柔。九月二十日乙巳，以徐彥若為同平章事，充任清海節度使。

起初，荊南節度使成汭由於澧州、朗州本來是他的屬地，被雷滿所佔據，多次要求把它們劃歸荊南，朝廷沒有同意，成汭心裡很怨恨。等到徐彥若路過荊南，成汭設置酒宴招待，漸漸說起此事。徐彥若說：「您是一方長官，地位高貴，自認為可以比作齊桓公、晉文公，但連雷滿這樣的小強盜都不能拿下，還要怨恨朝廷嗎！」成汭很慚愧。

九月二十一日丙午，中書侍郎兼吏部尚書、同平章事崔遠被罷免相位，保留本來官職，以刑部尚書裴贄為中書侍郎、同平章事。裴贄，是裴坦弟弟的兒子。〇朝廷升級桂管經略使為靜江軍，以經略使劉士政為節度使。

朱全忠因為王鎔和李克用相互勾結，調動軍隊去討伐王鎔，攻下臨城縣，渡過滹沱河，進攻鎮州城南門，焚燒它的關城。朱全忠親自到達元氏縣，王鎔害怕了，派遣判官周式到朱全忠營中請求講和。朱全忠非常生氣，對周式說：「我多次寫信告訴王公，他竟全然不聽我的勸告！如今我的軍隊已到達這裡，我希望不放過鎮州的一切！」周式說：「鎮州緊鄰太原，陷入被侵犯掠奪的困境，四方鄰鎮各求自保，沒有人互相救援撫恤。王公和李克用和好往來，就是為讓老百姓免受戰禍的緣故。如今您果真能為大家除去禍害，那麼天下還有誰不聽從您的命令呢？豈止是鎮州啊！您是唐朝的齊桓公、晉文公，應當崇尚禮義來完成霸業。如果只是一味窮盡武力，那麼鎮州雖小，但城牆堅固，糧食充足，您即使擁有十萬雄兵，也不容易攻下鎮州啊！況且王氏已經五代在這裡執掌兵權，時人推崇他們為人忠孝，大家都願為他們而死，難道可以圖謀取得鎮州嗎！」朱全忠笑著攬住周式的衣袖，請他進入帳中，說：「我是和你在開玩笑呢！」於是派遣客將開封人劉捍進鎮州城見王鎔，王鎔以他的兒子節度副使王昭祚及大將子弟作為人質，拿出有花紋圖案的絲織品二十萬匹犒勞朱全忠的軍隊。朱全忠率軍返回，並把女兒嫁給王昭祚為妻。

成德判官張澤言於王鎔曰：「河東，勍敵❶也，今雖有朱氏之援，譬如火發於家，安能俟遠水乎！彼幽、滄、易定❷，猶附河東，不若說朱公乘勝兼服❸之。

使河北諸鎮合而為一，則可以制河東矣。」鎔復遣周式往說全忠。全忠喜，遣張存敬會魏博兵擊劉仁恭。甲寅[4]，拔瀛州[5]。冬，十月丙辰[6]，拔景州[7]，執刺史劉仁霸。辛酉[8]，拔莫州[9]。

靜江節度使劉士政聞馬殷悉平嶺北[10]，大懼，遣副使陳可璠屯全義嶺[11]以備之。殷遣使修好於士政，可璠拒之。殷遣其將秦彥暉、李瓊等將兵七千擊士政。湖南軍至全義，士政又遣指揮使王建武屯秦城[12]。可璠掠縣民耕牛以犒軍，縣民怨之，請為湖南鄉導[13]，曰：「此西南有小徑，距秦城纔五十里，僅通單騎。」彥暉遣李瓊將騎六十、步兵三百襲秦城，中宵[14]，踰垣而入，擒王建武，比明，復還，⿰糸斥[15]之以練[16]，造[17]可璠壁[18]下示之，可璠猶未之信。斬其首，投壁中，桂人震恐。瓊因勒兵擊之，擒可璠，降其將士二千，皆殺之。引兵趣桂州，自秦城以南二十餘壁皆望風奔潰，遂圍桂州。數日，士政出降，桂、宜、巖、柳、象[19]五州皆降於湖南。馬殷以李瓊為桂州刺史。未幾，表為靜江節度使。

張存敬攻劉仁恭，下二十城，將自瓦橋趣幽州，道濘[20]不能進，乃引兵西攻易、定。辛巳[21]，拔祁州[22]，殺刺史楊約。○癸未[23]，以保義留後朱友謙為節度使。

張存敬攻定州，義武節度使王郜，遣後院都知兵馬使[24]王處直[25]將兵數萬拒之。處直請依城為柵，俟其師老㉖而擊之。孔目官梁汶曰：「昔幽、鎮兵合[1]三十萬攻我，于時我軍不滿五千，一戰敗之。今存敬兵不過三萬，我軍十倍於昔㉗，柰何示怯㉘，欲依城自固乎！」郜乃遣處直逆戰于沙河㉙，易定兵大敗，死者過半，餘眾擁處直奔還。甲申㉚，王郜棄城奔晉陽，軍中推處直為留後。存敬進圍定州。丙申，朱全忠至城下，處直登城呼曰：「本道事朝廷盡[2]忠，於公未嘗相犯，何為見攻？」全忠曰：「何故附河東？」對曰：「吾兄與晉王同時立勳㉛，封疆密邇㉜，且昏姻㉝也，修好往來，乃常理耳，請從茲[3]改圖。」全忠許之㉞。乃歸罪於梁汶而族㉟之，以謝全忠，以繒帛十萬犒師，全忠乃還，仍為處直表求節鉞。處直，處存之母弟也。

劉仁恭遣其子守光㊱將兵救定州，軍於易水㊲之上。全忠遣張存敬襲之，殺六萬餘人。由是河北諸鎮皆服於全忠。

先是王郜告急於河東，李克用遣李嗣昭將步騎三萬下太行，攻懷州，拔之，進攻河陽。河陽留後侯言不意其至，狼狽失據㊳，嗣昭壞其羊馬城㊴。會佑國軍㊵將閻寶㊶引兵救之，力戰於壕外，河東兵乃退。寶，鄆州人也。

【章　旨】以上為第三段，寫馬殷擴地取桂州。朱全忠連戰大破劉仁恭，河北諸鎮皆服。

【注　釋】❶勍敵　勁敵。勍，強；有力。❷幽滄易定　指劉仁恭、劉守文、王郜。易定即易定節度使，亦稱義武軍節度使。治所在定州，轄區主要有易州與定州。時王郜任節度使。❸兼服　兼併、降服。❹甲寅　九月二十九日。❺瀛州　州名，治所在今河北河間。❻丙辰　十月初二日。❼景州　州名，治所東光，在今河北東光。❽辛酉　十月初七日。❾莫州　州名，治所在今河北雄縣南。❿嶺北　湖南之地在五嶺之北。⓫全義嶺　山名，在全義縣境。全義縣治在今廣西興安，唐時屬桂州，在桂州東北一百五十里。⓬秦城　鎮名，在桂林北八十里，相傳為秦始皇發戍五嶺之地，城在湘水之南，融、灕二水之間，地勢險要。⓭鄉導　引路的人。今作「嚮導」。⓮中宵　半夜。⓯縆　以繩索拴縛。⓰練　白色的絹。⓱造　到。⓲壁　軍壘。⓳桂宜巖柳象　皆州名，宜州治所在今廣西宜山縣，巖州治所在今廣西來賓東南，柳州治所在今廣西柳州，象州治所在今廣西象州。⓴道濘　道路泥濘。㉑辛巳　十月二十七日。㉒祁州　州名，景福二年，王處存表以定州無極、深澤二縣置祁州。治所無極，在今河北無極。㉓癸未　十月二十九日。㉔後院都知兵馬使　官名，後院兵指揮官。唐中世以來，方鎮多置後院兵。㉕王處直　王處存之弟。朱全忠即位，封為北平王。傳見《舊唐書》卷一百八十二、《新唐書》卷一百八十六、《舊五代史》卷五十四、《新五代史》卷三十九。㉖師老　因征戰時間長而士氣衰落。㉗昔　指唐僖宗光啓元年（西元八八五年）幽州李可舉、鎮州王鎔攻王處存。事見本書卷二百五十六。㉘示怯　表現出怯懦。㉙沙河　鎮名，在望都縣南。㉚甲申　十月三十日。㉛同時立勳　王處直之兄王處存與李克用鎮壓黃巢軍同時立功。㉜封疆密邇　所管轄的疆域離得很近。㉝昏姻　王處存與李克用世代姻好，處存子王鄴娶克用女為妻。㉞許之　定州城高池深，朱全忠明知不可急攻，故許其和。㉟族　刑及父母妻子。㊱守光　（？—西元九一三年）深州樂壽（今河北獻縣）人，劉仁恭之子。朱全忠封為燕王，西元九一一年稱帝，九一三年為李存勗所滅。傳見《舊五代史》卷一百三十五、《新五代史》卷三十九。㊲易水　水名，在易州（今河北易縣）南。㊳狼狽失據　倉皇失措，沒了招數。㊴羊馬城　城外加築的矮牆工事，稱羊馬牆、羊馬垣。㊵佑國軍　方鎮名，唐僖宗光啓三年（西元八八七年）升東畿觀察兼防遏使為佑國軍節度，治所洛陽。㊶閻寶　（？—西元九二二年）字瓊美，鄆州（今山東東平）人，少為朱瑾牙將。朱瑾走淮南，閻寶降梁，官至保義軍節度使。傳見《舊五代史》卷五十九、《新五代史》卷四十四。

【校　記】①合　原無此字。據章鈺校，十二行本、乙十一行本皆有此字，今據補。②盡　原作「甚」。據章鈺校，十二行本、乙十一行本、孔天胤本皆作「盡」，張敦仁《通鑑刊本識誤》同，今從改。③茲　原作「此」。據章鈺校，十二行本、乙十一行本皆作「茲」，今從改。

【語　譯】成德軍判官張澤對王鎔說：「河東李克用是強勁的對手。現在雖然有朱全忠的援助，但譬如家裡發生火災，怎麼能夠等待遠方的水呢！那幽州的劉仁恭，滄州的劉守文，易定的王郜，他們仍然依附於李克用，不如勸說朱全忠乘勝去降服他們，使河北各鎮合而為一，就可以對抗河東李克用了。」王鎔又派遣周式前去勸說朱全忠，朱全忠大為高興，派張存敬會合魏博的軍隊進攻劉仁恭。九月二十九日甲寅，攻取瀛州。冬，十月初二日丙辰，攻取景州，抓住刺史劉仁霸。初七日辛酉，攻取莫州。

靜江節度使劉士政得知馬殷全部平定了嶺北，大為恐懼，派遣副使陳可璠駐守全義嶺，以防備馬殷。馬殷派使者和劉士政改善關係，陳可璠拒絕了。馬殷派遣他的部將秦彥暉、李瓊等率軍七千人進攻劉士政。馬殷的湖南軍隊到達全義縣，劉士政又派遣指揮使王建武駐守秦城。陳可璠搶掠縣民的耕牛來犒勞軍中將士，縣裡民眾怨恨他，請求做湖南軍隊的嚮導，說：「這裡西南方向有小路，相距秦城只有五十里，路徑狹窄僅能容單騎通過。」秦彥暉派遣李瓊率領騎兵六十人、步兵三百人襲擊秦城，半夜時，翻越城牆而入，抓住了王建武，等到天亮時，又返回來，用絹帶把王建武捆住，送到陳可璠營壘下給他看，陳可璠還不相信。砍下王建武的頭，扔進營壘中，桂州軍隊驚慌恐懼。李瓊趁勢率軍攻打桂州軍隊，擒獲陳可璠，他的部將、士兵二千人投降，都被殺了。李瓊率軍前往桂州，從秦城以南的二十多個營壘全都望風逃散，於是包圍桂州。幾天後，劉士政出城投降，桂、宜、巖、柳、象等五州都歸附於湖南的馬殷。馬殷以李瓊為桂州刺史。沒幾天，上表請朝廷任命他為靜江節度使。

張存敬進攻劉仁恭，攻克二十座城，將要從瓦橋前往幽州，道路泥濘不能前進，於是率軍向西攻打易州、定州。十月二十七日辛巳，攻取祁州，殺死刺史楊約。〇二十九日癸未，以保義軍留後朱友謙為節度使。

張存敬攻打定州，義武節度使王郜派遣後院都知兵馬使王處直率軍幾萬人進行抵抗。王處直請求背依城牆修建木柵欄，等待張存敬的軍隊疲倦懈怠再發起攻擊。孔目官梁汶說：「過去幽州、鎮州軍隊總共三十萬人來進攻我們，當時我們的人馬不到五千，一仗擊敗他們。如今張存敬的軍隊不過三萬人，我們的人馬是當時的十倍，為什麼要表示怯懦，想要依仗城牆來固守呢！」王郜便派遣王處直到沙河迎戰，易定軍大敗，戰死的人超過半數，剩下的士兵簇擁著王處直跑回定州。十月三十日甲申，王郜放棄定州逃往晉陽，軍中將士推舉王處直為留後。張存敬進軍包圍定州，十一月十二日丙申，朱全忠到達城下，王處直登上城牆呼喊說：「我們侍奉朝廷極為忠誠，對您從未冒犯，為什麼要來攻打我們？」朱全忠說：「你們為什麼要依附於河東李克用？」王處直回答說：「我的哥哥王處存和晉王李克用一起討平黃巢立下功勳，受封的地盤互相靠近，還是兒女親家，友好往來，乃是人之常情，請從今以後改變這種關係。」朱全忠同意與王處直和好。王處直把罪責推給梁汶並殺了他的全族，用來向朱全忠表示歉意，拿出絹帛十萬匹來犒勞朱全忠的軍隊，朱全忠便率軍返回，仍然上表朝廷為王處直請求節度使的符節和斧鉞。王處直，是王處存的同母弟弟。

劉仁恭派遣他的兒子劉守光率軍救援定州，駐軍在易水之上。朱全忠派遣張存敬襲擊他們，殺死六萬多人。從此以後，河北各鎮全都服從於朱全忠。

此前，王郜向河東李克用告急，李克用派遣李嗣昭率領步兵、騎兵三萬人直下太行，進攻懷州，攻取懷州後，進軍攻打河陽。河陽留後侯言沒想到河東軍隊突然到達，十分狼狽，進退失據。李嗣昭毀壞了河陽城外的羊馬城。正趕上佑國軍將領閻寶率軍前來救援，在塹壕外奮力作戰，河東軍隊才撤退。閻寶，是鄆州人。

初，崔胤與上[1]密謀盡誅宦官，及宋道弼、景務脩死，宦官益懼。上自華州還❶，忽忽❷不樂，多縱酒，喜怒不常，左右尤自危。於是左軍❸中尉劉季述、右軍中尉王仲先、樞密使王彥範、薛齊偓等陰相與謀❹曰：「主上輕佻❺多變詐，難奉事❻，專聽任南司❼，吾輩終罹❽其禍。不若奉太子立之，尊主上為太上皇，引岐、華兵❾為援，控制諸藩，誰能害我哉！」

十一月，上獵苑中❿，因置酒，夜，醉歸，手殺黃門⓫、侍女數人。明旦，日加辰巳⓬，宮門不開。季述詣中書白崔胤曰：「宮中必有變，我內臣⓭也，得以便宜從事，請入視之。」乃帥禁兵千人破門而入，訪問，具得其狀。出，謂胤曰：「主上所為如是，豈可理天下！廢昏立明⓮，自古有之，為社稷大計，非不順也。」胤畏死，不敢違。庚寅⓯，季述召百官，陳兵⓰殿庭，作胤等連名狀⓱，請太子監國⓲，以示之，使署名。胤及百官不得已皆署之。上在乞巧樓⓳，季述、仲先伏將士[2]千人於門外⓴，與宣武進奏官㉑程巖等十餘人入請對㉒。季述、仲先甫㉓登殿，將士大呼，突入宣化門，至思政殿㉔前，逢宮人，輒殺之。上見兵入，驚墮牀下，起，將走，季述、仲先掖㉕之令坐。宮人走白皇后，后趨至，拜請曰：「軍容㉖勿驚宅家㉗，有事取㉘軍容商量。」季述等乃出百官狀白上，曰：「陛下厭倦大寶㉙，中外羣情㉚，願太子監國，請陛下保頤㉛東宮㉜。」上曰：「昨與卿曹㉝樂飲，不覺太過，何至於是！」對曰：「此非臣等所為，皆南司眾情，不可過㉞也。願陛下且之㉟東宮，待事小定，復迎歸大內㊱耳。」后曰：「宅家趣㊲依軍容語！」即取傳國寶㊳以授季述，宦官扶上與后同輦，嬪御㊴侍從者纔十餘人，適㊵少陽院。季述以銀檛㊶畫地數㊷上曰：「某時某事，汝不從我言，其罪一也。」如此數十㊸不止。乃手鎖其門，鎔鐵錮之㊹，遣左軍副使李師虔將兵圍之，上動靜輒㊺白季述，穴牆㊻以通飲食。凡兵器針刀皆不得入，上求錢帛俱不得，求紙筆亦不與。時大寒，嬪御公主無衣衾，號哭聞於外。季述等矯詔令太子監國，迎太子入宮。辛卯㊼，矯詔令太子嗣位，更名縝㊽。以上為太上皇，皇后為太上皇后。甲午㊾，太子即皇帝位，更名少陽院曰問安宮。

季述加百官爵秩，與將士皆受優賞，欲以求媚於眾。殺睦王倚，凡宮人、左右、方士、僧、道為上所寵信者，皆榜㊿殺之。每夜殺人，晝以十車載尸出，一車或止一兩尸，欲以立威。將殺司天監(51)胡秀林，秀林曰：「軍容幽囚君父，更欲多殺無辜乎！」季述憚其言正而止。季述等[3]欲殺崔胤，而憚朱全忠，但解其度支鹽鐵轉運使(52)而已。崔胤密致書全忠，使興兵圖返正[4]。

【章　旨】以上為第四段，寫宦官劉季述發動宮廷政變，廢昭宗為太上皇，奉太子即位。

【注　釋】❶自華州還　光化元年，昭宗自華州還。事見上卷光化元年。❷忽忽　恍忽；失意的樣子。❸左軍　與下文之右軍，即左右神策軍。❹陰相與謀　私下裡互相商量。❺輕佻　言行輕薄，不莊重。❻奉事　侍奉。❼南司　指以宰相為首的三省官員，因其官署位於宮禁以南，故稱為南司。❽罹　遭受；遭遇。❾岐華兵　岐指李茂貞，華指韓建。❿苑中　禁苑。⓫黃門　漢朝宮中有中黃門、小黃門等職，皆以宦者充任，後遂作為宦官的代稱。⓬日加辰巳　指時光由辰而巳。辰，十二時辰之一，七時至九時。巳，九時至十一時。⓭內臣　宦官的泛稱。⓮廢昏立明　廢掉昏君，擁立明主。⓯庚寅　十一月初六日。⓰陳兵　列兵以威脅百官。⓱連名狀　眾人連名寫的狀文。狀，向上陳述事實的文書。⓲太子監國　太子代行處理國政。⓳乞巧樓　在思玄門內，近思政殿。⓴門外　宣化門外。㉑宣武進奏官　宣武節度使朱全忠派遣入朝進奏的官員。㉒請對　請求在皇帝面前進對。㉓甫　剛。㉔思政殿　大明宮內紫宸殿西為延英殿，延英殿南即為思政殿。天子於此見群臣。㉕掖　挾持；扶著。㉖軍容　觀軍容使的省稱。指劉季述，時劉任觀軍容使。㉗宅家　唐末宮中對皇帝的敬稱。皇帝至尊，以天下為宅，四海為家，故曰宅家，與陛下同義。㉘取　和；與。㉙大寶　帝位。㉚中外羣情　朝野上下大家的願望。㉛保頤　保養。㉜東宮　即少陽院。在宣政殿之東。㉝卿曹　臣子們。㉞遏　止。㉟之　往。㊱大內　皇宮。㊲趣　趕快。㊳傳國寶　玉璽。㊴嬪御　帝王的侍妾、宮女。㊵適　往。㊶銀檛　銀鞭。㊷數　責備；訴說。㊸數十　數十條罪狀。㊹鎔鐵錮之　熔化鐵水鑄塞門鎖。㊺輒　每每；就要。㊻穴牆　在牆上挖一洞穴。㊼辛卯　十一月初七日。㊽更名縝　太子原名李裕，大順二年封德王。㊾甲午　十一月初十日。㊿榜　通「搒」。鞭打。(51)司天監　官名，司天臺長官，正三品，掌察天文，考計曆數。(52)度支鹽鐵轉運使　唐代使職名，唐末為朝廷最高財政長官，多由宰相兼任。亦可分為度支、鹽鐵、轉運三個使職。度支使掌管全國財賦的統計和支調，鹽鐵使掌收運鹽鐵之稅，轉運使掌水陸運輸和糧穀調撥。

【校　記】[1]上　原作「帝」。據章鈺校，十二行本、乙十一行本皆作「上」，今從改。[2]將士　原作「甲士」。據章鈺校，十二行本、乙十一行本皆作「將士」，今從改。[3]等　原無此字。據章鈺校，十二行本、乙十一行本皆有此字，今據補。[4]崔胤密致書全忠二句　原無此二句。據章鈺校，十二行本、乙十一行本、孔天胤本皆有此二句，張敦仁《通鑑刊本識誤》、張瑛《通鑑校勘記》同，今據補。按，孔天胤本「返」作「反」。

【語　譯】當初，崔胤和昭宗祕密謀劃把宦官全部殺死，到宋道弼、景務脩死後，宦官們更加恐懼。昭宗從華州回到京城長安，恍忽不樂，常常縱情飲酒，喜怒無常，特別是侍奉左右的人，人人自危。於是左軍中尉劉季述、右軍中尉王仲先、樞密使王彥範、薛齊偓等人暗中相互策劃說：「皇上輕浮淺薄、詭詐多變，很難侍奉，專門聽任朝廷官員處理政事，我們這些人最終要遭到他的禍害。不如奉立太子為皇帝，尊主上為太上皇，招引岐州李茂貞、華州韓建的軍隊作為外援，控制各個藩鎮，還有誰能加害我們呢！」

十一月，昭宗到禁苑中打獵，便擺設酒宴，夜裡，他喝醉酒回到宮裡，親手殺死好幾個宦官、侍女。第二天早晨，時間已是由辰時到巳時，宮門仍然沒有打開。劉季述到中書省報告崔胤說：「宮裡肯定有變亂，我身為內臣，可以根據情況靈活進行處理，請讓我進宮去看看情況。」於是率領禁兵一千人破門而入，經過查訪詢問，得知詳細的情況。出來後，他對崔胤說：「皇上竟然做出這樣的事情，怎麼能治理天下呢！廢除昏君，擁立明主，自古以來就有這樣的事例，為國家的大業著想，並不是不忠順啊。」崔胤怕死，不敢違背劉季述。初六日庚寅，劉季述召集百官，在宮殿庭院中布置軍隊，寫好出崔胤等聯名簽署請求太子監國的公文，出示給大家看，讓大家簽名。崔胤和百官不得已都簽上名字。昭宗在思政殿旁的乞巧樓，劉季述、王仲先埋伏全副武裝的將士一千人在宣化門外，和宣武軍進奏官程巖等十多個人進入宮殿請求奏對。劉季述、王仲先剛登上宮殿，將士們大聲呼喊，突然衝入宣化門，到達思政殿前，遇到宮中侍女，都殺死了。昭宗見士兵闖入，驚慌得掉到床下，爬起來，將要逃走，劉季述、王仲先架住他讓他坐好。宮女跑去報告皇后，皇后跑著到來，對劉季述等人拜請說：「軍容使不要驚嚇到皇上，有事聽與你們商量就是了。」劉季述等於是拿出百官簽署的聯名狀報告昭宗，說：「陛下厭倦了皇位，朝廷內外眾人的想法，希望太子來監理國事，請陛下住到東宮去頤養天年。」昭宗說：「昨日與諸卿玩樂飲酒，不知不覺就喝得太多了，怎麼會到這個地步呢！」劉季述等回答說：「這聯名狀不是我們所寫，都是三省百官的意見，無法阻止他們。希望陛下暫且去東宮，等待事情稍稍平定一點，再迎接您回到皇宮中來。」皇后說：「皇上您趕快聽從軍容使的話吧！」立刻取出傳國寶璽交給劉季述，宦官扶著昭宗和皇后同乘一部車，跟隨的嬪御侍從才十多個人，前往少陽院。劉季述用銀檛在地上指劃，數落昭宗說：「某天某件事，你沒有聽從我的話，這是一條罪。」這樣數落了幾十條還不停止。於是劉季述親手鎖上少陽院的大門，熔化鐵水把鎖封死，派遣左軍副使李師虔率軍包圍少陽院，昭宗一有動靜就報告劉季述。在牆上鑿開一個洞用來傳遞飯菜，凡是兵器針刀都不許送入，昭宗想要銀錢絹帛全拿不到，想要紙張筆墨也不給。當時天氣非常寒冷，嬪御公主沒有衣被，號哭聲一直傳到院外。劉季述等假傳昭宗的詔書，命令太子監理國事，迎接太子進宮。初七日辛卯，假傳昭宗的詔書，命令太子繼承皇位，改名李縝。以昭宗為太上皇，皇后為太上皇后。初十日甲午，太子即位為皇帝，把少陽院改名為問安宮。

劉季述增加百官的爵位和俸祿，參與此事的將領、士兵都受到優厚的賞賜，想要以此來討眾人的歡心。殺死睦王李倚，凡是受到昭宗寵信的宮人、左右侍從、方士、僧人、道士，全都被鞭笞而死。每夜殺了人，白天就用十輛車裝載屍體出來，一輛車上有時只有一兩具屍體，想要以此來樹立威勢。劉季述將要殺司天監胡秀林，胡秀林說：「軍容使拘禁了皇上，還想要多殺無辜的人嗎！」劉季述忌憚他的話剛正不阿，沒有殺他。劉季述等人想要殺死崔胤，因為畏懼朱全忠，只是解除了他度支鹽鐵轉運使的職位而已。崔胤祕密寫信給朱全忠，要他起兵謀求昭宗復位。

左僕射致仕張濬在長水❶，見張全義於洛陽，勸之匡復❷。又與諸藩鎮書勸之。

進士❸無棣李愚❹客游[1]華州，上韓建書，略曰：「僕每讀書，見父子君臣之際，有傷教害義❺者，恨不得肆之市朝❻。明公居近關重鎮❼，君父幽辱月餘，坐視凶逆❽而忘勤王❾之舉，僕所未諭❿也。僕竊計中朝輔弼⓫，雖有志而無權；外鎮諸侯，雖有權而無志。惟明公忠義，社稷是依⓬。往年車輅⓭播遷，號泣奉迎，累歲供饋⓮，再復廟、朝⓯，義感人心，至今歌詠。此時事勢，尤異前日。明公地處要衝，位兼將相⓰。自宮闈變故⓱，已涉⓲旬時，若不號令率先以圖反正⓳，遲疑未決，一朝山東侯伯唱義連衡，鼓行而西，明公求欲自安，其可得乎[20]！此必然之勢也。不如馳檄四方，諭以逆順[21]，軍聲一振，則元凶[22]破膽，旬浹[23]之間，二豎[24]之首傳於天下，計無便於此者。」建雖不能用，厚待之。愚堅辭而去。

朱全忠在定州行營，聞亂。丁未[25]，南還。十二月戊辰[26]，至大梁。季述遣其[2]養子希度詣全忠，許以唐社稷輸[27]之，又遣供奉官李奉本以太上皇誥[28]示全忠。全忠猶豫未決，會[29]僚佐議之，或曰：「朝廷大事，非藩鎮所宜預[30]知。」天平[31]節度副使李振獨曰：「王室有難，此霸者之資[32]也。今公為唐桓、文，安危所屬[33]。季述一宦豎耳，乃敢因廢天子，公不能討，何以復令諸侯！且幼主位定，則天下之權盡歸宦官矣，是以太阿[34]之柄授人也。」全忠大悟，即囚希度、奉本，遣振如京師詗事[35]。既還，又遣親吏蔣玄暉如京師，與崔胤謀之，又召程巖赴大梁。

清海節度使薛王知柔薨。○是歲，加楊行密兼侍中。○睦州[36]刺史陳晟卒，弟詢自稱刺史。

太子即位累旬[37]，藩鎮牋表[38]多不至。王仲先性苛察[39]，素知左、右軍多積弊，及為中尉，鉤校[40]軍中錢穀，得隱沒為姦者，痛捶[41]之，急徵所負[42]，將士頗不安。

有鹽州㊸雄毅軍使孫德昭㊹為左神策指揮使，自劉季述等[3]廢立，常憤惋不平。崔胤聞之，遣判官㊺石戩與之遊㊻。德昭每酒酣必泣，戩知其誠，乃密以胤意說之曰：「自上皇幽閉，中外大臣至於行間㊼士卒，孰㊽不切齒！今反者獨季述、仲先耳，公誠能誅此二人，迎上皇復位，則富貴窮㊾一時，忠義流千古。苟狐疑不決，則功落它人之手矣！」德昭謝曰：「德昭小校㊿，國家大事，安敢專之！苟(51)相公(52)有命，不敢愛(53)死。」戩以白胤。胤割衣帶，手書以授之。德昭復結右軍清遠都(54)將董彥弼、周承誨，謀以除夜(55)伏兵安福門(56)外以俟之。

【章旨】以上為第五段，寫崔胤策動左神策軍指揮使孫德昭發動反政變，擁立昭宗復辟。朱全忠磨刀霍霍，藉復辟之名覬覦長安。

【注釋】❶長水　縣名，原名長淵，唐以犯高祖李淵諱，改名長水。縣治在今河南洛寧西長水鎮。❷匡復　匡正、恢復。這裡指恢復昭宗之皇位。❸進士　貢舉的人才。唐代科舉，試於禮部，及第者為進士。❹李愚　（？—西元九三五年）字子晦，渤海無棣（今山東無棣）人，入後梁拜左拾遺、崇政院直學士。入後唐，官至中書侍郎、同平章事。傳見《舊五代史》卷六十七、《新五代史》卷五十四。❺傷教害義　傷害教化仁義。❻肆之市朝　將罪大惡極的人斬殺於市集示眾。肆，陳列；示眾。❼近關重鎮　韓建據華州扼潼關，故云近關重鎮。❽凶逆　指劉季述等。❾勤王　為王事盡力。引申為君王有難，臣下起兵救駕。❿未諭　不明白。⓫中朝輔弼　朝中宰相等輔佐大臣。⓬社稷是依　國家的依靠。⓭車輅　大車。此專指天子之車。⓮供饋　供給進獻。⓯廟朝　宗廟和朝廷。乾寧三年韓建迎昭宗駐蹕華州，於光化元年歸長安。⓰位兼將相　韓建時為興德府尹兼同州節度使，加中書令，拜太傅，進封許國公。⓱宮闈變故　指昭宗被囚。闈，宮中旁門。⓲涉　過。⓳反正　由亂而治，由邪而正，使昭宗還復本位。⓴一朝山東四句　意謂一旦山東諸侯舉義聯合，向西進兵，那時明公想求自安恐怕來不及了。山東，泛指華山以東中原地區。侯伯，指藩鎮。唱義，首倡忠義。連衡，聯合。鼓行，名正言順地進軍討伐。古代進軍，有鐘鼓曰伐。㉑諭以逆順　曉之以逆順之理。㉒元凶　首惡；罪魁禍首。㉓旬浹　十天；一旬。㉔二豎　兩個小子。指劉季述、王仲先。豎，古代罵人之語。㉕丁未　十一月二十三日。㉖戊辰　十二月十四日。㉗輸　獻納。㉘誥　皇帝手諭。此為劉季述偽作之誥。㉙會　召集。㉚預　參與；干涉。㉛天平　方鎮名，唐憲宗元和十五年（西元八二〇年）賜鄆曹濮節度使號天平軍節度使，治所鄆州。㉜資　憑藉；依托。㉝屬　託付。李振以齊桓、晉文比喻朱全忠，謂國家安危繫於朱全忠一身。㉞太阿　古代名劍。比喻國家政權。㉟詗事　刺探情況。㊱睦州　州名，治所在今浙江建德東。㊲累旬　幾十天。㊳牋表　呈送皇帝的表奏。㊴苛察　苛刻煩瑣，嚴察過失，顯示精明。㊵鉤校　查對。㊶捶　棒打。㊷急徵所負　緊急追繳所貪佔的錢糧。㊸鹽州　州名，治所在今陝西定邊。㊹孫德昭　（？—西元九一三年）鹽州五原人，其父官拜右金吾衛大將軍。德昭藉父蔭，累職為左神策指揮使。傳見《舊五代史》卷十五、《新五代史》卷四十三。㊺判官　此為度支鹽鐵判官。㊻遊交往。㊼行間　行伍之間。㊽孰　誰。㊾窮　窮盡。言富貴之極。㊿小校　自謙之詞。(51)苟　如果。(52)相公　指崔胤。(53)愛吝惜。(54)清遠都　神策五十四都之一。(55)除夜　除夕之夜。(56)安福門　皇城西面有二門，南邊的叫順義門，北邊的叫安福門。

【校　記】[1]游　原無此字。據章鈺校，十二行本、乙十一行本、孔天胤本皆有此字，今據補。[2]其　原無此字。據章鈺校，十二行本、乙十一行本、孔天胤本皆有此字，今據補。[3]等　原無此字。據章鈺校，十二行本、乙十一行本、孔天胤本皆有此字，張敦仁《通鑑刊本識誤》同，今據補。

【語　譯】左僕射張濬退休後住在長水縣，到洛陽去見張全義，勸他匡復昭宗皇位。又給各藩鎮寫信進行勸說。

進士無棣人李愚客居在華州遊歷，上書給韓建，大略說：「我每次讀書，看到父子、君臣中有傷教化害禮義的人，恨不得把他殺了陳屍街頭集市。您所在的華州是靠近潼關的重鎮，皇上被拘禁受辱有一個多月，您坐視兇惡的逆徒胡作非為而忘掉出兵救援皇室的大事，我實在是不能理解！我私下考慮朝中的輔弼之臣，雖然有恢復皇上君位的志向但沒有兵權；外地的藩鎮諸侯，雖然擁有兵權而沒有這個志向。只有您忠貞仁義，是國家的依靠。以前皇上被迫離京流亡，您痛哭流涕地迎接皇上來到華州，供給衣服飲食好多年，又重新恢復宗廟、朝廷，您的大義感動人心，直到今天仍在歌頌這件事。現在的形勢，尤其和以前不同。您處在要衝重鎮，位兼節度使、宰相。自從宮中發生變故以來，已經過了十天，如果您不號令部眾首先謀劃讓皇上復位，遲疑不決，一旦山東的藩鎮諸侯倡義聯合起來，大張旗鼓地出動軍隊西進，您想要保住自己的平安，那怎麼可能呢！這是必然的趨勢。不如傳檄四方，曉諭叛逆忠順的道理，軍隊的聲威一振作，那麼罪魁禍首就會嚇破了膽，十來天的功夫，兩個壞小子的腦袋將傳示於天下，沒有比這更便利的策略了。」韓建雖然不能採納，仍很優厚地招待他。李愚堅決推辭離去。

朱全忠在定州巡視軍營，得知京城發生變亂。十一月二十三日丁未，南下返回。十二月十四日戊辰，到達大梁。劉季述派遣他的養子劉希度前往朱全忠那裡，答應把大唐江山獻給他，又派遣供奉官李奉本拿著太上皇的誥文給朱全忠看。朱全忠猶豫不決，召集幕僚、佐吏商議這件事。有人說：「朝廷大事，不是藩鎮所應干涉和知曉的。」獨有天平節度副使李振說：「王室有災難，這是成就霸業的資本。如今您就是唐代的齊桓公、晉文公，國家安危和您緊密相關。劉季述只不過是一個宦官罷了，竟敢囚禁廢黜天子，您不能討伐他，還怎麼再來號令諸侯！況且幼主皇位確定後，則國家大權將全部歸於宦官了，這是把太阿寶劍的劍柄交到他們手中啊！」朱全忠猛然醒悟過來，立即囚禁劉希度、李奉本，派遣李振到京城去探聽情況。李振回來後，又派遣親近的官吏蔣玄暉到京城，和崔胤謀劃，又召程巖趕赴大梁。

清海節度使薛王李知柔去世。〇這年，加楊行密兼任侍中。〇睦州刺史陳晟去世，他的弟弟陳詢自稱為刺史。

太子即位已有幾十天了，藩鎮應該報送的牋表等公文大多沒有送到。王仲先性情苛刻，嚴察過失一向知道左、右軍中積累下來的弊病很多，在擔任中尉後，就詳細審核軍中的錢財與穀物，查到隱匿吞沒作奸的人，痛加棒擊，緊急追繳他們所貪佔的錢穀，將領士兵們深感不安。有鹽州雄毅軍使孫德昭擔任左神策指揮使，自從劉季述等廢黜昭宗立太子為帝後，經常憤恨不平。崔胤得知此事，派遣判官石戩和孫德昭交往。孫德昭每次飲酒到酣暢時必會感傷哭泣，石戩知道他的忠誠，於是祕密把崔胤的意見告訴他說：「自從太上皇被囚禁以來，朝廷內外大臣一直到軍隊士兵，誰不咬牙切齒呢！如今造反的只不過是劉季述、王仲先兩個人罷了，您如果真能殺死這兩個人，迎接太上皇復位，那麼富貴可以極盡一時，忠義可以流芳千古。如果猶豫不決，那麼功勞就要落到別人手中了！」孫德昭感激地說：「我孫德昭只是個小校，國家大事，怎麼敢擅自作主呢！假如崔相公有命令，我萬死不辭。」石戩把情況彙報給崔胤，崔胤割下衣帶，親筆書寫命令交給孫德昭。孫德昭又結交右軍清遠都將董彥弼、周承誨，謀劃在除夕夜裡埋伏軍隊在安福門外以等待機會起事。

天復元年（辛酉　西元九〇一年）

春，正月乙酉朔❶，王仲先入朝，至安福門，孫德昭擒斬之，馳詣❷少陽院，叩門呼曰：「逆賊已誅，請陛下出勞❸將士。」何后不信，曰：「果爾❹，以其首來！」德昭獻其首，上乃與后毀扉❺而出。崔胤迎上御長樂門❻樓，帥百官稱賀。周承誨擒劉季述、王彥範繼至，方詰責❼，已為亂梃❽所斃。薛齊偓赴井死，出而斬之。滅四人之族，并誅其黨二十餘人。宦官奉太子匿於左軍，獻傳國寶。上曰：「裕幼弱，為凶豎所立，非其罪也。」命還東宮，黜為德王，復名裕❾。

丙戌❿，以孫德昭同平章事，充靜海⓫節度使，賜姓名李繼昭。

丁亥⓬，崔胤進位司徒，胤固辭。上寵待胤益厚。○己丑⓭，朱全忠聞劉季述等誅，折程巖足⓮，械送京師，并劉希度、李奉本等皆斬於都市，由是益重李振。

庚寅⑮，以周承誨為嶺南西道節度使，賜姓名李繼誨，董彥弼為寧遠⑯節度使[1]，賜姓李，並同平章事，與李繼昭俱留宿衛⑰，十日乃出⑱還家，賞賜傾府庫⑲，時人謂之「三使相⑳」。

癸巳㉑，進朱全忠爵東平王。

丙午㉒，敕：「近年宰臣延英㉓奏事，樞密使侍側，爭論紛然。既出，又稱上旨未允，復有改易，橈權㉔亂政。自今並依大中舊制㉕，俟宰臣奏事畢，方得升殿承受公事。」賜兩軍副使李師度、徐彥孫自盡，皆劉季述之黨也。

鳳翔、彰義節度使李茂貞來朝。加茂貞守尚書令㉖，兼侍中，進爵岐王。

劉季述、王仲先既死，崔胤、陸扆㉗上言：「禍亂之興，皆由中官典兵㉘。乞令胤主左軍，扆主右軍，則諸侯不敢侵陵，王室尊矣。」上猶豫兩日未決。李茂貞聞之，怒曰：「崔胤奪軍權未得，已欲翦滅諸侯！」上召李繼昭、李繼誨、李彥弼謀之，皆曰：「臣等累世在軍中，未聞書生為軍主。若屬南司，必多所變更，不若歸之北司為便。」上乃謂胤、扆曰：「將士意不欲屬文臣，卿曹勿堅求。」於是以樞密使韓全誨㉙、鳳翔監軍使張彥弘㉚為左、右中尉。全誨，亦前鳳翔監軍也。又徵㉛前樞密使致仕嚴遵美㉜為兩軍中尉、觀軍容處置使。遵美曰：「一軍㉝猶不可為，況兩軍乎！」固辭不起㉞。以袁易簡、周敬容為樞密使。

李茂貞辭還鎮。崔胤以宦官典兵，終為肘腋㉟之患，欲以外兵制之，諷㊱茂貞留兵三千於京師，充宿衛，以茂貞假子繼筠將之。左諫議大夫㊲萬年韓偓㊳以為不可，胤曰：「兵自不肯去，非留之也。」偓曰：「始者何為召之邪？」胤無以應。偓曰：「留此兵則家國兩危，不留則家國兩安。」胤不從。

【章旨】以上為第六段，寫唐昭宗復辟，劉季述伏誅，崔胤權勢達於頂峰。胤欲掌控神策軍未果，諷李茂貞留兵宿衛京師，蹈東漢何進覆敗之轍，胤罪不容誅。

【注釋】❶乙酉朔　是甲申朔，乙酉是初二日。此處繫「朔」字，誤。《新唐書》卷十〈昭宗紀〉云「天復元年正月乙酉」，即無「朔」字。❷馳詣　飛快地跑到。❸勞　慰勞。❹果爾　果真如此。❺毀扉　破門。❻長樂門　太極宮的端門叫承天門，承天門分為東西廊下門，自東廊下入長樂門。❼詰責　責問；審訊。❽梃　木棒。❾復名裕　《舊唐書》作「改名祐」。據胡三省注，宦官劉季述等立李裕為帝，改名縝，至是復名裕，當以胡注為是。❿丙戌　正月初三日。⓫靜海　方鎮名，唐懿宗咸通七年（西元八六六年）升安南都護為靜海軍節度使。治所交州，在今越南河內。孫德昭遙領此職。⓬丁亥　正月初四日。⓭己丑　正月初六日。⓮折程巖足　斬斷程巖之足。劉季述廢昭宗，程巖曾參與。⓯庚寅　正月初七日。⓰寧遠　方鎮名，乾寧四年（西元八九七年）升容管觀察使為寧遠軍節度使。⓱宿衛　在宮中值宿，擔任警衛。⓲十日乃出　即十天休息一次。⓳傾府庫　盡府庫所有。⓴使相　唐中葉以後，凡節度使加上同平章事官銜的稱使相。㉑癸巳　正月初十日。㉒丙午　正月二十三日。㉓延英　殿名，唐大明宮紫宸殿西有延英殿。唐制，中書有敷奏入牓子，請開延英。㉔橈權　弄權。橈，曲。㉕大中舊制　唐宣宗李忱大中年間，凡宰相在延英殿奏對，兩中尉先出殿，樞密使候旨殿西，宰相奏事完畢，樞密使案前受事。㉖尚書令　官名，尚書省長官。唐代因太宗李世民以尚書令即帝位，所以後世不輕易以此職授人。郭子儀有大功，雖授之而不敢接受；王行瑜強求而未獲。現以此職授李茂貞，說明唐朝法紀蕩然無存。㉗陸扆　字祥文，唐德宗朝名相陸贄族孫。

光啓二年（西元八八六年）從僖宗幸山南。昭宗朝拜相，歷官戶部、吏部尚書。朱全忠謀簒逆，貶辰濮州司戶參軍，殺之白馬驛。傳見《舊唐書》卷一百七十九、《新唐書》卷一百八十三。㉘中官典兵　宦官執掌兵權。中官，宦官，掌控禁軍的兩中尉，以及掌軍事的樞密，均由宦官充任。㉙韓全誨　（?—西元九〇三年）原為鳳翔監軍，後入為樞密使。傳見《新唐書》卷二百八。㉚張彥弘　（?—西元九〇三年）原與韓全誨並為鳳翔監軍，至是昭宗以韓全誨、張彥弘分掌左、右中尉。傳見《新唐書》卷二百八。㉛徵　召；調。㉜嚴遵美　宦官，時為致仕樞密使。傳見《新唐書》卷二百七。㉝一軍　指左神策軍。嚴遵美曾任左神策觀軍容使，典掌一軍。㉞不起　不出來任職。㉟附腋　胳膊附與胳肢窩，喻密切接近。㊱諷　婉言勸說。㊲左諫議大夫　官名，掌論議。屬門下省。㊳韓偓　（西元八四四—九二三年）字致堯，號玉山樵人，京兆萬年（今陝西西安）人，龍紀元年（西元八八九年）進士。昭宗時為兵部侍郎、翰林承旨，為帝倚重。朱全忠惡之，貶為濮州司馬。善律絕，為晚唐著名詩人。傳見《新唐書》卷一百八十三。

【校　記】①節度使　原無「使」字。據章鈺校，十二行本、乙十一行本皆有「使」字，今據補。

【語　譯】天復元年（辛酉　西元九〇一年）

春，正月乙酉朔，王仲先入宮朝見，到了安福門，孫德昭把他捉住殺死，騎馬快速前往少陽院，敲門高喊說：「逆賊已被殺死，請陛下出來慰勞將士。」何皇后不相信，說：「果真如此，把他的首級拿來！」孫德昭獻上王仲先的首級，昭宗與皇后才破門出來。崔胤迎接昭宗到長樂門樓，率領百官前來祝賀。周承誨捉住劉季述、王彥範隨後到來，剛要責問他們的叛逆行為，他們已經被亂棍打死。薛齊偓跳井自殺，撈出來斬了首級。誅滅劉季述、王仲先、王彥範、薛齊偓四個人的宗族，並且殺死他們的黨羽二十多人。宦官侍奉太子藏在左軍中，獻出傳國寶璽。昭宗說：「李裕年幼弱小，被兇惡的叛逆立為皇帝，不是他的罪過。」命令他回到東宮，貶黜為德王，恢復原名裕。初三日丙戌，以孫德昭為同平章事，充任靜海節度使，賜姓名為李繼昭。

正月初四日丁亥，朝廷進位崔胤為司徒，崔胤堅決推辭。昭宗對他更加寵信。〇初六日己丑，朱全忠得知劉季述等人已經被殺，便折斷程巖的雙腳，戴上刑具押送到京城，和劉希度、李奉本等都在京城市場被處死，從此朱全忠更加看重李振。

正月初七日庚寅，以周承誨為嶺南西道節度使，賜姓名為李繼誨，以董彥弼為寧遠節度使，賜姓李，都出任同平章事，周、董兩人和李繼昭都留在宮中守衛，十天才出宮回家一次。盡國庫所有賞賜給他們，當時人稱他們為「三使相」。

正月初十日癸巳，進朱全忠爵為東平王。

正月二十三日丙午，昭宗頒布敕令，說：「近年來宰相在延英殿奏事，樞密使在旁侍立，爭論紛紛。等到奏事完畢出來，又說皇上的旨意還未允當，再進行改動，弄權亂政。從今以後依照宣宗大中時的舊制，等宰相奏事完畢，樞密使方能進殿接受公事。」朝廷賜令左、右兩軍副使李師度、徐彥孫自盡，他們都是劉季述的同黨。

鳳翔、彰義節度使李茂貞前來朝見昭宗。加李茂貞守尚書令，兼任侍中，進爵為岐王。

劉季述、王仲先已死，崔胤、陸扆向昭宗進言說：「災禍變亂的發生，都是由於宦官掌管軍權。請求陛下下令由崔胤掌管左軍，陸扆掌管右軍，這樣藩鎮諸侯就不敢侵犯欺辱，王室能受到尊崇。」昭宗猶豫了兩天未能決定。李茂貞得知這一消息，生氣地說：「崔胤還沒有奪得軍權，已經想要消滅藩鎮啦！」昭宗召集李繼昭、李繼誨、李彥弼商議此事，他們都說：「我們好幾代在軍中任職，沒有聽說過書生可以擔任軍隊主帥。如果把軍隊歸屬於政府衙門，一定會有很多改變，不如把它歸於內侍省更為合適。」昭宗於是對崔胤、陸扆說：「將士們的意思不願隸屬於文臣，你們不要再堅持要求。」於是任命樞密使韓全誨、鳳翔監軍使張彥弘為左、右神策軍的中尉。韓全誨以前也是鳳翔監軍。又徵調已退休的前樞密使嚴遵美為兩軍中尉、觀軍容處置使。嚴遵美說：「一軍尚且不能掌管，更何況是兩軍呢！」堅決推辭，不肯出任。以袁易簡、周敬容為樞密使。

李茂貞離開京城返回鎮所。崔胤認為宦官掌管軍權，終究是心腹禍患，想用藩鎮的軍隊來牽制他們，勸說李茂貞留下三千名士兵在京城，充當皇宮的守衛，由李茂貞的養子李繼筠統率這支隊伍。左諫議大夫萬年人韓偓認為這樣不行，崔胤說：「士兵們自己不肯回去，不是我要留下他們。」韓偓說：「開始時為什麼要召他們前來呢？」崔胤無法回答。韓偓說：「留下這些士兵，則家庭和國家兩方都有危險，不留他們，則家庭和國家兩方都會平安。」崔胤不肯聽從。

朱全忠既服河北，欲先取河中以制河東。己亥❶，召諸將謂曰：「王珂駑材❷，恃太原，自驕汰❸。吾今斷長蛇之腰❹，諸君為我以一繩縛之！」庚子❺，遣張存敬將兵三萬自汜水❻度河出含山路❼以襲之，全忠以中軍繼其後。戊申❽，存敬至絳州❾。晉、絳不意❿其至，皆無守備。庚戌⓫，絳州刺史陶建釗降之。壬子⓬，晉州⓭刺史張漢瑜降之。全忠遣其將侯言守晉州，何絪守絳州，屯兵二萬以扼河東援兵之路。朝廷恐全忠西入關，急賜詔和解之。全忠不從。

珂遣間使⓮告急於李克用，道路相繼⓯，克用以汴人[1]先據晉、絳，兵不得進⓰。珂妻⓱遺李克用書曰：「兒旦暮為俘虜，大人何忍不救！」克用報曰：「今賊兵塞晉、絳，眾寡不敵，進則與汝兩亡，不若與王郎⓲舉族歸朝。」珂又遺李茂貞書，言：「天子新返正，詔藩鎮無得相攻，同獎⓳王室。今諸公[2]不顧詔命，首興兵相加，其心可見。河中若亡，則同華、邠、岐⓴俱不自保。天子神器㉑拱手授人，其勢必然矣。公宜亟㉒帥關中諸鎮兵，固守潼關㉓，赴救河中。僕自知不武㉔，願於公西偏授一小鎮，此地請公有之。關中安危，國祚㉕脩短㉖，繫公此舉，願審思之！」茂貞素無遠圖㉗，不報。

二月甲寅朔㉘，河東將李嗣昭攻澤州，拔之。

乙卯㉙，張存敬引兵發晉州。己未㉚，至河中，遂圍之。王珂勢窮，將奔京師，而人心離貳㉛，會浮梁㉜壞，流澌㉝塞河，舟行甚難，珂挈其族數百人[3]欲夜登舟，親諭守城者，皆不應。牙將劉訓曰：「今人情擾擾㉞，若夜出涉河㉟，必爭舟紛亂，一夫㊱作難，事不可知。不若且送款㊲存敬，徐圖向背㊳。」珂從之。壬戌㊴，珂植白幡㊵於城隅，遣使以牌印請降於存敬。存敬請開城，珂曰：「吾於朱公有家世事分㊶，請公退舍㊷，俟朱公至，吾自以城授之。」存敬從之，且使走白全忠。

乙丑㊸，全忠至洛陽，聞之喜㊹，馳往赴之。戊辰㊺，至虞鄉㊻，先哭於重榮之墓，盡哀㊼，河中人皆悅。珂欲面縛㊽牽羊㊾出迎，全忠遽使止之曰：「太師舅㊿之恩何可忘！若郎君如此，使僕異日何以見舅於九泉！」乃以常禮出迎，握手歔欷(51)，聯轡(52)入城。全忠表張存敬為護國軍留後，王珂舉族遷于大梁，其後全忠遣珂入朝，遣人殺之於華州。全忠聞張夫人(53)疾亟，遽自河中東歸。

李克用遣使以重幣54請修好於全忠。全忠雖遣使報之[4]，而忿55其書辭蹇傲56，決欲攻之。

【章　旨】以上為第七段，寫朱全忠收降王珂，得河中。

【注　釋】❶己亥　正月十六日。❷駑材　喻才能低下。駑，能力低下的馬。❸驕汰　驕傲奢侈。❹長蛇之腰　朱全忠把河東、河中兩鎮連横以通長安喻為長蛇，現取河中，是斷長蛇之腰。❺庚子　正月十七日。❻汜水　縣名，縣治在今河南滎陽西。❼含山路　鎮名，一名含口，在今山西絳縣南。❽戊申　正月二十五日。❾絳州　州名，治所在今山西新絳。❿不意　沒想到。⓫庚戌　正月二十七日。⓬壬子　正月二十九日。⓭晉州　州名，治所在今山西臨汾。⓮間使　祕密使者。⓯道路相繼　告急使者一個接一個派出。⓰兵不得進　太原西南六百多里至晉州，晉州南一百二十多里至絳州，絳州西南六十五里才至河中府，汴兵已屯晉、絳，可以遮前險，守後腰，故李克用兵不能進。⓱珂妻　李克用之女。⓲王郎　自晉以來，岳父呼婿為郎。⓳獎　輔佐。⓴同華邠岐　同華為韓建所鎮，邠州，李茂貞養子繼徽所鎮，岐州，李茂貞所鎮。㉑神器　帝位。㉒亟　急切。㉓潼關　關名，西薄華山，南臨商嶺，北距黃河，東接桃林，為陝西、山西、河南三省要衝，長安東邊門戶，歷代皆為軍事要地。㉔不武　不勇武。㉕國祚　帝王之位，國家的命運。㉖脩短　長短。㉗遠圖　長遠打算。㉘甲寅朔　二月初一日。㉙乙卯　二月初二日。㉚己未　二月初六日。㉛離貳　離散、有異心。㉜浮梁　蒲津的浮橋。河中府治河東縣，架浮橋以通河西，自此路西入長安。㉝流澌　江河解凍時流動的冰塊。㉞擾擾　紛亂。㉟涉河　渡過黃河。㊱一夫　一人。㊲款　歸順；投降。㊳徐圖向背　慢慢再考慮投降還是背叛。㊴壬戌　二月初九日。㊵白幡　白旗，以示投降。㊶家世事分　世家相親情分。王珂父親王重榮，朱全忠以舅事之。㊷退舍　後退駐紮。㊸乙丑　二月十二日。㊹聞之喜　聽說王珂投降而喜。㊺戊辰　二月十五日。㊻虞鄉　縣名，縣治在今山西永濟東。西距河中府六十里。㊼盡哀　哀痛之極。㊽面縛　兩手反綁於身背而面向前。㊾牽羊　古時戰敗者肉袒牽羊至對方軍門，表示降服。㊿太師舅　指王重榮。朱溫於唐僖宗中和二年（西元八八二年）舉同州降王重榮，唐以之為同華節度使，並賜名全忠。51歔欷　哀歎悲泣。52聯轡　騎馬並肩而行。53張夫人　朱全忠之妻。54重幣　豐厚的禮物。55忿　怨恨。56蹇傲　傲慢。

【校　記】①人　原作「兵」。據章鈺校，十二行本、乙十一行本皆作「人」，今從改。②諸公　原作「朱公」。據章鈺校，十二行本、乙十一行本、孔天胤本皆作「諸公」，今從改。③人　原無此字。據章鈺校，十二行本、乙十一行本、孔天胤本皆有此字，今據補。④之　原無此字。據章鈺校，十二行本、乙十一行本皆有此字，張敦仁《通鑑刊本識誤》同，今據補。

【語　譯】朱全忠已經降服河北，想要先攻取河中來牽制河東。正月十六日己亥，召集諸將領，對他們說：「王珂是個庸才，倚仗太原李克用，驕傲奢侈。我今天要攻取河中，斬斷長蛇的腰部，各位為我用一根繩子來捆住它！」十七日庚子，派遣張存敬率軍三萬人從汜水渡過黃河，出含山路去襲擊河中，朱全忠率領中軍緊隨其後。二十五日戊申，張存敬到達絳州。晉州、絳州沒有料到他們會突然到來，都沒有防守戒備。二十七日庚戌，絳州刺史陶建釗投降。二十九日壬子，晉州刺史張漢瑜投降。朱全忠派遣他的部將侯言守晉州，何絪守絳州，駐軍二萬人來控制河東李克用援軍的通道。朝廷害怕朱全忠西入潼關，急忙頒賜詔書要他們和解。朱全忠不聽。

王珂派遣密使到李克用那裡告急，先後派出的使者在路上接連不斷。李克用由於朱全忠的汴州百姓先佔據了晉州、絳州，援軍無法前進。王珂的妻子李氏送信給李克用說：「女兒早晚就要成為俘虜，父親大人怎麼忍心不來救我呢！」李克用回信說：「如今賊兵已經堵塞晉州、絳州，我的軍隊寡不敵眾，如果進兵就你我雙亡，不如你和王珂帶領全族回歸朝廷。」王珂又寫信給李茂貞說：「皇上剛剛復位，下詔命令藩鎮之間不得互相攻伐，要共同來輔佐王室。如今諸位不顧皇上的詔命，首先發兵進攻我，他的心思是可以想見的。河中假如滅亡，那麼同州、華州、邠州、岐州都不能自保。天子的皇位拱手送給朱全忠，成為必然的趨勢。您應當趕快統率關中各個藩鎮的軍隊，堅決守住潼關，前來救援河中。我自知不夠勇武，希望在您的西邊授給我一個小鎮，這個地方就歸您所有。關中的安危，國運的長短，都靠您這一舉動了，希望您仔細地想一想！」李茂貞一向沒有深遠的謀劃，沒有答覆王珂。

二月初一日甲寅，河東將領李嗣昭進攻澤州，攻取了澤州城。

二月初二日乙卯，張存敬率軍從晉州出發。初六日己未，到達河中，於是包圍了它。王珂形勢危急，將要逃往京城長安，但是人心離散，正趕上浮橋壞了，流冰阻塞河道，行船非常困難，王珂帶了他的家族幾百人想要在夜裡乘船渡河，他親自告訴守城的將士，都沒有反應。牙將劉訓對王珂說：「如今人心亂糟糟，假若夜裡出城渡河，一定會爭相上船，出現混亂，有一個人發難作亂，事情就難以預料了。不如暫且向張存敬表示歸服，然後慢慢考慮是投降還是反抗。」王珂聽從了劉訓的意見。初九日壬戌，王珂在城角豎起白旗，派遣使者拿著令牌印信向張存敬請求投降。張存敬要求打開城門，王珂說：「我和朱全忠兩家有親誼情分，請您後退駐紮，等朱全忠到來，我親自把這座城交給他。」張存敬同意了，並派使者跑去稟告朱全忠。

二月十二日乙丑，朱全忠到達洛陽，得知王珂投降非常高興，奔赴河中。十五日戊辰，到達虞鄉縣，先到王珂父親王重榮的墓前哭祭，哀痛之極，河中的人們都很高興。王珂打算捆綁雙手牽羊出城迎接，朱全忠急忙派人阻止他，說：「太師舅父的恩情怎麼可以忘記呢！假如你要這樣做，讓我以後如何在九泉之下見舅父呢！」於是王珂用通常的禮節出城迎接，兩人握手哀歎悲泣，然後並排騎馬入城。朱全忠上表朝廷請求任命張存敬為護國軍留後，王珂全族人被遷往大梁。後來朱全忠派遣王珂進京入朝，派人在華州殺死了他。朱全忠得知妻子張夫人病得很重，急忙從河中東歸汴州。

李克用派遣使者攜帶厚禮到朱全忠那裡請求重新和好。朱全忠雖然派出使者回覆，但是對他書信中詞語傲慢感到忿恨，決定要出兵攻打李克用。

以翰林學士、戶部侍郎王溥❶為中書侍郎、同平章事。以吏部侍郎裴樞❷為戶部侍郎、同平章事。溥，正雅之從孫也，常在崔胤幕府，故胤引之。

贈諡故睦王倚❸曰恭哀太子。○加幽州節度使劉仁恭、魏博節度使羅紹威並兼侍中。

三月癸未朔[4]，朱全忠至大梁。癸卯[5]，遣氏叔琮等將兵五萬攻李克用，入自太行，魏博都將張文恭入自磁州[6]新口[7]，葛從周以兗、鄆兵會成德兵[8]入自土門[9]，洺州刺史張歸厚入自馬嶺[10]，義武節度使王處直入自飛狐[11]，權知晉州侯言以慈、隰[12]、晉、絳兵入自陰地[13]。叔琮入天井關[14]，進軍昂車[15]。辛亥[16]，沁州[17]刺史蔡訓以城降。河東都將蓋璋詣侯言降，即令權知沁州。壬子[18]，叔琮拔澤州，刺史【1】李存璋棄城走。叔琮進攻潞州，昭義節度使孟遷降之。河東屯將李審建、王周將步軍一萬、騎二千詣叔琮降。叔琮進趣晉陽。夏，四月乙卯[19]，叔琮出石會關[20]，營於洞渦驛[21]。張歸厚引兵至遼州。丁巳[22]，遼州刺史張鄂降。別將白奉國會成德兵自井陘[23]入。己未[24]，拔承天軍[25]，與叔琮烽火相應。

甲戌[26]，上謁太廟[27]。丁丑[28]，赦天下，改元[29]。雪[30]王涯[31]等十七家。

初，楊復恭為中尉，借度支[32]賣麴[33]之利一年【2】以贍兩軍，自是不復肯[34]歸。至是，崔胤草赦[35]，欲抑[36]宦官，聽酤者[37]自造麴，但月輸[38]榷酤錢[39]。兩軍先所造麴，趣令減價賣之，過七月無得復賣。

東川節度使王宗滌以疾求代，王建表馬步使王宗裕為留後。

氏叔琮等引兵抵晉陽城下，數挑戰，城中大恐。李克用登城備禦，不遑[40]飲食。時大雨積旬，城多頹壞，隨加完補。河東將李嗣昭、李嗣源鑿暗門，夜出攻汴壘，屢有殺獲，李存進敗汴軍於洞渦。時汴軍既眾，芻糧㊶不給，久雨，士卒瘧利㊷，全忠乃召兵還。五月，叔琮等自石會關歸，諸道軍亦退。河東將周德威、李嗣昭以精騎五千躡㊸之，殺獲甚眾。先是，汾州刺史李瑭舉州附於汴軍，克用遣其將李存審攻之，三日而拔，執瑭，斬之。氏叔琮過上黨㊹，孟遷挈族隨之南徙。朱全忠遣丁會代守潞州。

朱全忠奏乞除河中節度使，而諷吏民請己為帥。癸卯㊺，以全忠為宣武、宣義、天平、護國四鎮節度使㊻。

【章旨】以上為第八段，寫朱全忠進兵太原，大敗李克用，遇雨退軍。朱全忠兼領宣武、宣義、天平、護國四鎮節度使。

【注釋】❶王溥　（？—西元九〇五年）字德潤，唐文宗朝大理卿王正雅的姪孫。官至翰林學士、戶部侍郎，入相判戶部。後被朱全忠殺害。傳見《新唐書》卷一百八十二。❷裴樞　（西元八四〇—九〇五年）字紀聖，咸通十二年（西元八七一年）登進士第。結納朱全忠，官至宰相。後忤全忠意，遭殺戮被投屍於河。傳附《舊唐書》卷一百十三、《新唐書》卷一百四十〈裴遵慶傳〉。❸睦王倚　昭宗弟李倚，為宦官劉季述等人所殺。事見上年。❹癸未朔　三月初一日。❺癸卯　三月二十一日。❻磁州　州名，治所在今河北磁縣。❼新口　鎮名，在磁州武安縣境。唐武宗會昌三年（西元八四三年）討伐劉稹，自遼州開新路，達於武安縣，故名新口。❽成德兵　即王鎔的鎮州兵。❾土門　鎮名，即井陘口，在今河北井陘東。❿馬嶺　鎮名，在今山西昔陽東南一百里，為守險之地。⓫飛狐　古道路名，亦稱飛狐陘，是著名的太行八陘之一。自今河北淶源至蔚縣，全程約七十公里。⑫慈隰　皆州名，慈州治所在今山西吉縣，隰州治所在今山西隰縣。⑬陰地　鎮名，在今河南盧氏東北。⑭天井關　關名，在今山西晉城南。⑮昂車　關名，在澤州昂車嶺。⑯辛亥　三月二十九日。⑰沁州　州名，治所在今山西沁源。⑱壬子　三月三十日。⑲乙卯　四月初三日。⑳石會關　關名，在今山西太谷南。㉑洞渦驛　鎮名，臨洞渦水，在今太原南。㉒丁巳　四月初五日。㉓井陘　縣名，縣治在今河北井陘西。㉔己未　四月初七日。㉕承天軍　在山西平定東八十五里，一名承天寨。㉖甲戌　四月二十二日。㉗太廟　天子的祖廟。㉘丁丑　四月二十五日。㉙改元　改元天復。㉚雪　昭雪。㉛王涯　（？—西元八三五年）唐文宗朝宰相。文宗太和九年甘露之變事敗後被殺，同時被殺的有宰相李訓、節度使鄭注等十餘家。崔胤欲誅宦官，故先給王涯等昭雪。傳見《舊唐書》卷一百六十九、《新唐書》卷一百七十九。㉜度支　官名，掌管全國財賦的統計和支調。㉝麴　釀酒時用以發酵的酒麴。㉞肯　願意。㉟草赦　起草赦文。㊱抑　抑制；限制。㊲酤者　賣酒的人。㊳輸　交納。㊴榷酤錢　對酒類銷售徵收的專項稅費。㊵遑　閒暇。㊶芻糧　糧草。㊷瘧利　瘧疾和痢疾。利，通「痢」。㊸躡　跟蹤；隨後追趕。㊹上黨　郡名，潞州上黨郡，治所在今山西長治。㊺癸卯　五月二十二日。㊻四鎮節度使　宣武、宣義、天平、護國四鎮所轄範圍，自蒲州、陝州以東，至於海，南到淮河，北至黃河，諸鎮皆為朱全忠所有。

【校　記】[1]刺史　原無此二字。據章鈺校，十二行本、乙十一行本、孔天胤本皆有此二字，張敦仁《通鑑刊本識誤》、張瑛《通鑑校勘記》同，今據補。[2]之利一年　原作「一年之利」。據章鈺校，十二行本、乙十一行本、孔天胤本皆作「之利一年」，今從改。

【語　譯】以翰林學士、戶部侍郎王溥為中書侍郎、同平章事，以吏部侍郎裴樞為戶部侍郎、同平章事。王溥是王正雅的從孫，經常出入崔胤的幕府，所以崔胤推薦他。

追贈已故睦王李倚諡號為恭哀太子。〇加幽州節度使劉仁恭、魏博節度使羅紹威都兼任侍中。

三月初一日癸未，朱全忠到達大梁。二十一日癸卯，派遣氏叔琮等人率軍五萬人進攻李克用，經太行山進軍；魏博都將張文恭從磁州的新口進軍；葛從周率領兗州、鄆州軍隊會合成德的軍隊從土門進軍；洺州刺史張歸厚從馬嶺進軍；義武節度使王處直由飛狐道進軍；暫時代理晉州刺史的侯言率領慈州、隰州、晉州、絳州的軍隊從陰地關進軍。氏叔琮進入天井關後，進軍昂車關。二十九日辛亥，沁州刺史蔡訓獻城投降。河東都將蓋璋去向侯言投降，侯言立刻命令他暫時代理沁州刺史。三十日壬子，氏叔琮攻取澤州，刺史李存璋放棄城池逃走。氏叔琮進攻潞州，昭義節度使孟遷向他投降。河東駐軍將領李審建、王周率領步兵一萬人、騎兵二千人去向氏叔琮投降。氏叔琮進兵趕往晉陽。夏，四月初三日乙卯，氏叔琮出石會關，到洞渦驛紮營。張歸厚率軍到達遼州。初五日丁巳，遼州刺史張鄂投降。別將白奉國會合成德的軍隊從井陘進入。初七日己未，攻取承天軍，與氏叔琮軍隊點燃烽火互相呼應。

四月二十二日甲戌，昭宗到太廟拜謁。二十五日丁丑，大赦天下，改年號為天復。為文宗時被殺的王涯等十七家平反昭雪。

當初，楊復恭擔任中尉，借用度支使專賣酒麴一年的所得利潤來供養左、右神策軍，從此以後就不肯再歸還。到這時候，崔胤起草赦文，想要抑制宦官，聽任賣酒的人自己製造酒麴，只要每月交納酒稅金。左、右神策軍先前所控制的酒麴，催促他們減價出售，過了七月，就不得再賣。

東川節度使王宗滌因為患病請求派人代替他，王建上表請求任命馬步使王宗裕為東川留後。

氏叔琮等人率軍抵達晉陽城下，多次挑戰，城中軍民十分恐慌。李克用登上城牆布置守衛，連吃飯、喝水都顧不上。當時大雨一連下了十多天，城牆有多處地方坍塌毀壞，守軍隨即加以修補完備。河東將領李嗣昭、李嗣源開鑿暗門，在夜間出來進攻汴州軍的營壘，多次有殺傷俘獲。李存進在洞渦驛擊敗汴州軍。這時汴州軍出動的人馬眾多，糧草供應不上，加上長時間下雨，士兵患瘧疾和痢疾，朱全忠便召回了軍隊。五月，氏叔琮等自石會關返回，其他各道軍隊也陸續退走。河東將領周德威、李嗣昭率領精銳騎兵五千人跟蹤追擊，斬殺俘獲很多。先前，汾州刺史李瑭獻上汾州歸附於汴州軍，此時，李克用派遣他的部將李存審去攻打他，三天就攻取了汾州，抓住李瑭，把他殺了。氏叔琮經過上黨，孟遷帶領全族隨他向南遷徙。朱全忠派遣丁會代孟遷守潞州。

朱全忠向朝廷上奏請求委派河中節度使，而暗中示意官吏、百姓請讓自己出任河中主帥。五月二十二日癸卯，任命朱全忠為宣武、宣義、天平、護國四鎮節度使。

己酉❶，加鎮海、鎮東❷節度使錢鏐守侍中。

崔胤之罷兩軍賣麴也，并近鎮❸亦禁之。李茂貞惜其利，表乞入朝論奏❹，韓全誨請許之。茂貞至京師，全誨深與相結。崔胤始懼，陰厚朱全忠益甚，與茂貞為仇敵矣。◯以佑國節度使張全義兼中書令。

六月癸亥❺，朱全忠如河中。

上之返正也，中書舍人❻令狐渙❼、給事中韓偓皆預其謀，故擢為翰林學士，數召對，訪以機密。渙，綯之子也。時上悉以軍國事委崔胤，每奏事，上與之從容，或至然❽燭。宦官畏之側目，事無大小[1]，皆咨❾胤而後行。胤志欲盡除之，韓偓屢諫曰：「事禁❿太甚。此輩亦不可全無，恐其黨迫切，更生他變。」胤不從。丁卯⓫，上獨召偓，問曰：「敕使⓬中為惡者如林，何以處之？」對曰：「東內之難⓭[2]，敕使誰非同惡！處之當在正旦⓮，今已失其時矣。」上曰：「當是時，卿何不為崔胤言之？」對曰：「臣見陛下詔書云，『自劉季述等四家之外，其餘一無所問。』夫人主所重，莫大於信，既下此詔，則守之宜堅。若復戮⓯一人，則人人懼死矣。然後來所去者已為不少，此其所以恟恟⓰不安也。陛下不若擇其尤無良者⓱數人，明示其罪，置之於法，然後撫諭其餘曰：『吾恐爾曹謂吾心有所貯⑱，自今可無疑矣。』乃擇其忠厚者使為之長。其徒有善則獎之，有罪則懲之，咸自安矣。今此曹在公私⑲者以萬數，豈可盡誅邪！夫帝王之道，當以重厚⑳鎮之，公正御㉑之，至於瑣細機巧，此機生則彼機應矣，終不能成大功，所謂理絲而棼㉒之者也。況今朝廷之權，散在四方，苟能先收此權，則事無不可為者矣。」上深以為然，曰：「此事終以屬㉓卿。」

李克用遣其將李嗣昭、周德威將兵出陰地關，攻隰州㉔，刺史唐禮降之。進攻慈州㉕，刺史張瓌降之。

閏月㉖，以河陽節度使丁會為昭義節度使，孟遷為河陽節度使，從朱全忠之請也。

道士杜從法以妖妄誘昌、普、合㉗三州民作亂，王建遣行營兵馬使王宗黯將兵三萬會東川、武信㉘兵討之。宗黯，即吉諫也。

崔胤請上盡誅宦官，但以宮人掌內諸司㉙事。宦官屬耳㉚，頗聞之，韓全誨等涕泣求哀於上，上乃令胤，「有事封疏以聞，勿口奏。」宦官求美女知書者數人，內㉛之宮中，陰令詗察其事，盡得胤密謀，上不之覺也。全誨等大懼，每宴聚，流涕相訣別㉜，日夜謀所以去胤之術。胤時領三司㉝使，全誨等教禁軍對上諠譟，訴胤減損冬衣。上不得已，解胤鹽鐵使。

時朱全忠、李茂貞各有挾天子令諸侯之意，全忠欲上幸東都，茂貞欲上幸鳳翔。胤知謀泄，事急，遺朱全忠書，稱被密詔，令全忠以兵迎車駕，且言：「昨者返正，皆令公㉞良圖，而鳳翔先入朝抄取㉟其功。今不速來，必成罪人，豈惟功為它人所有，且見㊱征討矣！」全忠得書，秋，七月甲寅㊲，遽歸大梁發兵。

西川龍臺鎮㊳使王宗侃等討杜從法，平之。

八月甲申㊴，上問韓偓曰：「聞陸扆不樂吾返正，正日易服㊵，乘小馬出啓夏門㊶，有諸？」對曰：「返正之謀，獨臣與崔胤輩數人知之，扆不知也。一旦忽聞宮中有變，人情能不驚駭！易服逃避，何妨有之！陛下責其為宰相無死難之志則可也，至於不樂返正，恐出於[3]讒人㊷之口，願陛下察之！」上乃止。

【章旨】以上為第九段，寫崔胤力主盡誅宦官，韓偓主張懲其首惡，唐昭宗依違其間，取禍之道。

【注釋】❶己酉　五月二十八日。❷鎮東　方鎮名，唐僖宗中和三年（西元八八三年）升浙江東道為義勝軍節度使，光啓三年（西元八八七年）改為威勝軍節度使，乾寧三年（西元八九六年）改為鎮東節度使。❸近鎮　京畿附近的方鎮。❹論奏　上奏論述自己意見。李茂貞在鳳翔，屬近鎮，故爭賣麴之利。❺癸亥　六月十三日。❻中書舍人　官名，員六人，正五品上。中書省屬官，掌管草擬詔令、侍從、參議政務、接納上奏文表等事。❼令狐渙　唐宣宗朝宰相令狐綯之子。官至中書舍人。傳附《舊唐書》卷一百七十二、《新唐書》卷一百六十六〈令狐楚傳〉。❽然　通「燃」。❾咨　諮詢。❿禁　制止。⓫丁卯六月十七日。⑫敕使　宦官。⑬東內之難　指劉季述廢昭宗之事。東內，即大明宮，因位太極宮之東，故稱。唐高宗後多以此為政治活動場所。⑭正旦　正月初一，指誅劉季述等人之時。⑮復戮　再殺。⑯忷忷　紛擾不安的樣子。⑰尤無良者　尤其不好的人；最壞的人。⑱貯　蓄藏。⑲公私　「公」指在職宦官，「私」指宦官私養的義子，或不在職的宦者。⑳重厚　優厚的待遇。㉑御　控制。㉒理絲而棼　整理亂絲不找出頭緒，會越弄越亂。棼，紛亂。語出《左傳》隱公四年魯大夫眾仲答魯隱公語：「臣聞以德和民，不聞以亂；以亂，猶治絲而棼之也。」比喻解決問題的方法不對頭，反而會將問題搞得更加複雜。㉓屬　託付。㉔隰州　州治在今山西隰縣。㉕慈州　州治在今山西吉縣。㉖閏月　閏六月。㉗昌普合　皆州名，昌州治所在今重慶市大足，普州治所在今四川安岳，合州治所在今重慶市合川區。㉘武信　方鎮名，昭宗乾寧四年（西元八九七年）置武信軍節度使，領遂、合、昌、渝、瀘五州。治所遂州，在今四川遂寧。㉙內諸司　宮內諸司。時宦官分領內諸司使。㉚屬耳　竊聽。㉛內　納。㉜訣別　指不再相見的告別，可見宦官們的悲觀情緒。㉝三司　戶部、度支、鹽鐵。㉞令公　朱全忠時進檢校太師兼中書令，故稱。㉟抄取　奪取。㊱見　被。㊲甲寅　七月初五日。㊳龍臺鎮　鎮名，在普州安岳縣，今四川安岳東。㊴甲申　八月初五日。㊵易服　更換服裝。㊶啓夏門　京城南面東數第一門。㊷讒人　進讒言之人。

【校　記】[1]事無大小　原無此四字。據章鈺校，十二行本、乙十一行本、孔天胤本皆有此四字，張敦仁《通鑑刊本識誤》、張瑛《通鑑校勘記》同，今據補。[2]難　原作「變」。據章鈺校，十二行本、乙十一行本皆作「難」，今從改。[3]於　原無此字。據章鈺校，十二行本、乙十一行本皆有此字，今據補。

【語　譯】五月二十八日己酉，加任鎮海、鎮東節度使錢鏐代理侍中。

崔胤停止左、右神策軍專賣酒麴，連同附近各藩鎮專賣酒麴的權利也一併禁止。李茂貞捨不得這個專賣權利，上表要求到朝廷上奏論述道理，韓全誨請求昭宗答應他的要求。李茂貞到了京城，韓全誨與他深為交結。崔胤開始害怕起來，暗中更加厚待朱全忠，與李茂貞成為仇敵。○任命佑國節度使張全義兼任中書令。

六月十三日癸亥，朱全忠前往河中。

昭宗恢復皇位，中書舍人令狐渙、給事中韓偓都曾參與謀劃，因此被提拔為翰林學士，多次被召進宮中回答問題，詢問國家機密大事。令狐渙，是令狐綯的兒子。當時昭宗把軍國事務委託給崔胤，每次奏事，昭宗和他從容商議，有時談到天黑點起蠟燭。宦官們對他怕得不敢正眼相看，無論大小事，都要先問過崔胤後再去執行。崔胤的想法是打算全部除掉宦官，韓偓多次規勸崔胤，說：「事情不要做得太過分。這些人也不能完全沒有，恐怕他們的同黨因為逼迫太緊，再生出其他變亂。」崔胤不聽。六月十七日丁卯，昭宗單獨召見韓偓，問道：「宦官中做壞事的很多，怎麼來處理他們呢？」韓偓回答說：「東內發生的變亂，這些宦官哪一個不是共同做惡的呢！處理他們應當在正月初一誅殺劉季述等人的時候，現在已經失去時機了。」昭宗說：「在那個時候，你為什麼不對崔胤說呢？」韓偓回答道：「我看到皇上的詔書說，『自劉季述等四家以外，其餘一個也不問罪。』對皇上來說，最重要的莫大於信譽，既然已經頒下了這樣的詔書，就要堅決來遵守。假如再多殺一個人，那麼人人都害怕被處死。可是後來所殺的人已經不少，這就是他們所以紛擾不安的原因。皇上您不如選擇他們中間特別壞的幾個人，明白宣布他們的罪狀，依法懲治他們，然後安撫曉諭其餘的人說：『我擔心你們說我懷恨在心，從今以後可以沒有疑慮了。』於是選擇他們中忠厚老實的人擔任長官，其他人表現好的就給予獎勵，有罪過的就加以懲處，這樣都可以安定下來了。現在宦官在官府和私家的數以萬計，怎麼可以全部殺死他們呢！按照帝王之道，應該是用優厚的待遇安定他們，公正的態度駕御他們。至於那些瑣碎細小的權術，此生彼應，終究不能成就大的功業，這就是所謂想整理蠶絲結果越理越亂的道理。況且如今朝廷的權力分散在四方，如果能先把這些權力收回來，那麼事情就沒有不可以辦的了。」昭宗認為他的話很對，說：「這件事終究要託付給你。」

李克用派遣他的部將李嗣昭、周德威率軍從陰地關出發，進攻隰州，刺史唐禮投降；進攻慈州，刺史張瓌投降。

閏六月，以河陽節度使丁會為昭義節度使，孟遷為河陽節度使，這是遵從朱全忠的請求。

道士杜從法用妖法妄言引誘昌州、普州、合州的百姓作亂。王建派遣行營兵馬使王宗黯率軍三萬人會合東川、武信的軍隊前去討伐他們。王宗黯就是吉諫。

崔胤請昭宗把宦官全部殺死，只用宮人掌管宮內各司的事務。宦官竊聽，得知了很多消息，韓全誨等人哭泣著哀求昭宗，昭宗於是命令崔胤說：「有事情寫成奏疏密封後送上來，不要再口頭上奏了。」宦官尋訪知書識字的美女數人，送進宮中，暗中叫她們刺探這件事，全部得知了崔胤的密謀，昭宗沒有察覺。韓全誨等人十分恐懼，每次宴飲聚會，都流著眼淚互相訣別，日夜謀劃能除去崔胤的策略。崔胤當時領戶部、度支、鹽鐵三司使，韓全誨等人教唆禁軍向昭宗喧譁鼓噪，控訴崔胤扣減他們冬衣。昭宗不得已，解除崔胤所領鹽鐵使的職務。

這時朱全忠、李茂貞各有挾天子以令諸侯的想法，朱全忠想讓昭宗到東都洛陽去，李茂貞想讓昭宗到鳳翔去。崔胤知道密謀已經洩漏，事情急迫，便寫信給朱全忠，假稱受有密詔，命令朱全忠派遣軍隊來迎接昭宗，並且說：「前些時候皇上能復位，都是您的良策，可是鳳翔李茂貞卻搶先入朝來奪取功勞。現在您不盡快趕來，必定會成為罪人，不只是功勞被別人佔去，而且要被討伐！」朱全忠收到書信，秋，七月初五日甲寅，趕緊返回大梁發兵。

西川龍臺鎮使王宗侃等討伐杜從法，平定他的叛亂。

八月初五日甲申，昭宗問韓偓說：「聽說陸扆不樂意我復位，在元旦那天改換服裝，騎著小馬出了啓夏門，可有這件事嗎？」韓偓回答說：「陛下復位的謀劃，只有我和崔胤等幾個人知道，陸扆是不知道的。突然間得知宮中發生變亂，按照常情怎麼可能不驚慌害怕呢！改換服裝逃避，又有何妨呢！陛下責備他身為宰相沒有以死赴難的志向是可以的，至於說他不樂意陛下復位，恐怕是出於讒佞小人之口，願陛下明察這件事！」昭宗於是停止追查。

韓全誨等懼誅，謀以兵制上❶，乃與李繼昭、李繼誨、李彥弼、李繼筠深相結，繼昭獨不肯從，它日，上問韓偓：「外間何所聞？」對曰：「惟聞敕使憂懼，與功臣❷及繼筠交結，將致❸不安，亦未知其果然不❹耳。」上曰：「是不虛矣。比日❺繼誨、彥弼輩語漸倔強❻，令人難耐。令狐渙欲令朕召崔胤及全誨等於內殿，置酒和解之，何如？」對曰：「如此則彼凶悖❼益甚。」上曰：「為之柰何？」對曰：「獨有顯罪❽數人，速加竄逐❾，餘者許其自新，庶幾❿可息。若一無所問，彼必知陛下心有所貯，益不自安，事終未了耳。」上曰：「善！」既而⓫宦官自恃黨援⓬已成，稍⓭不遵敕旨。上或出之使監軍，或黜守諸陵⓮，皆不行，上無如之何。

或告楊行密云，錢鏐為盜所殺。行密遣步軍都指揮使李神福等將兵取杭州，兩浙將顧全武等列八寨以拒之。

九月癸丑⓯，上急召韓偓，謂曰：「聞全忠欲來除君側之惡⓰，大是盡忠，然須令與茂貞共其功。若兩帥交爭，則事危矣。卿為我語⓱崔胤，速飛書⓲兩鎮，使相與合謀，則善矣。」壬戌⓳，上又謂偓曰：「繼誨、彥弼輩驕橫益甚，累日⓴前與繼筠同入，輒㉑於殿東令小兒歌以侑酒㉒，令人驚駭。」對曰：「臣必知其然；茲事失之於初。當正旦立功之時㉓，但應以官爵、田宅、金帛酬之，不應聽㉔其恣[1]出入禁中。此輩素無知識，數求入對，或妄論朝政[2]，或[3]僭易㉕薦人，稍有不從，則生怨望；況惟知嗜利㉖，為敕使以厚利雇之㉗，今其如此耳。崔胤本留衛兵㉘，欲以制敕使也，今敕使、衛兵相與為一，將若之何！汴兵若來，必與岐兵鬬於闕下，臣竊寒心。」上但愀然㉙憂沮㉚而已。

冬，十月戊戌㉛，朱全忠大舉兵發大梁。

李神福與顧全武相拒久之，神福獲杭俘，使出入臥內。神福謂諸將曰：「杭兵尚彊，我師且當夜還。」杭俘走告㉜全武，神福命勿追，暮遣羸兵㉝先行，神福為殿㉞，使行營都尉呂師造伏兵青山㉟下。全武素輕神福，出兵追之；神福、師造夾擊，大破之，斬首五千級，生擒全武。錢鏐聞之，驚泣曰：「喪我良將！」神福進攻臨安㊱；兩浙將秦昶帥眾三千降之。

韓全誨聞朱全忠將至，丁酉㊲，令李繼筠、李彥弼等勒兵劫上，請幸鳳翔，宮禁諸門皆增兵防守，人及文書出入搜閱甚嚴。上遣人密賜崔胤御札，言皆悽愴㊳，末云：「我為宗社㊴大計，勢須西行㊵，卿等但東行㊶也。惆悵㊷，惆悵！」

戊戌㊸，上遣趙國夫人出語韓偓㊹：「朝來彥弼輩無禮極甚，欲召卿對，其勢未可。」且言：「上與皇后但涕泣相向。」自是，學士㊺不復得對矣。

癸卯㊻，全誨[4]等令上入閤㊼召百官，追寢㊽正月丙午敕書㊾，悉如咸通㊿以來近例。是日，開延英，全誨等即侍側，同議政事。○丁未(51)，神策都指揮使李繼筠遣部兵掠內庫(52)寶貨、帷帳、法物(53)，韓全誨遣人密送諸王、宮人先之鳳翔。○戊申(54)，朱全忠至河中，表請車駕幸東都，京城大駭，士民亡竄山谷。是日，百官皆不入朝，闕前寂無人。

十一月己酉朔(55)，李繼筠等勒兵闕下，禁人出入，諸軍大掠。士民衣紙及布襦者，滿街極目(56)。韓建以幕僚司馬鄴(57)知匡國留後。朱全忠引(58)四鎮兵(59)七萬趣同州，鄴迎降。

韓全誨等以李繼昭不與之同，遏絕(60)不令見上。時崔胤居第在開化坊(61)，繼昭帥所部六千[5]餘人，及關東諸道兵在京師者共守衛之。百官及士民避亂者，皆往依之(62)。庚戌(63)，上遣供奉官張紹孫召百官，崔胤等皆表辭不至。

壬子(64)，韓全誨等陳兵殿前，言於上曰：「全忠以大兵逼京師，欲劫天子幸洛陽，求傳禪(65)。臣等請奉陛下幸鳳翔，收兵拒之。」上不許，杖劍(66)登乞巧樓。全誨等逼上下樓，上行纔及壽春殿(67)，李彥弼已於御院(68)縱火。是日冬至，上獨坐思政殿，翹一足，一足蹋(69)闌干(70)，庭無羣臣，旁無侍者。頃之，不得已，與皇后、妃嬪、諸王百餘人皆上馬，慟哭聲不絕，出門，回顧禁中，火已赫然(71)。

是夕，宿鄠縣(72)。

朱全忠遣司馬鄴入華州，謂韓建曰：「公不早知過自歸，又煩此軍少留城下矣。」是日，全忠自故市(73)引兵南渡渭，韓建遣節度副使李巨川(74)請降，獻銀三萬兩助軍。全忠乃西南趣赤水(75)。

癸丑(76)，李茂貞迎車駕於田家碨(77)，上下馬慰接之。甲寅(78)，車駕至盩厔(79)。

乙卯(80)，留一日。

【章旨】以上為第十段，寫朱全忠與李茂貞爭天子以令諸侯，朱全忠發兵西指，韓全誨與岐兵劫持昭宗西幸鳳翔，宮城再度被付之一炬。

【注釋】①制上　控制昭宗。②功臣　指李繼昭、李繼誨、李彥弼。③致　招來。④不　通「否」。⑤比日　近日。⑥倔強　剛強固執。⑦凶悖　兇惡狂傲。⑧顯罪　明顯有罪。⑨竄逐　放逐；流放。⑩庶幾　也許可以；差不多。⑪既而　不久之後。⑫黨援　結黨互相援助。⑬稍　漸漸。⑭黜守諸陵　貶斥去守諸皇陵。⑮癸丑　九月初五日。⑯君側之惡　君主左右的惡人。⑰語　告訴。⑱飛書　飛遞書信。⑲壬戌　九月十四日。⑳累日　多日。㉑輒　就。㉒侑酒　佐酒。㉓正旦立功之時　謂誅劉季述、王仲先，迎昭宗返正之時。㉔聽　聽任。㉕僭易　冒昧。㉖嗜利　貪利。㉗以厚利雇之　指韓全誨以厚利引誘李繼誨、李彥弼，使二人為其所用，如同受雇用一樣。㉘衛兵　指岐州兵。當時崔胤留岐州兵，目的是為了牽制宦官。㉙愀然　憂愁的樣子。㉚憂沮　憂愁沮喪。㉛戊戌　十月二十日。㉜走告　放縱杭俘逃走，讓其告訴顧全武李神福當夜撤兵的消息。㉝羸兵　老弱之兵。㉞殿　走在最後。㉟青山　鎮名，在臨安東。㊱臨安　縣名，縣治在今浙江臨安北。為錢鏐所起之地。㊲丁酉　十月十九日。㊳悽愴　淒慘悲傷。㊴宗社　宗廟和社稷。㊵西行　謂將幸鳳翔。㊶東行　使崔胤等東行，意在催促朱全忠進兵。㊷惆悵　因失意而傷感、懊惱。㊸戊戌　十月二十日。㊹上遣趙國夫人出語韓偓　昭宗命宮人出至學士院把宮廷變故通告韓偓。趙國夫人，名寵顏。㊺學士　翰林學士。㊻癸卯　十月二十五日。㊼入閤　唐代皇帝大朝會在含光殿，朔望大冊拜在宣政殿，稱為正衙。單日視朝在紫宸殿，稱為上閤，又叫內衙。正衙有仗，開紫宸則呼仗自東西閤門入，在衙候朝的百官，因跟隨入見叫入閤。㊽追寢　追回廢止。㊾正月丙午敕書　指依大中舊制，宰相奏事畢，樞密使方得升殿承受公事的敕書。㊿咸通　唐懿宗年號（西元八六〇—八七四年）。51丁未　十月二十九日。52內庫　皇宮的府庫。53法物　帝王儀仗隊所用的器物。54戊申　十月三十日。55己酉朔　十一月初一。56士民衣紙及布襦者二句　士民穿紙做的衣服及短布衣的，滿街都是，望不到邊。襦，短衣。57司馬鄴　字表仁。原為韓建部屬，為同州節度留後。入梁，官至右武衛上將軍。傳見《舊五代史》卷二十。58引　率領。59四鎮兵　即宣武、宣義、天平、護國等四鎮兵。60遏絕　阻止斷絕。61開化坊　長安街市名，在朱雀門南。62依之　依附李繼昭之兵以避禁兵及岐兵暴掠。63庚戌　十一月初二日。64壬子　十一月初四日。65傳禪　傳讓帝王之位。66杖劍　持劍。杖，通「仗」。67壽春殿　唐大明宮殿堂之一。68御院　天子及后妃所居之地。69蹋　同「踏」。70闌干　即殿檻。71赫然　這裡形容火勢很大的樣子。72鄠縣　縣名，縣治在今陝西戶縣。在唐長安西南六十里。73故市　鎮名，在陝西渭南北。路通大荔、蒲城、富平三縣，為渭北交通要地。74李巨川　（？—西元九〇一年）字下己，隴右（今青海樂都）人，乾符中進士。王重榮鎮河中時，為掌書記，文思敏速，聞名天下。後從韓建，昭宗深重之，授諫議大夫。傳見《舊唐書》卷一百九十下、《新唐書》卷二百二十四下。75赤水　鎮名，在陝西渭南東二十五里。分東西二鎮，濱赤水，西鎮屬渭南，東鎮屬華縣，為往來要道。76癸丑　十一月初五日。77田家磑　村鎮名。78甲寅　十一月初六日。79盩厔　縣名，縣治在今陝西周至。80乙卯　十一月初七日。

**【校記】** 1恣　原無此字。據章鈺校，十二行本、乙十一行本皆有此字，張敦仁《通鑑刊本識誤》同，今據補。2或妄論朝政　原無此五字。據章鈺校，十二行本、乙十一行本皆有此五字，張敦仁《通鑑刊本識誤》、張瑛《通鑑校勘記》同，今據補。3或　據章鈺校，孔天胤本作「輒」。4全誨　原作「韓全誨」。據章鈺校，十二行本、乙十一行本皆無「韓」字，今據刪。5六千　原作「六十」。胡三省注云：「『六十』當作『六千』。」據章鈺校，十二行本作「六千」，當是，今從改。

**【語譯】** 韓全誨等人害怕被殺，密謀用武力來脅迫昭宗，於是與李繼昭、李繼誨、李彥弼、李繼筠等互相緊密勾結，只有李繼昭不肯順從。有一天，昭宗問韓偓：「外邊聽到些什麼消息？」韓偓回答說：「只聽說宦官們憂愁害怕，和功臣李繼昭、李繼誨、李彥弼以及李繼筠勾結，將要導致局勢不安，也不知道這是不是真的。」昭宗說：「這事不會是假的了。近日李繼誨、李彥弼等人說話逐漸強硬固執，令人難以忍受。令狐渙想要我召集崔胤及韓全誨等人到內殿來，設置酒宴讓他們和解，怎麼樣？」韓偓回答說：「這樣的話，他們就會更加兇暴悖逆。」昭宗說：「那該怎麼辦呢？」韓偓說：「惟獨幾個明顯有罪的人，迅速把他們放逐出去，其餘的人允許他們改過自新，或許可以平息。如果一個也不問罪，他們必定知道陛下懷恨在心，更加不會自己安下心來，事情終究不能了結。」昭宗說：「好！」不久，宦官們倚仗黨援已經結成，漸漸不遵守詔令旨意。昭宗把他們有的派出去做監軍，有的貶斥去守護皇家陵寢，但他們都不去，昭宗拿他們也沒有辦法。

有人告訴楊行密說，錢鏐被盜賊殺死了。楊行密派遣步軍都指揮使李神福等率軍去攻打杭州。兩浙將領顧全武等排列八個營寨進行抵抗。

九月初五日癸丑，昭宗緊急召見韓偓，對他說：「聽說朱全忠想要來京城清除我身旁的惡人，確實是盡忠心，然而必須命令他和李茂貞共同建立這個功勞。如果兩帥互相爭鬥，那麼事態就危險了。你替我告訴崔胤，要他火速用緊急文書告知朱全忠和李茂貞，使他們能相互合作謀劃，那就好了。」十四日壬戌，昭宗又對韓偓說：「李繼誨、李彥弼等人驕傲專橫日益嚴重，幾天前與李繼筠一同入宮，就在宮殿東邊命令宮中雜役唱歌勸酒，令人驚駭。」韓偓回答說：「臣早知道他們會這樣做，這件事當初的處置就不對。在元旦陛下復位，他們立功的時候，只應該用官職爵位、田地住宅、金銀布帛來酬勞他們，不應聽任他們隨意出入宮中。這一些人向來缺乏知識，多次要求入朝奏對，有時妄論朝廷政事，有時冒昧薦舉人選，稍微不順從他們的意思，就產生怨恨；況且只知道貪財求利，被宦官們用厚利收買，使得他們成為今天這樣。崔胤本來留下衛兵，想要以此牽制宦官，如今宦官和衛兵相互勾結起來，那該怎麼辦呢！汴州軍如果來到京城，一定會和岐州軍在宮前爭鬥，臣私下裡深感失望痛心。」昭宗只是沉下臉來，顯出一副憂愁沮喪的樣子罷了。

冬，十月二十日戊戌，朱全忠大規模出動軍隊從大梁前往京城長安。

李神福和顧全武兩軍相持很久，李神福抓住杭州軍隊俘虜，讓他出入自己的臥室。李神福對諸將領說：「杭州軍隊還很強大，我軍該當在今夜退回。」杭州軍隊俘虜逃回去報告顧全武，李神福下令不要追趕潛逃的俘虜。傍晚派遣老弱士兵先撤，李神福自己殿後，派行營都尉呂師造在青山鎮埋伏軍隊。顧全武向來輕視李神福，率軍追趕。李神福、呂師造兩面夾擊，大敗顧全武的軍隊，斬下五千首級，活捉顧全武。錢鏐得知這個消息，大驚，流著淚說：「喪失了我的一員良將！」李神福進攻臨安，兩浙將領秦昶率領部眾三千人向他投降。

韓全誨得知朱全忠即將到達，十月十九日丁酉，命令李繼筠、李彥弼等率軍劫持昭宗，請昭宗到鳳翔去。皇宮各門都增派軍隊防守，人和文書進出搜查得非常嚴格。昭宗派人祕密賜給崔胤親筆書信，講的話都很淒慘悲傷，最後說：「我為宗廟、社稷大計，勢必西去鳳翔，你們只管向東走好了。真是惆悵！惆悵！」

十月二十日戊戌，昭宗派趙國夫人出宮告訴韓偓：「早晨以來李彥弼等人無禮到了極點。皇上本來想要召你入宮答對，但形勢不允許。」並且說：「皇上與皇后只是相對哭泣。」從此以後，翰林學士不能再進宮答對了。

十月二十五日癸卯，韓全誨等命令昭宗入閣召見百官，收回廢止正月二十三日丙午頒布的宰相奏事樞密使不准在旁侍立的敕書，完全恢復懿宗咸通以來的慣例。這一天，在延英殿召開會議，韓全誨等就在旁侍立，共同商議朝廷政務。〇二十九日丁未，神策都指揮使李繼筠派遣部下士兵搶掠內庫中的珍寶財物、帷帳、儀仗所用器物等。韓全誨派人祕密把諸王、宮人先送往鳳翔。〇三十日戊申，朱全忠到達河中，上表請求昭宗到東都洛陽去。京城長安大為恐懼，士民百姓逃亡到山谷中。這一天，文武百官都沒有入朝，宮殿前寂靜無人。

十一月初一日己酉，李繼筠等率兵到宮門前，禁止人員出入，各路軍隊大肆搶掠。士民百姓穿著紙和短布衣的，布滿街道，一眼望不到頭。韓建以他的幕僚司馬鄴任匡國留後。朱全忠率領宣武、宣義、天平、護國四鎮的軍隊七萬人奔赴同州，司馬鄴向朱全忠投降。

韓全誨等因李繼昭與他們意見不同，就阻止李繼昭不讓他見到昭宗。當時崔胤居住的府第在長安東街的開化坊，李繼昭率領部下六千多人以及關東各道在京城的士兵共同守衛這裡。文武百官和士民躲避禍亂的，都前去依附他。十一月初二日庚戌，昭宗派遣供奉官張紹孫召集百官，崔胤等都上表推辭，不肯入朝。

十一月初四日壬子，韓全誨等在宮殿前部署軍隊，對昭宗說：「朱全忠率領大軍進逼京城，想要劫持皇上到洛陽去，要求把帝位禪讓給他。臣等請求侍奉陛下到鳳翔，調集軍隊來抵抗他。」昭宗不同意，手持寶劍登上乞巧樓。韓全誨等逼迫昭宗下樓，昭宗才走到壽春殿，李彥弼已經在宮內放火。這一天是冬至，昭宗獨自坐在思政殿，翹起一隻腳，另一隻腳踏在欄杆上，殿庭上沒有文武官員，旁邊也沒有服侍的人。過了一會兒，不得已，昭宗與皇后、妃嬪、諸王等一百多人都上了馬，痛哭之聲不絕，出了宮門，回頭來看皇宮，火勢已經很大了。這一天晚上，住在鄠縣。

朱全忠派遣司馬鄴進入華州，對韓建說：「你不能早點知道自己的過錯前來歸順，又要煩勞我這支軍隊稍許停留在華州城下了。」這一天，朱全忠從故市率軍向南渡過渭水，韓建派遣節度副使李巨川請求投降，獻上白銀三萬兩資助軍隊。朱全忠於是率軍向西南奔赴赤水。

十一月初五日癸丑，李茂貞在田家磑迎接昭宗，昭宗親自下馬對他表示慰問。初六日甲寅，昭宗到達盩厔縣。初七日乙卯，停留一天。

朱全忠至零口❶西，聞車駕西幸，與僚佐議，復引兵還赤水。左僕射致仕張濬說全忠曰：「韓建，茂貞之黨，不先取之，必為後患。」全忠聞建有表勸天子幸鳳翔，乃引兵逼其城。建單騎迎謁，全忠責之，對曰：「建目不知書❷，凡表章書檄，皆李巨川所為。」全忠以巨川常為建畫策，斬之軍門。謂建曰：「公許人❸，可即往衣錦❹。」丁巳❺，以建為忠武❻節度使，理陳州，以兵援送❼之。

以前商州❽刺史李存權知華州，徙忠武節度使趙珝為匡國❾節度使。車駕之在華州❿也，商賈輻湊⓫，韓建重征之，二年，得錢九百萬緡。至是，全忠盡取之。

是時京師無天子，行在無宰相，崔胤使太子太師盧渥等二百餘人列狀⓬請朱全忠西迎車駕，又使王溥至赤水見全忠計事。全忠復書曰：「進則懼脅君之謗，退則懷負國之慚⓭，然不敢不勉⓮。」戊午⓯，全忠發赤水。

辛酉⓰，以兵部侍郎盧光啓⓱權句當⓲中書事。車駕留岐山⓳三日。壬戌⓴，至鳳翔。

朱全忠至長安，宰相帥百官班迎㉑於長樂坡㉒。明日行，復班辭㉓於臨皋驛㉔。全忠賞李繼昭之功㉕，初令權知匡國留後，復留為兩街制置使㉖，賜與甚厚。繼昭盡獻其兵八千人。

全忠使判官李擇、裴鑄入奏事，稱：「奉密詔及得崔胤書，令臣將兵入朝。」韓全誨等矯詔㉗答以：「朕避災至此，非宦官所劫，密詔皆崔胤詐為之，卿宜斂兵㉘歸保土宇㉙。」茂貞遣其將符道昭㉚屯武功㉛以拒全忠。癸亥㉜，全忠將康懷貞擊破之。

丁卯㉝，以盧光啓為右諫議大夫，參知機務㉞。

戊辰[35]，朱全忠至鳳翔，軍於城東。李茂貞登城謂曰：「天子避災，非臣下無禮，讒人誤公至此。」全忠報曰：「韓全誨劫遷天子，今來問罪，迎扈[36]還宮。岐王[37]苟不預謀[38]，何煩陳諭[39]！」上屢詔全忠還鎮[40]，全忠乃拜表奉辭。辛未[41]，移兵北趣邠州[42]。

甲戌[43]，制[44]：守司空兼門下侍郎、同平章事崔胤責授[45]工部尚書，戶部侍郎、同平章事裴樞罷守本官。

乙亥[46]，朱全忠攻邠州。丁丑[47]，靜難節度使李繼徽請降，復姓名楊崇本。全忠質其妻[48]於河中，令崇本仍鎮邠州。

全忠之西入關也，韓全誨、李茂貞以詔命徵兵河東，茂貞仍以書求援於李克用。克用遣李嗣昭將五千騎自沁州趣晉州，與汴兵戰于平陽[49]北，破之。

乙亥[50]，全忠發邠州。戊寅[51]，次三原[52]。十二月癸未[53]，崔胤至三原見全忠，趣之迎駕。己丑[54]，全忠遣朱友寧[55]攻盩厔，不下。戊戌[56]，全忠自往督戰，盩厔降，屠之。全忠令崔胤帥百官及京城居民悉遷于華州。

詔以裴贄充大明宮留守。○清海節度使徐彥若薨，遺表薦行軍司馬劉隱權留後。

【章　旨】以上為第十一段，寫朱全忠入長安，劫持百官，遷置華州。復進兵圍鳳翔。

【注　釋】❶零口　鎮名，在陝西臨潼西。❷目不知書　不識字。❸公許人　韓建是許州長社人，在今河南許昌。❹衣錦　《史記・項羽本紀》：「富貴不歸故鄉，如衣錦夜行，誰知之者？」此處用這個典故，意謂讓韓建回河南老家。❺丁巳　十一月初九日。❻忠武　方鎮名，唐德宗貞元三年（西元七八七年）置陳許節度使，治許州。十年賜號忠武軍節度使。由於趙珝是陳州人，守陳州有功，朝廷以忠武節度使授之，徙忠武軍治陳州。❼援送　護送。朱全忠怕韓建中途逃歸岐州，又怕他手下將士有人中途劫奪，故以兵護送。❽商州　州名，治所在今陝西商縣。❾匡國　方鎮名，治所同州。對韓建、李存權、趙珝的調動和任命，皆非朝廷詔命，而是朱全忠所為。❿車駕之在華州　時值昭宗乾寧三、四年。⓫輻湊　車輻集中於軸心。喻人物聚集一處。當時華州為皇帝行在，故商賈集中以牟利。⓬列狀　聯名寫公文。⓭進則懼脅君之謗二句　意謂向前進軍害怕人說威脅皇帝，向後退兵又覺有負國家而內心慚愧。脅君，威脅皇帝。⓮勉　盡力。⓯戊午　十一月初十日。⓰辛酉　十一月十三日。⓱盧光啓　（？—西元九〇三年）字子忠，官至兵部侍郎、同中書門下平章事。傳見《新唐書》卷一百八十二。⓲權句當　時無宰相，臨時使之辦理中書事務。句當，辦理。⓳岐山　縣名，縣治在今陝西岐山縣。⓴壬戌　十一月十四日。㉑班迎　列班迎接。㉒長樂坡　長安城北禁苑中有長樂坡，在光泰門東七里。㉓班辭　百官列班送行。班迎、班辭，皆非朱全忠這樣的藩臣所當得，此為崔胤諂媚朱全忠之舉。㉔臨皋驛　驛站名。㉕李繼昭之功　保護崔胤及百官之功。㉖兩街制置使　官名，掌長安城東、西兩市軍務。㉗矯詔　假託昭宗之命下詔。㉘斂兵　收兵。㉙土宇　封疆；領土。㉚符道昭　（？—西元九〇八年）淮西人，性強敏，有武略。初事秦宗權，後依李茂貞，降朱全忠後，昭宗時任秦州節度使。傳見《舊五代史》卷二十一、《新五代史》卷二十一。㉛武功　縣名，縣治在今陝西武功西。㉜癸亥　十一月十五日。㉝丁卯　十一月十九日。㉞參知機務　盧光啓以右諫議大夫居宰相職位，名參知機務。機務，機要的事務，此指軍政大事。㉟戊辰　十一月二十日。㊱迎扈　迎接皇帝的車駕。㊲岐王　指李茂貞。㊳苟不預謀　如果沒有參與韓全誨的陰謀。㊴陳諭　陳述表白。㊵上屢詔全忠還鎮　昭宗多次下詔書命令朱全忠返還鎮所，是韓全誨、李茂貞挾天子所為。㊶辛未　十一月二十三日。㊷趣邠州　向邠州進軍。時李茂貞養子李繼徽鎮邠州，若先得邠州，岐州則孤立了。㊸甲戌　十一月二十六日。㊹制　皇帝詔命。㊺責授　受斥責而改授官職。崔胤、裴樞貶官，皆宦官之意。㊻乙亥　十一月二十七日。㊼丁丑　十一月二十九日。㊽質其妻　以李繼徽之妻作為人質。㊾平陽　縣名，為晉州治所，縣治在今山西臨汾。㊿乙亥　十一月二十七日。(51)戊寅　十一月三十日。52三原　縣名，縣治在今陝西三原北。自邠州東南至三原，一百五十餘里。53癸未　十二月初五。54己丑　十二月十一日。55朱友寧　（?－西元九〇三年）字安仁，朱全忠兄朱存之子，官至建武軍節度使，後戰死。全忠即位，追封安王。傳見《舊五代史》卷十二，並附《新五代史》卷十三〈朗王存傳〉。56戊戌　十二月二十日。

【語譯】朱全忠到達零口鎮西邊，得知昭宗已經離開長安西行，和幕僚將佐商量，再率軍返回赤水。退休的原左僕射張濬對朱全忠說：「韓建是李茂貞的同黨，不先攻取韓建，必定會成為後患。」朱全忠得知韓建曾經上表勸昭宗到鳳翔去，於是率軍進逼華州城。韓建單騎來迎接謁見，朱全忠責備他，韓建回答說：「我韓建不認得字，所有表章書信檄文，都是李巨川所寫。」朱全忠因為李巨川經常為韓建出謀劃策，在軍門前把李巨川斬殺。朱全忠對韓建說：「你是許州人，就可以立刻衣錦還鄉了。」十一月初九日丁巳，以韓建為忠武軍節度使，治理陳州事務，派兵護送韓建赴任。以前商州刺史李存權掌管華州事務，調忠武節度使趙珝為匡國節度使。昭宗在華州的時候，各地商人都聚集到這裡，韓建徵收很重的賦稅，兩年時間得錢九百萬緡。到這時，朱全忠全部收為己有。

當時京城長安沒有皇帝，昭宗所在的地方沒有宰相，崔胤讓太子太師盧渥等二百多人聯名撰寫公文，請求朱全忠西去迎接昭宗，又派王溥到赤水去見朱全忠商議計劃。朱全忠回信說：「前進則怕有脅迫君主的毀謗，後退又懷著辜負國家恩德的慚愧心情，但是我不敢不努力去做。」十一月初十日戊午，朱全忠率軍從赤水出發。

十一月十三日辛酉，以兵部侍郎盧光啓暫時處理中書省事務。昭宗在岐山停留三天。十四日壬戌，到達鳳翔。

朱全忠到達長安，宰相帶領文武百官按上朝次序列隊在長樂坡迎接他。第二天朱全忠西去，又按上朝次序列隊在臨皋驛送行。朱全忠獎賞李繼昭保護崔胤和文武百官的功勞，起初命令他暫時代理匡國留後職務，後來又留他擔任兩街制置使，賞賜給他的財物很豐厚。李繼昭把他部下的士兵八千人全部獻出。

朱全忠派遣判官李擇、裴鑄到鳳翔向昭宗奏事，說：「奉到祕密詔書和接得崔胤書信，命令臣帶軍入朝。」

韓全誨等假傳昭宗詔令回答說：「朕躲避災禍來到這裡，不是被宦官劫持，祕密詔書都是崔胤偽造的。你應該收兵回去保衛疆土。」李茂貞派遣他的部將符道昭駐紮在武功縣，以抵禦朱全忠。十一月十五日癸亥，朱全忠部將康懷貞擊敗符道昭的軍隊。

十一月十九日丁卯，任命盧光啓為右諫議大夫，參與掌管機要事務。

十一月二十日戊辰，朱全忠到達鳳翔，駐軍在城東。李茂貞登上城牆對朱全忠說：「天子躲避災禍來到這裡，不是臣下無禮劫持，奸讒小人誤導您到了這裡。」朱全忠回答說：「韓全誨劫持遷徙天子，我今天來問罪，迎接護送天子返回到京城皇宮。您如果沒有參與謀劃，何煩陳說表白！」昭宗多次下詔命令朱全忠返回鎮所，朱全忠於是上表告辭。二十三日辛未，朱全忠率軍轉移，向北奔赴邠州。

十一月二十六日甲戌，頒發制書：守司空兼門下侍郎、同平章事崔胤受責改任工部尚書，戶部侍郎、同平章事裴樞免去相位，保留原任官銜。

十一月二十七日乙亥，朱全忠進攻邠州。二十九日丁丑，靜難節度使李繼徽請求投降，恢復原來的姓名楊崇本。朱全忠把他的妻子作為人質遷往河中，命令楊崇本仍然鎮守邠州。

朱全忠西入潼關時，韓全誨、李茂貞以昭宗的詔命向河東李克用徵調軍隊，李茂貞還寫信給李克用請求救援。李克用派遣李嗣昭率領騎兵五千人從沁州直奔晉州，在平陽的北邊與汴州軍交戰，打敗汴州軍。

十一月二十七日乙亥，朱全忠從邠州出發。三十日戊寅，停留在三原。十二月初五日癸未，崔胤到三原會見朱全忠，催促他去迎接昭宗。十一日己丑，朱全忠派遣朱友寧進攻盩厔縣，未能攻克。二十日戊戌，朱全忠親自前往督戰，盩厔守軍投降，被全部屠殺。朱全忠命令崔胤率領文武百官以及京城居民全部遷徙到華州。

昭宗下詔裴贄充任大明宮留守。〇清海節度使徐彥若去世，臨終前所作表章推舉行軍司馬劉隱代理留後的職位。

李神福知錢鏐定不死❶，而臨安城堅，久攻不拔，欲歸，恐為鏐所邀❷，乃遣人守衛鏐祖考丘壟❸，禁樵采❹，又使顧全武通家信。鏐遣使謝之。神福於要路多張旗幟為虛寨，鏐以為淮南兵大至，遂請和。神福受其犒賂❺而還。

朱全忠之入關也，戎昭❻[1]節度使馮行襲遣副使魯宗矩聽命於全忠。韓全誨遣中使二十餘人分道徵江、淮兵屯金州❼，以脅全忠，行襲盡殺中使❽，收其詔敕送全忠。又遣中使[2]徵兵於王建，朱全忠亦遣使乞師于建。建外❾修好於全忠，罪狀❿李茂貞，而陰⓫勸茂貞堅守，許之救援。以武信節度使王宗佶、前東川節度使王宗滌等為扈駕⓬指揮使，將兵五萬，聲言迎車駕，其實襲茂貞山南諸州⓭。

江西節度使鍾傳將兵圍撫州刺史危全諷，天火⓮燒其城，士民讙驚⓯。諸將請急攻之，傳曰：「乘人之危，非仁也。」乃祝⓰曰：「全諷之罪，無為害民。」火尋⓱止。全諷聞之，謝罪聽命，以女妻傳子匡時。

傳少時嘗獵，醉遇虎，與鬬，虎搏其肩，而傳亦持虎腰不置⓲，旁人共殺虎，乃得免。既貴，悔之，常戒諸子曰：「士處世貴智謀，勿效吾暴虎⓳也。」○武貞節度使雷滿薨，子彥威自稱留後。

【章　旨】以上為第十二段，寫西川王建大興兵聲言迎車駕以助李茂貞，實際襲奪李茂貞山南諸州。

【注　釋】❶李神福知錢鏐定不死　有人傳說錢鏐為盜所殺，李神福不信。❷恐為鏐所邀　李神福從臨安退還宣州，路上有千秋嶺之險，怕被錢鏐在此截擊。邀，截擊。❸祖考丘壟　祖墳。錢鏐是臨安人，其祖、父墳塋在臨安。考，亡父曰考。❹樵采　砍柴刈草。❺犒賂　犒勞財物。❻戎昭　方鎮名，昭宗天祐二年（西元九〇五年）始改昭信軍節度使為戎昭軍節度使。❼金州　州名，治所在今陝西安康。❽行襲盡殺中使　馮行襲以昭信節度使治金州，故得盡殺中使。❾外　表面。❿罪狀　條列罪行。⓫陰　暗中。⓬扈駕　隨侍帝王車駕。⓭山南諸州　即山南西道諸州。⓮天火　由雷電或物體自燃引起的大火。一般民間認為這是上天降下的處罰。⓯讙驚　喧譁驚慌。⓰祝　以言告神祈福。⓱尋　一會兒；一霎時。⓲不置　不放。⓳暴虎　空手與虎搏鬥。

【校　記】①戎昭　嚴衍《通鑑補》改作「昭信」。據章鈺校，孔天胤本作「武昭」。未知孰是。②中使　原無「中」字。據章鈺校，十二行本、乙十一行本、孔天胤本皆有「中」字，今據補。

【語　譯】李神福知道錢鏐肯定沒有死，而臨安城池堅固，久攻不克，想要返回，又擔心受到錢鏐截擊，於是派人去守護錢鏐祖先的墳墓，禁止在它周圍砍伐柴草，又讓顧全武與家中通信。錢鏐派遣使者向李神福表示感謝。李神福在主要道路上懸掛許多旗幟，偽裝作營寨。錢鏐以為淮南軍大量到來，就請求和好相處。李神福接受了錢鏐犒軍贈送的財物後返回。

朱全忠進入潼關時，戎昭節度使馮行襲派遣副使魯崇矩聽從朱全忠的命令。韓全誨派出中使二十多人分路到江、淮地區徵調軍隊駐紮金州，以此來威脅朱全忠。馮行襲把這些中使全部殺死，收繳他們攜帶的詔令敕書送交朱全忠。韓全誨又派出使者向王建徵調軍隊，朱全忠也派出使者向王建要求派遣援軍。王建表面上與朱全忠修好，列舉李茂貞的罪行，而暗中勸說李茂貞堅守，許諾派遣軍隊救援。王建任命武信節度使王宗佶、前東川節度使王宗滌等為扈駕指揮使，率軍五萬人，聲稱迎接昭宗，其實是去偷襲李茂貞的山南各州。

江西節度使鍾傳率軍圍困撫州刺史危全諷。天火燒了撫州城，城中士民百姓喧譁驚恐。各將領請求趕快攻城，鍾傳說：「乘人之危，並非仁德。」於是祈禱說：「這是危全諷的罪過，不要加害百姓。」火不久就熄滅。危全諷得知此事，向鍾傳謝罪，表示聽從他的指揮，並把女兒嫁給鍾傳的兒子鍾匡時為妻。

鍾傳年輕時曾經打獵，喝醉後遇見老虎，和牠搏鬥，老虎抓住了他的肩膀，而鍾傳也抱住老虎的腰不放，旁邊的人一起殺死了老虎，鍾傳才免於一死。鍾傳顯貴以後，對這件事很後悔，常常告誡各個兒子說：「士人處世貴在運用智謀，不要效法我徒手與老虎搏鬥。」〇武貞節度使雷滿去世，他的兒子雷彥威自稱為留後。

【研　析】本卷研析馬殷擴地取桂州，劉季述廢唐昭宗，崔胤留岐兵宿衛三件史事。

馬殷擴地取桂州。馬殷，字霸圖，許州鄢陵人。原蔡州秦宗權部屬，隸孫儒為裨將。孫儒與楊行密爭淮南兵敗，馬殷與劉建鋒率殘兵七千人逃往洪州，在江西聚眾數萬，攻入湖南，取長沙。唐僖宗任劉建鋒為湖南節度使，馬殷為馬步軍都指揮使。西元八九六年，軍士殺劉建鋒，眾推馬殷為節度使。馬殷爭戰，數年間全據湖南。至是西元九〇〇年，馬殷攻取桂管五州。馬殷界臨的強敵是東邊的淮南楊行密。楊行密西進，為馬殷所阻，馬殷為了自存，對朱全忠十分恭順，藉朱氏之力遏制淮南。西元九〇七年，朱全忠代唐，封馬殷為楚王。當年馬殷擊敗淮南軍，奪得岳州。西元九〇八年，馬殷出兵嶺南，打敗嶺南割據者劉隱，兼併了嶺南六個州。馬殷閉境自保，帶給了湖南、嶺南士民一分安定，這是馬殷在唐末亂世中對歷史的貢獻。

劉季述廢唐昭宗。劉季述，原本是宮中低級宦官，積資累遷做到樞密使。宰相崔胤與昭宗謀，欲殺盡宦官，外結朱全忠為援。宦官則外結李茂貞以自保。光化三年（西元九〇〇年）六月，崔胤奏請昭宗流放宦官左右中尉景務脩、宋道弼，並賜死於道。劉季述、王仲先繼任左右中尉，十分懷恨崔胤，伺機反撲。

其時，唐昭宗從華州還京師，驚悸未定，整日悶悶不樂，性情乖張，醉酒殺人。劉季述、王仲先藉機以皇后令幽囚唐昭宗於少陽院，廢為太上皇，奉太子即位，大肆殺戮唐昭宗平時親近的人。劉季述通款於朱全忠，告以將弒帝，奉獻唐社稷，而實欲藉朱全忠之手殺盡百官，挾天子以令諸侯。崔胤致信朱全忠舉兵入朝盡殺宦官。朱全忠狐疑，首鼠兩端，把崔胤的信轉給劉季述，火上澆油，激化京師內鬥。崔胤巧辯，稱朱全忠所轉之信乃奸人所為，劉季述吃不準朱全忠心意，反與崔胤和解。崔胤則把和解之事告知朱全忠，用以表示忠心。朱全忠惱羞自己為劉季述所賣，轉身與崔胤謀誅劉季述。天平節度副使李振建言朱全忠誅宦官以建桓文之功，堅定了朱全忠的立場，於是朱全忠派李振到京師與崔胤合謀復辟昭宗，誅殺劉季述。適逢都將孫德昭、董從實因盜沒官錢受責於王仲先，為崔胤所利用。孫德昭又引別將周承誨相助。三人在崔胤策劃下於十二月晦除夕之夜發動兵變誅殺了劉季述、王仲先等一千宦官，並夷三族，昭宗復辟。論功行賞，孫德昭、董從實、周承誨三人賜姓李，孫德昭更名李繼昭，任命為檢校太保、靜海軍節度使，董從實更名為李彥弼，任命為檢校司徒、容管節度使，兩人並同中書門下平章事。周承誨更名為李繼誨，亦任命為檢校司徒、邕管節度使。三人同加「扶傾濟難忠烈功臣」，圖形凌煙閣，號稱「三使相」，榮耀無比。崔胤建大功，專國政。昭宗經過這一番廢立的折騰，威權掃地。

崔胤留岐兵宿衛。昭宗復辟後，崔胤上奏說：「禍難的興起，根源就是宦官掌握了軍權，請把禁軍交給宰相典領。」昭宗厭惡崔胤外結朱全忠，認為軍權還是交給家奴掌管放心，於是以樞密使韓全誨、鳳翔監軍使張彥弘為左、右中尉。韓全誨亦前任鳳翔監軍，任中尉後與李茂貞親善。

崔胤未能掌控禁軍，心有不甘，又害怕宦官掌控軍權繼續為害朝廷，就想藉藩鎮之兵來平衡宦官權力，暗示李茂貞留兵三千人在京師，由李茂貞的兒子李繼筠統領宿衛宮禁。左諫議大夫韓偓認為這樣做十分危險。韓偓說：「京師駐留藩鎮之兵，家國兩危，不留，家國兩安。」崔胤不聽，重蹈東漢何進召董卓之兵入京危害家國的覆轍。崔胤才德兩失，非靖難之臣，只顧眼前，毫無遠識，不聽忠言，一意孤行，貌似忠臣，委實一個禍國之臣。

# 卷第二百六十三

## 唐紀七十九

起玄黓閹茂（壬戌 西元九〇二年），盡昭陽大淵獻（癸亥 西元九〇三年）正月，凡一年有奇。

**【題解】**本卷記事起西元九〇二年，迄西元九〇三年正月。載述史事凡一年又一個月。當唐朝昭宗天復二年至天復三年正月。此一年大事為汴、岐兩鎮爭奪天子控制權，以及唐王室宦官被全殲始末。先是汴、晉兩軍晉陽大戰，李克用喪師奪氣。朱全忠勢盛，欲西劫天子，唐昭宗進爵楊行密為吳王，錢鏐為越王，詔諸道討逆朱全忠。岐王李茂貞與吳王楊行密夾擊朱全忠不勝，王師範舉義旗失敗，困守孤城於鳳翔的李茂貞請降朱全忠，誅殺了韓全誨等七十二個宦官，朱全忠解圍，昭宗還京師，崔胤大誅宦官，詔諸鎮盡殺監軍。司馬光論宦官禍國之因。東南藩鎮，楊行密助錢鏐擺脫困境，乘勢擴張，兵進鄂岳。

### 昭宗聖穆景文孝皇帝中之下

天復二年（壬戌 西元九〇二年）

春，正月癸丑❶，朱全忠復屯三原❷，又移軍武功❸。河東將李嗣昭、周德威攻慈、隰，以分全忠兵勢。〇丁卯❹，以給事中韋貽範為工部侍郎、同平章事。〇丙子❺，以給事中嚴龜充岐、汴和協使❻，賜朱全忠姓李，與李茂貞為兄弟。全忠不從。〇時茂貞不出戰。全忠聞有河東兵。二月戊寅朔❼，還軍河中。

李嗣昭等[1]攻慈、隰，下之，進逼晉、絳。己丑❽，全忠遣兄子友寧將兵會晉州刺史氏叔琮擊之。李嗣昭襲取絳州。汴將康懷貞❾[2]復取之。嗣昭等屯蒲縣❿。乙未⓫，汴軍十萬營于蒲南⓬，叔琮夜帥眾斷其歸路而攻其壘，破之，殺獲萬餘人。己亥⓭，全忠自河中赴之。乙巳⓮，至晉州。

盜發簡陵⓯。〇西川兵至利州⓰，昭武節度使李繼忠棄鎮奔鳳翔。王建以劍州⓱刺史王宗偉為利州制置使。

三月庚戌⓲，上與李茂貞及宰相、學士、中尉、樞密宴，酒酣，茂貞及韓全誨亡去。上問韋貽範：「朕何以巡幸至此？」對曰：「臣在外不知。」固問⓳之[3]，不對。上曰：「卿何得於朕前妄語⓴云不知？」又曰：「卿既以非道㉑取宰相，當於公事如法㉒。若有不可，必準㉓故事㉔。」怒目視之，微言㉕曰：「此賊兼須杖之二十。」顧謂韓偓曰：「此輩亦稱宰相！」貽範屢以大盃獻上，上不即持，貽範舉盃直及上頤㉖。

戊午㉗，氏叔琮、朱友寧進攻李嗣昭、周德威營。時汴軍橫陳十里，而河東軍不過數萬，深入敵境，眾心恟懼㉘。德威出戰而敗，密令嗣昭以後軍先[4]去㉙，德威尋㉚引騎兵亦退。叔琮、友寧長驅乘之，河東軍驚潰，禽克用子廷鸞，兵仗輜重委棄殆盡[5]。朱全忠令叔琮、友寧乘勝遂攻河東。

李克用聞嗣昭等敗，遣李存信以親兵逆之，至清源㉛，遇汴軍，存信走還晉陽㉜，汴軍取慈、隰、汾三州。辛酉㉝，汴軍圍晉陽，營於晉祠㉞，攻其西門。周德威、李嗣昭收餘眾依西山得還㉟。城中兵未集，叔琮攻城甚急，每行圍㊱，褒衣博帶㊲，以示閒暇。

克用晝夜乘城㊳，不得寢食。召諸將議保走[6]雲州㊴，李嗣昭、李嗣源、周德威曰：「兒輩在此，必能固守。王勿為此謀，動[7]搖人心！」李存信曰：「關東、河北皆受制於朱溫，我兵寡地蹙㊵，守此孤城，彼築壘穿塹環之㊶，以積久㊷制我，我飛走無路，坐待困斃耳。今事勢已急，不若且入北虜，徐圖進取。」嗣昭力爭之，克用不能決。劉夫人言於克用曰：「存信，北川㊸牧羊兒耳，安知遠慮！王常笑王行瑜輕去其城㊹，死於人手，今日反效之邪！且王昔居達靼㊺，幾不自免，賴朝廷多事，乃得復歸。今一足出城，則禍變不測，塞外可得至邪！」克用乃止。

居數日，潰兵復集，軍府浸安㊻。克用弟克寧為忻州㊼刺史，聞汴寇至，中塗復還晉陽，曰：「此城吾死所也，去將何之㊽！」眾心乃定。

壬戌㊾，朱全忠還河中，遣朱友寧將兵西擊李茂貞，軍于興平㊿、武功之間。李嗣昭、李嗣源數將敢死士(51)夜入氐叔琮營，斬首捕虜，汴軍驚擾，備禦不暇。會大疫(52)，丁卯(53)，叔琮引兵還。嗣昭與周德威將兵追之，及石會關(54)，叔琮留數馬及旌旗於高岡之巔(55)。嗣昭等以為有伏兵，乃引去，復取慈、隰、汾三州。自是克用不敢與全忠爭者累年(56)。

【章　旨】以上為第一段，寫李克用援救李茂貞，招致汴兵大舉進攻，晉兵巢穴晉陽差點不保。會疾疫大起，汴兵退走。

【注　釋】❶癸丑　正月初六日。❷三原　縣名，縣治在今陝西三原。❸移軍武功　意在進逼鳳翔。武功在今陝西武功西北武功鎮。❹丁卯　正月二十日。❺丙子　正月二十九日。❻和協使　臨時設置的使職名，負責調解岐、汴之間的矛盾。❼戊寅朔　二月初一日。❽己丑　二月十二日。❾康懷貞　（?—西元九一八年）兗州人，避梁末帝諱改名懷英。原朱瑾牙將，降梁後官至保義軍節度使。傳見《舊五代史》卷二十三、《新五代史》卷二十二。❿蒲縣　縣名，縣治在今山西蒲縣。⓫乙未　二月十八日。⓬蒲南　蒲縣之南。⓭己亥　二月二十二日。⓮乙巳　二月二十八日。⓯簡陵　唐懿宗陵墓。⓰利州　州名，治所在今四川廣元。時為昭武軍節度使治所。⓱劍州　州名，治所在今四川劍閣。⓲庚戌　三月初四日。⓳固問　堅持追問。⓴妄語　說謊話。㉑非道　不正常的途徑。此指韋貽範因李茂貞推薦為相。㉒公事如法　處理公務應遵循國法。㉓準　按照。㉔故事　過去的做法。㉕微言　祕密地說，此謂小聲地說。㉖上頤　昭宗的面頰。㉗戊午　三月十二日。㉘恟懼　惶恐不安。㉙後軍先去　後軍首先撤退。㉚尋　接著。㉛清源　縣名，縣治在晉陽西南五十里，在今山西清徐。㉜走還晉陽　因寡不敵眾，故逃回晉陽。㉝辛酉　三月十五日。㉞晉祠　晉陽有晉王祠，在今山西太原西南懸瓮山麓。正殿之右有泉，為晉水發源處。唐貞觀二十二年（西元六四八年）李世民御制晉祠之銘，立碑於祠。㉟依西山得還　沿著西山才退到晉陽。西山，指晉陽西南介休境的介山、綿山。㊱行圍　指氏叔琮巡視圍城的汴軍。行，巡行。㊲褒衣博帶　寬衣大帶。古代儒生的服式。㊳乘城　登城守衛。㊴雲州　州名，治所在今山西大同。㊵蹙　減縮。㊶彼築壘穿塹環之　指汴軍砌營壘，挖掘壕溝，四面包圍晉陽。穿塹，挖掘戰壕。㊷積久　曠日持久。㊸北川　代北之地。以陘嶺之北皆平川，故名。㊹輕去其城　乾寧二年（西元八九五年），李克用攻邠州，王行瑜棄城逃走，至慶州被殺。事見本書卷二百六十乾寧二年。㊺達靼　部落名，後為蒙古族別稱。李克用於僖宗廣明元年（西元八八〇年）被李可舉擊敗奔達靼。㊻浸安　逐漸安定。㊼忻州　州名，治所在今山西忻州。在當時晉陽北一百七十餘里。㊽去將何之　離開晉陽到哪裡去呢。李克寧言此，表示死守晉陽的決心。去，離開。之，往。㊾壬戌　三月十六日。㊿興平　縣名，縣治在今陝西興平。興平在長安西，武功在興平西。(51)敢死士　謂作戰奮勇、敢於赴死之士。(52)大疫　瘟疫大流行。(53)丁卯　三月二十一日。(54)石會關　在今山西太谷南。(55)巔　山頂。(56)累年　數年。李克用兵少力疲，故閉境休養以等待時機。

【校記】[1]等　原無此字。據章鈺校，乙十一行本、孔天胤本皆有此字，張敦仁《通鑑刊本識誤》同，今據補。[2]康懷貞　原作「康懷英」。胡三省注云：「康懷英即康懷貞，後避梁均王友貞名，始改名懷英，斯時未改也；史雜書之。」嚴衍《通鑑補》改作「康懷貞」，今據以校正。[3]之　原無此字。據章鈺校，十二行本、乙十一行本、孔天胤本皆有此字，張敦仁《通鑑刊本識誤》同，今據補。[4]先　原作「前」。據章鈺校，乙十一行本、孔天胤本皆作「先」，今從改。[5]殆盡　原作「略盡」。據章鈺校，乙十一行本、孔天胤本皆作「殆盡」，今從改。[6]走　原無此字。據章鈺校，十二行本、乙十一行本皆有此字，今據補。[7]動　據章鈺校，乙十一行本無「動」字。

【語譯】昭宗聖穆景文孝皇帝中之下

天復二年（壬戌　西元九〇二年）

春，正月初六日癸丑，朱全忠率軍再次進駐三原，又移軍駐紮到武功縣。河東將領李嗣昭、周德威進攻慈州、隰州，以分散朱全忠的兵勢。〇二十日丁卯，任命給事中韋貽範為工部侍郎、同平章事。〇二十九日丙子，任命給事中嚴龜充當岐、汴和協使，賜朱全忠姓李，與李茂貞結為兄弟。朱全忠沒有聽從。〇當時李茂貞不出城迎戰。朱全忠得知有河東軍隊入侵，二月初一日戊寅，率軍返回河中。

李嗣昭等人進攻慈州、隰州，攻了下來，進軍逼近晉州、絳州。二月十二日己丑，朱全忠派遣他哥哥的兒子朱友寧率軍會合晉州刺史氏叔琮攻打河東軍。李嗣昭偷襲攻取了絳州，汴州將領康懷貞又奪回了絳州。李嗣昭等駐軍蒲縣。十八日乙未，汴州軍十萬人在蒲南紮營，氏叔琮趁夜率軍截斷河東軍隊的退路，並進攻他們的營壘，大破河東軍，殺死、俘獲了一萬多人。二十二日己亥，朱全忠從河中趕赴這裡。二十八日乙巳，到達晉州。

盜賊發掘唐懿宗的簡陵。〇西川軍隊到達利州，昭武節度使李繼忠棄城逃往鳳翔。王建以劍州刺史王宗偉為利州制置使。

三月初四日庚戌，昭宗和李茂貞以及宰相、學士、中尉、樞密使宴飲，酒喝得酣暢淋漓時，李茂貞和韓全誨離開宴席。昭宗詢問韋貽範：「朕為什麼到這個地方來？」韋貽範回答說：「臣在外邊不知道。」昭宗一再追問他，韋貽範不做回答。昭宗說：「卿怎麼能在朕面前撒謊說不知道呢？」又說：「卿既然通過不正當途徑取得宰相職位，就應當在辦理公事上遵循國法。如果有不對的地方，一定準照舊例來處理。」昭宗怒目看著韋貽範，小聲說：「這賊子應該打他二十大板。」回頭對韓偓說：「這等人也稱得上宰相！」韋貽範多次用大杯子向昭宗獻酒，昭宗沒有立即接過酒杯，韋貽範舉著酒杯直送到昭宗的腮邊。

三月十二日戊午，氏叔琮、朱友寧進攻李嗣昭、周德威的營寨。當時汴州軍橫排陣列有十里長，而河東軍不過幾萬人，深入敵人境內，士兵心中恐懼。周德威出戰失敗，祕密命令李嗣昭率後軍先行撤退，周德威自己隨即率領騎兵也後退。氏叔琮、朱友寧率軍長驅直入，乘勢追擊，河東軍驚慌潰散，活捉了李克用的兒子李廷鸞，河東軍隊的兵器、輜重幾乎全部丟光。朱全忠命令氏叔琮、朱友寧乘勝順勢進攻河東。

李克用得知李嗣昭等戰敗，派遣李存信率領親兵前去迎戰，到達清源縣，遇到汴州軍，李存信逃回晉陽，汴州軍隊攻取了慈、隰、汾三州。三月十五日辛酉，汴州軍包圍晉陽，在晉祠紮營，攻打晉陽的西門。周德威、李嗣昭收集餘下的部眾沿著西山才得以返回晉陽。晉陽城中的軍隊還沒有集中，氏叔琮攻城非常急迫，每次巡視圍城軍隊，寬袍闊帶，表示非常悠閒從容。

李克用白天黑夜登城守衛，不能睡覺吃飯。他召集諸將商議退保奔赴雲州，李嗣昭、李嗣源、周德威說：「孩兒們在這裡，一定能夠堅守。大王不要有這種打算，以免動搖人心！」李存信說：「關東、河北地區都受制於朱溫。我們兵少地狹，防守這座孤城，敵人環城修築營壘挖掘塹壕，採用曠日持久的策略來制服我們。我們上天無路，入地無門，只有坐以待斃。如今形勢已經危急，不如暫且進入北方少數部族中，慢慢再想辦法進取。」李嗣昭極力爭辯，李克用不能做出最後決斷。劉夫人對李克用說：「李存信是北川牧羊人的小孩罷了，哪裡知道長遠的考慮！大王您經常譏笑王行瑜輕率地棄城逃走，死在別人手中，今天反而要效法他嗎！況且大王從前居住在達靼，自己幾乎不能幸免，靠著朝廷多事，才得以再度返回。如今只要一隻腳踏出城，就會有無法預測的災禍發生，哪裡能夠到達塞外呢！」李克用於是打消退保雲州的想法。過了幾天，潰散的士兵又集合起來，軍府才逐漸安定下來。李克用的弟弟李克寧擔任忻州刺史，得知汴州軍到來，中途又返回晉陽，說：「這城就是我戰死的地方，離開它還能到哪裡去呢！」大家心裡才安定下來。

三月十六日壬戌，朱全忠返回河中，派遣朱友寧率軍向西進攻李茂貞，駐軍在興平、武功之間。李嗣昭、李嗣源多次率領敢死隊在夜裡攻入氏叔琮的營寨，殺死士兵，捕獲俘虜，汴州軍隊驚慌混亂，防備抵禦應接不暇。又遇上瘟疫大流行，二十一日丁卯，氏叔琮率軍退走。李嗣昭與周德威帶兵追趕汴軍，追到石會關，氏叔琮留下幾匹馬以及旌旗插在高坡頂上。李嗣昭等以為有伏兵，於是率兵離去，再次攻取慈、隰、汾三州。從此以後，李克用好幾年不敢與朱全忠相爭。

克用以使引咨幕府❶曰：「不貯❷軍食，何以聚眾？不置兵甲❸，何以克敵？不修城池，何以扞禦❹？利害之間，請垂議度❺！」掌書記李襲吉❻獻議，略曰：

「國富不在倉儲，兵彊不由眾寡，人歸有德❼，神固害盈❽。聚斂寧有盜臣❾，苛政❿如有①猛虎，所以鹿臺⓫將散，周武以興。齊庫既焚，晏嬰入賀⓬。」又曰：「伏⓭以變法⓮不若養人，改作⓯甯如②舊貫⓰！韓建蓄財無數，首事朱溫⓱；王珂變法如麻，一朝降賊⓲；中山城非不峻⓳，蔡上兵非不多⓴；前事甚明，可以為戒。且霸國無貧主，彊將無弱兵。伏願大王崇德愛人，去奢省役㉑，設險固境，訓兵務農。定亂者選武臣，制理㉒者選文吏，錢穀有句㉓，刑法有律㉔。誅賞由我，則下無威福之弊㉕，近密多正，則人無譖謗之憂㉖。順天時㉗而絕欺誣㉘，敬鬼神而禁淫祀㉙，則不求富而國富，不求安而自安。外破亢凶㉚，內康疲俗㉛，名高五霸㉜，道冠八元㉝。至於率閭閻㉞，定間架㉟，增麴蘗㊱，檢田疇㊲，開國建邦㊳，恐未為切㊴。」

克用親軍皆沙陀雜虜，喜侵暴良民，河東甚苦之。其子存勗㊵以為言，克用曰：「此輩從吾攻戰數十年，比者帑藏㊶空虛，諸軍賣馬以自給。今四方諸侯皆重賞以募士㊷，我若急之，則彼皆散去矣，吾安與同保此乎㊸！俟天下稍平，當更清治㊹之耳。」存勗幼警敏㊺，有勇略，克用為朱全忠所困，封疆日蹙㊻，憂形於色。存勗進言曰：「物不極則不返，惡不極則不亡㊼。朱氏恃其詐力㊽，窮凶極暴，吞滅四鄰，人怨神怒。今又攻逼乘輿，窺覦神器㊾，此其極也，殆將斃矣㊿！吾家代〔3〕襲忠貞，勢窮力屈，無所愧心。大人當遵養時晦(51)，以待其衰，柰何輕為沮喪(52)，使羣下失望乎！」克用悅，即命酒(53)奏樂而罷。

劉夫人無子。克用寵姬曹氏(54)生存勗，劉夫人待曹氏加厚，克用以是益賢之，諸姬有子，輒命夫人母之。夫人教養，悉如所生。

【章旨】以上為第二段，寫李克用徵詢僚屬強國之術。夫人劉氏及其子存勗意氣洋洋激勵李克用奮發圖強。

【注釋】❶克用以使引咨幕府　李克用以正式公文向部屬諮詢意見。使引，節度府所行文書。咨，詢問。幕府，衙署。將帥在外，軍旅無固定住所，以帳幕為府署，故稱幕府。此指部屬。❷貯　儲存；收藏。❸兵甲　武器。❹扞禦　抵禦。❺請垂議度　請垂示好的建議、謀略。垂，謙詞。垂示。議度，謀慮；意見。❻李襲吉　（？—西元九〇六年）自言李林甫之後，父李圖，為洛陽令。襲吉進士不第，在李克用幕府為掌書記。後為節度副使，拜右諫議大夫。傳見《舊五代史》卷六十、《新五代史》卷二十八。❼人歸有德　百姓歸附於有德之人。《書・咸有一德》：「惟民歸於一德。」❽神固害盈　鬼神就是要壓抑損害過於盈滿的事物。《易・謙卦・彖辭》：「鬼神害盈而福謙。」❾聚斂寧有盜臣　典出《大學》載孟獻子之言，曰：「百乘之家，不畜聚斂之臣。與其有聚斂之臣，寧有盜臣。」意謂國不以財貨為利，而應以義為利。聚斂，搜刮財貨。寧，寧願；寧可。❿苛政　煩苛的政令，繁重的賦稅。《禮記・檀弓下》載孔子之言云：「小子識之，苛政猛於虎也。」⓫鹿臺　古臺名，故址在今河南湯陰朝歌鎮南。相傳為殷紂王所建的府庫。周武王伐紂，盡散鹿臺之財，以賑濟貧民。⓬齊庫既焚二句　齊國的府庫遭火災，晏嬰入朝慶賀。據《韓詩外傳》，晉平公的藏臺遭火災，公子晏入朝慶賀，認為百姓困乏，而賦斂無已，所以皇天降災於藏臺，是國君之福。此言齊庫焚而晏嬰入賀，當另有所據。晏嬰，春秋時齊景公的賢相。⓭伏　俯伏，下對上的敬詞。⓮變法　變更法律。⓯改作　改革；變換。⓰舊貫　舊制；舊例。《論語・先進》：「仍舊貫，如之何？何必改作。」

⑰韓建蓄財無數二句　韓建利用唐昭宗在華州的機會，聚斂財富。然而終於投降了朱全忠，財富全為朱全忠所得。事見本書上卷昭宗天復元年（西元九〇一年）十一月。首事，首先侍奉。⑱王珂變法如麻二句　胡三省注云：「事見上卷上年正月。」上年正月未載此事。王珂，河中人，王重簡之子，後為王重榮後嗣，唐昭宗時任河中節度使，被梁太祖殺害。傳見《舊唐書》卷一百八十一、《新唐書》卷一百八十七、《舊五代史》卷十四、《新五代史》卷四十二，皆未言「變法」、「降賊」事。待考。⑲中山城非不峻　謂定州城並非不險峻，然王郜終不能守住。中山即定州地，定州在漢代為中山國，北朝魏時為中山郡。⑳蔡上兵非不多　謂當年秦宗權兵多將廣，也為朱全忠所擒。蔡上，即蔡州。以上列舉韓建、王珂、王郜、秦宗權之敗亡，皆為李克用耳聞目睹之事，用以打動他。㉑去奢省役　去除奢侈，減省徭役。㉒制理　即制治，政事和制度治理得很好。因避唐高宗李治諱，以「理」代「治」字。㉓錢穀有句　意謂錢穀出納簿籍考核清楚，則貪汙奸弊之事自然消失。句，句稽；句校。㉔刑法有律　言依律定刑，則官吏們不得任意輕重。㉕誅賞由我二句　意謂誅殺與獎賞大權都由自己掌握，那麼下邊就沒有作威作福的弊端。誅賞，懲罰與賞賜。威福，指作威作福。㉖近密多正二句　意謂身邊親信皆為正直之士，那麼其他下屬官吏就不必擔心遭到誣告陷害。近密，身邊親近的人。譖謗，誣陷誹謗。㉗順天時　順應時勢、時機。㉘絕欺誣　杜絕欺騙誣罔。㉙淫祀　指不合禮制的祭祀。㉚元凶　指朱全忠。㉛內康疲俗　對內振興衰頹的社會風氣。㉜名高五霸　名聲高過春秋時的五霸。五霸，指春秋時齊桓公、晉文公、宋襄公、秦穆公、楚莊王。㉝道冠八元　道德在上古八元之上。八元，上古五帝之一黃帝曾孫帝嚳號高辛氏，有才子八人：伯奮、仲堪、叔獻、季仲、伯虎、仲熊、叔豹、季貍，忠肅恭懿，宣慈惠和，天下之民謂之八元。㉞率閭閻　率領百姓。實指計算徵收人民賦稅。㉟定間架　制定房屋的結構形式。實指徵收房產稅。㊱增麴糵　增加酒的生產與銷售，獨佔專利。麴糵，酒母。㊲檢田疇　丈量田畝，清查漏稅。㊳開國建邦　指開創國家，立國稱帝。㊴切　迫切。㊵存勗　（西元八八五—九二六年）李克用長子，後唐建立者，廟號莊宗。傳見《舊五代史》卷二十七、《新五代史》卷四。㊶帑藏　庫藏的金帛。㊷募士　招募人才、士兵。㊸吾安與同保此乎　我怎能和他們來同保這個基業呢。㊹清治　嚴肅治理。清，清澈透明；嚴肅。㊺警敏　機警敏銳。㊻蹙　縮小。㊼物不極則不返二句　此二句是「物極必反」、惡極必亡」的反說，加強語氣。極，頂點；終極。返，轉化。㊽詐力　詭計和武力。㊾窺覦神器　窺伺帝位。覦，覬覦；非分的野心。㊿殆將斃矣　將要滅亡了。此即上言「物不極則不返」之意。謂朱全忠已發展到了極限，即將走向反面。殆，差不多。(51)遵養時晦　意謂身處亂世要將自己的才能隱蔽起來不外露，以待時機。《詩經·酌》：「於鑠王師，遵養時晦。」(52)沮喪　灰心失望。(53)命酒　命令擺酒。(54)曹氏　（？—西元九二五年）李克用寵姬，封晉國夫人，生後唐莊宗李存勗。傳見《新

五代史》卷十四。

【校　記】1如有　原作「有如」。據章鈺校，十二行本、乙十一行本二字皆互乙，今從改。2甯如　原作「何如」。據章鈺校，十二行本、乙十一行本皆作「甯如」，今從改。3代　原作「世」。據章鈺校，十二行本、乙十一行本皆作「代」，今從改。

【語　譯】李克用以節度使文書向幕府僚佐諮詢，說：「不儲存軍糧，用什麼來聚集部眾？不添置兵器，用什麼來戰勝敵人？不修築城池，用什麼來防禦抵抗？在利益和危害之間，請你們提出建議！」掌書記李襲吉發表意見，大略是說：「國家富裕不在於倉庫裡儲存的物資，軍隊強大不在於士兵人數的多少；百姓歸附有德行的君主，神鬼總是要降災給驕傲自滿的人。與其有搜刮百姓財物的臣子，不如有盜竊國家錢財的官吏。苛政有如猛虎，所以散發了鹿臺的財物，周武王因此而興盛。齊國的倉庫被火焚毀，晏嬰入朝慶賀。」又說：「我以為改變法律不如教養百姓，改革新政哪能比得上舊法呢！韓建積蓄錢財無數，首先供給了朱溫；王珂改變法律像麻一樣多，一下子就投降了賊人；中山城不是不險峻，蔡上軍隊不是不多，先前的事例非常明顯，可以作為鑑戒。況且稱霸諸侯的國家不會有貧窮的君主，強悍將領的手下不會有懦弱的士兵。我希望大王崇尚德政，愛護百姓，去除奢侈，減省賦役，設防險要，固守邊境，訓練兵士，勤務農事。平定動亂要選用武臣，政事治理得好就要選用文官，錢穀進出有帳簿考核清楚，判刑執法有律令依據。誅殺獎賞的權力由自己掌握，下邊官吏就沒有作威作福的弊端，身邊親近的人大多品行端正，大家就不會有被誣陷誹謗的憂慮。順應天時而杜絕欺騙誣罔，敬奉鬼神而禁止不合禮制的祭祀，那麼不求富裕而國家也會富裕起來，不求安定而國家也自然會安定下來。對外可以打敗元兇朱溫，對內可以振興頹廢習俗，名聲高過春秋五霸，道德在上古八元之上。至於計算百姓的賦稅，制定房屋的結構，增加酒麴的專利，檢查田畝的數量與收成，這對於開創國家，恐怕還不算迫切。」

李克用的親軍都是沙陀各部族的胡人，喜好侵掠暴虐平民百姓，河東的百姓受苦很深。李克用的兒子李存勗把這些情況講出後，李克用說：「這些人跟隨我作戰幾十年了，近來庫房的財物不足，各路軍隊靠出賣馬匹來維持供給。如今四方藩鎮都用重賞來招募士兵，我如果逼急他們，那麼他們都要散去了，我怎麼和他們一起來保衛這個基業啊！等待天下稍為安定後，再來清理管制他們好了。」李存勗小時候機警聰敏，有勇氣謀略。李克用被朱全忠圍困，疆域日益縮小，臉上顯露憂慮。李存勗進言說：「事物不發展到極點就不會走向反面，惡人不走到極端也不會滅亡。朱全忠倚仗他的奸詐與武力，窮凶極惡，殘暴無比，併吞消滅四鄰的藩鎮，使得百姓怨恨，天神憤怒。如今又攻擊逼迫皇上，窺伺皇位，這是他發展到極點，大概將要滅亡了！我家世代忠貞相繼，雖然形勢、力量都已窮盡，但於心無愧。父王應該收斂鋒芒，從容靜觀，等待朱全忠衰弱下去；怎麼能夠輕易地沮喪灰心，使大家失望呢！」李克用很高興，立即命令擺設酒席演奏音樂，然後才休息。

劉夫人沒有生下兒子。李克用的寵姬曹氏生了李存勗，劉夫人待曹氏更加優厚。李克用因此越發敬重劉夫人，各個姬妾有了孩子，就命令劉夫人做他們的母親。劉夫人教養這些孩子，都像自己親生的一樣。

上以左[1]金吾將軍李儼❶為江、淮宣諭使，書御衣[2]賜楊行密，拜行密東面行營都統、中書令、吳王，以討朱全忠。以朱瑾為平盧❷節度使，馮弘鐸為武寧❸節度使，朱延壽為奉國❹節度使。加武安節度使馬殷同平章事。淮南、宣歙、湖南等道立功將士，聽用都統牒承制遷補，然後表聞❺。儼，張濬之子也，賜姓李。

夏，四月丁酉❻，崔胤自華州詣河中，泣訴於朱全忠，恐李茂貞劫天子幸蜀，宜以時迎奉，勢不可緩。全忠與之宴，胤親執板❼，為全忠歌以侑酒。

辛丑❽，回鶻遣使入貢，請發兵赴難❾。上命翰林學士承旨韓偓答書許之。

乙巳⑩，偓上言：「戎狄獸心，不可倚信⑪。彼見國家人物華靡⑫，而城邑荒殘，甲兵彫弊⑬，必有輕中國之心，啓其貪婪。且自會昌以來，回鶻為國家[3]所破⑭，恐其乘危復怨⑮。所賜可汗⑯書，宜諭以小小寇竊⑰，不須赴難，虛愧其意⑱，實沮⑲其謀。」從之。

兵部侍郎、參知機務盧光啓罷為太子太保。○楊行密遣顧全武歸杭州以易秦裴⑳，錢鏐大喜，遣裴還。○汴將康懷貞擊鳳翔將李繼昭於莫谷㉑，大破之。繼昭，蔡州人也，本姓符，名道昭。

五月庚戌㉒，溫州㉓刺史朱褒卒，兄敖自稱刺史。

鳳翔人聞朱全忠且來，皆懼。癸丑㉔，城外居民皆遷入城。己未㉕，全忠將精兵五萬發河中，至東渭橋㉖[4]，遇霖雨㉗，留旬日。

庚午㉘，工部侍郎、平章事韋貽範遭母喪，宦官薦翰林學士姚洎㉙為相。洎謀於韓偓，偓曰：「若圖永久之利，則莫若未就㉚為善。儻出上意，固無不可。且汴軍旦夕合圍㉛，孤城難保，家族在東，可不慮乎！」洎乃移疾㉜，上亦自不許。

鎮海、鎮東節度使彭城王錢鏐進爵㉝越王。

六月丙子㉞，以中書舍人蘇檢㉟為工部侍郎、同平章事。時韋貽範在草土㊱，薦檢及姚洎於李茂貞。上既不用洎，茂貞及宦官恐上自用人，協力薦檢，遂用之。

○丁丑㊲，朱全忠軍于虢縣㊳。

武寧節度使馮弘鐸介居宣、揚之間㊴，常不自安。然自恃樓船㊵之彊，不事兩道㊶。寧國節度使田頵欲圖之，募弘鐸工人造戰艦，工人曰：「馮公遠求堅木，故其船堪久用，今此無之。」頵曰：「第㊷為之，吾止須一用耳。」弘鐸將馮暉、顏建說弘鐸先擊頵，弘鐸從之，帥眾南上，聲言攻洪州㊸，實襲宣州也。楊行密使人止之㊹，不從。辛巳㊺，頵帥舟師逆擊于曷山㊻[5]，大破之。

甲申㊼，李茂貞大出兵，自將之，與朱全忠戰于虢縣之北，大敗而還，死者萬餘人。丙戌㊽，全忠遣其將孔勍㊾出散關㊿，攻鳳州，拔之。丁亥(51)，全忠進軍鳳翔城下。全忠朝服(52)嚮城而泣，曰：「臣但欲迎車駕還宮耳，不與岐王角勝(53)也。」遂為五寨環之。

【章旨】以上為第三段，寫朱全忠再次大發兵圍攻鳳翔與李茂貞爭天子。唐昭宗冊封楊行密為吳王，錢鏐為越王，詔諸道討逆朱全忠。

【注釋】❶李儼　宰相張濬之子，賜姓李。❷平盧　軍鎮名，治所青州。❸武寧　軍鎮名，治所徐州。❹奉國　軍鎮名，治所蔡州。朱瑾等皆遙領。❺聽用都統牒承制遷補二句　特許楊行密用都統公文以稟承皇帝旨意的名義升遷補官，然後上表奏聞。承制，稟承皇帝旨意便宜行事。❻丁酉　四月二十一日。❼板　拍板，打擊樂器的一種，自西北傳入中原，唐代以後較為流行。歌舞以擊板為節奏。拍板用木八片，以皮條穿之，兩手各執其外一片而拍之。❽辛丑　四月二十五日。❾赴難　赴救國難。❿乙巳　四月二十九日。⓫倚信　依靠信賴。⓬華靡　華麗而奢侈。⓭彫弊　衰敗。⓮且自會昌以來二句　唐武宗會昌三年（西元八四三年），河東節度使劉沔遣將石雄大破回鶻於殺胡山，斬首萬級。⓯復怨　復仇。⓰可汗　初為北方游牧民族部落中一般部眾對首領的尊稱。後轉變為鮮卑、柔然、突厥、回紇等族最高統治者的稱號。⓱寇竊　賊寇。⓲虛愧其意　謂表面上對回鶻的好意表示感謝。愧，內心慚愧。⓳沮　阻止。⓴易秦裴　顧全武去年被楊行密俘獲，秦裴在光化元年（西元八九八年）降錢鏐，雙方交換釋降，顧、秦二人各歸本主。易，交換。㉑莫谷　即漠谷，在奉天（今陝西乾縣）城北。㉒庚戌　五月初五日。㉓溫州　州名，治所在今浙江溫州。㉔癸丑　五月初八日。㉕己未　五月十四日。㉖東渭橋　唐代長安附近渭水上有二橋，東渭橋，又稱渭橋渡，在今西安東北。㉗霖雨　連綿大雨。㉘庚午　五月二十五日。㉙姚洎　唐末曾任翰林學士、戶部侍郎、朱全忠元帥府判官。入後梁，歷任兵部尚書、御史大夫、中書侍郎、同中書門下平章事。㉚未就　不就職。㉛合圍　四面包圍。㉜移疾　移文稱有病。㉝進爵　晉升爵位等級。錢鏐原為彭城郡王，進爵為越王。㉞丙子　六月初二日。㉟蘇檢　為洋州刺史，昭宗幸山南，奔行在，因李茂貞薦引而入相，昭宗還京，長流蘇檢於環州。傳附《新唐書》卷一百八十二。㊱草土　居喪。居喪者睡在草墊上枕著土塊，故曰草土。㊲丁丑　六月初三日。㊳虢縣　縣名，縣治在鳳翔府南三十五里，即今陝西寶雞。㊴宣揚之間　宣，指宣歙田頵。揚，指揚州楊行密。馮弘鐸以昇州居二鎮之間。㊵樓船　有疊層的大戰船。㊶兩道　指宣歙和揚州。㊷第　只；但。㊸洪州　時鍾傳據洪州。㊹使人止之　時楊行密為南面諸道都統，故制其行師進止。㊺辛巳　六月初七日。㊻曷山　在安徽宣城西南三十五里。㊼甲申　六月初十日。㊽丙戌　六月十二日。㊾孔勍　（西元八四七—九二六年）字鼎文，兗州人，善騎射，事朱全忠，由軍中小校官升至唐鄧節度使、山南東道節度使，入後唐為河陽節度使。傳見《舊五代史》卷六十四。㊿散關　關名，在鳳翔府寶雞縣（今陝西寶雞）西南。(51)丁亥　六月十三日。(52)朝服　朝會時所穿之禮服。(53)角勝　爭奪勝利。

【校　記】[1]左　原無此字。據章鈺校，乙十一行本有此字，張敦仁《通鑑刊本識誤》同，今據補。[2]御衣　原作「御札」。據章鈺校，十二行本、乙十一行本皆作「御衣」，今從改。[3]國家　原作「中國」。據章鈺校，十二行本、乙十一行本皆作「國家」，今從改。④東渭橋　原作「東渭橫橋」。據章鈺校，乙十一行本、孔天胤本皆無「渭」字，今據刪。⑤曷山　原作「葛山」。嚴衍《通鑑補》改作「曷山」，今據以校正。

【語譯】昭宗以左金吾將軍李儼為江、淮宣諭使，親筆寫字在衣服上賜給楊行密，拜授楊行密為東面行營都統、中書令、吳王，以討伐朱全忠。任命朱瑾為平盧節度使，馮弘鐸為武寧節度使，朱延壽為奉國節度使。加任武安節度使馬殷為同平章事。淮南、宣歙、湖南等道立功的將士，聽任楊行密用行營都統牒文，以稟承皇帝旨意的名義來遷升遞補，然後再上表向昭宗報告。李儼是張濬的兒子，被昭宗賜姓李。

夏，四月二十一日丁酉，崔胤從華州來河中，邊流眼淚邊向朱全忠訴說，擔心李茂貞劫持昭宗到蜀地去，應該乘此時機迎接昭宗東歸，形勢不能再拖延。朱全忠與崔胤宴飲，崔胤親自拿著拍板，為朱全忠唱歌勸酒。

四月二十五日辛丑，回鶻派遣使者入朝進貢，請求派遣軍隊前來救援國難。昭宗命令翰林學士承旨韓偓回信同意他們的請求。二十九日乙巳，韓偓進言說：「回鶻這些戎狄是人面獸心，不可以依靠信任。他們看到我們國家人民生活繁華奢侈，但是城邑荒廢殘頹，武器破舊士兵疲乏，一定會有輕視中國的想法，將開啟他們貪婪的念頭。並且從武宗會昌年間以來，回鶻被朝廷打敗，恐怕他們乘著我們危難之際報怨復仇。賜給可汗的書信中應當告訴他們，只是小小的賊寇鬧事，不需要他們前來救援；表面上感謝他們的好意，實際上阻止他們的圖謀。」昭宗聽從了韓偓的意見。

兵部侍郎、參知機務盧光啓被罷免為太子太保。〇楊行密遣送顧全武回杭州，以便換回秦裴，錢鏐非常高興，遣送秦裴返回揚州。〇汴州將領康懷貞在莫谷進攻鳳翔將領李繼昭，大敗鳳翔軍。李繼昭是蔡州人，本來姓符，名字叫道昭。

五月初五日庚戌，溫州刺史朱褒去世，他的哥哥朱敖自稱為刺史。

鳳翔人得知朱全忠要來進攻，都很害怕。五月初八日癸丑，城外的居民都遷入城中。十四日己未，朱全忠率領精兵五萬人從河中出發，到達東渭橋，遇到連綿大雨，停留十天。

五月二十五日庚午，工部侍郎、同平章事韋貽範的母親去世，宦官推薦翰林學士姚洎擔任宰相。姚洎找韓偓商議，韓偓說：「如果你考慮長遠的利益，那麼不如推辭不就職為好。假如這出於皇上的意思，本來沒有什麼不可以的。況且汴州軍早晚就要包圍起來，鳳翔這座孤城很難守住。你的家族在東邊，怎麼可以不考慮呢！」姚洎於是上表推說自己有病，昭宗也沒有表示同意他當宰相。

鎮海、鎮東節度使彭城王錢鏐進封為越王。

六月初二日丙子，任命中書舍人蘇檢為工部侍郎、同平章事。當時韋貽範在家守喪，向李茂貞推薦蘇檢和姚洎。昭宗既然不用姚洎，李茂貞和宦官們擔心昭宗自己用人，協力推薦蘇檢，於是任用了他。〇初三日丁丑，朱全忠駐軍在虢縣。

武寧節度使馮弘鐸處在宣州的田頵和揚州的楊行密之間，經常自己感到不安全。但是倚仗自己擁有強大的樓船戰艦，不服事宣州、揚州兩道。寧國節度使田頵想要圖謀他，召募馮弘鐸的工人建造戰艦。工人說：「馮弘鐸到遠處找來堅硬的木材，所以他的戰船能夠長久使用，現在這裡沒有那種木材。」田頵說：「你們只管去建造，我只要使用一次就行了。」馮弘鐸的部將馮暉、顏建勸說他先進攻田頵，馮弘鐸聽從了他們，率軍南進，揚言攻打洪州，實際上是襲擊宣州。楊行密派人去勸阻馮弘鐸的行動，他不同意。六月初七日辛巳，田頵率領水軍在曷山迎擊馮弘鐸，把馮弘鐸打得大敗。

六月初十日甲申，李茂貞大舉出動軍隊，親自率軍，與朱全忠的軍隊在虢縣北邊進行激戰，大敗而回，死的有一萬多人。十二日丙戌，朱全忠派遣他的部將孔勍從散關出發進攻鳳州，攻取鳳州。十三日丁亥，朱全忠進軍到鳳翔城下。朱全忠穿著朝服面向鳳翔城哭泣，說：「臣只是想迎接皇上車駕返回皇宮，不是與岐王來爭鬥輸贏的。」於是建立五個營寨將鳳翔城包圍起來。

馮弘鐸收餘眾沿江將入海，楊行密恐其為後患，遣使犒軍，且說之曰：「公徒眾猶盛，胡為自棄於[1]滄海之外！吾府雖小，足以容公之眾，使將吏各得其所，如何？」弘鐸左右皆慟哭聽命。弘鐸至東塘❶，行密自乘輕舟迎之，從者十餘人，常服❷，不持兵❸，升弘鐸舟，慰諭之，舉軍❹感悅。署弘鐸淮南節度副使，館給❺甚厚。

初，弘鐸遣牙將丹徒❻尚公迺詣行密求潤州，行密不許。公迺大言曰：「公不見聽❼，但恐不敵樓船耳。」至是，行密謂公迺曰：「頗記求潤州時否？」公迺謝曰：「將吏各為其主，但恨無成耳。」行密笑曰：「爾事楊叟❽如事馮公，無憂矣！」○行密以李神福為昇州❾刺史。

楊行密發兵討朱全忠，以副使李承嗣權知淮南軍府事。軍吏欲以巨艦運糧，都知兵馬使徐溫❿曰：「運路久不行，葭葦堙塞⓫，請用小艇，庶幾易通。」軍至宿州，會久雨，重載不能進，士有飢色，而小艇先至，行密由是奇溫，始與議軍事。行密攻宿州，久[2]不克，竟以糧運不繼引還。

秋，七月，孔勍取成、隴二州⓬，士卒無鬭者。至秦州⓭，州人城守⓮，乃自故關⓯歸。

韋貽範之為相也，多受人賂⓰，許以官。既而以母喪罷去，日為債家⓱所譟⓲。

親吏劉延美，所負⑲尤多，故汲汲於起復⑳，日遣人詣兩中尉、樞密及李茂貞求之。甲戌㉑，命韓偓草貽範起復制㉒，偓曰：「吾腕可斷，此制不可草！」即上疏論貽範遭憂㉓未數月，遽令起復，實駭物聽㉔，傷國體㉕。學士院二中使㉖怒曰：「學士勿以死為戲！」偓以疏㉗授之，解衣而寢。二使不得已奏之。上即命罷草，仍賜敕褒賞㉘之。八月乙亥朔㉙，班定㉚，無白麻可宣㉛。宦官喧言㉜韓侍郎不肯草麻，聞者大駭。茂貞入見上曰：「陛下命相而學士不肯草麻，與反何異！」上曰：「卿輩薦貽範，朕不之違。學士不草麻，朕亦不之違。況彼所陳，事理明白，若之何㉝不從！」茂貞不悅而出，至中書，見蘇檢曰：「姦邪朋黨㉞，宛然㉟如舊。」扼腕㊱者久之。貽範猶經營㊲不已，茂貞語人曰：「我實不知書生禮數㊳，為貽範所誤，會當於邠州安置。」貽範乃止。劉延美赴井死[3]。

【章旨】以上為第四段，寫楊行密大家氣度與御人之術，馮弘鐸歸服。韋貽範無恥求官；韓偓鯁正，不屈於宦官與鎮帥。

【注釋】❶東塘　鎮名，在江蘇常熟東南。❷常服　日常所穿服裝，不著鎧甲。❸不持兵　不帶武器。❹舉軍　全軍。❺館給　寓舍和供給。❻丹徒　縣名，縣治在今江蘇鎮江市。❼見聽　聽；採納。❽楊叟　楊行密自稱。❾昇州　州名，治所在今江蘇南京。楊行密以李神福為昇州刺史，目的是控制宣、潤二州。❿徐溫　（西元八六一－九二七年）字敦美，海州（今江蘇連雲港市）人，佐楊行密父子割據淮南，專吳政為權臣。其養子徐知誥後來建立南唐。傳見《新五代史》卷六十一。⓫葭

葦埋塞　自黃巢、高駢至今，江淮漕運不復至京師，故水運堙塞。蘆葦初生者為葭，長大為蘆，秋成名葦。⑫成隴二州　成州治所在今甘肅西和西，隴州治所在今陝西隴縣。⑬秦州　州名，治所在今甘肅秦安西。⑭城守　據城守備。⑮故關　關名，在秦州清水縣（今甘肅清水縣）東五十里。原名大震關，唐宣宗大中六年（西元八五二年），隴州防禦使薛逵徙築安戎關於隴山，自此謂大震關為故關。⑯賂　賄賂。⑰債家　送賄賂的人。⑱譟　喧鬧。指債家上門追討爭吵，成群結隊而喧鬧。⑲負負債。⑳汲汲於起復　指韋貽範急切地要求起用復官。㉑甲戌　八月初一日，甲戌下脫「朔」字。㉒草貽範起復制　起草讓韋貽範重新為相的詔命。㉓遭憂　居母喪。㉔實駭物聽　真是駭人聽聞。物，人物；人眾。㉕國體　國家的典章制度。㉖二中使　韓全誨等派二中使監學士院，以防昭宗與學士密議國事，兼掌傳宣回奏。㉗疏　即論韋貽範不應起復的奏章。㉘褒賞　表揚獎賞。㉙乙亥朔　八月初二日。「朔」字衍。㉚班定　上朝時百官立班已定。㉛無白麻可宣　沒有詔書頒示。白麻，詔書皆用白紙，唐高宗時改用麻紙。翰林學士草制，凡立皇后太子、施赦、討伐、策免三公將相等國家大政，皆用白麻書。這裡指學士院拒絕起草韋貽範起復制書，故無白麻可宣。㉜喧言　群起哄鬧。㉝若之何　怎麼能；奈何。㉞朋黨　為私利目的而勾結同類。㉟宛然　彷彿；好像。㊱扼腕　手握其腕，表示憤怒。㊲經營　鑽營求相。㊳禮數　禮儀制度。這裡特指對居喪期間起復的相關制度。

【校　記】[1]於　原無此字。據章鈺校，乙十一行本有此字，今據補。[2]久　原無此字。據章鈺校，十二行本、乙十一行本、孔天胤本皆有此字，今據補。[3]劉延美赴井死　原無此六字。據章鈺校，十二行本、乙十一行本、孔天胤本皆有此六字，張敦仁《通鑑刊本識誤》、張瑛《通鑑校勘記》同，今據補。

【語　譯】馮弘鐸收攏餘下的部眾沿長江順流而下，準備入海。楊行密擔心他會成為後患，派遣使者去犒勞他的軍隊，並且告訴他說：「你的部下還很強盛，為什麼要把自己棄置於海外呢！我的地方雖然很小，但足以容納你的部眾。讓將士官吏們都各得其所，怎麼樣？」馮弘鐸左右的將士官吏全都大聲痛哭，聽從命令。馮弘鐸到達東塘，楊行密親自乘輕快的小船來迎接他，跟隨的只有十多個人，身穿便服，不帶兵器，登上馮弘鐸的船，安慰曉諭大家，全軍都非常感激、喜悅。楊行密委任馮弘鐸為淮南節度副使，供給他的食宿等條件都非常優厚。

當初，馮弘鐸派遣牙將丹徒人尚公迺到楊行密那裡請求把潤州劃撥給自己，楊行密不同意。尚公迺大聲嚷道：「你如不肯採納，只恐怕抵擋不住我們的樓船戰艦。」到這時，楊行密對尚公迺說：「還記得當初來求潤州時的情況嗎？」尚公迺謝罪說：「將士官吏各為其主，只恨沒有成功罷了。」楊行密笑著說：「你侍奉我楊行密如能同侍奉馮公一樣，就不必憂慮了！」○楊行密以李神福為昇州刺史。

楊行密出動軍隊去討伐朱全忠，以副使李承嗣暫時代理淮南節度使府中事務。軍中的官吏打算用大船運送糧食，都知兵馬使徐溫說：「水運路線已經很久不通行。蘆葦堵塞航道，請使用小艇運送，或許比較容易通行。」軍隊到達宿州，正遇上下雨不停，裝載很多物資的大船不能前進，士兵們沒有足夠的糧食吃，而小艇先到。楊行密因此很欣賞徐溫，開始與他商議軍中大事。楊行密進攻宿州，很久未能攻克，因為糧食運送跟不上而退兵。

秋，七月，孔勍攻取成、隴二州，士兵沒有經過戰鬥就佔領了。到達秦州，秦州人據城防守，於是孔勍從故關返回。

韋貽範在擔任宰相時，經常接受別人的賄賂，許諾讓他們出任官職。不久因為母親去世免官居喪，每天被討債的人喧譁打擾。韋貽範的親吏劉延美，所虧欠人家的尤其多，所以對韋貽範重新復職更為迫切，每天派人去兩中尉、樞密以及李茂貞處請求。八月初一日甲戌，昭宗命令韓偓起草恢復韋貽範官職的詔書，韓偓說：「我的手腕可以斷，這個詔書不能起草！」隨即上疏辯論說，韋貽範遭受母親喪事還不過幾個月，急忙讓他復職，實在是駭人聽聞，有傷國體。監視學士院的兩個宦官發怒說：「韓學士不要以死來開玩笑！」韓偓把奏疏交給他們，脫去衣服睡覺了。兩個宦官不得已把奏疏進呈昭宗。昭宗立即下令停止草擬詔書，並賜敕令褒揚獎賞韓偓。初二日乙亥，百官已按次序站好等候上朝，但沒有詔書可以宣讀。宦官們大聲吵嚷說是韓侍郎不肯起草詔書，聽到的人大吃一驚。李茂貞進宮見昭宗說：「陛下任命宰相而學士不肯起草詔書，這與謀反有什麼不同！」昭宗說：「你們這些人推薦韋貽範，朕沒有反對。韓學士不起草詔書，朕也不反對。何況他所陳述的情況，道理明白，怎麼能不依從呢！」李茂貞很不高興地從宮中出去了，到了中書省，看到蘇檢說：「奸惡邪佞的小人結成朋黨，彷彿就像過去。」情緒激動地握住自己的手腕，很久不能平息。韋貽範還是到處鑽營不止，李茂貞對人說：「我實在不知道書生們的禮儀制度，被韋貽範所誤，應當在邠州安置他。」韋貽範這才停止了活動。劉延美投井自殺。

保大❶節度使李茂勳❷將兵屯三原，救李茂貞。朱全忠遣其將康懷貞[1]、孔勍擊之，茂勳遁去。茂勳，茂貞之從弟也。

初，孫儒死，其士卒多奔浙西，錢鏐愛其驍悍❸，以為中軍，號武勇都。行軍司馬杜稜諫曰：「狼子野心，它日必為深患，請以土人❹代之。」不從。鏐如❺衣錦軍❻，命武勇右[2]都指揮使徐綰帥眾治溝洫❼。鎮海節度副使成及聞士卒怨言，白鏐請罷役，不從。丙戌❽[3]，鏐臨饗❾諸將，綰謀殺鏐於座，不果，稱疾先出。鏐怪之。丁亥❿，命綰將所部[4]先還杭州。及外城，縱兵焚掠。武勇左都指揮使許再思以迎候兵與之合⓫，進逼牙城⓬。鏐子傳瑛與三城⓭都指揮使馬綽等閉門拒之，牙將潘長擊綰，綰退屯龍興寺⓮。鏐還，及龍泉⓯，聞變，疾驅至城北，使成及建鏐旗鼓與綰戰，鏐微服乘小舟夜抵牙城東北隅，踰城而入。直更卒⓰憑鼓而寐⓱，鏐親斬之，城中始知鏐至。武安都指揮使杜建徽自新城⓲入援，徐綰聚木將焚北門，建徽悉焚之。建徽，稜之子也。湖州⓳刺史高彥聞難，遣其子渭將兵入援，至靈隱山⑳，綰伏兵擊殺之。

初，鏐築杭州羅城㉑，謂僚佐曰：「十步一樓，可以為固矣。」掌書記餘杭㉒[5]羅隱㉓曰：「樓不若皆[6]內向㉔。」至是人以隱言為驗。

【章旨】以上為第五段，寫錢鏐不納忠言，招降納叛突發兵變，患生肘腋，受困杭州。

【注釋】❶保大　渭北節度使於中和二年賜號保大軍節度使，治鄜州。❷李茂勳　（？—西元九二六年）李茂貞之從弟。初為鳳翔都將，茂貞表為鄜州節度使。後歸梁，改名周彝。傳見《舊五代史》卷一百三十二、《新唐書》卷二百十二。❸驍悍　驍勇強悍。❹土人　謂浙西當地人。❺如　到；往。❻衣錦軍　錢鏐是臨安人，既貴，改所居營為衣錦營，又升曰衣錦城。每遊衣錦城，宴故老，連山林皆以錦覆之。❼治溝洫　整修衣錦軍的水渠。溝洫，水道；溝渠。❽丙戌　八月十三日。❾饗　用酒食款待。❿丁亥　八月十四日。⓫以迎候兵與之合　許再思領兵迎候錢鏐，與亂兵會合。⓬牙城　即衙城。衛護節度使的內城。⓭三城　指杭州有三重城。大城謂之羅城，小城謂之子城，第三重城謂之牙城。⓮龍興寺　寺廟名。⓯龍泉　即龍井，在杭州西湖西面鳳凰嶺上。本名龍泓，又名龍湫，離城十五里。⓰直更卒　值夜的士兵。⓱憑鼓而寐　依著鼓睡覺。⓲新城　縣名，縣治在今浙江富陽西，距杭州一百三十里。⓳湖州　州名，治所在今浙江湖州。離杭州一百五十五里。⓴靈隱山　山名，在杭州城西十二里，上有靈隱寺，為我國佛教禪宗十剎之一。㉑築杭州羅城　事見本書卷二百五十九昭宗景福二年。㉒餘杭　縣名，縣治在杭州西。㉓羅隱　（？—西元九〇九年）原名橫，恃才傲物，累舉不第，改名隱，字昭諫，自號江東生，有詩名。後為錢鏐幕僚，曾任錢塘令、節度判官。傳見《舊五代史》卷二十四。㉔內向　城上敵樓外向所以禦敵。今徐綰據羅城而反，錢鏐自外攻之，所以人以羅隱「不若皆內向」之言為驗。

【校記】[1]康懷貞　據章鈺校，十二行本、乙十一行本皆作「康懷英」。[2]武勇右　原作「右武勇」。據章鈺校，十二行本、乙十一行本皆作「武勇右」，今從改。[3]丙戌　原作「甲戌」。據章鈺校，乙十一行本作「丙戌」，張敦仁《通鑑刊本識誤》同，今從改。[4]所部　原作「所部兵」。據章鈺校，十二行本、乙十一行本皆無「兵」字，今據刪。[5]餘杭　原作「餘姚」。據章鈺校，十二行本、乙十一行本、孔天胤本皆作「餘杭」，張敦仁《通鑑刊本識誤》同，今從改。[6]皆　原無此字。據章鈺校，十二行本、乙十一行本、孔天胤本皆有此字，今據補。

【語　譯】保大節度使李茂勳率軍駐紮三原，救援李茂貞。朱全忠派遣他的部將康懷貞、孔勍進攻李茂勳，李茂勳逃走。李茂勳，是李茂貞的堂弟。

當初，孫儒死的時候，他部下的士兵大多跑到浙西，錢鏐喜愛他們驍勇強悍，編為中軍，號稱武勇都。行軍司馬杜稜勸諫錢鏐說：「這些人狼子野心，將來必定成為心腹大患，請用本地人代替他們。」錢鏐不同意。

錢鏐去往衣錦軍，命令武勇右都指揮使徐綰率領部下整修溝渠。鎮海節度副使成及聽到士兵們的怨言，報告錢鏐，請求停止勞役，錢鏐沒有聽從。八月十三日丙戌，錢鏐親自宴請諸位將領，徐綰陰謀在宴席上殺死錢鏐，未能成功，推說有病先離開宴席。錢鏐感覺奇怪。十四日丁亥，命令徐綰率領他的部下先返回杭州。到達杭州外城，徐綰放縱士兵焚燒搶掠。武勇左都指揮使許再思帶領迎候的軍隊與徐綰會合，進逼節度使居住的牙城。錢鏐的兒子錢傳瑛和三城都指揮使馬綽等關閉城門進行抵抗，牙將潘長進擊徐綰，徐綰率軍後退駐守在龍興寺。錢鏐返回杭州，到達龍泉，得知變亂，急忙趕到杭州城北，派成及豎起錢鏐的旗幟、鼓角與徐綰交戰，自己穿著便服乘坐小船，在夜裡抵達牙城的東北角，翻越城牆進入城內。打更的士兵靠著鼓在睡覺，錢鏐親手斬殺了他，城中的人才知道錢鏐到達。武安都指揮使杜建徽從新城前來救援，徐綰聚集木柴將要焚燒北門，杜建徽把這些木柴全部焚燒一空。杜建徽，是杜稜的兒子。湖州刺史高彥得知徐綰等叛亂，派遣他的兒子高渭率軍前來救援，到了靈隱山，徐綰埋伏的軍隊擊殺了高渭。

當初，錢鏐修築杭州的羅城，對幕僚佐吏說：「十步就有一個敵樓，可以稱得上堅固了。」掌書記餘杭人羅隱說：「羅城的敵樓不全都向內修築。」到這時，人們認為羅隱的話應驗了。

庚戌❶，李茂貞出兵夜襲奉天❷，虜汴將倪章、邵棠以歸。乙未❸，茂貞大出兵，與朱全忠戰，不勝。暮歸，汴兵追[1]之，幾入西門❹。己亥❺，再起復前戶部侍郎、同平章事韋貽範，使姚洎草制。貽範不讓❻，即表謝，明日，視事。

西川軍[2]請假道❼於興元，山南西道節度使李繼密遣兵戍三泉❽以拒之。辛丑❾，西川前鋒將王宗播攻之，不克，退保山寨。親吏柳脩業❿謂宗播曰：「公舉族歸人⓫，不為之死戰，何以自保？」宗播令其眾曰：「吾與汝曹決戰，取功名，不爾，死於此！」遂破金牛、黑水、西縣、褒城四寨⓬。軍校秦承厚攻西縣，矢貫⓭左目，達于右耳[3]，鏃⓮不出。王建自舐⓯其創，膿潰鏃出。王宗播攻馬盤⓰寨，繼密戰敗，奔還漢中。西川軍乘勝至城下，王宗滌帥眾先登，遂克之，繼密請降，遷于成都。得兵三萬，騎五千，宗滌入屯漢中。王建曰：「繼密殘賊⓱三輔⓲，以其降，不忍殺。」復其姓名曰王萬弘，不時召見。諸將陵易⓳之，萬弘終日縱酒，俳優⓴輩亦加戲誚㉑。萬弘不勝憂憤，醉投池水而卒。

詔以王宗滌為山南西道節度使。宗滌有勇略，得眾心，王建忌之。建作府門，繪以朱丹㉒，蜀人謂之「畫紅樓」，建以宗滌姓名應之㉓，王宗佶等疾其功，復構㉔以飛語㉕，建召宗滌至成都，詰責之，宗滌曰：「三蜀㉖略平，大王聽讒，殺功臣可矣。」建命親隨馬軍都指揮使唐道襲夜飲之酒，縊殺之，成都為之罷市，連營㉗涕泣，如喪親戚。建以[4]指揮使王宗賀權興元留後。道襲，閬州人也，始以舞童㉘事建，後浸預㉙謀畫。

【章　旨】以上為第六段，寫西川王建掠地山南，忌殺功臣。

【注　釋】❶庚戌　八月甲戌朔，無庚戌，疑為庚寅，八月十七日。❷奉天　縣名，縣治在今陝西乾縣。❸乙未　八月二十二日。❹西門　鳳翔城之西門。❺己亥　八月二十六日。❻讓　朝廷高級官員在得到任命後，一般會上表辭讓，以表示謙遜。遇到類似這種居喪中起復的情況，更是會多次辭讓。❼假道　借路。西川兵假道以勤王。❽三泉　縣名，縣治在今四川廣元北，時屬利州。❾辛丑　八月二十八日。❿柳脩業　王宗播原從之孔目官。⓫舉族歸人　王宗播，原名許存，乾寧二年（西元八九五年）歸王建。事見本書卷二百六十。⓬金牛黑水西縣褒城四寨　金牛縣治在今陝西寧強北，黑水縣治在今甘肅文縣西，西縣縣治在今陝西勉縣西，褒城縣治在今勉縣東。四寨皆在三泉北。王宗播攻三泉不克，而北出攻佔四寨。寨，置軍戍守的營寨。⓭矢貫　箭穿。⓮鏃　箭頭。⓯舐　用舌頭舔。⓰馬盤　縣名，縣治在今四川平武東。⓱殘賊　殘害。⓲三輔　最初是西漢治理京畿地區三個主要官員的合稱，後引申為這三個官員（京兆尹、左馮翊、右扶風）管轄的區域，相當於今陝西中部地區。唐朝沿用了這一名稱。⓳陵易　欺侮輕視。⓴俳優　從事樂舞諧戲的藝人。㉑戲誚　嘲弄責備。㉒朱丹　朱紅顏色。㉓應之　王宗滌原名華洪，與「畫紅」諧音，故云「應之」。㉔構　陷害。㉕飛語　無根據的惡意誹謗。㉖三蜀　東川、西川及漢川被稱為三蜀。㉗連營　軍營相連，謂所有的軍營。㉘舞童　歌舞童子。㉙浸預　漸漸參與。

【校　記】[1]追　據章鈺校，乙十一行本作「退」。按，當時朱全忠大敗李茂貞，汴兵追擊之。「追」字義長。[2]軍　原作「兵」。據章鈺校，十二行本、乙十一行本皆作「軍」，今從改。[3]耳　原作「目」。據章鈺校，孔天胤本作「耳」，張敦仁《通鑑刊本識誤》同，今從改。[4]以　據章鈺校，十二行本、乙十一行本、孔天胤本皆作「以為」。

【語　譯】八月庚戌日，李茂貞出動軍隊乘夜襲擊奉天，俘虜了汴州將領倪章、邵棠後返回。二十二日乙未，李茂貞大舉出動軍隊，與朱全忠交戰，未能取勝。傍晚時退回，汴州軍隊追擊，幾乎進入鳳翔城西門。

八月二十六日己亥，朝廷再次起用前戶部侍郎、同平章事韋貽範，命令姚洎起草制書。韋貽範沒有按慣例謙讓，立即上表謝恩，第二天，到職處理公務。

西川軍隊請求借道興元勤王，山南西道節度使李繼密派遣士兵戍守三泉縣進行抵禦。八月二十八日辛丑，西川前鋒將領王宗播攻打三泉縣，未能攻克，退守山上的營寨。親吏柳脩業對王宗播說：「您全族都歸附王建，不為他拼死作戰，還能用什麼保全自己呢？」王宗播命令他的部眾說：「我和你們一起決戰，獲取功名，不然的話，就死在這裡！」於是攻破了金牛、黑水、西縣、褒城四個寨子。軍校秦承厚攻打西縣時，箭貫穿左眼，直到右耳，箭頭留在裡邊拿不出來。王建親自用舌頭去舔他的傷口，膿血潰流，箭頭也出來了。王宗播攻打馬盤寨，李繼密戰敗，逃回漢中。西川軍乘勝到達漢中城下，王宗滌率領部下首先登上城牆，於是攻克了漢中。李繼密請求投降，被遷往成都。西川軍獲得士兵三萬人，騎兵五千人，王宗滌入駐漢中城。王建說：「李繼密過去殘害三輔地區，因為他已經投降，不忍心殺他。」恢復他的姓名叫王萬弘，經常召見他。西川各將領都欺侮、輕視他，王萬弘終日放縱飲酒，連唱歌、演戲的人也嘲笑、戲弄他。王萬弘不勝憂愁煩悶，醉後跳到水池中被淹死了。

昭宗下詔任命王宗滌為山南西道節度使。王宗滌作戰勇猛，有謀略，深受部眾擁護，王建嫉妒他。王建修造節度使府第的大門，繪成朱紅色，蜀人把它稱為「畫紅樓」，王建認為「畫紅」和王宗滌本來的姓名華洪相對應；王宗佶等人也嫉妒王宗滌的功勞，又編造流言蜚語誹謗他。王建召王宗滌到成都，責問他。王宗滌說：「三蜀已經大致平定，大王聽信讒言，可以殺功臣了。」王建命令親隨馬軍都指揮使唐道襲夜裡與王宗滌喝酒，用繩子勒死了他。成都市民為此罷市，全軍士兵傷心流淚，像死了親戚一樣。王建任命指揮使王宗賀暫時代理興元留後。唐道襲是閬州人，最初以舞童的身分侍奉王建，後來逐漸參與軍事謀劃。

九月乙巳❶，朱全忠以久雨，士卒病，召諸將議引兵歸河中。親從指揮使高季昌、左開道指揮使劉知俊❷曰：「天下英雄，窺此舉一歲❸矣。今茂貞已困，柰何捨之去！」全忠患李茂貞堅壁❹不出，季昌請以譎❺計誘致之。募有能入城為諜❻者，騎士馬景請行，曰：「此行必死，願大王錄❼其妻子。」全忠惻然❽止之，景不可。時全忠遣朱友倫❾發兵於大梁，明日將至，當出兵迓❿之。景請因此時給駿馬雜眾騎而出，全忠從之，命諸軍皆秣馬⓫飽士。丁未旦⓬，偃旗幟⓭潛伏，無得妄出[1]，營中寂如無人。景與眾騎偕[2]出，忽躍馬西去，詐為逃亡，入城告茂貞曰：「全忠舉軍遁矣，獨留傷病者近萬人守營，今夕亦去矣，請速擊之！」於是茂貞開門，悉眾攻全忠營。全忠鼓於中軍，百營俱出，縱兵擊之，又遣數百騎據其城門⓮，鳳翔軍進退失據⓯，自蹈藉⓰，殺傷殆盡。茂貞自是喪氣⓱，始議與全忠連和，奉車駕還京，不復以詔書勒⓲全忠還鎮矣。全忠表季昌為宋州團練使。季昌，硤石⓳人，本朱友恭之僕夫也。

戊申⓴，武定節度使李思敬以洋州㉑降王建。○辛亥㉒，李茂貞盡出騎兵於鄰州就芻糧㉓。壬子㉔，朱全忠穿蚰蜒壕㉕圍鳳翔，設犬鋪㉖、鈴架㉗以絕內外。○癸亥㉘，以茂貞為鳳翔、靜難、武定、昭武㉙四鎮節度使。

【章　旨】以上為第七段，寫朱全忠用詐計大破李茂貞於鳳翔。

【注　釋】❶乙巳　九月初二日。❷劉知俊　（？—西元九二六年）字希賢，徐州沛縣人，始事時溥，繼而投朱全忠。屢立戰功，封大彭郡王。後據同州叛，奔蜀，授武信軍節度使。傳見《舊五代史》卷十三、《新五代史》卷四十四。❸一歲　朱全忠自去年舉兵，至此時近一年。❹堅壁　堅守營壘，不出兵交戰。❺譎　欺詐。❻諜　間諜。❼錄　收養撫恤。❽惻然　悲傷憐憫的樣子。❾朱友倫　（？—西元九〇四年）朱全忠之兄朱存次子，曾任寧遠軍節度使、檢校司徒。擊鞠墜馬死。朱全忠即位後追封密王。傳見《舊五代史》卷十二、《新五代史》卷十三。❿迓　迎接。⓫秣馬　餵飽馬匹。秣，飼料。⓬丁未旦　九月初四日清晨。⓭偃旗幟　收捲旗幟。⓮據其城門　這裡指朱全忠遣騎抄了鳳翔軍後路，控制城門，斷其歸路。據，控制；佔據。⓯失據　失去憑依。⓰蹈藉　踐踏。⓱喪氣　意氣頹喪。⓲勒　強制命令。⓳硤石　縣名，縣治在今河南三門峽市東七十里。⓴戊申　九月初五日。㉑洋州　州名，治所在今陝西西鄉。㉒辛亥　九月初八日。㉓芻糧　糧草。㉔壬子　九月初九日。㉕蚰蜒壕　曲折戰壕。穿壕塹如蚰蜒（與蜈蚣同類多足爬行蟲）行地之狀，故名。㉖犬鋪　行軍安營紮寨時，四面設犬鋪，以犬守衛警戒。敵人來則犬群吠，使營中有所警備。㉗鈴架　環繞軍營設架，上面掛鈴，敵人來犯觸之則響。㉘癸亥　九月二十日。㉙武定昭武　此二方鎮時已為王建所取。昭武即感義軍節度，治所利州。乾寧四年更感義軍為昭武軍。

【校　記】①無得妄出　原無此四字。據章鈺校，十二行本、乙十一行本、孔天胤本皆有此四字，張敦仁《通鑑刊本識誤》、張瑛《通鑑校勘記》同，今據補。②偕　原作「皆」。據章鈺校，十二行本、乙十一行本、孔天胤本皆作「偕」，張敦仁《通鑑刊本識誤》同，今從改。

【語　譯】九月初二日乙巳，朱全忠因為長時間下雨，士兵患病，召集各將領商議率軍返回河中。親從指揮使高季昌、左開道指揮使劉知俊說：「天下的英雄，看著我們討伐李茂貞一年了。李茂貞已經困頓，為什麼要放棄這裡離去呢！」朱全忠擔心李茂貞堅守營壘不肯出戰，高季昌請求用欺騙的方法引誘他出來。便招募能夠進入城中充當間諜的人，騎士馬景請求前往，說：「這次前去一定會死，希望大王能收養撫恤我的妻子兒女。」朱全忠感到悲傷憐憫，阻止他去，馬景不肯聽從。當時朱全忠派遣朱友倫從大梁調發軍隊，第二天將要到達，應當出兵迎接他們。馬景請求藉此時機給他駿馬混雜在眾多騎兵中出去，朱全忠依從了他的要求，命令各路軍隊都讓馬匹、將士吃飽喝足。初四日丁未早晨，把旗幟放倒，士兵們埋伏起來，不得隨意出入，軍營中寂靜得如同空無一人。馬景和眾騎兵一起出營，忽然躍馬向西，假裝逃跑，進入鳳翔城報告李茂貞說：「朱全忠全軍逃走了，只留下受傷、患病的士兵將近一萬人守衛營寨，今天晚上也要走了，請火速進攻他們！」於是李茂貞打開城門，出動全部人馬進攻朱全忠的營寨。朱全忠親自在中軍擊鼓，所有的軍營一齊出動，縱兵攻打李茂貞的軍隊，又派遣數百名騎兵佔據鳳翔城門。鳳翔軍進退不得，自相踐踏，幾乎全都被殺傷。李茂貞從此灰心喪氣，開始商議與朱全忠講和，送昭宗返回京城，不再用詔書勒令朱全忠返回鎮所了。朱全忠上表奏請以高季昌為宋州團練使。高季昌是硤石人，本來是朱友恭的僕人。

九月初五日戊申，武定節度使李思敬獻出洋州城投降王建。〇初八日辛亥，李茂貞出動全部騎兵到相鄰各州就地解決糧食和草料。初九日壬子，朱全忠挖掘像蚰蜒行走形狀的壕溝來包圍鳳翔，設置由狗報警的犬鋪和掛著鈴鐺的鈴架，以隔絕城內外的聯繫。〇二十日癸亥，任命李茂貞為鳳翔、靜難、武定、昭武四鎮節度使。

或勸錢鏐度江東保越州，以避徐、許❶之難。杜建徽按劍叱之曰：「事或不濟❷，同死於此，豈可復東渡乎！」

鏐恐徐綰等據越州，遣大將顧全武將兵戍之。全武曰：「越州不足往，不若之廣陵❸。」鏐曰：「何故？」對曰：「聞綰等謀召田頵，田頵至，淮南助之，不可敵也。」建徽曰：「孫儒之難❹，王嘗有德於楊公，今往告之，宜有以相報。」鏐命全武告急於楊行密，全武曰：「徒往❺無益，請得王子為質。」鏐命其子傳璙微服①為全武僕，與偕之廣陵，且求昏於行密。過潤州，團練使安仁義愛傳璙清麗，將以十僕易之，全武夜半賂閽者❻逃去。

綰等果召田頵，頵引兵赴之，先遣親吏何饒謂鏐曰：「請大王東如越州，空府廨❼以相待，無為殺士卒！」鏐報曰：「軍中叛亂，何方無之！公為節帥❽，乃助賊為逆。戰則亟戰，又何大言！」頵築壘絕往來之道，鏐患之，募能奪其地者賞以州。衢州制置使❾陳璋將卒三百出城奮擊，遂奪其地，鏐即以為衢州刺史❿。

【章　旨】以上為第八段，寫杭州叛兵引田頵為援，錢鏐求救於楊行密。

【注　釋】❶徐許　徐綰、許再思。❷不濟　不成功。❸之廣陵　廣陵時為楊行密所據。之，往。❹孫儒之難　大順二年（西元八九一年），孫儒大舉進攻楊行密，時錢鏐據蘇州，以兵食助楊行密。事見本書卷二百五十八。❺徒往　空著手去。❻閽者　守門人。❼府廨　官舍；官署。❽節帥　節度使。時田頵為寧國（宣歙）節度使。❾制置使　唐後期置，為臨時軍事長官，鎮撫地方，其地位依所掌事務而高下不等。❿衢州刺史　陳璋由衢州制置使升為衢州刺史，可知此制置使位在刺史之下。

【校　記】①微服　原無此二字。據章鈺校，十二行本、乙十一行本、孔天胤本皆有此二字，張敦仁《通鑑刊本識誤》、張瑛《通鑑校勘記》同，今據補。

【語　譯】有人勸說錢鏐渡過錢塘江東去守護越州，以躲避徐綰、許再思叛亂的威脅。杜建徽手按寶劍大聲喝斥那人說：「事情如果不能成功，就一同死在這裡，怎麼能夠再東渡呢！」

錢鏐擔心徐綰等佔據越州，派遣大將顧全武率軍去那裡防守。顧全武說：「越州不值得前往，不如到廣陵去。」錢鏐問道：「是什麼原因？」顧全武回答說：「聽說徐綰等密謀召喚田頵，田頵一到，淮南軍隊再來幫助他，就不可抵擋了。」杜建徽說：「孫儒發難的時候，大王曾經對楊行密有恩德，現在前去告知他，他應該會有所回報。」錢鏐命令顧全武去向楊行密告急，顧全武說：「空著手去沒有用，請求以大王的兒子作為人質。」錢鏐命令他的兒子錢傳璙穿便服裝扮成顧全武的僕人，和他一起到廣陵去，並且向楊行密請求結為婚姻。經過潤州時，團練使安仁義喜愛錢傳璙清秀亮麗，準備用十個僕人交換他，顧全武在半夜賄賂看門人逃離了。

徐綰等果然召請田頵，田頵率軍前往，先派遣親近的官吏何饒對錢鏐說：「請大王東去越州，空出節度使官署來等待我們，不要因此而使得士兵們被殺死！」錢鏐回答說：「軍中發生叛亂，哪裡沒有這種事呢！你身為節度使，卻幫助賊寇叛亂。要作戰就趕快來戰，又何必說大話！」田頵修築營壘斷絕往來的道路，錢鏐對此很憂慮，招募能夠奪取田頵營壘的人，獎賞給他一個州。衢州制置史陳璋率領士兵三百人出城奮勇攻擊，便奪取了田頵修築的營壘，錢鏐立即以陳璋為衢州刺史。

顧全武至廣陵，說楊行密曰：「使田頵得志，必為王患。王召頵還，錢王請以其[1]子傳璙為質，且求昏。」行密許之，以女妻傳璙。

冬，十月，李儼至揚州❶，楊行密始建制敕院❷，每有封拜，輒以告儼，於紫極宮❸玄宗像前陳制書，再拜然後下。

王建攻拔興州❹，以軍使王宗浩為興州刺史。○戊寅❺夜，李茂貞假子彥詢帥三團❻步兵奔于汴軍；己卯❼，李彥韜繼之。

庚辰❽，朱全忠遣幕僚司馬鄴奉表入城。甲申❾，又遣使獻熊白❿。自是獻食物、繒帛相繼。上皆先以示李茂貞，使啓視⑪之，茂貞亦不敢啓。丙戌⑫，復遣使請與茂貞議連和，民出城樵采者皆不抄掠。丁亥⑬，全忠表請修宮闕及迎車駕。己丑⑭，遣國子司業⑮薛昌祚、內使⑯王延續[2]齎詔賜全忠。

癸巳⑰，茂貞復出兵擊汴軍城西寨，敗還。全忠以絳袍⑱衣⑲降者，使招呼城中人，鳳翔軍夜縋⑳去及因樵采去不返者甚眾。是後茂貞或遣兵出擊汴軍，多不為用，散還。茂貞疑上與全忠有密約。壬寅㉑，更於御院㉒北垣㉓外增兵防衛。

十一月癸卯朔㉔，保大節度使李茂勳帥其眾萬餘人救鳳翔，屯於城北阪㉕上，與城中舉烽相應。

甲辰㉖，上使趙國夫人詗㉗學士院二使㉘皆不在，亟召韓偓、姚洎，竊見㉙之於土門外，執手相泣。洎請上速還，恐為它人所見。上遽去㉚。

朱全忠遣其將孔勍、李暉將兵乘虛襲鄜、坊㉛。壬子㉜，拔坊州。甲寅㉝，大雪，汴軍冒㉞之夕進㉟，五鼓，抵鄜州城下㊱。鄜人不為備，汴軍入城，城中兵尚八千人，格鬬㊲至午，鄜人始敗，擒留後[3]李繼璙。勍撫存㊳李茂勳及將士之家，按堵㊴無擾，命李暉權知軍府事。茂勳聞之，引兵遁去㊵。

汴軍每夜鳴鼓角，城中地如動。攻城者詬㊶城上人云「劫天子賊」，乘城者㊷

詬城下人云「奪天子賊」。是冬，大雪，城中食盡，凍餒死者不可勝計，或臥未死，肉[4]已為人所冎[43]。市中賣人肉，斤直[44]錢百，犬肉直五百。茂貞儲偫[45]亦竭，以犬彘[46]供御膳[47]。上鬻[48]御衣及小皇子衣於市以充用，削漬[49]松柹[50]以飼御馬。丙子[51]，戶部侍郎、同平章事韋貽範薨。○癸亥[52]，朱全忠遣人薙[53]城外草以困城中。甲子[54]，李茂貞增兵守宮門[55]，諸宦官[5]自度不免，互相尤怨[56]。

蘇檢數為韓偓經營入相，言於茂貞及中尉、樞密，且遣親吏告偓，偓怒曰：「公與韋公自貶所召歸，旬月致位宰相，訖[57]不能有所為。今朝夕不濟，乃欲以此相污[58]邪！」

田頵急攻杭州，仍具舟將自西陵[59]渡江。錢鏐遣其將盛造、朱郁拒破之。十二月，李茂勳遣使請降於朱全忠，更名周彝。於是茂貞山南州鎮皆入王建，關中州鎮皆入全忠，坐守孤城。乃密謀誅宦官以自贖[60]，遺全忠書曰：「禍亂之興，皆由全誨。僕迎駕至此，以備它盜。公既志匡[61]社稷，請公迎扈[62]還宮，僕以弊甲彫兵[63]，從公陳力[64]。」全忠復書曰：「僕舉兵至此，正以乘輿播遷[65]，公能協力，固所願也。」

【章 旨】以上為第九段，寫李茂貞山南之地為王建所奪，關中之地為朱全忠所有，困守鳳翔孤城，眾叛親離，糧盡食人，議與朱全忠和解。

【注 釋】❶李儼至揚州　李儼本宰相張濬之子，名播，昭宗賜其姓名，任命為江淮宣諭使。來揚州是下旨徵兵討伐朱全忠。後被徐知誥所殺。❷制敕院　專門接受皇帝詔書之機構。❸紫極宮　唐代重道教，唐玄宗時於長安、洛陽兩京置老君廟，號玄元宮，於諸州建廟，號紫極宮，以奉玄元皇帝老子。❹興州　州名，治所在今陝西略陽。❺戊寅　十月初六日。❻團　軍隊編制單位。《新唐書》卷四十九上〈百官志四〉上：「以三百人為團，一校尉領之。」❼己卯　十月初七日。❽庚辰　十月初八日。❾甲申　十月十二日。❿熊白　即熊背部的白脂。《本草綱目．獸部》李時珍集注引陶弘景曰：「(熊)脂即熊白，乃背上肪，色白如玉，味甚美。寒月則有，夏月則無。」⓫啓視　打開看。⓬丙戌　十月十四日。⓭丁亥　十月十五日。⓮己丑　十月十七日。⓯國子司業　官名，國子監設祭酒一人，司業二人，掌儒學訓導事務。⓰內使　即中使。皇帝從宮廷中派出的使者，往往由宦官擔任。梁臣為避朱全忠諱，改「中」為「內」。⓱癸巳　十月二十一日。⓲絳袍　深紅色的袍。⓳衣　穿衣。用如動詞。⓴縋　從城上利用繩索下垂至平地。㉑壬寅　十月三十日。㉒御院　唐昭宗所居。㉓垣　牆。㉔癸卯朔　十一月初一日。㉕阪　山坡。㉖甲辰　十一月初二日。㉗詗　偵察。㉘二使　韓全誨所派監視學士院的兩名宦官。㉙竊見　偷偷見面。㉚遽去　立即離開。㉛坊　州名，治所在今陝西黃陵。㉜壬子　十一月初十日。㉝甲寅　十一月十二日。㉞冒　冒雪。㉟夕進　連夜行動。㊱抵鄜州城下　到達鄜州城下。從坊州北至鄜州一百一十里，汴軍一夜到達。㊲格鬬　短兵相接，以力角鬥。㊳撫存　撫慰救濟。㊴按堵　同「安堵」。安居；安定。㊵遁去　逃走。㊶詬　辱罵。㊷乘城者　登城守衛的人。㊸冎　即「剮」字。㊹直　通「值」。㊺儲偫　儲備。㊻犬彘　狗和豬。㊼御膳　唐昭宗的飲食。㊽鬻　賣。㊾漬　淹泡。㊿柹　削下的木片。(51)丙子　十一月癸卯朔，無丙子，疑為丙辰，十一月十四日。(52)癸亥　十一月二十一日。(53)薙　除草。(54)甲子　十一月二十二日。(55)宮門　此指行宮之門。(56)尤怨　責怪和埋怨。(57)訖　竟然；始終。(58)相污　韓偓認為蘇檢為他經營入相是對他的玷汙。(59)西陵　鎮名，在杭州東南。(60)自贖　為自己贖罪。(61)匡　匡復，挽救將亡之國，使轉危為安。(62)扈　扈蹕。指帝王的車駕。(63)弊甲彫兵　身穿殘破盔甲的士卒和殘存的士兵。弊，同「敝」。(64)陳力　施展才力。(65)乘輿播遷　皇帝流徙在外。乘輿，皇帝車駕，此處代指皇帝。

【校 記】①其　原無此字。據章鈺校，十二行本、乙十一行本、孔天胤本皆有此字，今據補。②王延續　據章鈺校，孔天胤本作「王延續」。③留後　原作「留守」。據章鈺校，十二行本、乙十一行本、孔天胤本皆作「留後」，張敦仁《通鑑刊本識誤》同，今從改。④肉　原無此字。據章鈺校，十二行本、乙十一行本皆有此字，張敦仁《通鑑刊本識誤》同，今據補。⑤宦官　原作「宦者」。據章鈺校，十二行本、乙十一行本、孔天胤本皆作「宦官」，今從改。

**【語　譯】**顧全武到達廣陵，勸告楊行密說：「假如讓田頵得志，必定會成為大王的禍患。大王叫田頵回來，錢王請求用他的兒子錢傳璙作為人質，並且向您請求結為婚姻。」楊行密同意了他的請求，把女兒嫁給錢傳璙為妻。

冬，十月，李儼到達揚州。楊行密開始建立制敕院，每次有封賞授官，就告知李儼，在紫極宮玄宗皇帝像前陳列制書，再行拜禮，然後才下達正式封授文告。

王建攻取興州，以軍使王宗浩為興州刺史。〇十月初六日戊寅夜裡，李茂貞的義子李彥詢率三團步兵投奔汴州軍。初七日己卯，李彥韜也相繼投奔。

十月初八日庚辰，朱全忠派遣幕僚司馬鄴捧著表章進入鳳翔城。十二日甲申，又派遣使者獻上熊白。從這以後，進獻食物、絲綢絹帛等連續不斷。昭宗都先交給李茂貞，讓他打開看，李茂貞也不敢打開。十四日丙戌，又派遣使者請求與李茂貞商議講和，老百姓出城砍柴刈草的都不抄搶掠奪。十五日丁亥，朱全忠上表請求整修宮殿和迎接昭宗回京。十七日己丑，昭宗派遣國子司業薛昌祚、內使王延續攜帶詔書賜給朱全忠。

十月二十一日癸巳，李茂貞又出動軍隊攻擊汴州軍在鳳翔城西的營寨，戰敗返回。朱全忠給投降的人穿上大紅色的長袍，讓他們招呼城中的人，鳳翔的士兵在夜裡用繩子墜下城逃走和藉著出城砍柴不返回的很多。此後李茂貞有時派軍隊出城攻擊汴州軍，大多不聽從命令，反而四散逃回。李茂貞懷疑昭宗與朱全忠之間有密約。三十日壬寅，又在昭宗住處的北牆外增兵防衛。

十一月初一日癸卯，保大節度使李茂勳率領他的部眾一萬多人救援鳳翔，屯駐在城北山坡上，和城中舉火把互相呼應。

十一月初二日甲辰，昭宗派趙國夫人探明學士院中兩位中使都不在，趕快叫來韓偓、姚洎，在土門外偷偷見面，執手相泣。姚洎請昭宗趕快回去，恐怕被別人看見。昭宗迅速離去。

朱全忠派遣他的部將孔勍、李暉率軍乘虛襲擊鄜州、坊州。十一月初十日壬子，攻取坊州。十二日甲寅，下大雪，汴州軍隊冒雪夜間行進，五更時，到達鄜州城下。鄜州人沒有防備，汴州軍隊進入城中，城中士兵還有八千人，格鬥到中午，鄜州人才敗下來，抓獲了留後李繼瑭。孔勍撫慰救恤李茂勳和將士的家屬，安定無擾，命令李暉暫時代理軍府中的事務。李茂勳得知這消息，率軍逃走。

汴州軍隊每天晚上鼓角齊鳴，城裡地面好像在顫動。攻城的人罵城上的人是「劫天子賊」，城上防守的人罵攻城的人是「奪天子賊」。這個冬天，下大雪，城裡食物吃完了，凍餓而死的人不計其數，有的躺倒還沒有死，肉已經被人割去。市場中出賣人肉，每斤值一百錢，狗肉每斤值五百錢。李茂貞儲備的物資也全部用盡，拿狗肉、豬肉供給昭宗食用。昭宗在市場上賣掉自己和小皇子的衣服以供需要，削松木片用水浸泡後來餵御馬。

十一月丙子日，戶部侍郎、同平章事韋貽範去世。〇二十一日癸亥，朱全忠派人割除城外的草以困城中。二十二日甲子，李茂貞增派士兵守護行宮的宮門，各宦官自己估計不能免除災禍，互相指責埋怨。

蘇檢多次替韓偓謀劃擔任宰相，對李茂貞及中尉、樞密講這件事，並且派遣親近的官吏去告訴韓偓。韓偓發怒說：「你與韋貽範從被貶的地方召回後，一個月就當上宰相，直到今天都不能有所作為。現在的形勢已經是朝不保夕，還想拿這個宰相來玷汙我嗎！」

田頵急攻杭州，還準備舟船將要從西陵渡過錢塘江。錢鏐派遣他的部將盛造、朱郁進行抵抗，打敗了田頵。

十二月，李茂勳派遣使者向朱全忠請求投降，改名李周彝。於是李茂貞轄下的山南州鎮都落入王建手中，關中州鎮都落入朱全忠手中，他坐守鳳翔孤城。李茂貞便祕密謀劃殺死宦官來自我贖罪，寫信給朱全忠說：「禍亂的發生，都是由韓全誨引起的。我迎接皇上到這裡，是為了防備其他盜賊。您既然有志匡復社稷，請您迎接護送皇上返回長安宮中，我帶領身穿破損盔甲的士兵和殘存部眾，跟隨您盡力而為。」朱全忠回信說：

「我率領軍隊到達這裡，正因為皇上流離失所，您能夠和我同心協力，這本來就是我的願望。」

楊行密使人召田頵曰：「不還，吾且使人代鎮宣州。」庚辰❶，頵將還，徵犒軍錢二十萬緡於錢鏐，且求鏐子為質，將妻以女。鏐謂諸子：「孰能為田氏婿者？」莫對。鏐欲遣幼子傳球，傳球不可。鏐怒，將殺之。次子傳瓘❷請行，吳夫人泣曰：「柰何置兒虎口！」傳瓘曰：「紓國家之難❸，安敢愛身！」再拜而出，鏐泣送之。傳瓘從數人縋北門而下。頵與徐綰、許再思同歸宣州。鏐奪傳球內牙❹兵印。

越州客軍❺指揮使張洪以徐綰之黨自疑，帥步兵三百奔衢州，刺史陳璋納之。溫州將丁章逐刺史朱敖，敖奔福州❻。章據溫州，田頵遣使招之，道出衢州❼。陳璋聽其往還，錢鏐由是恨璋。

丁酉❽，上召李茂貞、蘇檢、李繼誨、李彥弼、李繼岌、李繼遠、李繼忠入[1]，議與朱全忠和，上曰：「十六宅❾諸王以下，凍餒死者日有數人。在內諸王❿及公主、妃嬪，一日食粥，一日食湯餅⓫，今亦竭矣。卿等意如何？」皆不對。上曰：「速當和解耳！」

鳳翔兵十餘人遮⑫韓全誨於左銀臺門⑬，諠⑭罵曰：「闔境⑮塗炭⑯，闔城餒死，正為軍容輩數人耳！」全誨叩頭訴於茂貞，茂貞曰：「卒輩⑰何知！」命酌酒兩盃，對飲而罷。又訴於上，上亦諭解之。李繼昭謂全誨曰：「昔楊軍容⑱破楊守亮⑲一族，今軍容亦破繼昭一族邪！」慢罵之，遂出降於全忠，復姓符，名道昭。

是歲，虔州⑳刺史盧光稠㉑攻嶺南，陷韶州㉒，使其子延昌守之，進圍潮州㉓。清海留後[2]劉隱發兵擊走之，乘勝進攻韶州。隱弟陟以為延昌有虔州之援，未可遽取。隱不從，遂圍韶州。會江漲，餽運不繼㉔，光稠自虔州引兵救之。其將譚全播㉕伏精兵萬人於山谷，以羸弱挑戰，大破隱于城南，隱奔還。全播悉以功讓諸將，光稠益賢之。○岳州刺史鄧進思卒，弟進忠自稱刺史。

【章旨】以上為第十段，寫錢鏐得楊行密之助，與田頵和解，轉危為安。唐昭宗敦促李茂貞與朱全忠和解，韓全誨末日來臨。

【注釋】❶庚辰　十二月初八日。❷傳瓘　（西元八八六—九四一年）字明寶，錢鏐第五子。新舊《五代史》均作元瓘。錢鏐卒，襲封吳越國王。天福六年（西元九四一年），杭州大火，燒其宮室，驚悸發狂而卒。傳見《舊五代史》卷一百三十三、《新五代史》卷六十七。❸紓國家之難　解除國家的禍患。紓，解除；消除。❹內牙　即內衙。❺客軍　即原孫儒散卒。❻福州　時王審知據福州。❼道出衢州　時田頵鎮宣州，經衢州、婺州、處州而至溫州。❽丁酉　十二月二十五日。❾十六宅本為宗室諸王在長安住宅的合稱。此處指昭宗的兄弟及群從。❿在內諸王　指昭宗之皇子。⓫湯餅　湯煮的麵食。類似於今天的麵片湯。⓬遮　阻攔；攔截。⓭左銀臺門　長安大明宮城門有左、右銀臺門。此為鳳翔行宮所設之左銀臺門，表示像在長安宮中一樣。⓮諠　吵嚷。⓯闔境　全境。⓰塗炭　艱難困苦。⓱卒輩　士卒們。⓲楊軍容　指楊復恭。軍容為觀軍容使省稱，官名，以宦官充任，為諸軍及節鎮或出征軍隊的監軍。⓳楊守亮　時為山南西道節度使。景福元年（西元八九二年），李茂貞等五節度以楊守亮匿楊復恭，出兵討之。乾寧元年（西元八九四年），楊復恭、楊守亮將奔河東，被韓建擒獲，送長安斬於獨柳。傳見《新唐書》卷一百八十六，事又見本書卷二百五十九。⓴虔州　州名，治所在今江西贛州。㉑盧光稠　（？—西元九一一年）南康（今江西南康）人，唐末為譚全播擁戴，起兵據虔、潮二州，入梁為鎮南軍留後。傳見《新唐書》卷一百九十、《新五代史》卷四十一。㉒韶州　州名，治所在今廣東韶關市。韶、虔二州相距六百餘里，中有大庾嶺為阻。㉓潮州　州名，治所在今廣東潮安。㉔餽運不繼　自廣州運糧以供應韶州行營，必須溯江而上，江水漲則水流湍急，不可溯流而上，故軍需運送不能相繼。㉕譚全播　（西元八三四—九一八年）南康（今江西南康）人，入梁為虔州防禦使，後為楊氏吳所併。傳見《新五代史》卷四十。

【校　記】①入　原作「食」。張敦仁《通鑑刊本識誤》作「入」，義長，今從改。②留後　原無此二字。據章鈺校，十二行本、乙十一行本、孔天胤本皆有此二字，張敦仁《通鑑刊本識誤》、張瑛《通鑑校勘記》同，今據補。

【語　譯】楊行密派人召回田頵，說：「你不回來，我將派人代理鎮守宣州。」十二月初八日庚辰，田頵將要返回，向錢鏐索取犒勞軍隊的錢二十萬緡，並且要求錢鏐的兒子作為人質，將要把自己的女兒嫁給他。錢鏐對幾個兒子說：「誰肯做田頵的女婿？」沒有人回答。錢鏐想派遣最小的兒子錢傳球，錢傳球不願意。錢鏐很生氣，將要殺死他。次子錢傳瓘請求前往，吳夫人哭著說：「為什麼要把兒子放在虎口！」錢傳瓘說：「解除國家的危難，怎麼敢愛惜自己的身軀！」再拜以後走出門去，錢鏐哭著送他。錢傳瓘與幾個隨從從城北門縋繩而下。田頵與徐綰、許再思一起返回宣州。錢鏐收回錢傳球掌管的內牙兵印。

越州客軍指揮使張洪因是徐綰同黨而心懷疑慮，率領步兵三百人逃奔衢州，衢州刺史陳璋接納了他。溫州將領丁章驅逐刺史朱敖，朱敖逃往福州。丁章佔據溫州，田頵派遣使者去拉攏丁章，取道衢州。陳璋聽任他們來往，錢鏐因此怨恨陳璋。

十二月二十五日丁酉，昭宗召集李茂貞、蘇檢、李繼誨、李彥弼、李繼岌、李繼遠、李繼忠入朝，商議與朱全忠和解。昭宗說：「從十六宅諸王以下，每天凍餓而死的有好幾個人。在宮內的諸王以及公主、妃嬪，一天喝粥，一天吃湯餅，如今也沒有了。你們的想法是怎樣的？」大家都不回答。昭宗說：「應當趕快和解了！」

鳳翔士兵十多人在左銀臺門攔住韓全誨，大聲吵嚷責罵說：「全境生靈塗炭，滿城飢餓而死，只是因為你們這幾個軍容使！」韓全誨向李茂貞磕頭訴說這件事，李茂貞說：「士卒們知道什麼！」命令侍者倒了兩杯酒，相對而飲，事情就此作罷。韓全誨又向昭宗訴說，昭宗也進行勸解。李繼昭對韓全誨說：「從前楊軍容毀掉楊守亮一族，如今軍容使也要毀掉我李繼昭一族嗎！」恣意謾罵韓全誨，隨後就出城投降了朱全忠，恢復原姓符，名字為道昭。

這一年，虔州刺史盧光稠進攻嶺南，攻克韶州，派他的兒子盧延昌守城，進兵包圍潮州。清海留後劉隱出動軍隊擊退盧光稠，乘勝進攻韶州。劉隱的弟弟劉陟認為盧延昌有虔州軍隊支援，不可匆忙攻取。劉隱不聽，於是包圍了韶州。適逢江水上漲，糧草運輸跟不上，盧光稠從虔州率軍救援韶州。他的部將譚全播在山谷中埋伏精銳部隊一萬人，用瘦弱的士兵挑戰，在韶州城南大敗劉隱，劉隱逃了回去。譚全播把功勞全部讓給各位將領，盧光稠更加認為譚全播賢能。○岳州刺史鄧進思去世，他的弟弟鄧進忠自稱為岳州刺史。

三年（癸亥　西元九〇三年）

春，正月甲辰❶，遣殿中侍御史❷崔構、供奉官❸郭遵誨詣朱全忠營。丙午❹，李茂貞亦遣牙將郭啓期往議和解。

平盧節度使王師範，頗好學，以忠義自許，為治有聲迹❺。朱全忠圍鳳翔，韓全誨以詔書徵藩鎮兵入援乘輿，師範見之，泣下霑衿❻，曰：「吾屬為帝室藩屏❼，豈得坐視天子困辱如此？各擁彊兵，但自衛乎！」會張濬自長水亦遺之書，勸舉義兵。師範曰：「張公言正會吾意，夫復何疑！雖力不足，當死生以之❽。」

時關東兵多從全忠在鳳翔，師範分遣諸將詐為貢獻及商販，包束兵仗，載以小車，入汴、徐、兗、鄆、齊、沂、河南、孟、滑、河中、陝、虢、華等州，期❾以同日俱發，討全忠。適❿諸州者多事泄被擒，獨行軍司馬劉鄩⓫取兗州。時泰寧節度使葛從周悉將其兵屯邢州⓬，鄩先遣人為販油者入城，詗其虛實及兵所從入。丙午⓭，鄩將精兵五百夜自水竇⓮入，比明，軍城⓯悉定，市人皆不知。鄩據府舍，拜從周母，每日省謁⓰，待其妻子，甚有恩禮，子弟職掌、供億⓱如故。

是日，青州牙將張居厚帥壯士二百將小車至華州東城，知州事婁敬思疑其有異，剖⓲視之。其徒大呼，殺敬思，攻西城。崔胤在華州⓳，帥眾拒之，不克，走至商州⓴，追獲之。

全忠留節度判官㉑裴迪㉒守大梁，師範遣走卒㉓齎書至大梁，迪問以東方事，走卒色動㉔。迪察其有變，屏人㉕問之，走卒具以實告。迪不暇㉖白全忠，亟請馬步都指揮使朱友寧將兵萬餘人東巡兗、鄆。友寧召葛從周於邢州，共攻師範。全忠聞變，亦分兵先歸，使友寧并將之。

【章　旨】以上為第十一段，寫朱全忠後方空虛，平盧節度使王師範起兵勤王，分遣諸將偷襲各州，事皆不諧。

【注　釋】❶甲辰　正月初二日。❷殿中侍御史　官名，御史臺屬官，員六人，從七品上。行監察等職，或奉使出外執行指定任務。❸供奉官　官名，在皇帝左右供職的人。❹丙午　正月初四日。❺為治有聲迹　為治有政聲且有實績。❻霑衿　淚水沾溼衣襟。衿，同「襟」。❼藩屏　藩籬屏障。❽死生以之　不顧死生以赴之。❾期　預先約定。❿適　去；到。⓫劉鄩（西元八五二－九一六年）密州安丘（今山東安丘）人，先事王師範，為登州刺史、行軍司馬。後降朱全忠，為長安永平軍節度使。傳見《舊五代史》卷二十三、《新五代史》卷二十二。⓬邢州　州名，治所在今河北邢臺。朱全忠攻鳳翔，使葛從周領泰寧之兵屯邢州以防河東。⓭丙午　正月初四日。⓮水竇　水的出入孔道。⓯軍城　泰寧軍牙城。⓰省謁　拜見問候。⓱供億　供應所需物品。劉鄩料定葛從周必還攻兗州，故善視其家。⓲剖　割開小車的包裝。⓳在華州　崔胤於天復元年（西元九〇一年）十二月帥百官遷於華州。⓴商州　州名，治所在今陝西商州。華州南至商州一百八十里。㉑節度判官　官名，節度使的僚屬，佐理政事。㉒裴迪　字昇之，河東聞喜（今山西聞喜北）人，善治財賦。朱全忠鎮宣武，辟裴迪為節度判官，入梁，官至右僕射。傳見《新五代史》卷四十三。㉓走卒　衙前奔走之親兵、差役。㉔色動　變色；驚慌失色。㉕屏人　讓左右的人迴避。㉖不暇　沒時間；來不及。

【語　譯】三年（癸亥　西元九〇三年）

春，正月初二日甲辰，朝廷派遣殿中侍御史崔構、供奉官郭遵誨前往朱全忠的軍營。初四日丙午，李茂貞也派遣牙將郭啓期前往商議和解。

平盧節度使王師範，很喜好學習，以忠義自勉，治理政務既有聲譽又有實績。朱全忠包圍鳳翔，韓全誨以昭宗的詔書徵召各藩鎮軍隊前來救援皇上。王師範看到詔書，淚水流下沾溼衣襟，說：「我們身為皇室的屏障，怎麼能坐視天子如此困窘恥辱？各自擁有強大的軍隊，就只為保護自己嗎！」正好趕上張濬從長水也寫信給他，勸他出動正義之師。王師範說：「張公的話正合我的心意，還有什麼好猶豫的！雖然力量不足，也應當不顧生死地去做。」

當時關東的軍隊大多跟隨朱全忠在鳳翔，王師範分別派遣諸將領偽裝成進獻物品的使者及商販，把兵器包裹起來，用小車裝載，進入汴、徐、兗、鄆、齊、沂、河南、孟、滑、河中、陝、虢、華等州，約定在同一天一起發動，討伐朱全忠。前往各州的人大多因事情洩漏被擒獲，只有行軍司馬劉鄩取得兗州。當時泰寧節度使葛從周率領他的部下全部駐紮在邢州，劉鄩先派人偽裝成賣油的混進城內，偵察到城中的虛實以及軍隊進城的路線。正月初四日丙午，劉鄩率精兵五百人在夜晚從水洞進入城中，到天亮時，泰寧軍駐防的牙城全部平定，市民還都不知道。劉鄩佔據了葛從周的府第官署，拜見葛從周的母親，每天早晨前去探望，對待葛從周的妻子兒女，也很有恩惠、禮貌，葛從周子弟掌理的職務和供應的物資也都和原來一樣。

這一天，青州牙將張居厚率領壯士二百人推著小車到達華州的東城。知州事婁敬思懷疑他們有些異常，打開小車查看。這些壯士大聲呼喊，殺死婁敬思，攻打西城。崔胤當時在華州，率領部眾進行抵抗，張居厚未能攻下西城，逃走到商州，被追上俘獲。

朱全忠留下節度判官裴迪鎮守大梁，王師範派遣差役送信到大梁，裴迪詢問他東方的情形，差役有些驚慌失措。裴迪察覺到情況有變化，讓左右的人退下後詢問，差役把實情一一相告。裴迪來不及報告朱全忠，緊急請馬步都指揮使朱友寧率軍一萬多人向東巡視兗州、鄆州。朱友寧召回在邢州的葛從周，共同進攻王師範。朱全忠得知事變的消息，也分出一部分軍隊先行返回，讓朱友寧一起統率他們。

戊申❶，李茂貞獨見上，中尉韓全誨、張彥弘、樞密使袁易簡、周敬容皆不得對。茂貞請誅全誨等，與朱全忠和解，奉車駕還京。上喜，即遣內養❷帥鳳翔卒四十人收全誨等，斬之。以御食使[3]第五[4]可範為左軍中尉，宣徽南院[5]使仇承坦為右軍中尉，王知古為上院[6]樞密使，楊虔朗為下院樞密使。是夕，又斬李繼筠、李繼誨、李彥弼及內諸司使韋處廷等十六人。己酉[7]，遣韓偓及趙國夫人詣全忠營。又遣使囊[8]全誨等二十餘人首以示全忠，曰：「曏來[9]脅留車駕[10]，懼罪離間[11]，不欲協和[12]，皆此曹也。今朕與茂貞決意誅之，卿可曉諭諸軍以豁[13]眾憤。」辛亥[14]，全忠遣觀察判官[15]李振奉表入謝。

全誨等已誅，而全忠圍猶未解。茂貞疑崔胤教全忠欲必取鳳翔，白上急召胤，令帥百官赴行在。凡四降詔，三賜朱書御札[16]，言甚切至，悉復故官爵，胤竟稱疾不至。茂貞懼，自致書於胤，辭甚卑遜。全忠亦以書召胤，且戲之曰：「吾未識天子，須公來辨其是非[17]。」胤始來[18]。甲寅[19]，鳳翔始啟城門。丙辰[20]，全忠巡諸寨，至城北，有鳳翔兵自北山下，全忠疑其逼己，遣兵擊之，擒其將李繼欽。上遣趙國夫人、馮翊夫人[21]詣全忠營詰[22]其故，全忠遣親吏蔣玄暉奉表入奏。

李茂貞請以其子侃尚[23]平原公主，又欲以蘇檢女為景王祕[24]妃以自固。平原公主，何后之女也，后意難之，上曰：「且令我得出[25]，何憂爾女！」后乃從之。

壬戌㉖，平原[1]嫁宋侃㉗。納景王妃蘇氏。

時鳳翔所誅宦官已七十二人，朱全忠又密令京兆搜捕致仕㉘不從行者，誅九十人。

甲子㉙，車駕出鳳翔，幸全忠營。全忠素服待罪。命客省使㉚宣[2]釋罪，去三仗㉛，止報平安㉜，以公服㉝入謝。全忠見上，頓首流涕，上命韓偓扶起之。上亦泣，曰：「宗廟社稷，賴卿再安；朕與宗族，賴卿再生。」親解玉帶以賜之。少休，即行。全忠單騎前導十許[3]里，上辭之。全忠乃令朱友倫將兵扈從，自留部分後隊，焚撤諸寨。友倫，存㉞之子也。

是夕，車駕宿岐山。丁卯㉟，至興平，崔胤始帥百官迎謁，復以胤為司空、門下侍郎、同平章事，領三司如故㊱。己巳㊲，入長安。

庚午㊳，全忠、崔胤同對。胤奏：「國初承平㊴之時，宦官不典兵預政㊵。天寶㊶以來，宦官浸盛。貞元㊷之初[4]，分羽林衛㊸為左、右神策軍㊹以便衛從，始令宦官主之，以二千人為定制。自是參掌機密，奪百司權，上下彌縫㊺，共為不法，大則構扇㊻藩鎮，傾危國家；小則賣官鬻獄㊼，蠹害㊽朝政。王室衰亂，職㊾此之由，不翦㊿其根，禍終不已。請悉罷諸司使，其事務盡歸之省寺(51)，諸道監軍俱召還闕下。」上從之。是日，全忠以兵驅宦官第五可範等數百人於內侍省(52)，盡殺之，冤號之聲，徹(53)於內外。其出使外方者，詔所在收捕誅之，止留黃衣(54)幼弱者三十人以備洒掃。又詔成德節度使王鎔選進五十人充敕使(55)，取其土風深厚，人性謹樸也。上愍(56)可範等或無罪，為文祭之。自是宣傳詔命，皆令宮人(57)出入。其兩軍(58)內外八鎮(59)兵悉屬六軍(60)，以崔胤兼判六軍十二衛事。

【章旨】以上為第十二段，寫朱全忠劫得唐昭宗返長安，韓全誨等大小宦官全被誅殺。

【注釋】❶戊申　正月初六日。❷內養　內侍宦官。❸御食使　官名，掌御膳。內諸司使之一。❹第五　複姓。❺宣徽南院　宣徽院，官署名，唐設置宣徽南、北院使，由宦官擔任。總領宮內諸司及三班內侍的名籍和郊祀朝會宴饗供帳等事宜。❻上院　樞密分東西院，東院為上院，西院為下院。❼己酉　正月初七日。❽囊　口袋。此處指以口袋裝納。❾曏來　以前；過去。❿脅留車駕　脅迫皇帝停留。⓫離間　挑撥朱全忠與朝廷的關係。⓬協和　調和融洽。⓭豁　排遣；宣洩。⓮辛亥　正月初九日。⓯觀察判官　李振原為天平軍節度副使，現為四鎮觀察判官。⓰朱書御札　皇帝的詔令。唐制，遇災荒，國用不足，天子尋求治理經濟的策略，則出朱書御札諮詢群臣。⓱是非　是與不是。此謂辨認天子真假。⓲胤始來　唐昭宗數召崔胤而不起，他只是等待朱全忠之命，故朱全忠一封信就使他立即到任。⓳甲寅　正月十二日。⓴丙辰　正月十四日。㉑趙國夫人馮翊夫人　趙國夫人和馮翊夫人在內命婦的爵秩中有國夫人和郡夫人之別。㉒詰　追問。責問既已和解為什麼又遣兵相擊。㉓尚　娶帝王之女。㉔景王祕　唐昭宗子。乾寧四年（西元八九七年）始王。㉕得出　得以脫離。㉖壬戌　正月二十日。㉗宋侃　李茂貞之子。李茂貞原姓宋，現因公主姓李，嫌於同姓嫁娶，故復本姓。㉘致仕　退休。這裡指未從昭宗至鳳翔，閒居京師的宦官。㉙甲子　正月二十二日。㉚客省使　官名，掌通知閤門事。㉛三仗　唐制，正衙有親、勳、翊三衛立仗。去三仗，恐朱全忠以羽衛之嚴不敢入。㉜報平安　唐制，左右金吾將軍以一人報平安。㉝公服　官吏的簡易禮服。唐章服之制，有朝服、公服。朝服為上朝時的官服，公服為平常官服。㉞存　即朱存，朱全忠二兄。㉟丁卯　正月二十五日。㊱領

三司如故　崔胤原為戶部、度支、鹽鐵三司使，車駕至鳳翔，貶崔胤官，現復之。㊲己巳　正月二十七日。㊳庚午　正月二十八日。㊴承平　太平。㊵典兵預政　領兵參與政事。㊶天寶　唐玄宗年號（西元七四二—七五六年）。㊷貞元　唐德宗年號（西元七八五—八〇五年）。㊸羽林衛　皇帝衛軍。唐設左、右羽林衛，掌統北衙禁軍。㊹左右神策軍　神策軍原為西北戍邊軍隊，後因宦官魚朝恩而入朝成為皇帝禁軍。德宗時正式任命宦官統領，並分為左、右神策軍。這支直屬皇帝的武裝力量，人數最多時達到十多萬人。這也成為宦官控制朝政的武力基礎。㊺彌縫　掩飾不法行為。㊻構扇　串聯煽動。㊼鬻獄　賣訟得賄。㊽蠹害　侵害；禍害。㊾職　主要。㊿翦　消滅；除去。(51)省寺　唐代中央官制，外朝為三省九寺。(52)內侍省　宮廷內管理宦官的機構。設內侍四人，內常侍六人，掌管掖廷、宮闈、奚官、內僕、內府等五局。(53)徹　饗徹。(54)黃衣　宦官品秩之卑者穿黃衣。(55)敕使　皇帝的使者。(56)愍　哀憐。(57)宮人　宮女的通稱。(58)兩軍　指左右神策軍。唐中葉以後宦官以兩軍中尉統神策軍。(59)內外八鎮　指左右神策軍所統內外八鎮兵。(60)六軍　即北衙左右龍武、左右神武、左右神策六軍。

【校　記】1平原　原作「平原公主」。據章鈺校，十二行本、乙十一行本皆無「公主」二字，今據刪。2宣　原作「宣旨」。據章鈺校，十二行本、乙十一行本皆無「旨」字，今據刪。3十許　原作「十餘」。據章鈺校，十二行本、乙十一行本、孔天胤本皆作「十許」，今從改。4初　原作「末」。嚴衍《通鑑補》改作「初」，今據以校正。

【語　譯】正月初六日戊申，李茂貞單獨進見昭宗，中尉韓全誨、張彥弘、樞密使袁易簡、周敬容都不能到昭宗面前答對。李茂貞請求誅殺韓全誨等人，與朱全忠和解，護送昭宗返回京城長安。昭宗大喜，立即派遣內侍率領鳳翔的士兵四十人收捕韓全誨等人，斬殺了他們。任命御食使第五可範為左軍中尉，宣徽南院使仇承坦為右軍中尉，王知古為上院樞密使，楊虔朗為下院樞密使。當天晚上，又斬殺李繼筠、李繼誨、李彥弼以及皇宮內諸司使韋處廷等十六人。初七日己酉，派遣韓偓及趙國夫人到朱全忠的軍營。又派遣使者用口袋裝了韓全誨等二十多人的首級出示給朱全忠看，說：「以前脅迫扣留朕，害怕承擔罪責而挑撥離間，不願親睦和解的，都是這些人。今天朕和李茂貞決心殺死他們，你可以明白告訴各路軍隊，以消解大家的憤怒。」初九日辛亥，朱全忠派遣觀察判官李振捧著表章入宮向昭宗致謝。

韓全誨等人已經被殺，而朱全忠的包圍還沒有解除。李茂貞懷疑崔胤教朱全忠一定要攻取鳳翔，便稟告昭宗緊急召見崔胤，命令他率領百官奔赴皇帝所在的鳳翔。前後四次下詔，三次賜給朱書御札，言語非常懇切周到，全部恢復他過去的官職、爵位，崔胤竟然推說有病不來。李茂貞害怕了，親自給崔胤寫信，措辭很謙恭卑下。朱全忠也寫信召崔胤來，並且開玩笑說：「我不認識皇上，必須公來辨別真假。」崔胤才前來鳳翔。

正月十二日甲寅，鳳翔才打開城門。十四日丙辰，朱全忠巡視各營寨，到城北，有鳳翔軍隊從北山上下來，朱全忠懷疑他們要靠近自己，派兵攻擊他們，擒獲鳳翔將領李繼欽。昭宗派遣趙國夫人、馮翊夫人到朱全忠的軍營查問是什麼原因，朱全忠派遣親吏蔣玄暉捧著表章入宮呈奏昭宗。

李茂貞請求讓他的兒子李侃娶平原公主為妻，又想把蘇檢的女兒嫁給景王李祕為妃，以此來鞏固自己的地位。平原公主，是何后的女兒，何后對此感到很為難。昭宗說：「只要讓我能離開這裡，何必擔心你的女兒！」何后這才同意。正月二十日壬戌，平原公主嫁給恢復了本姓的宋侃。景王李祕娶蘇氏為王妃。

當時在鳳翔被殺掉的宦官已有七十二人，朱全忠又祕密命令在京兆地區搜捕退休沒有隨從昭宗到鳳翔的宦官，殺死九十人。

正月二十二日甲子，昭宗出了鳳翔，到達朱全忠的軍營。朱全忠穿上素色衣服，等待處罰。昭宗命令客省使宣布免除朱全忠的罪責，去掉親、勳、翊三衛立仗，只留下左、右金吾將軍一人報平安，讓朱全忠穿著公服入內致謝。朱全忠見到昭宗，磕頭流淚，昭宗命令韓偓把他扶起來。昭宗也流著淚說：「宗廟社稷，全靠卿才能再次安定；朕與宗族，全靠卿再次逢生。」親自解下玉帶賜給朱全忠。稍加休息，就動身離開。朱全忠騎著馬獨自在前面引導了十來里路，昭宗向他告辭。朱全忠於是命令朱友倫率軍護送昭宗，自己留下部分後隊，焚燒撤毀各個營寨。朱友倫，是朱全忠二哥朱存的兒子。

當天晚上，昭宗住宿在岐山。正月二十五日丁卯，到達興平，崔胤才率領百官迎謁昭宗。昭宗再次以崔胤為司空、門下侍郎、同平章事，依舊領戶部、度支、鹽鐵三司事務。二十七日己巳，昭宗進入長安。

正月二十八日庚午，朱全忠、崔胤一同進宮奏對。崔胤上奏說：「建國初年天下太平的時候，宦官不掌管軍隊和干預朝政。玄宗天寶年間以後，宦官勢力越來越強盛。德宗貞元初年，分羽林衛為左、右神策軍以便侍衛隨從，開始命令宦官掌管，以二千人作為定制。從此，宦官參與掌管機密事務，侵奪朝廷各司的權力，上下勾結掩飾，共同做出不法行為。從大的方面來說，串聯煽動藩鎮作亂，傾覆危害國家；從小的方面來說，賣官鬻爵，售訟得賄，敗壞朝政。王室衰弱混亂，正是由於這個緣故，不剷除它的根源，禍亂終究不會停止。請全部罷免諸司使，把這些事務都歸還省寺來管理，派往各道的監軍也全部召回朝廷。」昭宗依從了他的建議。這一天，朱全忠用軍隊把宦官第五可範等幾百人驅趕到內侍省，全部殺死，喊冤哀號的聲音，響徹宮廷內外。那些出使到外地去的宦官，下詔命令所在地區官員把他們逮捕處死，只留下品秩卑微、年幼體弱的宦官三十人以備灑掃之用。又下詔命令成德節度使王鎔挑選五十個人進宮充當敕使，因為那個地方風俗淳厚，人性謹慎樸質。昭宗憐憫第五可範等人有的沒有罪過，便撰文祭奠他們。此後，宣讀傳達詔命，都是命令宮人出入辦理。左、右神策兩軍所統轄的內外八鎮軍隊，也都歸屬六軍，以崔胤兼領六軍十二衛的事務。

臣光曰：「宦官用權，為國家患，其來久矣。蓋以出入宮禁，人主自幼及長，與之親狎❶，非如三公六卿❷，進見有時，可嚴憚❸也。其間復有性識❹儇利❺，語言辯給❻，善[1]伺候顏色❼，承迎❽志趣，受命則無違迕❾之患，使令則有稱愜❿之效。自非上智⓫之主，燭知⓬物情⓭，慮患深遠，侍奉之外，不任以事，則近者日親，遠者日疏，甘言悲辭[2]之請⓮有時而從，浸潤膚受之愬⓯有時而聽。於是黜陟⓰刑賞之政，潛移⓱於近習而不自知，如飲醇酒，嗜⓲其味而忘其醉也。黜陟刑賞之柄⓳移而國家不危亂者，未之有也。

「東漢之衰，宦官最名[20]驕橫，然皆假[21]人主之權，依憑城社[22]，以濁亂天下，未有能劫脅[23]天子如制[24]嬰兒，廢置[25]在手，東西出其意[26]，使天子畏之若乘虎狼而挾蛇虺[27]，如唐世者也。所以然者[28]非它[29]，漢不握兵，唐握兵故也。

「太宗鑒前世之弊，深抑[30]宦官無得過四品[31]，明皇[32]始隳[33]舊章，是崇是長[34]，晚節[35]令高力士[36]省決[37]章奏，乃至進退將相，時與之議，自太子王公皆畏事之，宦官自此熾[38]矣。及中原板蕩[39]，肅宗收兵靈武[40]，李輔國[41]以東宮舊隸[42]參豫[43]軍謀，寵過而驕，不復能[3]制，遂至愛子慈父皆不能庇[44]，以憂悸終[45]。代宗踐阼[46]，仍遵覆轍[47]，程元振、魚朝恩[48]相繼用事，竊弄刑賞[49]，壅蔽[50]聰明，視天子如委裘[51]，陵[52]宰相如奴虜。是以[53]來瑱[54]入朝，遇讒賜死；吐蕃深侵郊甸，匿不以聞[55]，致狼狽幸陝[56]；李光弼[57]危疑憤鬱，以隕[58]其生；郭子儀[59]擯[60]廢家居，不保丘壟[61]；僕固懷恩[62]冤抑無訴，遂棄勳庸[63]，更為叛亂。德宗初立，頗振綱紀，宦官稍絀[64]。而返自興元[65]，猜忌諸將，以李晟、渾瑊[66]為不可信，悉奪其兵，而以竇文場、霍仙鳴[67]為中尉，使典宿衛，自是太阿[68]之柄，落其掌握矣。憲宗末年，吐突承璀[69]欲廢嫡立庶，以成陳洪志之變[70]。寶曆[71]狎暱[72]羣小，劉克明[73]與蘇佐明[74]為逆[75]，其後絳王[76]及文、武、宣、懿、僖、昭六帝，皆為宦官所立[77]，勢益

驕橫。王守澄[78]、仇士良[79]、田令孜、楊復恭、劉季述、韓全誨為之魁傑[80]，自 4
稱『定策國老[81]』，目[82]天子為門生，根深蔕固，疾成膏肓[83]，不可救藥矣！文宗
深憤其然，志欲除之，以宋申錫[84]之賢，猶不能有所為，反受其殃；況李訓[85]、
鄭注[86]反覆小人，欲以一朝譎詐之謀[87]，翦[88]累世[89]膠固[90]之黨，遂至涉血禁塗[91]，
積尸省戶[92]，公卿大臣，連頸就誅[93]，闔門屠滅[94]，天子陽瘖[95]縱酒，飲泣吞氣，
自比赧[96]、獻[97]，不亦悲乎！以宣宗之嚴毅明察，猶閉目搖首，自謂畏之。況懿、
僖之驕侈，苟[98]聲色毬獵[99]足充其欲，則政事一以付之，呼之以父[100]，固無怪矣。
賊汚宮闕[101]，兩幸梁、益[102]，皆令孜所為也。昭宗不勝其恥，力欲清滌，而所任
不得其人，所行不由其道。始則張濬覆軍於平陽[103]，增李克用跋扈之勢，復恭亡
命於山南，啓宋文通[104]不臣之心；終則兵交闕庭[105]，矢及御衣，漂泊莎城[106]，流寓
華陰[107]，幽辱東內[108]，劫遷岐陽[109]。崔昌遐[110]無如之何，更召朱全忠以討之。連兵
圍城，再罹寒暑，御膳不足於糗糒[111]，王侯斃踣[112]於飢寒，然後全誨[113]就誅，乘輿
東出[114]，翦滅其黨，靡有孑遺[115]，而唐之廟社[116]因以丘墟矣！然則宦官之禍，始於
明皇，盛於肅、代，成於德宗，極於昭宗。易曰：『履霜堅冰至[117]。』為國家者，
防微杜漸[118]，可不慎其始哉！此其為患，章章[119]尤著者也，自餘[120]傷賢害能，召亂

致禍，賣官鬻獄，沮敗[121]師徒，蠹害烝民[122]，不可偏舉。

「夫〔5〕寺人[123]之官，自三王[124]之世，載〔6〕於詩、禮[125]，所以謹閨闥[126]之禁，通內外之言，安可無也？如巷伯之疾惡[127]，寺人披[128]之事君，鄭眾[129]之辭賞，呂彊[130]之直諫，曹日昇[131]之救患，馬存亮[132]之弭亂，楊復光[133]之討賊，嚴遵美[134]之避權，張承業[135]之竭忠，其中豈無賢才乎！顧人主不當與之謀議政事，進退士大夫，使有威福足以動人耳。果或有罪，小則刑之，大則誅之，無所寬赦。如此，雖使之專橫，孰敢哉〔7〕！豈可不察臧否[136]，不擇是非，欲草薙[137]而禽獮[138]之，能無亂乎！是以袁紹[139]行之於前而董卓[140]弱漢，崔昌遐襲之於後而朱氏篡唐[141]，雖快一時之忿而國隨以亡。是猶惡[142]衣之垢[143]而焚之，患木之蠹[144]而伐之，其為害豈不益多哉！孔子曰：『人而不仁，疾之已甚，亂也。』[145]斯之謂矣！」

【章　旨】以上為第十三段，寫司馬光論唐代宦官之禍。

【注　釋】❶親狎　親近狎昵。❷三公六卿　泛指王公大臣。太尉、司徒、司空為三公，吏、戶、禮、兵、刑、工六部尚書為六卿。❸嚴憚　畏懼；害怕。❹性識　性情見識。❺儇利　敏捷伶俐。❻辯給　能言善辯。❼善伺候顏色　善於觀察皇帝的臉色進行侍奉。❽承迎　奉承迎合。❾違迕　違背忤逆。❿稱愿　稱心滿意。愿，同「愜」。⓫上智　上等智力的人。⓬燭知　洞悉。⓭物情　事物的情理。⓮甘言悲辭之請　指宦官用甜言蜜語或哀傷的言辭請託君主。⓯浸潤膚受之愬　意謂君主聽從逐漸滲透的讒言誣告。語出《論語・顏淵》：「浸潤之譖，膚受之愬，不行焉，可謂明也已矣。」浸潤，喻語言如物受水滲透，以漸而進。膚受，皮膚感受，喻粗淺不實之言。愬，現代語中作為「訴」的別體。此處義與「譖」同，即誣陷、中傷。⑯黜陟　進退人才。黜，貶；廢免。陟，提升。⑰潛移　漸漸地轉移。⑱嗜　愛好。⑲柄　權柄。⑳最名　最出名。㉑假借。㉒城社　城牆和土地廟。比喻宦官在皇帝左右，有如城牆上的狐狸，土地廟裡的老鼠，有所依憑，不怕燻燒，憑仗皇帝之勢作惡。㉓劫脅　劫持威脅。㉔制　控制。㉕廢置　廢黜和擁立。㉖東西出其意　意謂往東還是往西一切都按宦官的想法去做。㉗蛇虺　毒蛇。㉘所以然者　所以成這樣的。㉙非它　不是別的原因。㉚抑　抑制。㉛四品　官吏的等級。唐代流內官分為九品，每品又分為正、從，正一品最高，正四品以下每品又分為上、下階。唐太宗規定內侍省不設立三品官。內侍省長官為內侍，員二人，從四品上階，只掌管宮內事務，不委任政事。㉜明皇　唐玄宗。㉝隳　毀壞。㉞是崇是長　借用《尚書・牧誓》之辭，指唐明皇如同殷紂王崇敬、尊重罪人一樣，崇敬宦官，尊重宦官。崇、長，皆尊重之意。是，表示肯定判斷。㉟晚節　晚年。㊱高力士　玄宗朝著名宦官。㊲省決　省視裁決。㊳熾　旺盛。㊴板蕩　指政局變亂和社會動盪不安。㊵靈武　郡名，靈州靈武郡，治所在今寧夏靈武西北。肅宗在安史之亂中，即位於靈武。㊶李輔國　肅宗朝擅權宦官。㊷東宮舊隸　李輔國原為肅宗太子家令。㊸參豫　參與。㊹愛子慈父皆不能庇　愛子，指唐肅宗之子唐代宗李豫。慈父，指肅宗之父唐玄宗李隆基。李輔國擅權，幽禁玄宗，控制太子，是肅宗上不得庇慈父，下不得庇愛子。庇，保護。㊺以憂悸終　指唐肅宗在憂慮驚懼中死亡。㊻踐阼　登基。㊼覆轍　指唐代宗仍寵用宦官程元振、魚朝恩，重蹈唐玄宗、唐肅宗之覆轍。㊽程元振魚朝恩　皆為唐代宗朝擅權宦官。㊾竊弄刑賞　竊取刑賞大權。㊿壅蔽　堵塞、蒙蔽。(51)委裘　先帝的遺衣。此言程元振、魚朝恩把天子只是當做一件裘衣侍奉而已。(52)陵　欺侮。(53)是以　因此。(54)來瑱　（？—西元七六三年）邠州永壽（今陝西永壽）人，唐玄宗朝任潁川太守，安史之亂時抗賊有大功，拜御史大夫，充山南東道十州節度觀察處置使。後入朝，受程元振誣陷，被代宗賜死。(55)吐蕃深侵郊甸二句　吐蕃於唐代宗寶應二年（西元七六三年）十月率吐谷渾、党項等二十餘萬眾，一直打到奉天、武功，但程元振封鎖消息，不讓唐代宗知道。郊甸，京郊。(56)狼狽幸陝　吐蕃兵逼近長安，唐代宗倉猝奔陝州。(57)李光弼　平定安史之亂的名將，因受制於宦官，愧恨成疾而卒。(58)隕　隕落；死亡。(59)郭子儀　平定安史之亂的名將，與李光弼齊名。封汾陽郡王。德宗即位，尊為尚父。(60)擯　排斥。(61)丘壟　墳墓。大曆二年（西元七六七年）十二月魚朝恩遣人盜發郭子儀父墓。(62)僕固懷恩　郭子儀的部將。平定安史之亂有功，一門死王事者四十六人，卻遭宦官駱奉仙等構陷，憤怨殊深，於唐代宗廣德二年（西元七六四年）反叛，被誅死。(63)勳庸　功勳。(64)稍絀　略微受到控制。絀，通「黜」。罷斥。(65)返自興元　指德宗蒙塵，從興元返回長安。興元，府名，治所南鄭，在今陝西漢中。(66)李晟渾瑊　皆為中唐名將。

德宗時朱泚叛亂，李晟與渾瑊協力收復京師。(67)竇文場霍仙鳴　皆為唐德宗朝的擅權宦官。德宗為太子時，二人曾事東宮，故深受寵信。貞元十二年（西元七九六年）以竇文場、霍仙鳴為護軍中尉監北軍。(68)太阿　古代名劍名，此指軍權。(69)吐突承璀　唐憲宗朝擅權宦官。憲宗元和十五年（西元八二〇年）任左軍中尉，謀廢憲宗嫡子李恆，而立澧王惲為太子，激發宮廷政變，宦官梁守謙弒憲宗，殺澧王惲和吐突承璀，而立太子李恆，是為穆宗。(70)陳洪志之變　應為陳弘志，受梁守謙之命弒憲宗。(71)寶曆　唐敬宗的年號。此指敬宗。(72)狎暱　親昵接近。(73)劉克明　敬宗朝宦官。(74)蘇佐明　敬宗朝善擊毬的軍將。(75)為逆　做叛逆之事。寶曆二年（西元八二六年）十二月，劉、蘇二人合謀，在夜宴上弒敬宗。(76)絳王　憲宗子，名悟。敬宗崩，劉克明等矯詔以王領軍國事。(77)皆為宦官所立　即王守澄擁立文宗，仇士良、魚弘志擁立武宗，馬元贄擁立宣宗，王宗實擁立懿宗，劉行深、韓文約擁立僖宗，楊復恭擁立昭宗。即有唐一代，文、武、宣、懿、僖、昭六帝皆為宦官所立。(78)王守澄　唐憲宗朝擅權宦官。(79)仇士良　歷仕唐憲宗、唐武宗朝的擅權宦官。(80)魁傑　首領。(81)定策國老　楊復恭在給楊守亮的信中發洩對唐昭宗的不滿，說昭宗「廢定策國老」，自己以「定策國老」自居。(82)目　視。楊復恭信中指責唐昭宗為「負心門生天子」，把天子看作是自己的「門生」。(83)膏肓　古代醫學稱心臟下部為膏，隔膜為肓。《左傳》成公十年載晉侯有病，請秦國醫生診治。醫生說「疾不可為也，在肓之上，膏之下，攻之不可，達之不及，藥不至焉。」後謂病極為嚴重，難以醫治為病入膏肓。(84)宋申錫　文宗朝翰林學士。唐文宗患宦官專權不能制，以宋申錫為相，謀誅宦官。宦官王守澄等人誣告宋申錫謀立漳王，文宗怒，貶宋為開州司馬，死於貶所。(85)李訓　唐文宗朝宰相。(86)鄭注　唐文宗朝工部尚書、鳳翔節度使。二人合謀盡除宦官，但李訓欲專其功又企圖除掉鄭注，李、鄭皆為宦官所誅。(87)譎詐之謀　詭詐的計謀。指甘露之變。事詳本書卷二百四十五唐文宗太和九年。(88)翦　消滅；翦除。(89)累世　好幾代。(90)膠固　膠粘固結，喻宦官死黨。(91)涉血禁塗　血流宮禁和道路。(92)積尸省戶　屍體堆滿臺省門前。(93)連頸就誅　許多人一起被殺。(94)闔門屠滅　滿門處死。甘露之變仇士良大殺朝官，宰相大臣被捕殺，親屬連坐皆死，朝中幾為之一空。(95)陽瘖　裝啞。(96)赧　周赧王姬延。(97)獻　漢獻帝劉協。甘露之變後，唐文宗以赧、獻自比，悲憤地說：「赧、獻受制於強諸侯，今朕受制於家奴！」(98)苟　假如。(99)毬獵　踢毬或打獵。(100)呼之以父　對宦官以「尚父」或「阿父」呼之。(101)賊污宮闕　指黃巢打入長安。(102)梁益　梁州和益州。黃巢入長安，僖宗出奔成都（益州治所）。後李克用進逼京城，田令孜挾僖宗至興元（梁州治所，今陝西漢中）。(103)平陽　即晉州（今山西臨汾），隋曰平陽郡。大順元年（西元八九〇年）宰相張濬會諸道兵於晉州擊李克用，李克用大敗官軍，張濬喪師殆盡。(104)宋文通　李茂貞的本名。李茂貞以討楊復恭、楊守亮，盡有十五州，恃功驕橫，乘勝兵逼長安。(105)兵交闕庭　昭宗乾寧二年（西元八九五年）邠寧節度使王行瑜、鎮國節度使韓建、鳳翔節度使李茂貞三鎮犯京師。鳳翔將李繼鵬與神策軍捧日都頭李筠戰於承天樓，箭矢射及皇帝御衣。(106)莎城　鎮名，昭宗倉皇出奔至莎城，在長安城南近郊。(107)華陰　縣名，縣治在今陝西華陰，時屬華州。(108)幽辱東內　此處指昭宗被幽禁在東宮事。見本書卷二百六十二。東內，即東宮。(109)岐陽　縣名，縣治在今陝西岐山縣北，時屬岐州。(110)崔昌遐　即崔胤，字昌遐。(111)糗糒　乾糧。(112)斃踣　倒斃。(113)全誨　即韓全誨。(114)乘輿東出　昭宗出鳳翔，還長安。(115)靡有孑遺　一個不留。靡有，沒有。孑遺，殘存；剩餘。(116)廟社　宗廟社稷。(117)履霜堅冰至　《易・坤卦・初六・爻辭》：「履霜堅冰至。」意謂行走在有霜的地面上，便可知道凝結成堅冰的時節快要到了。喻唐代宦官之所以專橫跋扈，釀成大禍，亦非一朝一夕之故。(118)防微杜漸　在錯誤或壞事還未顯著或剛剛發生的時候，就要加以防止，不讓它發展。(119)章章　昭著的樣子。(120)自餘　至於其他。(121)沮敗　敗壞。(122)烝民　眾百姓。(123)寺人　宮廷內的近侍。(124)三王　夏禹、商湯、周文武。(125)載於詩禮　指宦官在《詩經》、《禮經》中均有記載。《詩經・小雅・巷伯》：「寺人孟子，作為此詩，凡百君子，敬而聽之。」《周禮・天官・寺人》：「寺人掌王之內人及女宮之戒令。」(126)閨闥　宮禁或內室的門戶。(127)巷伯之疾惡〈巷伯〉是一個表字孟子的寺人所作。作者遭人讒毀，寫此詩發洩怨憤，詛咒進讒言的奸人。疾惡，憎恨壞人壞事。(128)寺人披　寺人名，《左傳》僖公二十四年載，晉獻公信讒言，派寺人披刺殺公子重耳於蒲城。重耳踰牆而逃，僅斬其衣袖。重耳即位後責怪他為獻公賣力，他回答：「君命無二，古之制也。除君之惡，惟力是視。」(129)鄭眾　東漢宦官。南陽人，字季嚴。和帝時竇憲當權，鄭眾與和帝定謀誅竇憲，以功授大長秋，封鄛鄉侯。辭賞事見本書卷四十八漢和帝永元元年。(130)呂彊　東漢靈帝時宦官，字漢盛。黃巾起義時，呂彊直諫，請求先誅左右貪濁者，大赦黨人，被靈帝採納。中常侍趙惲等誣陷他，他說：「丈夫欲盡忠國家，豈能對獄吏乎！」因而自殺。事見本書卷五十七漢靈帝光和二年。(131)曹日昇　肅宗時宦官。至德二載（西元七五七年）山南東道節度使魯炅守南陽一年，城中食盡，肅宗遣曹日昇來宣慰，曹僅帶數騎突圍入城，後又至襄陽取糧，取道運糧而入，使魯炅軍倍受鼓舞。(132)馬存亮　字季明，河中人，宦官。唐憲宗朝為左神策軍副使、左監門衛將軍。唐敬宗時，染署工張韶企圖謀反，馬存亮救駕，並盡捕亂黨。(133)楊復光　福建人，宦官。唐僖宗朝為忠武監軍，中和元年五月，曾率忠武等兵八千人敗朱溫，後為天下兵馬都監。(134)嚴遵美　宦官。曾為左神策觀軍容使，認為宦官掌權肆橫太過分。唐昭宗時任他為兩軍中尉、觀軍容處置使，堅辭，隱居青城山。(135)張承業　字繼之，唐僖宗朝宦官，為河東監軍。李克用死後輔佐李存勗，李存勗要即帝位，他力諫不聽，最後不食而卒。(136)臧否　善惡。(137)薙　除草。(138)禽獮　殺戮禽獸。此句謂像除草捕獸一樣殺盡宦官。(139)袁紹　東漢末名士、軍閥，與何進謀誅宦官，召董卓入京，導致禍亂。(140)董卓　東漢末大軍閥。

他入京廢少帝，立獻帝，專斷朝政，引發漢末大亂。141朱氏篡唐　朱全忠於唐哀帝天祐四年（西元九〇七年）篡唐，即皇帝位，國號大梁，唐亡。142惡　厭惡。143垢　汙穢；髒東西。144蠹　蛀蟲。145孔子曰四句　引語見《論語．泰伯》。意謂對不仁的人，逼迫得太厲害，也會出亂子。疾，逼迫。

【校記】1善　原無此字。據章鈺校，十二行本、乙十一行本、孔天胤本皆有此字，張敦仁《通鑑刊本識誤》同，今據補。2悲辭　原作「卑辭」。據章鈺校，十二行本、乙十一行本皆作「悲辭」，今從改。3復能　原作「能復」。據章鈺校，十二行本、乙十一行本、孔天胤本二字皆互乙，今從改。4自　原作「至自」。據章鈺校，十二行本、乙十一行本皆無「至」字，今據刪。5夫　原作「去」。據章鈺校，十二行本、乙十一行本、孔天胤本皆作「夫」，張瑛《通鑑校勘記》、熊羅宿《胡刻資治通鑑校字記》同，今從改。6載　原作「具載」。據章鈺校，十二行本、乙十一行本皆無「具」字，今據刪。7哉　原作「焉」。據章鈺校，十二行本、乙十一行本皆作「哉」，今從改。

【語譯】司馬光說：「宦官掌權，成為國家的禍患，它的由來已經很久遠了。大致說來，因為宦官出入宮廷，皇帝從小到大，和宦官親近熟悉而態度隨意，不像三公六卿那樣，進入宮廷見面有規定的時間，有敬威畏懼的感覺。宦官中還有的性情敏捷伶俐，能言善辯，善於察言觀色侍奉皇帝，迎合君主的志趣，接受命令就不必有違背抵觸的擔心，使喚差遣就會有稱心滿意的效果。除非是上等智慧的君主，能洞察事物的情理，考慮禍患深遠，在侍奉之外，不委任宦官掌管事務，那麼這些近在帝王身邊的宦官會一天天親密起來，不經常和帝王見面的外朝大臣會一天天地疏遠。宦官甘美話語、哀傷言辭的請求，帝王有時就會依允，浸潤之譖，膚受之訴，有時就會聽從。於是黜免、升遷、刑罰、獎賞等朝廷政令，不知不覺轉移到親近的宦官手中而帝王卻不能自知，好像飲用陳年的美酒，喜好它的味道而忘掉它會使人醉倒。這樣一來，黜免、升遷、刑罰、獎賞等大權旁落而國家不陷入危險禍亂的，從來都沒有過。

「東漢衰亡時，宦官最為驕縱橫行，然而他們都是借助君主的權力，好像城狐社鼠倚勢為奸，來擾亂天下，還沒有能像唐朝這樣劫持、脅迫天子如同控制嬰兒，廢立在於手中，往東往西全憑自己的意願，使天子懼怕他們就像騎著虎狼挾著毒蛇一般。之所以會成為這樣，沒有其他的原因，就是東漢的宦官不掌握兵權，唐朝的宦官掌握兵權的緣故。

「太宗鑑於前代的弊端，對宦官深加抑制，他們的官階不能超過四品。玄宗開始毀壞舊有的規章，尊崇宦官，重用宦官，晚年讓高力士審閱批覆章奏，甚至任免將軍、宰相這樣的軍國大事，也常和高力士商量，自太子以下所有的王公都提心吊膽地侍奉他，宦官的勢力自此旺盛起來。到了中原動盪不安，肅宗在靈武收攏兵權，李輔國以東宮舊屬的身分參與軍事謀劃，寵信過度，使他驕橫放縱，不再能加以控制，竟至皇帝連愛子和慈父都不能庇護，在憂慮驚恐中去世。代宗登上帝位，仍然重蹈覆轍，程元振、魚朝恩相繼當政，竊取刑賞大權，堵塞蒙蔽皇帝的耳目，看待皇帝如同丟棄的褻衣，欺陵宰相好像對待奴僕俘虜一般。所以來瑱入朝為相，遭到程元振的讒言毀謗被賜死；吐蕃入侵深入到京城附近，宦官竟然隱匿不報，使得皇帝狼狽幸臨陝州；李光弼受到危害猜疑，心中憤懣抑鬱，以致喪命；郭子儀被排斥罷官，閒居在家，還保不住祖先的墳墓；僕固懷恩含冤受抑，無處申訴，於是拋棄功勳，反而叛變作亂。德宗剛即位時，大力整頓朝綱法紀，宦官的勢力稍被抑制。但從興元返京後，猜疑、嫉妒各將領，認為李晟、渾瑊都不可信，削奪他們的全部兵權，而以竇文場、霍仙鳴為中尉，讓他們統領護衛宮廷的禁軍，從此以後，禁軍的兵權落在宦官手中了。憲宗末年，吐突承璀想要廢黜皇帝嫡子遂王李恆，擁立庶子澧王李惲，終於釀成陳洪志的變亂。敬宗寶曆年間過分親近宦官，劉克明和蘇佐明叛變為逆。這以後絳王李悟以及文宗、武宗、宣宗、懿宗、僖宗、昭宗六個皇帝，都是被宦官擁立的，宦官之勢更加驕橫霸道。王守澄、仇士良、田令孜、楊復恭、劉季述、韓全誨是宦官中的首領，自稱是『定策國老』，把皇帝視為門生，這種情況已是根深蒂固，病入膏肓，不可救藥了！文宗深切憤恨這種情況，立志要鏟除他們，但像宋申錫那樣賢德的人，尚且不能有所作為，反而遭受禍殃；更何況李訓、鄭注這樣的反覆小人，想要用一個早晨的陰謀詭計，來剪除積累數代凝聚堅實的朋黨，最終導致鮮血流滿宮廷道路，屍體堆積在臺省門前，公卿大臣接連被殺死，全家滿門被屠滅，皇帝裝啞縱酒，飲泣吞聲，把自己比做周赧王、漢獻帝，不也是很可悲嗎！以宣宗的嚴厲果斷，明察秋毫，尚且閉目搖頭，自稱畏懼他們；何況懿宗、僖宗那樣驕奢淫逸，只要有歌舞美女、踢毬打獵來滿足自己的欲望，那麼把一切朝廷政事都交給宦官，稱他們為父親，本來就沒有什麼可奇怪的了。賊寇玷汙宮殿，僖宗兩次逃奔梁州、益州，都是田令孜所造成的。昭宗不能忍受這樣的恥辱，竭力想要清洗，但是所任用的未得其人，所行未遵正道。開始是張濬在平陽全軍覆沒，助長了李克用囂張跋扈的氣勢，楊復恭逃亡到山南，開啟了宋文通不守臣節的想法；最後則在皇宮裡激烈交戰，箭頭射中皇帝的衣服，使得昭宗到莎城流亡漂泊，在華陰寄居暫住，又被幽禁在東宮受辱，被劫持脅迫到岐陽。崔胤無可奈何，再召朱全忠發兵討伐。朱全忠率軍包圍岐陽城，皇帝再度遭受經歷寒暑的苦難，御膳連乾糧也不能保障，王侯在飢寒交迫中倒斃，然後韓全誨才被殺死，皇帝東回長安，剪滅韓全誨的同黨，沒有一個遺漏的，但是唐朝的宗廟社稷也因此成為廢墟！這樣看來，唐朝宦官的禍亂，開始於玄宗，興盛於肅宗、代宗，大成於德宗，到昭宗時達到極點。《易經》說：『踩到霜上，就知道嚴寒冰凍將要到來。』治理國家的人，必須防微杜漸，怎麼能不小心對待它的起始呢！以上這些是宦官所造成的災禍中，特別明顯昭著的事例。其餘像傷害賢能、招致禍亂、出賣官職、收賄減刑、敗壞軍隊、禍害百姓等事情很多，不可能全部列舉出來。

「說到宦官的設置，開始於夏禹、商湯、周文王三王的時代，記載在《詩經》、《禮經》中，這是為了謹慎遵守宮廷門戶的禁令，溝通宮廷內外的意見，怎麼能沒有呢？比如〈巷伯〉痛恨讒言邪惡，寺人披忠誠侍奉君王，鄭眾推辭賞賜，呂彊直言諫勸，如曹日昇解救患難，馬存亮消除禍亂，楊復光討伐賊寇，嚴遵美辭讓權位，張承業竭忠盡力，他們中間難道沒有賢能人才嗎！只是帝王不應當與他們謀劃商議朝廷政務和提拔貶黜官吏，使得他們能夠作威作福，足以操控別人罷了。如果有人犯罪，小則處以刑罰，大則殺死他，不予寬恕赦免。這樣，即使讓宦官專橫跋扈，又有誰敢呢！怎麼能不明察善惡，不辨別是非，想要像割草、殺禽獸那樣斬盡殺絕，能不造成禍亂嗎！因此，前有袁紹實行屠殺導致董卓削弱漢室，後有崔胤承襲袁紹的辦法而造成朱全忠篡奪皇位，雖然痛快地發洩一時的忿恨，但國家隨之滅亡。這就像是厭惡衣服上的汙垢就燒掉衣服，憎惡樹木裡的蛀蟲就砍伐樹木，這樣造成的危害豈不是更多了嗎！孔子說：『人如果不仁愛，痛恨過分，就會引發禍亂。』說的就是這個意思啊！」

王師範遣使以起兵告李克用，克用貽書❶褒贊之。河東監軍張承業亦勸克用發兵救鳳翔，克用攻晉州，聞車駕東歸，乃罷。

楊行密承制❷加朱瑾東面諸道行營副都統、同平章事，以昇州刺史李神福為淮南行軍司馬、鄂岳❸行營招討使，舒州團練使劉存副之，將兵擊杜洪。洪將駱殷戍永興❹，棄城走，縣民方詔據城降。神福曰：「永興大縣，饋運所仰❺，已得鄂之半矣！」

【章　旨】以上為第十四段，寫李克用勢弱，救援王師範不力。楊行密擴張勢力，進兵鄂岳。

【注　釋】❶貽書　寫去書信。❷承制　指楊行密以唐昭宗名義下達任命書。❸鄂岳　方鎮名，唐憲宗元和五年（西元八一〇年）置鄂岳都團練觀察使，治所鄂州，在今湖北武漢。後升為武昌軍節度使，時杜洪在任。❹永興　縣名，縣治在今湖北陽新。❺仰　仰仗。

【語　譯】王師範派遣使者把起兵討伐朱全忠的事告訴李克用，李克用寫去書信讚揚他。河東監軍張承業也勸說李克用發兵救援鳳翔。李克用進攻晉州，聽說昭宗已經東歸京城長安，就停止了進攻。

楊行密以昭宗名義加朱瑾為東面諸道行營副都統、同平章事，以昇州刺史李神福為淮南行軍司馬、鄂岳行營招討使，以舒州團練使劉存為他的副手，率軍攻打杜洪。杜洪的部將駱殷駐守永興，棄城逃走。縣民方詔佔據永興城投降。李神福說：「永興是大縣，運輸軍用物資和糧食都要依仗這裡，得到永興等於已經得到鄂州的一半了！」

【研　析】本卷研析汴、岐兩鎮爭天子，李克用兵敗晉陽，王師範討逆，司馬光論宦官之禍四件史事。

汴、岐兩鎮爭天子。西元九〇一年，朱全忠併河中，勢力大盛，進兵五萬圍晉陽，李克用請和。朱全忠表請昭宗幸東都，發出了劫奪天子的信號，京都大駭，士民逃竄山谷。十一月，韓全誨與留京岐兵逼迫昭宗、皇后、嬪妃、諸王一百餘人奔鳳翔，崔胤搬起石頭砸了自己的腳。朱全忠率眾取華州，入關中，劫奪了百官。朝廷分裂，汴、岐兩鎮爭天子，朱、李交兵關中整整一年，西川王建乘勢奪取李茂貞山南。在朱全忠與王建夾攻下，李茂貞迅速瓦解，困守鳳翔孤城，眼見大勢已去，誅殺了韓全誨向朱全忠請降。西元九〇三年正月，朱全忠擁帝還長安，殺宦官第五可範等數百人，只留幼弱者三十人以備灑掃。昭宗詔令諸鎮盡誅監軍。朱全忠扮演了東漢末董卓入京誅宦官的角色，崔胤則扮演了何進與袁紹雙重的角色，一是效何進招朱全忠入京，二是效袁紹力主殺盡宦官。崔胤雖如願以償，不久自己也人頭落地，唐王室也歸於滅亡。

當時，唐王朝三大矛盾交織。其一，是藩鎮與中央政權的矛盾；其二，是宦官與朝官的矛盾，南北司水火不容；其三，朝官之間的朋黨之爭，小人充斥朝廷。藩鎮割據是當時最大的禍患。唐自安史之亂以後，藩鎮坐大，黃巢亂起，推動藩鎮布列全國，唐王室令不行於諸鎮，京都成了一座困守的孤城。河北山東，列鎮相望，戰爭最烈。唐昭宗時，藩鎮氣焰尤為囂張。鳳翔李茂貞、汴州朱全忠、太原李克用、邠州王行瑜、華州韓建、鎮州王鎔、幽州李匡威、同州王行約，個個有野心，無不虎視關中。當崔胤與韓全誨交惡之時，朱全忠據有鄆、青、曹、棣、兗、沂、徐、宿、陳、許、鄭、汴、滑、濮等十四州，李茂貞佔有山南、梁、洋、鳳、岐、隴、涇、原等州，身兼鳳翔和山南兩道節度使，李克用削弱，李茂貞與朱全忠成為最大的兩個強鎮。宦官韓全誨與李茂貞相結，崔胤與朱全忠交通，形成兩大集團的鬥爭，把三大矛盾糾結在一起。等到李茂貞勢蹙，朱全忠挾制天子，宦官盡數被誅，崔胤等百官亦被誅戮，唐王室積聚的三大矛盾冰銷瓦解，唐王朝也就滅亡了。

李克用兵敗晉陽。李克用雄據太原、河東，原本強於朱全忠。當秦宗權攻擊朱全忠之時，李克用請命天子，失去夾擊朱全忠的戰機。西元八九五年，邠岐華三鎮聯兵犯闕，李克用得到昭宗授命為邠寧四面行營都招討使，進兵關中，王行瑜授首，李茂貞勢衰，李克用沒有乘勝進擊，喪失了挾天子以令諸侯的大好時機。

李克用回師太原，從此走了下坡路。西元八九六年，李克用救援兗、鄆朱瑾、朱瑄被魏博鎮羅弘信攔擊敗還，魏博也就此歸附於朱全忠。此後朱李爭河北，連年大戰，成德、義武兩鎮又倒向朱全忠。朱全忠得勢，於西元九〇一年進兵河中，再逼河東，李克用城守晉陽，朱全忠圍攻，李克用不敢求和。朱全忠放膽入關中，李茂貞求援於太原，以詔命徵兵李克用，李克用發兵相救，與汴兵戰於平陽北。朱全忠回師大舉圍攻晉陽，李克用連連敗北，晉陽幾乎不保。朱全忠退兵，李克用氣餒，此後數年不敢與朱全忠交兵。所幸夫人劉氏有智慧謀略，嗣子李存勗英姿勃發，夫人與虎子意氣洋洋，激勵李克用奮發圖強，才又振作起來。

李克用勢衰有三大原因。其一，軍無謀主，少了靈魂。其二，李克用缺失馭人之術，賞罰不公，殺大將李存孝，誤用劉仁恭，鷹養李罕之，都是失著，削弱了自身力量。其三，李克用所領親兵，遺留沙陀游牧習氣，掠奪成性，沒有綱紀。李存勗曾勸李克用整頓紀律，李克用說：「這些部屬跟隨我征戰幾十年，我沒有恩惠施及，若再用紀律約束，他們都跑散了，我拿什麼來守河東。」由此可見，李克用本無帝王之志，仍是一個劫奪者，他之不敵朱全忠也就在情理之中。李克用值得欣慰的是其子李存勗青出於藍而勝於藍，最終實現了李克用的臨終遺囑，滅了朱梁。李克用地下有知，亦可瞑目了。

王師範討逆。王師範，青州人，平盧節度使王敬武之子，十分好學，以忠義自許。年十六父死，自稱留後。朱全忠圍鳳翔，唐昭宗詔諸鎮赴難，王師範得到消息哭曰：「吾為國守藩，皇上遭危難，不去扶持，行嗎？」於是與楊行密聯盟，高舉義旗討逆。王師範趁朱全忠後方空虛，大膽地派出諸將，化裝成商人，車載兵仗，包裝成商品。劉鄩襲兗州，王師範入河南，徐、沂、鄆等十餘州同日併發，雖然只有劉鄩在兗州得手，其餘各州的偷襲都沒有成功，但王師範的討逆行動，可圈可點，忠義精神難能可貴。王師範與入援的淮南大將王茂章並肩作戰，殺了朱全忠派來討伐的大將朱友寧。朱友寧是朱全忠的養子，一員驍勇善戰的愛將。最後，朱全忠親率大軍臣服了王師範，等到篡唐之後再追究朱友寧之死，族滅了王師範一門二百餘人，無論少長，全部坑殺。

朱全忠滅唐，沒有赴難死國的人，王師範討逆，以其行動實踐了他的諾言：「即使力量不足，唯有以死報國。」王師範討逆時，尚不足二十歲，年少死國，忠義奮發，悲壯成仁，令人歎惋。

司馬光論宦官之禍。唐末宦官之禍是繼東漢宦官之禍的一次重演，簡直就是複製一樣，宦官被殺盡，國隨以亡。這只是一個現象，不能作為歷史的結論。司馬光引孔子的話說：「人而不仁，疾之已甚，亂也。」《論語·泰伯》似乎在說，因為要殺盡宦官，激起宦官的強烈反抗，導致了國家的滅亡；反過來說，不殺盡宦官，只誅首惡，國家就不亡了嗎？司馬光的這個邏輯是不能成立的。司馬光認為，只要人主不要宦官參政，一發現過惡就加以懲治，宦官就不敢為非了。事實上這只是一種理想，一個集權縱欲的帝王，永遠做不到。正如司馬光所說，宦官出入宮禁，人主自幼及長與之親狎，使喚起來沒有違迕之患，辦起事來極盡人主之意，近者親，遠者疏，人情之常。所以宦官時有卑辭之請，浸潤膚受之愬，人主無不從，日漸成習，大權旁落。免除宦官之禍，只正人君之品行，靠其自律，根本辦不到。廢集權，禁絕宦官，這是司馬光的時代辦不到的。所以司馬光總結的宦官之禍，羅列的經驗教訓，只能是紙上空談，實際是做不到的。因為個人集權的制度不除，相伴的宦官制度不除，宦官之禍就必然要重演。萬惡之源的個人集權不除，歷史就沒有教訓的功能。即使沒有宦官，個人集權的惡源還在，集權者的祕書、司機、保健醫生都可以成為變種的宦官。歷代宦官之禍的一再重演，其實就是個人集權者大權旁落的形式之一而已。

司馬光指出，宦官中亦有善者，但這無補於大局。因為宦官制度，其實就是中國封建集權制度的腫瘤，它始終伴隨著封建王朝的興衰更替而週期性地為禍社會，流毒全國，給當時的政治帶來危害，給當時的人民帶來災難。誠然，宦官中也不乏個別有識之士和傑出人物。在秦國發展史上有推薦商鞅變法的伯樂式宦官景監；西漢有大音樂家李延年；東漢有經學家鄭眾、改進造紙術的蔡倫、支持清流派朝官與十常侍作鬥爭的呂彊；五代時後唐宦官張承業是一個輔弼賢臣；北宋宦官多有功於邊陲，張崇貴、王中正、李憲都建功於西北，還有水利專家程昉；至於明代航海家鄭和，七次下西洋的壯舉和赫赫功業，更是青史垂名，光照千古。宦官不是一個階級，他只是皇帝的家奴，宦官本身有壓迫者和被壓迫者。專權亂政的宦官只是宦官中的上層，宦官下層更遭受多重壓迫。所以在清代竟發生了宦官參加天理教，有劉得財、楊進忠、王福祿、劉金等人起義反抗朝廷。入宮為宦官的人，情況也極為複雜。不少人懷有野心，自閹入宮，此類宦官既有野心，亦善權術，大多擅權亂政。更多的人是家貧為閹寺，或犯罪被閹發落為宦官，如專秦政的趙高就是一個罪犯。在亂世時代，戰俘年輕秀俊者有許多被處置為宦官。所以被迫為宦官的人，其遭遇本是可憐可憫。不過就宦官的總體而論，百分之七八十乃至更多的宦官，都是自幼被閹。他們作為刑餘之人，身心遭受了嚴重的摧殘。閹寺處在深宮之中，目睹皇上和嬪妃花天酒地的豪奢生活和不可一世的權勢，日久天長，怎不染上權力之欲。皇室的奢侈，使宦豎們不知稼穡之艱難，他們哪能體恤人民疾苦。閹宦不知書，如明代大宦官魏忠賢就目不識丁。在這種氛圍之下的宦官，一旦擅權，十之八九皆為禍患。所以，個別宦官的賢明，不能改變整體宦官的卑汙。宦官的身分是奴才，他們掌權本來不合法，而是假借皇帝之權以肆虐，如同狗仗人勢。大多宦官奴性十足，是十足的「狗奴才」。儘管宦官多數遭遇可憫，但他們「狗奴才」之本性，也由其遭遇和地位所鑄成，無法為他們唱讚歌。禍國之宦官，即使遭遇集體屠殺，命運可悲，但也是咎由自取，罪有應得。

# 卷第二百六十四

## 唐紀八十

起昭陽大淵獻（癸亥　西元九〇三年）二月，盡閼逢困敦（甲子　西元九〇四年）閏月，凡一年有奇。

【題解】本卷記事起西元九〇三年二月，迄西元九〇四年閏四月，載述史事凡一年又四個月。當唐昭宗天復三年二月至天祐元年閏四月，此時期最重大的政治事件是朱全忠東敗王師範，西服李茂貞，完全掌控了唐王室。山東王師範奉詔討朱全忠，楊行密遣將王茂章助王師範。二王聯兵大敗汴兵，殺大將朱友寧。朱全忠返回洛陽率二十萬大軍征討，大破王師範，王師範請降，並以其弟為質。至此，江淮之北，黃河之南，西起關隴，東至大海，廣闊中原盡為朱氏所有，太原李克用勢衰，天下無人與之爭鋒。朱全忠謂天下已定，撕下面具，密表唐昭宗，以離間君臣為名殺崔胤，隨後又以李茂貞進逼為辭迫使昭宗遷都洛陽。昭宗左右親隨全遭誅戮，宿衛兵及侍奉之人皆朱全忠心腹，昭宗成為一囚龍。西川王建奉詔勤王，藉機兼併荊南。楊行密平定田頵叛亂，固有淮南，與北方李克用遙應，是牽制朱全忠的兩支基本力量。

### 昭宗聖穆景文孝皇帝下之上

天復三年（癸亥　西元九〇三年）

二月壬申朔❶，詔「比在鳳翔府所除官，一切停❷。」時宦官盡死，惟河東監軍張承業、幽州監軍張居翰❸、清海監軍程匡柔、西川監軍魚全禋及致仕嚴遵美❹，為李克用、劉仁恭、楊行密、王建所匿得全，斬它囚❺以應詔。

甲戌❻，門下侍郎、同平章事陸扆責授沂王❼傅、分司❽。車駕還京師，賜諸道詔書，獨鳳翔無之。扆曰：「茂貞罪雖大，然朝廷未與之絕，今獨無詔書，示人不廣❾。」崔胤怒，奏貶之。宮人宋柔❿等十一人皆韓全誨所獻，及僧、道士與宦官親厚者二十餘人，並送京兆⓫杖殺⓬。

上謂韓偓曰：「崔胤雖盡忠，然比卿頗用機數⓭。」對曰：「凡為天下者，萬國皆屬之耳目⓮，安可以機數欺之！莫若推誠⓯直致⓰，雖日計之不足⓱而歲計之有餘也。」

丙子⓲，工部侍郎、同平章事蘇檢，吏部侍郎盧光啟，並賜自盡⓳。丁丑⓴，以中書侍郎、同平章事王溥為太子賓客、分司，皆崔胤所惡也[1]。戊寅㉑，賜朱全忠號回天再造竭忠守正功臣，賜其僚佐敬翔㉒等號迎鑾協贊功臣，諸將朱友寧等號迎鑾果毅功臣，都頭㉓以下號四鎮靜難功臣。

上議褒崇㉔全忠，欲以[2]皇子為諸道兵馬元帥，以全忠副之。崔胤請以輝王祚㉕為之，上曰：「濮王長㉖。」胤承全忠密旨，利㉗祚沖幼㉘，固請之。己卯㉙，以祚為諸道兵馬元帥。庚辰㉚，加全忠守太尉㉛，充副元帥，進爵梁王。以胤為司徒兼侍中。

胤恃全忠之勢，專權自恣㉜，天子動靜皆稟之㉝。朝臣從上幸鳳翔者，凡㉞貶逐三十餘人。刑賞繫其愛憎㉟，中外畏之，重足一迹㊱。

【章旨】以上為第一段，寫朱全忠進爵梁王。崔胤仗朱全忠之勢，專權自恣，韓偓等重臣遭貶逐。

【注釋】❶壬申朔　二月初一日。❷比在鳳翔府所除官一句　近來在鳳翔府所任命的官吏，全部罷免。除官，任命官員。停，罷免。❸張居翰　（西元八五七—九二八年）字德卿，唐僖宗中和三年（西元八八三年）出監幽州軍事。傳見《舊五代史》卷七十二、《新五代史》卷三十八。❹嚴遵美　時隱居蜀之青城山。❺它囚　其他囚犯。❻甲戌　二月初三日。❼沂王　李禋，昭宗子。❽分司　唐以洛陽為東都，分設在東都的中央官員稱為分司。多安置貶降與閒廢官員，一般無實權。❾不廣　心胸不廣闊。❿宋柔　宮女。天復元年（西元九〇一年），韓全誨求美女知書者數人，置於宮中，暗中偵探崔胤和昭宗的情況。⓫京兆　京兆尹。⓬杖殺　刑法之一。亂棍打死。⓭機數　機巧權變的心計。⓮萬國皆屬之耳目　此句謂全天下（萬國）耳目都在注視朝廷。屬，專注。⓯推誠　以誠意相待。⓰直致　直率表達。⓱日計之不足　謂按日計算會感到不足。⓲丙子　二月初五日。⓳賜自盡　蘇檢、盧光啓皆為在鳳翔任命的宰相，崔胤惡其黨附於韓全誨、李茂貞，故殺之。⓴丁丑　二月初六日。㉑戊寅　二月初七日。㉒敬翔　（？—西元九二三年）字子振，同州馮翊（今陝西大荔）人，朱全忠即位後，知崇政院事。乾化元年（西元九一一年），進位光祿大夫、行兵部尚書、金鑾殿大學士。傳見《舊五代史》卷十八、《新五代史》卷二十一。㉓都頭　統兵官名，唐從田令孜將神策新軍分五十四都，都為軍隊編制稱號。以都將為長官，亦稱為都頭。每都約有兵士千人。㉔褒崇　表彰並給以恩崇。㉕輝王祚　昭宗子李祚，封輝王。即唐哀帝，更名柷。㉖濮王長　濮王年齡最大。新、舊《唐書》皆無濮王，據胡三省注，是德王裕改封。㉗利　利用。㉘沖幼　幼稚。㉙己卯　二月初八日。㉚庚辰　二月初九日。㉛太尉　官名，三公之一，唐代為加官。㉜自恣　放任；為所欲為。㉝天子動靜皆稟之　昭宗的言行動靜都要稟告崔胤。㉞凡　共。㉟刑賞繫其愛憎　愛者賞之，憎者刑之。㊱重足一迹　兩腳相疊站著，只有一個足跡。形容恐懼不敢移動的樣子。

**【校　記】**①丁丑三句　原無此三句。據章鈺校，十二行本、乙十一行本、孔天胤本皆有此三句，張敦仁《通鑑刊本識誤》、張瑛《通鑑校勘記》同，今據補。②以　「以」下原空一格。據章鈺校，十二行本、乙十一行本、孔天胤本皆無空格，今據刪。

**【語　譯】**昭宗聖穆景文孝皇帝下之上

天復三年（癸亥　西元九〇三年）

二月初一日壬申，昭宗下詔「近來在鳳翔府所任命的官員，全部罷免。」當時宦官都被殺死，只有河東監軍張承業、幽州監軍張居翰、清海監軍程匡柔、西川監軍魚全禋以及退休家居的嚴遵美，因為被李克用、劉仁恭、楊行密、王建藏匿起來，才得以保全性命，李克用等斬殺其他的囚犯來應付詔令。

二月初三日甲戌，門下侍郎・同平章事陸扆受責被貶為沂王李禋傅、分司。昭宗回到京城長安，賜給各道詔書，惟獨鳳翔李茂貞沒有。陸扆說：「李茂貞的罪過雖然很大，但朝廷還沒有和他斷絕關係，如今只有他沒有詔書，這顯示出朝廷的心胸不寬闊。」崔胤大怒，上奏昭宗將陸扆貶斥。宮人宋柔等十一個人都是韓全誨進獻入宮的，還有僧人、道士和宦官關係密切的二十多人，一起送交京兆尹用木杖打死。

昭宗對韓偓說：「崔胤雖然盡忠，但是與你相比，多用權術。」韓偓回答說：「凡是治理天下的人，全國耳目都注視著朝廷，怎麼可以用權術謀劃來欺騙他們呢！不如推心置腹直率相待，這樣雖然按日計算會感到不足，但按年來計算就有剩餘了。」

二月初五日丙子，工部侍郎・同平章事蘇檢，吏部侍郎盧光啓，一起被賜令自殺。初六日丁丑，中書侍郎、同平章事王溥被降為太子賓客、分司，這些人都是崔胤所厭惡的。

二月初七日戊寅，昭宗賜朱全忠名號為回天再造竭忠守正功臣，賜他的幕僚佐吏敬翔等人名號為迎鑾協贊功臣，將領朱友寧等人名號為迎鑾果毅功臣，都頭以下名號為四鎮靜難功臣。

昭宗商議表彰尊崇朱全忠，想要以皇子為諸道兵馬元帥，以朱全忠為副元帥。崔胤請求以輝王李祚為諸道兵馬元帥，昭宗說：「濮王李裕年長。」崔胤秉承朱全忠祕密的旨意，認為李祚年紀幼小對自己有利，堅持請求以李祚為元帥。二月初八日己卯，以李祚為諸道兵馬元帥。初九日庚辰，加朱全忠攝理太尉，充任副元帥，進爵為梁王。以崔胤為司徒兼侍中。

崔胤依仗朱全忠的權勢，獨攬朝政，為所欲為，昭宗的言行動靜都要稟報他。朝廷大臣跟隨昭宗去鳳翔的，被貶職和放逐到外地的一共有三十多人。刑罰、賞賜完全取決於他的喜好與憎惡，朝廷內外的官吏都懼怕他，重足而立，不敢邁動一步。

以敬翔守太府卿❶，朱友寧領寧遠❷節度使。全忠表符道昭同平章事，充天雄❸節度使，遣兵援送之❹秦州，不得至❺而還。

初，翰林學士承旨韓偓之登進士第也，御史大夫趙崇知貢舉❻，上返自鳳翔，欲用偓為相，偓薦崇及兵部侍郎王贊自代。上欲從之，崔胤惡其分己權，使朱全忠入爭之。全忠見上曰：「趙崇輕薄之魁❼，王贊無才用，韓偓何得妄薦為相！」上見全忠怒甚，不得已，癸未❽，貶偓濮州司馬。上密與偓泣別，偓曰：「是人❾非復❿前來之比，臣得遠貶及死乃幸耳，不忍見篡弒⓫之辱！」

己丑⑫，上令朱全忠與李茂貞書，取平原公主。茂貞不敢違，遽歸之。○壬辰⑬，以朱友裕為鎮國⑭節度使。

乙未⑮，全忠奏留步騎萬人於故兩軍⑯，以朱友倫為左軍宿衛都指揮使。又以汴將張廷範⑰為宮苑使，王殷為皇城使，蔣玄暉充街使⑱。於是全忠之黨布列徧於禁衛及京輔⑲。

戊戌⑳，全忠辭歸鎮㉑。留宴壽春殿㉒，又餞之於延喜樓㉓。上臨軒泣別，令於樓前上馬㉔。上又賜全忠詩，全忠亦和進㉕，又賜[1]楊柳枝辭㉖五首。百官班辭於長樂驛。崔胤獨送至霸橋㉗，自置餞席，夜二鼓，胤始還入城。上復召對，問以全忠安否。置酒奏樂，至四鼓乃罷。○以清海節度使裴樞為門下侍郎、同平章事，朱全忠薦之也[2]。

李克用使者還晉陽，言崔胤之橫，克用曰：「胤為人臣，外倚賊勢，內脅其君，既執朝政，又握兵權。權重則怨多，勢侔㉘則釁㉙生，破家亡國，在眼中矣！」

朱全忠將行，奏：「克用於臣，本無大嫌㉚，乞厚加寵澤㉛，遣大臣撫慰，俾㉜知臣意。」進奏吏㉝以白克用，克用笑曰：「賊欲有事淄青㉞，畏吾掎㉟其後耳！」

三月戊午㊱，朱全忠至大梁。王師範弟師魯圍齊州㊲，朱友寧引兵擊走之。師範遣兵益劉鄩軍，友寧擊取之。由是兗州援絕，葛從周引兵圍之。友寧進攻青州。戊辰㊳，全忠引四鎮㊴及魏博兵十萬繼之。

【章旨】以上為第二段，寫崔胤排斥韓偓。朱全忠返回大梁兵伐王師範。

【注釋】❶太府卿　官名，太府寺長官，員一人，從三品，掌庫藏財物出納。❷寧遠　方鎮名，乾寧四年（西元八九七年）升容管觀察使為寧遠軍節度使。當時容州為龐巨昭所據，朱友寧實際上是僅擁有名號。❸天雄　方鎮名，唐懿宗咸通五年（西元八六四年）升秦成兩州經略、天雄軍使為天雄軍節度、觀察、處置、營田、押蕃落等使。治所秦州。❹之　往。❺不得至　由於岐州兵塞道，故不能到達。❻知貢舉　官名，唐宋時特派主持進士考試之官。❼魁　首領。❽癸未　二月十二日。❾是人　指朱全忠。❿非復　已經不是。⓫篡弒　殺君奪位。⓬己丑　二月十八日。⓭壬辰　二月二十一日。⓮鎮國　方鎮名，光化元年（西元八九八年）以華州置鎮國軍節度，領華、同二州兼興德尹。⓯乙未　二月二十四日。⓰故兩軍　時左、右神策軍已散，而營署尚存。⓱張廷範　以優人為朱全忠所愛，後進金吾衛將軍、河南尹。傳見《新唐書》卷二百二十三下。⓲街使　左右街使的省稱。掌京城街道的治安、巡邏等事務。多由左右金吾衛武官充任，故亦稱金吾街使。⓳京輔　即京畿地區。唐代北門禁衛之兵，皆屯於宮苑；百司庶府及南衙諸衛，皆分居皇城之內；百官私第及坊市居民，皆分居朱雀街之左右街。現朱全忠全部以他的心腹為使，則京輔之權已全歸他手。⓴戊戌　二月二十七日。㉑歸鎮　辭歸大梁。㉒壽春殿　唐大明宮內殿名。㉓延喜樓　唐皇城東面二門：南曰景風門，北曰延喜門。延喜樓即延喜門樓。㉔樓前上馬　在延喜樓前上馬，以示恩寵。㉕和進　和詩以進。㉖楊柳枝辭　漢橫吹曲辭。本作〈折楊柳〉，至隋始為宮詞。白居易依舊曲翻為新歌。詩人繼和此曲，多為詠柳抒懷，七言四句。㉗霸橋　在長安（今陝西西安）東。漢朝人送客至此橋，折柳贈別。霸橋驛在長樂驛東三十里。㉘侔　相等。此指與朱全忠的勢力相當。㉙釁　縫隙，感情上的裂痕、爭端。㉚嫌　仇怨。㉛寵澤　恩寵；恩澤。㉜俾　使。㉝進奏吏　此為河東的進奏吏。㉞有事淄青　謂攻王師範。㉟掎　牽制。㊱戊午　三月十七日。㊲齊州　州名，治所歷城，在今山東濟南。在兗州北三百六十里。㊳戊辰　三月二十七日。㊴四鎮　朱全忠時為宣武、宣義、天平、護國四鎮節度使。

【校　記】①賜　原作「進」。據章鈺校，十二行本、乙十一行本皆作「賜」，今從改。②朱全忠薦之也　原無此六字。據章鈺校，十二行本、乙十一行本、孔天胤本皆有此六字，今據補。

【語　譯】任命敬翔攝理太府卿，朱友寧兼任寧遠節度使。朱全忠上表奏請以符道昭為同平章事，充任天雄節度使，派兵護送他去秦州上任，沒能到達而返回。

當初，翰林學士承旨韓偓考中進士時，御史大夫趙崇擔任主考官。昭宗從鳳翔返回長安，想任用韓偓為宰相，韓偓推薦趙崇和兵部侍郎王贊來代替自己。昭宗想聽從他的意見，崔胤憎恨他們分散自己的權力，讓朱全忠入朝爭辯這件事。朱全忠進見昭宗說：「趙崇是輕薄之徒的首領，王贊沒有才幹，韓偓怎麼能隨意推薦他們擔任宰相呢！」昭宗看到朱全忠非常憤怒，不得已，二月十二日癸未把韓偓貶為濮州司馬。昭宗祕密與韓偓揮淚告別，韓偓說：「朱全忠這個人不能與以前那些人相比。臣能被貶到遠地老死也算是幸運了，不忍心見到篡位弒君的恥辱！」

二月十八日己丑，昭宗命令朱全忠給李茂貞去信，要把平原公主接回來；李茂貞不敢違抗，趕快將平原公主送回。〇二十一日壬辰，任命朱友裕為鎮國節度使。

二月二十四日乙未，朱全忠上奏留下步兵、騎兵一萬人駐紮在原來神策左、右軍的營地衙署，派朱友倫擔任左軍宿衛都指揮使。又派汴州軍將領張廷範擔任宮苑使，王殷擔任皇城使，蔣玄暉充任街使。於是朱全忠的黨羽遍布宮廷禁衛和京輔地區。

二月二十七日戊戌，朱全忠向昭宗告辭返回大梁。昭宗留他在壽春殿設宴招待，又在延喜樓為他餞行。昭宗走到殿堂前的臺階與朱全忠揮淚告別，讓他在樓前上馬。昭宗又賜詩給朱全忠，朱全忠也和詩進獻給昭宗，另外又獻上〈楊柳枝辭〉五首。百官在長樂驛按班次列隊送別。崔胤獨自送到霸橋，自己置辦餞行的酒席，到深夜二更，崔胤才返回城中。昭宗又召見崔胤，詢問朱全忠是否平安。擺設酒宴，演奏音樂，直到四更時才結束。○任命清海節度使裴樞為門下侍郎、同平章事，是朱全忠推薦他的。

李克用的使者返回晉陽，講述崔胤專橫的情況。李克用說：「崔胤身為臣子，外面依靠賊寇的勢力，在內脅迫自己的君主；既執掌朝政，又握有軍權。權重就結怨多，勢力相當就會產生爭端。家破國亡，就在眼前了！」

朱全忠將要動身時，上奏說：「李克用和我，本來沒有多大的仇怨，懇請皇上對他厚加恩寵，派遣大臣去安撫慰問，使他知道臣的心意。」河東進奏吏把這情況報告李克用，李克用笑著說：「賊寇想要進攻淄青，怕我在後面牽制他罷了！」

三月十七日戊午，朱全忠到達大梁。王師範的弟弟王師魯圍攻齊州，朱友寧率軍擊退他。王師範派兵增援劉鄩的部隊，朱友寧擊敗這些援兵。因此兗州的外援被斷絕，葛從周率軍包圍兗州。朱友寧進兵攻打青州。二十七日戊辰，朱全忠統率四鎮及魏博的軍隊十萬人隨後開赴青州。

淮南將李神福圍鄂州，望城中積荻❶，謂監軍尹建峯曰：「今夕為公焚之。」建峯未之信。時杜洪求救於朱全忠，神福遣部將秦皋乘輕舟至灄口❷，舉火炬於樹杪❸。洪以為救兵至，果焚荻以應之。夏，四月己卯❹，以朱全忠判元帥府事❺。○知溫州事❻丁章為木工李彥所殺，其將張惠據溫州。

王師範求救於淮南。乙未❼，楊行密遣其將王茂章以步騎七千救之，又遣別將將兵數萬攻宿州。全忠遣其將康懷貞[1]救宿州，淮南兵遁去。

楊行密遣使詣馬殷，言朱全忠跋扈，請殷絕之，約為兄弟。湖南大將許德勳曰：「全忠雖無道，然挾❽天子以令諸侯，明公素奉王室，不可輕絕也。」殷從之。

杜洪求救於朱全忠，全忠遣其將韓勍將萬人屯灄口，遣使語荊南節度使成汭、武安節度使馬殷、武貞節度使雷彥威，令出兵救洪。汭畏全忠之彊，且欲侵江、淮之地以自廣❾，發舟師❿十萬，沿江東下。汭作巨艦，三年而成，制度⓫如府署，謂之「和州載⓬[2]」，其餘謂之「齊山⓭」、「截海⓮」、「劈浪⓯」之類甚眾。掌書記李珽⓰諫曰：「今每艦載甲士千人，稻米倍之，緩急不可動也。吳兵⓱剽輕⓲，難與角逐。武陵⓳、長沙⓴，皆吾讎也，豈得不為反顧之慮乎！不若遣驍將屯巴陵㉑，大軍與之對岸，堅壁勿戰，不過一月，吳兵食盡自遁，鄂圍解矣。」汭不聽。珽，憕㉒之五世孫也。

王建出兵攻秦、隴，乘李茂貞之弱也。遣判官韋莊㉓入貢㉔，亦修好於朱全忠。全忠遣押牙㉕王殷報聘㉖，建與之宴。殷言：「蜀甲兵誠多，但乏馬耳。」建作色㉗曰：「當道㉘江山險阻，騎兵無所施，然馬亦不乏，押牙少留，當共閱之。」乃集諸州馬，大閱於星宿山㉙，官馬八千，私馬四千，部隊甚整。殷歎服。

建本騎將㉚，故得蜀之後，於文、黎、維、茂㉛州市胡馬，十年之間，遂及茲數㉜。

五月丁未㉝，李克用雲州㉞都將王敬暉殺刺史劉再立，叛降劉仁恭。克用遣李嗣昭、李存審㉟將兵討之。仁恭遣將以兵五萬救敬暉，嗣昭退保樂安㊱，敬暉舉衆棄城而去。先是，振武㊲將契苾㊳讓逐戍將石善友，據城叛。嗣昭等進攻之，讓自燔死，復取振武城，殺吐谷渾㊴叛者二千餘人。克用怒嗣昭、存審失王敬暉，皆杖之，削其官。

成汭行未至鄂州，馬殷遣大將許德勳將舟師萬餘人，雷彥威遣其將歐陽思將舟師三千餘人會於荊江口㊵，乘虛襲江陵㊶。庚戌㊷，陷之，盡掠其人及貨財而去。將士㊸亡其家，皆無鬭志。

李神福聞其將至，自乘輕舟前覘㊹之，謂諸將曰：「彼戰艦雖多而不相屬㊺，易制也，當急擊之！」壬子㊻，神福遣其將秦裴、楊戎將衆數千逆擊汭於君山㊼，大破之，因風㊽縱火，焚其艦，士卒皆潰，汭赴水死，獲其戰艦二百艘。韓勍聞之，亦引兵去。

許德勳還過岳州，刺史鄧進忠開門具牛酒㊾犒軍，德勳諭以禍福㊿，進忠遂舉族遷于長沙。馬殷以德勳為岳州刺史，以進忠為衡州刺史。

【章旨】以上為第三段，寫朱全忠判元帥府事，天下兵權盡歸全忠。荊南節度使成汭為湖南馬殷所併。

【注釋】❶積荻　堆積荻草。❷灄口　在武口之上，對岸即夏浦。❸杪　樹梢。❹己卯　四月初九日。❺判元帥府事　因輝王幼弱，以朱全忠判元帥府事，則天下兵權盡歸朱全忠。❻知溫州事　丁章原為溫州將，去年逐刺史朱敖據溫州。因未有朝命為刺史，故稱知溫州事。❼乙未　四月二十五日。❽挾　挾制。❾自廣　自己擴大地盤。❿舟師　水軍。⓫制度　指船的大小、長短、規模。⓬和州載　取義為船的規模巨大，簡直像把荊州府衙載在船上一樣。⓭齊山　言船如山一樣高。⓮截海　言船如海一樣廣闊。⓯劈浪　言船行駛輕疾。⓰李珽　（？—西元九一三年）唐末舉進士，為監察御史。後由成汭、趙匡凝辟為掌書記。朱全忠即位，除考功員外郎、知制誥。傳見《舊五代史》卷二十四，並附見《新五代史》卷五十四〈李琪傳〉。⓱吳兵　楊行密時封吳王，故稱其兵為吳兵。⓲剽輕　剽悍輕疾。⓳武陵　郡名，朗州武陵郡。光化元年置武貞軍節度使，領澧、朗、溆三州。雷彥威時為武貞節度使，故以武陵指雷彥威。⓴長沙　指武安節度使馬殷。㉑巴陵　郡名，岳州巴陵郡，治所在今湖南岳陽。巴陵東北至鄂州三百五十里。㉒憕　李憕，并州文水（今山西文水縣）人，唐玄宗朝為京兆尹，死於安史之亂。㉓韋莊　（約西元八三六—九一〇年）字端己，長安杜陵（今陝西長安）人，乾寧進士，後仕蜀，官至吏部侍郎兼平章事，擅長詩詞，有《浣花集》。㉔入貢　入朝貢獻。㉕押牙　官名，即押衙，管領儀仗侍衛。由府主親信充任。㉖報聘　報答回訪。㉗作色　臉上變色。㉘當道　本道；本地。㉙星宿山　山名，在成都郊區。㉚騎將　王建當初在楊復光部下為騎將。㉛文黎維茂　皆州名。文州治所在今甘肅文縣南，黎州治所在今四川漢源北，維州治所在今四川理縣北，茂州治所在今四川茂縣。地近蕃、羌，可以互市得馬。㉜茲數　這個數。即一萬二千匹。㉝丁未　五月初七日。㉞雲州　州名，治所在今山西大同。㉟李存審　即符存審，李克用養以為子，改姓李。㊱樂安　地名，在蔚州界。退保樂安是畏燕兵之強。㊲振武　方鎮名，唐肅宗乾元元年（西元七五八年）置振武節度押蕃落使，領鎮北大都護府，麟、勝二州。治所在今內蒙古托克托。㊳契苾　古代民族名，敕勒諸部之一。後以部為姓。㊴吐谷渾　原為鮮卑的一支，西晉末首領吐谷渾率所部西遷今甘肅、青海間，後遂以吐谷渾為姓氏。自赫連鐸與李克用為敵，赫連鐸敗死，其部落終未肯心服，故屢叛。㊵荊江口　長江自四川東流入荊州界，謂之荊江。荊江口，即洞庭之水與長江之水會合處。㊶江陵　縣名，縣治在今湖北江陵。㊷庚戌　五月初十日。㊸將士　指成汭將士。㊹覘　偷偷地察看。㊺屬　連接。㊻壬子　五月十二日。㊼君山　山名，在洞庭湖中，時為四面臨水的小島，方圓六十里。㊽因風　趁著風勢。㊾具牛酒　備有牛和酒。古時饋問、宴犒、祭祀多用牛酒。㊿諭以禍福　以禍福利害關係說服之。

【校　記】①康懷貞　原作「康懷英」。胡三省注云：「『康懷英』當作『懷貞』，是時未改名也。」嚴衍《通鑑補》改作「康懷貞」，今據以校正。②和州載　原作「和舟載」。胡三省注云：「『舟』當作『州』。」據章鈺校，十二行本、乙十一行本皆作「和州載」，今從改。

【語　譯】淮南將領李神福圍攻鄂州，望見城中堆積著荻草，對監軍尹建峯說：「今天晚上為您把這些荻草燒掉。」尹建峯不信他的話。當時，杜洪向朱全忠求救，李神福派遣部將秦皋乘坐輕快的小船到灄口，在樹梢高舉起火把。杜洪以為救兵到了，果然焚燒荻草來響應他們。

夏，四月初九日己卯，任命朱全忠主持元帥府事務。〇知溫州事丁章被木工李彥殺死，他的部將張惠佔據了溫州。

王師範向淮南楊行密求救。四月二十五日乙未，楊行密派遣部將王茂章率領步兵、騎兵七千人前去救援，又派遣其他將領率領軍隊幾萬人進攻宿州。朱全忠派遣部將康懷貞救援宿州，淮南軍隊逃走。

楊行密派遣使者去見馬殷，述說朱全忠驕橫跋扈，請馬殷和朱全忠絕交，約定兩人結為兄弟。湖南大將許德勳說：「朱全忠雖然無道，但是他挾持天子以號令諸侯，明公一向尊奉王室，不可輕易與朱全忠絕交。」馬殷聽從他的意見。

杜洪向朱全忠求救，朱全忠派遣他的部將韓勍率領一萬人駐紮在灄口，派遣使者前去告訴荊南節度使成汭、武安節度使馬殷、武貞節度使雷彥威，讓他們出兵救援杜洪。成汭畏懼朱全忠的強大，並且想要侵佔江、淮的土地來擴充自己的地盤，便出動水軍十萬人，沿長江東下。成汭建造巨大的戰艦，花費三年時間建成，戰艦的規模樣式就好像把府第官署載在上面，稱為「和州載」，其餘稱為「齊山」、「截海」、「劈浪」之類的數量很多。掌書記李珽勸諫說：「現在每艘戰艦裝載士兵一千人，稻米的重量又多一倍，遇到緊急情況戰艦難以移動。楊行密的軍隊剽悍輕捷，很難和他們角逐。武陵雷彥威、長沙馬殷都是我們的仇敵，怎麼能不考慮後顧之憂呢！不如派遣驍勇的將領駐軍巴陵，大軍與他們隔岸相對，我們堅守營壘不出戰，不過一個月，楊行密的軍隊糧食吃光就會自己退走，鄂州的包圍就會解除了。」成汭不聽。李珽，是李憕的第五代孫子。

王建出兵進攻秦州、隴州，是乘著李茂貞勢力削弱的時候。王建派遣判官韋莊到長安進貢財物，也向朱全忠表示友好。朱全忠派遣押牙王殷到成都回訪，王建設宴招待他。王殷說：「蜀地的軍械與士兵確實很多，只是缺少馬匹而已。」王建變了臉色說：「蜀地道路險惡，山河阻隔，騎兵無法施展，然而馬匹並不缺乏。押牙稍許停留幾天，我當與你共同檢閱他們。」於是聚集各州的馬匹，在星宿山進行大規模檢閱，共計有官馬八千匹，私馬四千匹，部隊非常整齊。王殷讚歎佩服。王建本來是騎將，因此佔據蜀地以後，在文州、黎州、維州、茂州購買胡地出產的馬匹，十年時間，就達到這個數目。

五月初七日丁未，李克用屬下雲州都將王敬暉殺死刺史劉再立，叛變投降劉仁恭。李克用派遣李嗣昭、李存審率軍討伐他。劉仁恭派遣大將率領五萬名士兵去救援王敬暉。李嗣昭退守樂安，王敬暉率領部眾放棄雲州逃走。先前，振武軍將領契苾讓趕走駐守的將領石善友，據城叛變。李嗣昭等率軍進攻，契苾讓自焚而死，又奪回振武城，殺死叛亂的吐谷渾人二千多名。李克用惱怒李嗣昭、李存審沒有擒獲王敬暉，都處以杖刑，並削去他們的官職。

成汭率軍還沒有到達鄂州，馬殷派遣大將許德勳率領水軍一萬多人，雷彥威派遣部將歐陽思率領水軍三千多人在荊江口會合，乘虛襲擊江陵。五月初十日庚戌，他們攻陷江陵，把江陵的百姓和財物全部搶掠一空而去。成汭的將士家破人亡，都沒有了鬥志。

李神福得知成汭率領水軍將要到達，親自乘坐小船前去偵察，對各將領說：「他們的戰艦雖多，但相互之間沒有連接，容易制服，應當趕快攻擊他們！」五月十二日壬子，李神福派遣部將秦裴、楊戎率領幾千名士兵在洞庭湖君山迎擊成汭，大破他的水軍，乘著風勢放火焚燒成汭的戰艦，士兵都潰散逃跑，成汭投水自殺，繳獲成汭的戰艦二百艘。韓勍得知這一消息，也率兵退走。

許德勳返回途中經過岳州，刺史鄧進忠打開城門拿出牛酒慰勞軍隊，許德勳對他陳述禍福利害，鄧進忠於是帶領全族遷往長沙。馬殷以許德勳為岳州刺史，鄧進忠為衡州刺史。

雷彥威狡獪❶殘忍，有父❷風，常泛舟焚掠鄰境，荊、鄂之間，殆至無人。

○李茂貞畏朱全忠，自以官為尚書令，在全忠上❸，累表乞解去。詔復以茂貞為中書令。

崔胤奏：「左右龍武、羽林、神策等軍❹名存實亡，侍衛單寡。請每軍募步兵四將❺，每將二百五十人，騎兵一將百人，合六千六百人，選其壯健者，分番❻侍衛。」從之。令六軍諸衛副使、京兆尹鄭元規立格❼召募於市。

朱全忠表潁州❽刺史朱友恭為武寧❾節度使。

朱友寧攻博昌❿，月餘不拔。朱全忠怒，遣客將⓫劉捍⓬往督之。捍至，友寧驅民丁十餘萬，負木石，牽牛驢，詣城南築土山，既至[1]，并人畜木石排而築之⓭，冤號聲聞數十里。俄而⓮城陷，盡屠之。進拔臨淄⓯，抵青州⓰城下，遣別將攻登、萊⓱。

淮南將王茂章⓲會王師範弟萊州刺史師誨攻密州⓳，拔之，斬其刺史劉康乂⓴，以淮海都遊弈使㉑張訓為刺史。

六月乙亥㉒，汴兵拔登州。師範帥登、萊兵拒朱友寧於石樓㉓，為兩柵㉔。丙子㉕，夜，友寧擊登州柵，柵中告急，師範趣㉖茂章出戰，茂章按兵不動。友寧破登州柵，進攻萊州柵。比明，茂章度㉗其兵力已疲，乃與師範合兵出戰，大破之。友寧旁自峻阜㉘馳騎赴敵，馬仆㉙，青州將張土梟㉚斬之，傳首淮南。兩鎮兵㉛逐北㉜至米河，俘斬萬計，魏博之兵殆盡。

【章旨】以上為第四段，寫王師範與淮南將王茂章合兵大破汴兵，朱全忠將朱友寧戰死。

【注釋】❶狡獪　狡猾奸詐。❷父　指雷彥威之父雷滿。❸在全忠上　時朱全忠為守中書令，李茂貞為尚書令，官位在其上。❹左右龍武羽林神策等軍　此為崔胤所判六軍。❺將　軍隊編制單位。每將步兵為二百五十人，騎兵為一百人。❻分番　分批輪換值勤。❼格　唐代法有律、令、格、式之別。格是對律的補充和變通條例。❽潁州　州名，治所在今安徽阜陽。❾武寧　方鎮名，治所在今徐州。❿博昌　縣名，縣治在今山東博興，時屬青州。⓫客將　唐末藩鎮置客將，掌贊導賓客。⓬劉捍　（?—西元九〇九年）開封人，父為宣武軍大將。捍少為牙職，後為朱全忠的親軍指揮。傳見《舊五代史》卷二十、《新五代史》卷二十一。⓭并人畚木石排而築之　連人畚帶木石排擠在一起填土築山。⓮俄而　不久。⓯臨淄　縣名，縣治在今山東淄博東北。時屬青州。⓰青州　州名，治所益都，在今山東青州。⓱登萊　皆州名，登州治所在今山東蓬萊，萊州治所在今山東煙臺。⓲王茂章　（?—西元九一四年）廬州合肥（今安徽合肥）人，淮南名將。與楊行密之子楊渥有隙，行密死被楊渥所逐，投錢鏐，表為宣州節度使。歸梁為寧國軍節度使，因避梁太祖朱晃之祖朱茂琳諱，改名王景仁。傳見《舊五代史》卷二十三、《新五代史》卷二十三。⓳密州　州名，治所在今山東諸城。⓴劉康乂　朱全忠所置密州刺史。㉑都遊弈使　使職名，唐中期以後置，掌巡視營寨，督察防務等。㉒乙亥　六月初六日。㉓石樓　鎮名，在臨淄附近。㉔柵　柵壘。築柵欄與營牆，用作防禦。㉕丙子　六月初七日。㉖趣　催促。㉗度　考慮；思忖。㉘峻阜　高峻的山崗。㉙仆　跌倒。㉚梟　斬首懸於木上。㉛兩鎮兵　王師範以平盧之兵，王茂章以淮南之兵。㉜逐北　追趕敗兵。

【校 記】①至 原作「成」。據章鈺校，十二行本、乙十一行本皆作「至」，張敦仁《通鑑刊本識誤》同，今從改。

【語 譯】雷彥威狡猾殘忍，有他父親雷滿的遺風，常乘船去焚燒搶掠四鄰的地界。荊州、鄂州之間，幾乎到了沒有人煙的地步。〇李茂貞畏懼朱全忠，自己認為所擔任的尚書令位置在朱全忠之上，所以多次上表昭宗，要求解除這一職務。昭宗下詔又以李茂貞為中書令。

崔胤上奏說：「左右龍武、羽林、神策等軍，名存實亡，侍從護衛力量單薄。請求每軍招募步兵四將，每將二百五十人，騎兵一將一百人，總共有六千六百人，挑選其中健壯的人，分批輪換侍奉護衛。」昭宗同意他的建議。命令六軍諸衛副使、京兆尹鄭元規訂立標準在街市招募。

朱全忠上表奏請任命潁州刺史朱友恭為武寧節度使。

朱友寧進攻博昌，一個多月還沒有攻克。朱全忠大怒，派遣客將劉捍前往督戰。劉捍到達後，朱友寧驅趕民夫十多萬人，背著木頭石塊，牽著牛和驢，到博昌城南修築土山，到了之後，把民夫、牲畜、木頭、石塊排擠在一起填土夯實，喊冤號叫聲在幾十里外都聽得到。不久博昌城陷落，城中的百姓全部被殺死。又進兵攻取臨淄，直抵青州城下，派遣別將攻打登州、萊州。

淮南將領王茂章會合王師範的弟弟萊州刺史王師誨進攻密州，攻取了密州，斬殺刺史劉康乂，任命淮海都遊弈使張訓為刺史。

六月初六日乙亥，汴州軍攻取登州。王師範率領登州、萊州軍隊在石樓抵禦朱友寧，修築了兩道柵欄。初七日丙子夜晚，朱友寧攻打登州城外的柵欄，柵欄中告急，王師範催促王茂章出戰，王茂章按兵不動。朱友寧攻破登州柵欄，進攻萊州柵欄。天快亮時，王茂章估計朱友寧軍隊已經疲憊不堪，才與王師範合兵出戰，大破汴州軍。朱友寧從旁邊高峻的土山上騎馬奔馳殺敵，馬突然跌倒，青州將領張土把朱友寧斬殺，將首級傳送到淮南。王師範、王茂章的軍隊追殺敗退的敵軍一直到米河，俘虜和斬首的數以萬計，魏博軍隊幾乎喪失殆盡。

全忠聞友寧死，自將兵二十萬晝夜兼行赴之。秋，七月壬子❶，至臨朐❷，命諸將攻青州。王師範出戰，汴兵大破之。王茂章閉壘示怯，伺汴兵稍懈，毀柵而出，驅馳疾戰，戰酣退坐，召諸將飲酒，已而復戰。全忠登高望見之，問降者，知為茂章，歎曰：「使吾得此人為將，天下不足平也！」至晡❸，汴兵乃退。茂章度眾寡不敵，是夕，引軍還。全忠遣曹州刺史楊師厚追之，及於輔唐❹。茂章命先鋒指揮使李虔裕將五百騎為殿❺，虔裕殊死❻戰，師厚擒而殺之。師厚，潁州人也。

張訓聞茂章去，謂諸將曰：「汴人將至，何以禦之？」諸將請焚城大掠而歸。訓曰：「不可。」封府庫，植旗幟於城上，遣羸❼弱居前，自以精兵殿其後而去。全忠遣左踏白指揮使❽王檀❾攻密州，既至，望旗幟，數日乃敢入城。見府庫城邑皆完，遂不復追。訓全軍而還。全忠以檀為密州刺史。

【章旨】以上為第五段，寫朱全忠率二十萬大軍破王師範軍，淮南兵遁走。

【注釋】❶壬子　七月十四日。❷臨朐　縣名，縣治在今山東臨朐。唐屬青州，在州東南四十里。❸晡　申時，即午後三時至五時。❹輔唐　縣名，縣治在今山東安丘。時屬密州，在州西北一百二十里。❺殿　殿後；走在最後的軍隊。❻殊死　拚死。❼羸　瘦弱。❽踏白指揮使　官名，踏白軍的統領。掌搜索探路，防止敵軍設伏和察明敵情。是處於軍隊最前端的偵察部隊。❾王檀　（西元八六五—九一六年）字眾美，京兆人，少英悟，有韜略。隨朱全忠征戰，曾守密州刺史、邢州保義軍節度使，封瑯琊郡王。傳見《舊五代史》卷二十二、《新五代史》卷二十三。

**【語　譯】**朱全忠聽說朱友寧死了，親自率領軍隊二十萬人日夜兼程趕往救援。秋，七月十四日壬子，到達臨朐，命令諸將攻打青州。王師範率軍應戰，被汴州軍打得大敗。王茂章緊閉營壘，以表示懼怕，觀察到汴州軍稍顯懈怠時，就毀壞柵欄率軍出擊，縱馬馳騁，與敵軍激戰，戰到酣暢淋漓時又退回來坐下，召集諸將領飲酒，不久又衝出去奮戰。朱全忠登上高處望見這個情形，就問投降的人，知道是王茂章，感歎地說：「如果我能得到這個人做將領，天下就不夠我去平定了！」到黃昏時，汴州軍才退了回去。王茂章估計敵眾我寡，不能取勝，當天晚上，率軍返回淮南。朱全忠派遣曹州刺史楊師厚追擊他們，到輔唐追上淮南軍。王茂章命令先鋒指揮使李虔裕率領五百名騎兵殿後，李虔裕拚死作戰，楊師厚抓住李虔裕並把他殺死。楊師厚，是潁州人。

張訓得知王茂章已經離去，對諸將領說：「汴州軍將要到來，怎麼來防禦呢？」各將領請求焚燒城池，大肆掠奪後返回淮南。張訓說：「不可以。」於是封閉府庫，在城上樹起旗幟，讓老弱士兵先走，自己率領精兵殿後離去。朱全忠派遣左踏白指揮使王檀進攻密州，軍隊到達後，看到城上旗幟飄揚，幾天後才敢入城。王檀看到府庫、城邑全都完好無損，就不再追趕。張訓全軍返回淮南。朱全忠任命王檀為密州刺史。

丁卯❶，以山南西道留後王宗賀為節度使。

睦州❷刺史陳詢叛錢鏐，舉兵攻蘭溪❸，鏐遣指揮使方永珍擊之。武安都指揮使杜建徽與詢連姻❹，鏐疑之，建徽不言。會詢親吏來奔❺，得建徽與詢書，皆勸戒之辭，鏐乃悅。建徽從兄建思譖❻建徽私蓄兵仗，謀作亂；鏐使人索之，建徽方食，使者直入臥內，建徽不顧，鏐以是益親重之。

八月戊辰朔❼，朱全忠留齊州刺史楊師厚攻青州，身歸大梁❽。○庚辰❾，加西川節度使西平王王建守司徒，進爵蜀王❿。○前渝州刺史王宗本言於王建，請出兵取荊南。建從之，以宗本為開道都指揮使，將兵下峽⓫。

初，寧國節度使田頵破馮弘鐸⓬，詣廣陵謝楊行密，因求池、歙為巡屬⓭，行密不許。行密左右下及獄吏，皆求賂⓮於頵，頵怒曰：「吏知吾將下獄⓯邪！」及還，指廣陵南門曰：「吾不可復入此矣！」頵兵彊財富，好攻取。行密既定淮南，欲保境息民，每抑止之，頵不從。及解釋錢鏐⓰，頵尤恨之，陰有叛志。李神福言於行密曰：「頵必反，宜早圖之。」行密曰：「頵有大功⓱，反狀⓲未露，今殺之，諸將人人自危矣！」頵有良將曰康儒，與頵謀議多不合，行密知之，擢儒為廬州刺史⓳。頵以儒為貳⓴於己，族之。儒曰：「吾死，田公亡無日矣！」頵遂與潤州團練使安仁義同舉兵，仁義悉焚東塘戰艦㉑。

頵遣二使詐為商人，詣壽州約奉國節度使朱延壽，行密將尚公迺㉒遇之，曰：「非商人也。」殺一人，得其書，以告行密。行密召李神福於鄂州，神福恐杜洪邀之，宣言奉命攻荊南，勒兵具舟楫。及暮，遂沿江東下，始告將士以討田頵。

己丑㉓，安仁義襲常州，常州刺史李遇逆戰，極口㉔罵仁義，仁義曰：「彼敢辱我，必有備。」乃引去。壬辰㉕，行密以王茂章為潤州行營招討使，擊仁義，不克，使徐溫將兵會之。溫易其衣服旗幟，皆如茂章兵，仁義不知益兵，復出戰，溫奮擊，破之。

行密夫人，朱延壽之姊也。行密狎侮㉖延壽，延壽怨怒，陰與田頵通謀。頵遣前進士杜荀鶴㉗至壽州，與延壽相結。又遣至大梁告朱全忠，全忠大喜，遣兵屯宿州以應之。荀鶴，池州人也。

楊師厚屯臨朐，聲言將之密州，留輜重於臨朐。九月癸卯㉘，王師範出兵攻臨朐，師厚伏兵奮擊，大破之，殺萬餘人，獲師範弟師克。明日，萊州兵五千救青州，師厚邀擊之，殺獲殆盡，遂徙寨抵其城下。

朱延壽謀頗泄，楊行密詐為目疾㉙，對延壽使者多錯亂所見㉚，或觸柱仆地㉛。謂夫人曰：「吾不幸失明，諸子皆幼，軍府事當悉以授三舅㉜。」夫人屢以書報延壽，行密又自遣召之，陰令徐溫為之備。延壽至廣陵，行密迎及寢門㉝，執而殺之。部兵驚擾，徐溫諭之，皆聽命㉞，遂斬延壽兄弟，黜朱夫人。

初，延壽赴召，其妻王氏謂曰：「君此行吉凶未可知，願日發一使㉟以安我！」

一日，使不至，王氏曰：「事可知矣！」部分㊱僮僕，授兵㊲闔門㊳，捕騎至，乃集家人，聚寶貨，發百燎㊴焚府舍，曰：「妾誓不以皎然之軀㊵為讎人所辱。」赴火而死。

延壽用法㊶嚴，好以寡擊眾，嘗遣二百人與汴兵戰，有一人應留者，請行，延壽以違命，立斬之。

【章　旨】以上為第六段，寫田頵反叛楊行密，朱延壽與之通謀被誅。王建進爵蜀王。

【注　釋】❶丁卯　七月二十九日。❷睦州　州名，治所在今浙江建德東。❸蘭溪　縣名，縣治在今浙江蘭溪市。在睦州西北五十五里。❹連姻　兒女親家。❺來奔　陳詢背叛錢鏐，其親吏不願反叛，故來投奔錢鏐。❻譖　誣陷。❼戊辰朔　八月初一日。❽身歸大梁　朱全忠因朱友寧之死，憤怨之下發兵企圖一舉攻下青州，但因王師範兵力較強，一時難以攻下，故使楊師厚圍守之，而自己回汴梁。❾庚辰　八月十三日。❿進爵蜀王　由西平王進封蜀王，是由郡王進至國王。⓫峽　三峽。⓬破馮弘鐸　事見上卷天復二年。⓭求池歙為巡屬　池州治所在今安徽貴池區，歙州治所在今安徽歙縣。唐置宣、歙、池觀察使，二州本由宣州統屬，田頵因有功而求之。⓮求賂　因破馮弘鐸多得寶貨，故向其索賄。⓯吏知吾將下獄　因獄吏也索賄，故有此語。⓰解釋錢鏐　解除對錢鏐的包圍。天復二年（西元九〇二年），楊行密遣將田頵急攻錢鏐，包圍了杭州，至此，田頵被召回。⓱大功　田頵從楊行密起廬州，破趙鍠、孫儒及馮弘鐸，皆有大功。⓲反狀　反叛的行跡。⓳擢儒為廬州刺史　楊行密提拔康儒，意在離間康儒和田頵的關係。擢，提升。⓴貳　有二心。㉑仁義悉焚東塘戰艦　淮南戰艦多聚於揚州東塘，對岸即潤州界，故安仁義得焚之。㉒尚公迺　原為馮弘鐸牙將，天復二年歸楊行密。㉓己丑　八月二十二日。㉔極口　竭盡全力。㉕壬辰　八月二十五日。㉖狎侮　輕蔑戲弄。㉗杜荀鶴　（西元八四六－九〇七年）字彥之，自號九華山人，池州人，大順二年進士。依附朱全忠，官至翰林學士知制誥，有詩名，兼工書法。傳見《舊五代史》卷二十四。㉘癸卯　九月初六日。㉙目疾　眼病。㉚錯亂所見　眼力錯亂，看不清物品。㉛觸柱仆地　撞在柱子上而摔倒。仆地，摔倒在地上。㉜三舅　即朱延壽。㉝寢門 臥室之門。㉞皆聽命 都服從命令。㉟日發一使 每天派一使者。王氏認為延壽此行凶多吉少，故有此請。㊱部分 部署。㊲兵 武器。㊳闔門 全家。㊴百燎 上百支火炬。㊵皎然之軀 清白的身體。㊶用法 執法。

【語譯】七月二十九日丁卯，任命山南西道留後王宗賀為節度使。

睦州刺史陳詢背叛錢鏐，率軍進攻蘭溪，錢鏐派遣指揮使方永珍攻擊陳詢。武安都指揮使杜建徽與陳詢是姻親，錢鏐懷疑他，杜建徽也不辯解。正好陳詢的親信屬吏來投奔錢鏐，得到杜建徽寫給陳詢的書信，裡面都是勸諫告誡的話，錢鏐這才高興。杜建徽堂兄杜建思誣陷杜建徽私自貯藏兵器，陰謀叛亂。錢鏐派人前去搜查，杜建徽正在吃飯，使者直接進入他的臥室內，杜建徽沒有看他一眼，錢鏐因此更加親近重用杜建徽。

八月初一日戊辰，朱全忠留下齊州刺史楊師厚攻打青州，自己返回大梁。○十三日庚辰，加西川節度使、西平王王建攝理司徒，進爵為蜀王。○前渝州刺史王宗本向王建進言，請出兵攻取荊南。王建聽從他的建議，任命王宗本為開道都指揮使，率軍下赴三峽。

當初，寧國節度使田頵攻破馮弘鐸，前往廣陵向楊行密表示感謝，乘機請求把池州、歙州劃為自己統屬的地盤，楊行密沒有同意。楊行密左右的親信，下至獄吏，都向田頵索要賄賂，田頵發怒說：「難道這些獄吏知道我將被關進監獄嗎！」在回去時，指著廣陵城的南門說：「我不可再進入此城了！」田頵兵力強盛，財物充足，喜好攻打掠奪。楊行密平定淮南以後，想要保境安民，經常壓抑阻止他，田頵不聽。到楊行密解除對錢鏐的包圍，田頵就更加痛恨楊行密，暗中已有叛變的想法。李神福對楊行密說：「田頵必反，應當早一點處置他。」楊行密說：「田頵有大功，他謀反的形跡還沒有顯露，現在殺他，諸將領會人人自危了！」田頵有一個良將叫康儒，與田頵商議事情意見經常不相符合，楊行密得知這情況後，提升康儒為廬州刺史。田頵認為康儒對自己有二心，就殺滅他的全族。康儒說：「我死了，田公你滅亡的日子也沒有幾天了！」田頵於是和潤州團練使安仁義一同起兵，安仁義縱火焚燒楊行密在揚州東塘的全部戰艦。

田頵派遣兩名使者扮作商人，到壽州與奉國節度使朱延壽聯絡。楊行密的部將尚公迺遇到他們，說：「你們不是商人。」殺死其中一人，搜到書信，把情況向楊行密報告。楊行密從鄂州召回李神福，李神福擔心杜洪攔截他，揚言奉命進攻荊南，部署士兵準備舟船。到黃昏時，就沿江東下，這才告訴將士們是去討伐田頵。

八月二十二日己丑，安仁義襲擊常州，常州刺史李遇迎戰，破口大罵安仁義。安仁義說：「李遇敢辱罵我，必定是有了防備。」於是就率軍離去。二十五日壬辰，楊行密任命王茂章為潤州行營招討使，去進攻安仁義，未能取勝，又派徐溫率軍與王茂章會合。徐溫改換軍隊的衣服旗幟，都像王茂章的部眾。安仁義不知道對方已經增兵，再次出戰。徐溫奮力猛擊，大破安仁義。

楊行密的夫人，是朱延壽的姐姐。楊行密輕蔑戲弄朱延壽，朱延壽很怨恨，很生氣，暗中和田頵串通謀反。田頵派遣前進士杜荀鶴到壽州去，與朱延壽相交結。又派遣杜荀鶴到大梁告知朱全忠。朱全忠大喜，派遣軍隊屯駐宿州以接應他們。杜荀鶴，是池州人。

楊師厚駐軍臨朐，揚言即將前往密州，把輜重留在臨朐。九月初六日癸卯，王師範出兵進攻臨朐。楊師厚埋伏士兵奮擊，大敗王師範，殺死一萬多人，俘獲王師範的弟弟王師克。第二天，萊州軍隊五千人救援青州，楊師厚半路進行截擊，幾乎把他們全部斬殺俘獲，於是遷徙營寨直抵青州城下。

朱延壽的陰謀逐漸洩露出來，楊行密假裝患上眼病，接見朱延壽使者時看東西多所錯亂，有時撞到柱子跌倒。楊行密對夫人朱氏說：「我不幸失明，孩子們年紀都小，軍府中的事務應當都委託三舅朱延壽管理。」朱氏多次寫信告知朱延壽，楊行密又親自派遣使者召喚朱延壽，暗中命令徐溫做好準備工作。朱延壽到達廣陵，楊行密迎到寢室門口，把朱延壽抓起來殺死了，朱延壽部下的兵士驚慌騷動，徐溫曉諭他們，全都聽從命令。於是斬殺朱延壽的兄弟，廢黜了夫人朱氏。

起初，朱延壽應召前往廣陵時，他的妻子王氏對他說：「您這次去廣陵吉凶難以預知，希望每天派一個使者來，讓我心安！」有一天，使者沒有到來，王氏說：「情況可以知曉了！」於是部署家僮僕役，分發兵器給全家。逮捕他們的騎兵一到，她就召集家人，聚攏珍寶財物，點燃上百支火炬焚燒府舍，說：「我發誓不讓自己清白的身體被仇人侮辱。」自己跳到火裡被燒死。

朱延壽執法嚴厲，喜好以少擊多，曾經派遣二百人與汴州軍作戰，有一個人應當留下來，卻請求前去殺敵，朱延壽以他違抗命令，立即把他斬殺。

田頵襲昇州❶，得李神福妻子，善遇之。神福自鄂州東下，頵遣使謂之曰：「公見機❷，與公分地而王；不然，妻子無遺！」神福曰：「吾以卒伍❸事吳王❹，今為上將，義不以妻子易其志❺。頵有老母，不顧而反，三綱❻且不知，烏足與言乎❼！」斬使者而進，士卒皆感勵❽。頵遣其將王壇❾[1]、汪建將水軍逆戰。丁未❿，神福至吉陽磯⓫，與壇、建遇，壇、建執其子承鼎示之，神福命左右射之。神福謂諸將曰：「彼眾我寡，當以奇取勝。」及暮，合戰，神福陽⓬[2]敗，引舟泝⓭流而上；壇、建追之，神福復還，順流擊之，壇、建樓船大列火炬⓮，神福令軍中曰：「望火炬輒擊之。」壇、建軍皆滅火，旗幟交雜，神福因風縱火，焚其艦，壇、建大敗，士卒焚溺死者甚眾；戊申⓯，又戰于皖口⓰，壇、建僅以身免。獲徐綰，行密以檻車⓱載之，遺錢鏐；鏐剖其心以祭高渭⓲。

頵聞壇、建敗，自將水軍逆戰⓳。神福曰：「賊棄城而來，此天亡也！」臨江堅壁不戰，遣使告行密，請發步兵斷其歸路；行密遣漣水制置使臺濛將兵應之。王茂章攻潤州，久未下，行密命茂章引兵會濛擊頵。

辛亥⑳，汴將劉重霸拔棣州㉑，執刺史邵播㉒，殺之。○甲寅㉓，朱全忠如洛陽，遇疾，復還大梁。

戊午㉔，王師範遣副使李嗣業及弟師悅請降於楊師厚，曰：「師範非敢背德，韓全誨、李茂貞以朱書御札使之舉兵，師範不敢違。」仍請以其弟師魯為質。時朱全忠聞李茂貞、楊崇本㉕將起兵逼京畿，恐其復劫天子西去，欲迎車駕都洛陽，乃受師範降，選諸將使守登、萊、淄、棣等州，即以師範權淄青留後。師範仍言先遣行軍司馬劉鄩將兵五千據兗州，非其自專，願釋其罪，亦遣使語鄩。

田頵聞臺濛將至，自將步騎逆戰，留其將郭行悰以精兵二萬及王壇、汪建水軍屯蕪湖㉖，以拒李神福。覘者言：「濛營寨褊小，纔容二千人。」頵易㉗之，不召外兵。濛入頵境，番陳而進㉘，軍中笑其怯，濛曰：「頵宿將㉙多謀，不可不備。」冬，十月戊辰㉚，與頵遇於廣德㉛，濛先以楊行密書徧賜頵將，皆下馬拜受。濛因其挫伏㉜，縱兵擊之，頵兵遂敗。又戰于黃池㉝，兵交，濛偽走；頵追之，遇伏，大敗，奔還宣州城守，濛引兵圍之。頵亟召蕪湖兵還，不得入。郭行悰、王壇、汪建及當塗㉞、廣德諸戍皆帥其眾降。行密以臺濛已破田頵，命王茂章復引兵攻潤州。

【章　旨】以上為第七段，寫田頵連戰皆敗，王師範兵敗降朱全忠，並以其弟為質。

【注　釋】❶田頵襲昇州　天復二年，田頵克昇州，楊行密以李神福為昇州刺史。時楊行密遣李神福攻鄂，故田頵乘虛襲之。❷見機　認清形勢，把握時機。❸卒伍　士兵。❹吳王　楊行密。❺義不以妻子易其志　田頵以殺害李神福妻子相威脅，李神福重與楊行密之義，不以妻子為念。易其志，改變志向。❻三綱　君為臣綱，父為子綱，夫為妻綱。❼烏足與言乎　此言田頵上有老母，輕易舉兵，必然禍及老母，對楊行密為不忠不義，對老母為不孝，不足與言。烏，疑問助詞。❽感勵　感動激勵。❾王壇　光化二年（西元八九九年），田頵將康儒取婺州，王壇歸田頵。❿丁未　九月初十日。⓫吉陽磯　在今安徽東至縣東流鎮江濱。⓬陽　通「佯」。假裝。⓭泝　同「溯」。逆著水流而上。⓮大列火炬　排列很多火炬。船列火炬，自己不能望遠，卻使敵方洞見表裡，故李神福集中兵力攻擊。⓯戊申　九月十一日。⓰皖口　鎮名，舒州懷寧縣有皖口鎮，當皖水入長江之口，在今安徽安慶西。⓱檻車　囚車。⓲高渭　湖州刺史高彥之子。天復二年，徐綰謀殺錢鏐未遂，縱兵焚掠杭州外城，高彥聞變，派高渭入援，被徐綰殺於靈隱山。⓳逆戰　迎戰。⓴辛亥　九月十四日。㉑棣州　州名，治所在今山東惠民東南。㉒邵播　原朱全忠所署棣州刺史。朱全忠滅朱瑄，已得棣州，委任邵播為刺史。邵播又以州叛附王師範。至是，殺之。㉓甲寅　九月十七日。㉔戊午　九月二十一日。㉕楊崇本　（？—西元九一一年）幼為李茂貞假子，名李繼徽。光化中茂貞表為邠州節度使。天復元年（西元九〇一年）降朱全忠。後以朱全忠姦其妻而復與李茂貞聯合反朱全忠。最後被其子楊彥魯毒死。傳見《舊五代史》卷十三、《新五代史》卷四十。㉖蕪湖　縣名，縣治在今安徽蕪湖。時屬宣州。㉗易　輕視。㉘番陳而進　分兵為數部，更番列陣，整兵而後進，以應付突然接戰。番陳，即番陣。㉙宿將　老將。㉚戊辰　十月初二日。㉛廣德　縣名，在宣州東一百八十里，縣治在今安徽廣德。㉜挫伏　士氣摧折。㉝黃池　鎮名，在今安徽當塗東南八十里。㉞當塗　縣名，縣治在今安徽當塗。

【校　記】[1]王壇　據章鈺校，十二行本、乙十一行本皆作「王檀」。按，《新唐書》卷一百五十〈田頵傳〉載「頵將王壇等以舟師躡神福後」，本卷下文亦皆作「壇」。[2]陽　原作「佯」。據章鈺校，十二行本、乙十一行本皆作「陽」，今從改。

【語　譯】田頵襲擊昇州，俘獲李神福的妻子兒女，對待她們很好。李神福從鄂州東下，田頵派人對他說：「您能見機行事，我與您分地稱王；不然的話，您的妻子兒女都不能活命！」李神福說：「我以士兵身分奉事吳王，今天做了上將，從道義上講不能因妻子兒女改變自己的志向。你田頵有老母，毫不顧念而反叛，連三綱尚且不知道，怎麼值得與你說呢！」斬殺田頵的使者率軍前進，士兵都因感動而受到激勵。田頵派遣他的部將王壇、汪建率領水軍迎戰。九月初十日丁未，李神福到達吉陽磯，與王壇、汪建相遇。王壇、汪建捆綁他的兒子李承鼎給他看，李神福命令左右的人向他們射箭。李神福對諸將領說：「敵眾我寡，應該出奇兵來取勝。」到了傍晚，兩軍會戰，李神福假裝戰敗，率領戰船逆流向上逃走。王壇、汪建追趕，李神福又調轉船頭，順流而下進行攻擊。王壇、汪建的樓船排列著很多火炬，李神福命令軍中士兵說：「看到火炬就攻擊他們。」王壇、汪建的兵士都紛紛熄滅了火炬，旗幟交錯雜亂，李神福順著風勢放火，焚燒他們的戰船，王壇、汪建大敗，士兵被燒死淹死的很多。十一日戊申，又在皖口交戰，王壇、汪建僅僅能免於一死。李神福俘獲徐綰，楊行密用囚車押著徐綰，把他送給錢鏐。錢鏐挖出徐綰的心，用來祭奠高渭。

田頵得知王壇、汪建戰敗，親自率領水軍迎戰。李神福說：「賊寇拋棄守城前來，這是上天要讓他滅亡啊！」李神福臨江堅守營壘不出戰，派遣使者報告楊行密，請求出動步兵斷絕他的歸路。楊行密派遣漣水制置使臺濛率軍接應李神福。王茂章進攻潤州，很久沒有攻克，楊行密命令王茂章率軍會合臺濛一同攻擊田頵。

九月十四日辛亥，汴州將領劉重霸攻取棣州，捉住刺史邵播，殺死了他。〇十七日甲寅，朱全忠到達洛陽，患病，又返回大梁。

九月二十一日戊午，王師範派遣副使李嗣業及弟弟王師悅向楊師厚請求投降，說：「我不敢違背恩德，韓全誨、李茂貞用皇上朱筆撰寫的御札命令我起兵，我不敢違抗。」還請求用他的弟弟王師魯作為人質。這時朱全忠得知李茂貞、楊崇本將要起兵進逼京畿地區，恐怕他們再次劫持昭宗西去鳳翔，想要迎接昭宗建都洛陽，於是接受王師範的投降，選用諸將領防守登、萊、淄、棣等州，就以王師範暫時代理淄青留後。王師範還說明先前派遣行軍司馬劉鄩率兵五千人佔據兗州，並非他的擅自行動，希望朱全忠能寬免他的罪責，又派使者去告知劉鄩。

田頵聽說臺濛即將到達，親自率領步兵、騎兵迎戰，留下他的部將郭行悰率精兵二萬人以及王壇、汪建的水軍駐守蕪湖，用以抵禦李神福。偵察敵情的人報告說：「臺濛的營寨狹小，才能容納二千人。」田頵輕視臺濛，沒有召集外地的軍隊。臺濛進入田頵的地界，把軍隊分成幾部，輪流列陣前進。軍中有人嘲笑他怯懦，臺濛說：「田頵是老將多謀，不能不加以防備。」冬，十月初二日戊辰，臺濛與田頵在廣德相遇。臺濛先把楊行密的書信遍賜田頵部下諸將，將領們都下馬行禮接受。臺濛乘著田頵部下將士的士氣受到挫折，縱兵攻擊，田頵的軍隊於是戰敗。雙方又在黃池交戰，軍隊一交鋒，臺濛假裝逃走。田頵率軍追擊，遇到埋伏，大敗，逃回宣州閉城防守。臺濛率兵包圍宣州，田頵趕緊召回駐守蕪湖的軍隊，但不能入城。郭行悰、王壇、汪建以及當塗、廣德各地戍守的將領都率眾投降。楊行密因臺濛已經擊敗田頵，命令王茂章再率軍進攻潤州。

初，夔州刺史侯矩從成汭救鄂州，汭死，矩奔還，會王宗本兵至。甲戌❶[1]，矩以州降之，宗本遂定夔、忠、萬、施❷四州。王建復以矩為夔州刺史，更其姓名曰王宗矩。宗矩，易州❸人也。蜀之議者，以瞿唐❹，蜀之險要，乃棄歸、峽❺，屯軍夔州。

建以宗本為武泰❻留後，武泰軍舊治黔州❼，宗本以其地多瘴癘❽，請徙治涪州❾，建許之。

葛從周急攻兗州，劉鄩使從周母乘板輿❿登城，謂從周曰：「劉將軍事我不巽於汝，新婦⑪輩皆安居，人各為其主，汝可察之。」從周歔欷⑫而退，攻城為之緩。鄩悉簡⑬婦人及民之老疾不足當敵者出之，獨與少壯者同辛苦，分衣食，堅守以扞敵⑭，號令整肅，兵不為暴，民皆安堵⑮。久之，外援既絕，節度副使王彥溫踰城出降，城上卒多從之，不可遏。鄩遣人從容語彥溫曰：「軍士非素遣者⑯，勿多與之俱。」又遣人徇⑰於城上曰：「軍士非素遣從副使而敢擅往者，族之！」士卒皆惶惑不敢出。敵人果疑彥溫，斬之城下，由是眾心益固。及王師範力屈⑱，從周以禍福諭之，鄩曰：「受王公命守此城，一旦見王公失勢，不俟其命而降，非所以事上也。」及師範使者⑲至，丁丑⑳，始出降。

從周為具齎裝㉑，送鄩詣大梁。鄩曰：「降將未受梁王寬釋之命，安敢乘馬衣裘㉒乎！」乃素服㉓乘驢㉔至大梁。全忠賜之冠帶，辭；請囚服入見，不許。全忠慰勞，飲之酒，辭以量小。全忠曰：「取兗州，量何大邪㉕！」以為元從都押牙㉖。是時四鎮將吏皆功臣㉗、舊人㉘，鄩一日以降將居其上，諸將具軍禮拜於廷，鄩坐受自如，全忠益奇之㉙。未幾，表為保大㉚留後。

【章　旨】以上為第八段，寫劉鄩智討膽略超群，使朱全忠折服，雖身為囚虜被拔擢為保大留後。

【注　釋】❶甲戌　十月初八日。❷夔忠萬施　皆州名，四州在今三峽地區。夔州治所在今重慶市奉節，忠州治所在今重慶市忠縣，萬州治所在今重慶市萬州，施州治所在今湖北恩施。夔、忠、萬原為荊南統屬，施州原為黔中統屬。❸易州　州名，治所在今河北易縣。❹瞿唐　即瞿唐峽，在夔州東一里，為長江三峽之首，兩岸對峙，中貫一江。地當全蜀江路之口，為軍事上攻守必爭之地。❺歸峽　皆州名，歸州治所在今湖北秭歸，峽州治所在今湖北宜昌。❻武泰　方鎮名，大順元年（西元八九〇年）賜黔州觀察使號武泰軍節度。❼黔州　州名，治所在今重慶市彭水苗族土家族自治縣。❽瘴癘　山林溫溼地帶溼熱蒸發能使人致病的瘴氣及由其引發的惡性瘧疾等傳染病。❾涪州　州名，治所在今重慶市涪陵。❿板輿　古時老人的一種代步工具。一般由兩個人來抬。⓫新婦　葛從周之妻。⓬歔欷　哀歎抽泣聲。劉鄩用兵，十步九計。自得兗州，善待葛從周之家眷，行此策以伐葛從周之心。⓭簡　挑選。⓮扞敵　抵禦敵人。⓯安堵　相安；安居。⓰軍士非素遣者　此句意謂士兵不是一直由王彥溫遣使的。⓱徇　向眾宣示。⓲力屈　力量衰竭。⓳使者　王師範所遣通知劉鄩投降的人。⓴丁丑　十月十一日。㉑齎裝　攜帶的行裝。㉒衣裘　穿皮衣。㉓素服　白色衣服，此為囚服。㉔乘驢　渠帥（魁首）被俘，載以驢。㉕量何大邪　上言劉鄩酒量小，此言劉鄩膽量大，當時王師範派出眾多將領，獨劉鄩奪取兗州。朱全忠此言既是取笑，又是誇獎。㉖元從都押牙　武官名。㉗功臣　朱全忠迎車駕於鳳翔，諸將皆賜迎鑾果毅功臣。㉘舊人　跟隨朱全忠最久者。㉙益奇之　越發感到驚奇。劉鄩是一降將，一下子提拔為元從都押牙，是為四鎮衙前重要的職位。而劉鄩受之自如，是自知其才足以當之。㉚保大　方鎮名，唐僖宗中和二年（西元八八二年），渭北節度賜號保大軍節度。治所鄜州，在今陝西富縣。

【校　記】①甲戌　原無此二字。據章鈺校，十二行本、乙十一行本、孔天胤本皆有此二字，張瑛《通鑑校勘記》同，今據補。

【語　譯】當初，夔州刺史侯矩跟隨成汭救援鄂州，成汭戰敗身死後，侯矩逃回夔州，正趕上王宗本軍隊到達。十月初八日甲戌，侯矩獻出夔州投降，王宗本於是平定夔、忠、萬、施四州。王建又任命侯矩為夔州刺史，把他的姓名改為王宗矩。王宗矩，是易州人。蜀地論議的人，認為瞿唐峽是蜀地險峻的要衝，於是放棄歸、峽兩州，駐紮軍隊在夔州。

王建以王宗本為武泰留後。武泰軍舊的治所在黔州，王宗本因為當地潮溼，多瘴氣瘟疫，請求將治所遷徙到涪州，王建同意他的請求。

葛從周猛攻兗州，劉鄩讓葛從周的母親乘坐板輿登上城牆，對葛從周說：「劉將軍侍奉我和你沒有什麼不同，你的妻子也都生活安樂，各人都為自己的主人效力，你要明白這個道理。」葛從周抽泣著歎氣而退，攻城因此緩和下來。劉鄩挑選婦人及年老有病不能抗敵的百姓，讓他們全都出去，只與年輕力壯的人同甘共苦，分享衣服食物，堅守城池來抵禦敵軍，他的號令整齊嚴肅，士兵不做殘暴的事，百姓都能安居樂業。時間長了，外面的援助已然斷絕，節度副使王彥溫翻越城牆出去投降，城上的士兵很多跟隨他前去，難以阻止。劉鄩派人從容地告訴王彥溫說：「士兵不是一向由你指揮的，不要多帶出去。」又派人在城上巡行宣示，說：「士兵不是一向跟隨節度副使而膽敢擅自前往的，殺死他的全族！」士兵都惶惑恐懼，不敢出城。敵人果然懷疑王彥溫，在城下把他斬殺；因此士兵防守的意志越發堅定。等到王師範兵力衰竭，葛從周用禍福得失來曉諭他，劉鄩說：「我接受王公的命令守衛此城，一旦看到王公失去權勢，不等待他的命令就投降，這不是侍奉尊長的態度。」直至王師範的使者到達，十月十一日丁丑，他才出城投降。

葛從周為劉鄩備辦行裝，送他前往大梁。劉鄩說：「降將沒有得到梁王寬宥釋放的命令，怎麼敢騎馬，身穿裘衣呢！」於是穿著素色的衣服，騎著驢到達大梁。朱全忠賞賜給他衣冠腰帶，劉鄩推辭不受，請求穿囚服進見，朱全忠不允許。朱全忠慰勞劉鄩，讓他喝酒，他以酒量小來推辭。朱全忠說：「你攻取兗州，膽量多麼大啊！」以他為元從都押牙。當時四鎮的將領、官吏都是功臣和故舊，劉鄩一下子以降將的身分位居他們之上，諸將領在廷中行軍禮拜見他，劉鄩坐著接受拜見，神態自如，朱全忠越發賞識他。不久，就上表奏請以他為保大留後。

葛從周久病，全忠以康懷貞[1]為泰寧節度使代之。○辛巳❶[2]，宿衛都指揮使朱友倫與客擊毬❷於左軍，墜馬而卒。全忠悲怒，疑崔胤故為之，凡與同戲者十餘人盡殺之，遣其兄子友諒❸代典宿衛❹。

山南東道節度使趙匡凝遣兵襲荊南，朗人棄城走❺，匡凝表其弟匡明為荊南留後。時天子微弱，諸道財[3]賦多不上供❻，惟匡明兄弟委輸❼不絕。

楊行密求兵於錢鏐，鏐遣方永珍屯潤州，從弟鎰屯宣州❽。又遣指揮使楊習攻睦州❾。○鳳翔、邠州❿屢出兵近京畿，朱全忠疑其復有劫遷⓫之謀，十一月，發騎兵屯河中。

十二月乙亥⓬[4]，田頵帥死士數百出戰，臺濛陽退以示弱。頵兵踰濠而鬭，濛急擊之。頵不勝，還走城，橋陷墜馬，斬之。其眾猶戰，以頵首示之，乃潰，濛遂克宣州。

初，行密與頵同閭里⓭，少相善，約為兄弟，及頵首至廣陵，行密視之泣下。赦其母殷氏，行密與諸子皆以子孫禮⓮事之。

行密以李神福為寧國節度使。神福以杜洪未平，固讓不拜。宣州長史合肥[5]駱知祥⓯善治金穀⓰，觀察牙推⓱沈文昌為文⓲精敏，嘗為頵草檄⓳罵行密，行密以知祥為淮南支計官⓴，文昌為節度牙推。文昌，湖州人也。

初，頵每戰不勝，輒欲殺錢傳瓘㉑，其母及宣州都虞侯郭師從常保護之。師從，合肥人，頵之婦弟也。頵敗，傳瓘歸杭州，錢鏐以師從為鎮東㉒都虞候。

【章旨】以上為第九段，寫山南東道節度使趙匡凝襲取荊南，表其弟趙匡明為荊南留後。田頵敗歿。

【注釋】❶辛巳　十月十五日。❷擊毬　一種對抗性遊戲，類似於近代馬球。❸友諒　朱全忠兄朱全昱之子朱友諒（？—西元九二三年），初封衡王，後嗣廣王，多行不法。傳見《舊五代史》卷十二、《新五代史》卷十三。❹代典宿衛　代朱友倫領宿衛軍。❺朗人棄城走　朗州人，指雷彥威之兵。雷彥威時為武貞節度使。成汭既死，荊南無帥，朗人遂入荊州城守之，趙匡凝來襲，朗人棄城逃走。❻上供　唐代地方上交朝廷的賦稅。《新唐書・食貨志》：「分天下之賦以為三：一曰上供，二曰送使（節度使），三日留州。」❼委輸　運送。以物置於舟車上叫委，運轉他處交卸叫輸。❽鏐遣方永珍屯潤州二句　錢鏐遣方永珍屯潤州是助攻安仁義，遣錢鎰屯宣州是助攻田頵。錢鎰是錢鏐的堂弟。❾攻睦州　陳詢時據睦州，背錢鏐而結田頵，故攻之。❿鳳翔邠州　指李茂貞和楊崇本。⓫劫遷　劫昭宗西遷。⓬乙亥　十二月初九日。⓭閭里　鄉里。⓮子孫禮　楊行密以諸子禮事殷氏，其子以諸孫禮事殷氏。⓯駱知祥　合肥人。初事田頵，後歸楊行密。頗受重用，掌財賦，後曾掌選舉。吳建國後，任中書侍郎。⓰金穀　錢與米，指財務。⓱觀察牙推　官名，唐制，節度觀察牙推在巡官之下，是幕府重要職位。⓲為文　寫作文章。⓳草檄　起草檄文。⓴支計官　官名，節度使下之支度判官。㉑錢傳瓘　錢鏐之子，在田頵處為人質。㉒鎮東　方鎮名，即浙江東道，治所越州，在今浙江紹興。

【校記】[1]康懷貞　原作「康懷英」。胡三省注云：「『懷英』當作『懷貞』。」今據嚴衍《通鑑補》改作「康懷貞」。[2]辛巳　原無此二字。據章鈺校，十二行本、乙十一行本、孔天胤本皆有此二字，張敦仁《通鑑刊本識誤》同，今據補。[3]財　原作「貢」。據章鈺校，十二行本、乙十一行本皆作「財」，今從改。[4]十二月乙亥　原作「十一月乙亥」。嚴衍《通鑑補》改作「十二月乙卯」。按，查陳垣《二十史朔閏表》，唐昭宗天復三年十二月有「乙亥」，十一月有「乙卯」，且十二月丁卯朔，無乙卯日，疑嚴衍作「十二月乙卯」誤。據《十國春秋》卷一〈吳一〉載「十一月乙亥，田頵帥死士數百出戰」，故知「乙亥」是，「十一月」誤，今據以校正。[5]合肥　原無此二字。據章鈺校，十二行本、乙十一行本、孔天胤本皆有此二字，張敦仁《通鑑刊本識誤》、張瑛《通鑑校勘記》同，今據補。

【語　譯】葛從周長期患病，朱全忠任命康懷貞為泰寧節度使來代替他。〇十月十五日辛巳，宿衛都指揮使朱友倫與賓客在左軍玩擊毬遊戲，掉下馬來摔死。朱全忠又悲痛又生氣，懷疑是崔胤故意安排的。凡是與朱友倫一起遊戲的十多個人都被殺死。朱全忠派遣自己哥哥的兒子朱友諒代為掌管皇宮中的值宿警衛。

山南東道節度使趙匡凝派兵襲擊荊南，雷彥威的朗州軍隊棄城逃走，趙匡凝上表奏請任命他的弟弟趙匡明為荊南留後。當時昭宗勢力微弱，各道的賦稅大多不向朝廷上供，只有趙匡明兄弟一直運送，從未間斷。

楊行密向錢鏐請求派兵支援，錢鏐派遣方永珍駐軍潤州，堂弟錢鎰駐軍宣州。又派遣指揮使楊習進攻睦州。〇鳳翔的李茂貞、邠州的楊崇本多次出兵逼近京畿地區，朱全忠懷疑他們又有劫持昭宗的陰謀。十一月，出動騎兵駐紮到河中。

十二月初九日乙亥，田頵率領敢死隊幾百人出戰，臺濛假裝敗退以示勢弱。田頵的軍隊越過濠溝作戰，臺濛急速反擊。田頵未能取勝，轉身向宣州城退去，橋樑坍塌，田頵落馬，被斬首。田頵的部眾還在戰鬥，直到臺濛拿出田頵的首級來示眾，才潰散逃亡，臺濛於是攻克宣州。

當初，楊行密和田頵同鄉里，從小很要好，相約結為兄弟。等到田頵的首級送到廣陵，楊行密看了不禁感傷落淚。楊行密赦免田頵的母親殷氏，並與自己的兒子以兒孫的禮節來侍奉她。

楊行密任命李神福為寧國節度使。李神福因為杜洪尚未平定，堅決推辭不肯接受。宣州長史合肥駱知祥善於管理錢財糧穀，觀察牙推沈文昌寫文章精妙快捷，曾經為田頵起草檄文辱罵楊行密。楊行密以駱知祥為淮南支計官，沈文昌為節度牙推。沈文昌，是湖州人。

起初，田頵每次作戰都不能取勝，就想要殺死錢傳瓘，田頵的母親和宣州都虞候郭師從經常保護錢傳瓘。郭師從是合肥人，田頵的妻弟。田頵敗亡後，錢傳瓘返回杭州，錢鏐以郭師從為鎮東都虞候。

辛巳❶，以禮部尚書獨孤損為兵部侍郎、同平章事。損，及❷之從曾孫也。

中書侍郎兼戶部尚書、同平章事裴贄罷為左僕射。

左僕射致仕張濬居長水，王師範之舉兵，濬豫其謀。朱全忠將謀篡奪，恐濬扇動藩鎮，諷❸張全義使圖之。丙申❹，全義遣牙將楊麟將兵詐為劫盜，圍其墅❺而殺之。永寧❻縣吏葉彥素為濬所厚，知麟將至，密告濬子格❼曰：「相公禍不可免，郎君宜自為謀。」濬謂格曰：「汝留則俱死，去則遺種。」格哭拜而去，葉彥帥義士三十人送之渡漢❽而還，格遂自荊南入蜀。

盧龍節度使劉仁恭習知契丹情偽❾，常選將練兵，乘秋深入，踰摘星嶺❿擊之，契丹畏之。每霜降，仁恭輒遣人焚塞下野草⓫，契丹馬多飢死，常以良馬賂仁恭買牧地。契丹王邪律[1]阿保機⓬遣其妻兄述律[2]阿缽將萬騎寇渝關⓭，仁恭遣其子守光戍平州⓮，守光偽與之和，設幄⓯犒饗於城外，酒酣，伏兵執之以入。虜眾大哭，契丹以重賂請於仁恭，然後歸之。

初，崔胤假朱全忠兵力以誅宦官，全忠既破李茂貞，併吞關中，威震天下，遂有篡奪之志。胤懼，與全忠外雖親厚，私心漸異，乃謂全忠曰：「長安密邇茂貞，不可不為守禦之備。六軍十二衛⓰，但有空名，請召募以實之⓱，使公無西顧之憂。」全忠知其意，曲從⓲之，陰使麾下壯士應募以察其變。胤不之知，與鄭元規等繕⑲治兵仗，日夜不息。及朱友倫死⑳，全忠益疑胤，且欲遷天子都洛，恐胤立異㉑。

【章旨】以上為第十段，寫張濬、崔胤心繫唐王室，朱全忠誅殺張濬，猜疑崔胤。

【注釋】❶辛巳　十二月十五日。❷及　獨孤及，河南人，天寶末年與李華、蕭穎士等齊名，善為文。事見本書卷二百二十三代宗永泰元年。❸諷　用含蓄的話示意。❹丙申　十二月三十日。❺墅　張濬在長水休養的園林房屋。❻永寧　縣名，縣治在今河南洛寧。❼格　即張格（?—西元九二六年），字承之，宰相張濬之子。朱全忠加害張濬，格更換姓名流轉入蜀。後王建稱帝，格為宰相。傳見《舊五代史》卷七十一。❽漢　漢水。❾情偽　真假虛實。❿摘星嶺　山嶺名，當在平州境內。⓫焚塞下野草　塞下，泛指邊關關口之外。北方降溫較早，至秋，草先枯死。而近塞地區氣溫尚高，草未盡衰。契丹每年秋天到塞下放牧。劉仁恭盡焚野草，契丹的馬匹多餓死。⓬邪律阿保機　（西元八七二—九二六年）即遼太祖，遼王朝的建立者。姓邪律氏，漢名億。西元九〇七—九二六年在位，西元九一六年稱帝。傳見《舊五代史》卷一百三十七、《新五代史》卷七十二、《遼史》卷一。⓭渝關　即榆關，今山海關。⓮平州　州名，治所在今河北盧龍。⓯幄　帳篷。⓰六軍十二衛　禁軍。⓱實之　充實禁軍。⓲曲從　委曲己意而從之。⓳繕　修治。⓴朱友倫死　十月，朱友倫擊毬墜馬身亡。㉑立異　提出不同意見以阻撓遷都洛陽。

【校記】①邪律　原無此二字。據章鈺校，十二行本、乙十一行本皆有此二字，今據補。②述律　原無此二字。據章鈺校，十二行本、乙十一行本皆有此二字，張瑛《通鑑校勘記》同，今據補。按，孔天胤本「述律」在「阿」字下。

【語譯】十二月十五日辛巳，任命禮部尚書獨孤損為兵部侍郎、同平章事。獨孤損，是獨孤及的從曾孫。中書侍郎兼戶部尚書、同平章事裴贄被罷免，擔任左僕射。

以左僕射退休的張濬住在長水縣，王師範舉兵攻打朱全忠時，張濬參與謀劃。朱全忠將要謀劃篡奪帝位，恐怕張濬煽動藩鎮反對，就示意張全義設法除掉他。十二月三十日丙申，張全義派遣牙將楊麟率兵偽裝成搶劫的強盜，包圍張濬的住宅，殺死了張濬。永寧縣吏葉彥一向受到張濬的厚待，知道楊麟就要到來，祕密告訴張濬的兒子張格說：「相公的災禍不可避免，你應當自己謀求生路。」張濬對張格說：「你留下就要一起死，你逃走還能留下子孫後代。」張格哭著拜辭而去。葉彥率領義士三十人護送他渡過漢水才返回，張格於是從荊南進入蜀地。

盧龍節度使劉仁恭熟悉契丹的情況虛實，常常挑選將領訓練士兵，乘著秋季深入敵境，翻越摘星嶺去攻擊契丹人，契丹十分懼怕他。每年霜降時，劉仁恭就派人焚燒邊塞的野草，致使契丹的馬匹餓死很多，經常用好馬賄賂劉仁恭來買牧地。契丹王邪律阿保機派遣他的妻兄述律阿鉢率領一萬名騎兵入侵渝關，劉仁恭派兒子劉守光守衛平州。劉守光假裝與阿鉢和好，在城外設置帳篷犒勞款待他，酒喝到暢快時，埋伏的士兵把阿鉢抓進城裡。契丹部眾大聲痛哭，契丹人用貴重的財物來賄賂，向劉仁恭求情，這才把阿鉢放回去。

當初，崔胤借助朱全忠的兵力來誅殺宦官。朱全忠打敗李茂貞後，併吞關中，聲威震動天下，於是有了篡奪皇位的想法。崔胤感到害怕，與朱全忠表面上雖然親近和好，內心裡漸漸背離，於是對朱全忠說：「長安城緊挨著李茂貞，不能不做防守的準備。朝廷的六軍十二衛，只有空名，請招募士兵來充實它，使您沒有西顧的憂慮。」朱全忠知道崔胤的意圖，表面上順從他，暗中讓屬下壯士去應募，打入內部來觀察崔胤的變化。崔胤沒有察覺，與鄭元規等人修繕整治兵器，白天黑夜不休息。等到朱友倫摔死，朱全忠更加懷疑崔胤，並且想遷徙昭宗到洛陽建都，擔心崔胤提出不同的意見。

## 天祐元年（甲子　西元九〇四年）

春，正月，全忠密表❶司徒兼侍中、判六軍十二衛事、充鹽鐵轉運使、判度支崔胤專權亂國，離間君臣，并其黨刑部尚書兼京兆尹・六軍諸衛副使鄭元規、威遠軍❷使陳班等，皆請誅之。乙巳❸，詔責授胤太子少傅❹、分司，貶元規循州❺司戶，班溱州❻[1]司戶。丙午❼，下詔罪狀胤等。以裴樞判左三軍❽事、充鹽鐵轉運使，獨孤損判右三軍❾事、兼判度支。胤所募兵並縱遣之。以兵部尚書崔遠為中書侍郎，翰林學士、左拾遺柳璨❿為右諫議大夫，並同平章事。璨，公綽⓫之從孫也。戊申⓬，朱全忠密令宿衛都指揮使朱友諒以兵圍崔胤第，殺胤及鄭元規、陳班并胤所親厚者數人。

初，上在華州⓭，朱全忠屢表請上遷都洛陽，上雖不許，全忠常令東都留守佑國[2]節度使張全義繕修宮室。

全忠之克邠州也，質⓮靜難軍節度使楊崇本妻子於河中。崇本妻美，全忠私焉⓯，既而歸之⓰。崇本怒，使謂李茂貞曰：「唐室將滅，父⓱何忍坐視之乎！」遂相與連兵侵逼京畿，復姓名為李繼徽。

己酉⓲，全忠引兵屯河中。丁巳⓳，上御延喜樓，朱全忠遣牙將寇彥卿⓴奉表，稱邠、岐兵逼畿甸，請上遷都洛陽。及下樓，裴樞已得全忠移書，促百官東行㉑。戊午㉒，驅徙士民，號哭滿路，罵曰：「賊臣崔胤召朱溫㉓來傾覆社稷，使我曹流離至此！」老幼繈屬㉔，月餘不絕。

壬戌㉕，車駕發長安，全忠以其將張廷範為御營使㉖，毀長安宮室百司㉗及民間廬舍，取其材，浮渭沿河㉘而下，長安自是③遂丘墟㉙矣。

【章　旨】以上為第十一段，寫朱全忠密表崔胤專權亂國，離間君臣，請併其黨皆誅之。崔胤死，朱全忠又以李茂貞進逼京師為名，迫使昭宗遷都洛陽，毀長安宮室及百官府衙、民舍，長安成廢墟。

【注　釋】❶密表　祕密上表。❷威遠軍　神策五十四都之一。❸乙巳　正月初九日。❹太子少傅　官名，東宮六傅之一，位在太子少師之下，太子少保之上。唐代僅為加官。❺循州　州名，治所在今廣東惠州東。❻溱州　州名，治所在今重慶市綦江區東南。❼丙午　正月初十日。❽左三軍　左龍武軍、左神武軍、左神策軍。❾右三軍　右龍武軍、右神武軍、右神策軍。❿柳璨　（？—西元九〇五年）河東人，少孤貧好學，光化中登進士第，升遷甚快，數年而至宰相。依附朱全忠，參與誅殺朝廷大臣。後為朱全忠所殺。傳見《舊唐書》卷一百七十九、《新唐書》卷二百二十三下。⓫公綽　柳公綽，歷仕唐憲宗、穆宗、敬宗三朝，任御史大夫、京兆尹、山南東道節度使等職，性謹重，循禮法。柳公權之兄。傳見《舊唐書》卷一百六十五、《新唐書》卷一百六十三。⓬戊申　正月十二日。⓭上在華州　乾寧三年、四年，昭宗在華州。事見本書卷二百六十、二百六十一。⓮質　作為人質。⓯私焉　與楊崇本妻子私通。⓰歸之　遣楊崇本之妻回歸邠州。⓱父　李茂貞養崇本為子，更姓名李繼徽，故以父稱之。⓲己酉　正月十三日。⓳丁巳　正月二十一日。⓴寇彥卿　（西元八六一—九一八年）字俊臣，大梁人，初為朱全忠元帥府押牙，入梁為華州刺史、右金吾衛上將軍。傳見《舊五代史》卷二十、《新五代史》卷二十一。㉑促百官東行　時裴樞為宰相，且為朱全忠所薦，故使之催促百官。㉒戊午　正月二十二日。㉓崔胤召朱溫　謂天復元年崔胤召朱全忠誅宦官。㉔繈屬　連續不斷。繈，穿錢的繩索。老幼相隨而東，若繈穿錢，相屬不絕。㉕壬戌　正月二十六日。㉖御營使　官名，天子東遷，扈衛兵士為御營，置此官掌御營一切事務。㉗百司　朝廷大臣、王公以下百官的總稱。㉘浮渭沿河　從渭水漂浮沿黃河而運往洛陽。㉙丘墟　廢墟；荒地。

【校　記】①溱州　原作「湊州」。嚴衍《通鑑補》改作「溱州」，今據以校正。②佑國　原作「佑國軍」。據章鈺校，十二行本、乙十一行本皆無「軍」字，今據刪。③自是　原作「自此」。據章鈺校，十二行本、乙十一行本皆作「自是」，今從改。

【語　譯】天祐元年（甲子　西元九〇四年）

春，正月，朱全忠祕密上表給昭宗說，司徒兼侍中、判六軍十二衛事、充鹽鐵轉運使、判度支事崔胤專擅大權，擾亂國家，離間君臣，連同他的黨羽刑部尚書兼京兆尹．六軍諸衛副使鄭元規、威遠軍使陳班等人，請求將他們全部誅殺。初九日乙巳，昭宗下詔責罰崔胤改任太子少傅、分司，貶鄭元規為循州司戶，陳班為溱州司戶。初十日丙午，下詔公布崔胤等人的罪狀。任命裴樞判左三軍事、充鹽鐵轉運使，獨孤損判右三軍事、兼判度支事。崔胤所招募的士兵全部遣散回家。任命兵部尚書崔遠為中書侍郎，翰林學士、左拾遺柳璨為右諫議大夫，都任同平章事。柳璨，是柳公綽的從孫。十二日戊申，朱全忠祕密命令宿衛都指揮使朱友諒率軍包圍崔胤的住宅，殺死崔胤及鄭元規、陳班和崔胤的親信數人。

當初，昭宗在華州時，朱全忠多次上表請昭宗遷都洛陽，昭宗雖然沒有同意，朱全忠卻經常命令東都留守佑國節度使張全義修繕皇宮殿堂屋舍。

朱全忠攻克邠州時，把靜難軍節度使楊崇本的妻子作為人質留在河中。楊崇本的妻子容貌美麗，朱全忠和她私通，不久又把她還給楊崇本。楊崇本大怒，派遣使者對李茂貞說：「唐朝皇室將要滅亡，義父您怎麼能忍心坐視不管呢！」於是與李茂貞聯合出兵侵逼京畿地區，恢復姓名為李繼徽。

正月十三日己酉，朱全忠率軍駐紮河中。二十一日丁巳，昭宗親臨延喜樓，朱全忠派遣牙將寇彥卿捧著奏表，說是邠州、岐州的軍隊已經逼近京畿地區，請求昭宗遷都洛陽。等到昭宗下樓，裴樞已經得到朱全忠的公文書信，催促文武百官東去洛陽。二十二日戊午，被驅趕遷徙的士民們，號哭滿路，大罵道：「賊臣崔胤召喚朱溫來傾覆社稷，使得我們顛沛流離到這種地步！」老幼相屬不絕，一個多月還沒有走完。

正月二十六日壬戌，昭宗從長安出發，朱全忠任命他的部將張廷範為御營使，拆毀長安的宮室、百官和民間的房舍，取出木材，拋入渭水中順著黃河漂浮而下。長安自此成為一片廢墟。

全忠發河南、北諸鎮丁匠❶數萬，令張全義治東都宮室，江、浙、湖、嶺❷諸鎮附全忠者，皆輸貨財以助之。

甲子❸，車駕至華州，民夾道呼萬歲，上泣謂曰：「勿呼萬歲，朕不復為汝主矣！」館於興德宮❹，謂侍臣曰：「鄙語❺云：『紇干山頭凍殺雀❻，何不飛去生處樂。』朕今漂泊，不知竟落何所！」因泣下霑襟，左右莫能仰視。

二月乙亥❼，車駕至陝❽，以東都宮室未成，駐留於陝。○丙子❾，全忠自河中來朝，上延❿全忠入寢室見何后，后泣曰：「自今大家⓫夫婦委身⓬全忠矣！」○甲申⓭，立皇子禎為端王，祈為豐王，福為和王，禧為登王，祐為嘉王。

上遣間使⓮以御札告難于王建，建以邛州刺史王宗祐為北路行營指揮使，將兵會鳳翔兵迎車駕，至興平，遇汴兵，不得進而還。建始自用墨制⓯除官，云：「俟車駕還長安表聞⓰。」

三月丁未⓱，以朱全忠兼判左、右神策及六軍諸衛事⓲。癸丑⓳，全忠置酒私第⓴，邀上㉑臨幸。乙卯㉒，全忠辭上，先赴洛陽督修宮室。上與之宴羣臣，既罷，上獨留全忠及忠武節度使韓建飲，皇后出，自捧玉卮㉓以飲全忠，晉國夫人可證附上耳語㉔。建躡㉕全忠足，全忠以為圖己，不飲，陽醉而出。全忠奏以長安為佑國軍㉖，以韓建為佑國節度使，以鄭州刺史劉知俊為匡國節度使。

丁巳㉗，上復遣間使以絹詔㉘告急於王建、楊行密、李克用等，令糾帥藩鎮以圖匡復，曰：「朕至洛陽，則為所幽閉㉙，詔敕皆出其手，朕意不復得通矣！」

【章　旨】以上為第十二段，寫洛陽宮未成，唐昭宗暫駐蹕於陝，手詔四方諸鎮勤王。

【注　釋】❶丁匠　在官府服役的工匠。❷江浙湖嶺　江指鄂岳杜洪、洪州鍾傳，浙指錢鏐，湖指潭州馬殷、澧州雷彥威，嶺指廣州劉隱。此時皆依附於朱全忠。❸甲子　正月二十八日。❹興德宮　光化元年（西元八九八年），昭宗自華州還長安，以華州為興德府，以所居府署為興德宮。❺鄙語　俗語。❻紇干山頭凍殺雀　紇干山上終年積雪，鳥雀往往凍死，故有此俗語。紇干山，山名，又名紇真山、采涼山。采涼積雪在明清時曾被列為雲中八景之一。在今山西大同東。❼乙亥　二月初十日。❽陝　陝州，治所在今河南三門峽市。❾丙子　二月十一日。❿延　引進。⓫大家　后妃對皇帝的稱呼。⓬委身　託身。⓭甲申　二月十九日。⓮間使　走間道的密使。⓯墨制　即墨敕、墨詔。原本為皇帝直接發出不經外廷的親筆手令。後演變為權臣或藩鎮得到皇帝授權甚至假造授權自行任命官吏的方式。⓰表聞　上奏皇帝。⓱丁未　三月十二日。⓲兼判左右神策及六軍諸衛事　崔胤既誅，朱全忠專總禁衛，安置了自己的人在昭宗左右。⓳癸丑　三月十八日。⓴私第　朱全忠在陝州的住所。㉑邀上　邀請昭宗。朱全忠以臣召君。㉒乙卯　三月二十日。㉓玉巵　玉製的酒杯。㉔附上耳語　附在昭宗耳邊私語。㉕躡　踩。㉖佑國軍　光啟三年（西元八八七年），置佑國軍節度於洛陽。現遷都洛陽，故徙佑國軍於長安。㉗丁巳　三月二十二日。㉘絹詔　以白絹寫詔書。㉙幽閉　囚禁。

【語　譯】朱全忠徵發河南、河北各鎮的工匠幾萬人，命令張全義修建東都的宮室。江、浙、湖、嶺各鎮依附朱全忠的，都運送錢物予以協助。

正月二十八日甲子，昭宗到達華州，老百姓夾道高呼萬歲，昭宗流著眼淚對他們說：「不要高呼萬歲，朕不再是你們的君主啦！」昭宗住在興德宮，對侍臣說：「俗語道：『紇干山頭凍死雀兒，為何不飛到能活的地方去快樂。』朕今日漂泊，不知道究竟落腳到什麼地方！」說著淚下，溼了衣襟，左右的人哭泣不能仰視。

二月初十日乙亥，昭宗到達陝州，由於東都洛陽的宮室尚未建成，就停留在陝州。〇十一日丙子，朱全忠從河中來朝見昭宗，昭宗請朱全忠進入寢室見何皇后，何皇后哭著說：「從今以後我們夫婦都託付給全忠了！」〇十九日甲申，立皇子李禎為端王，李祈為豐王，李福為和王，李禧為登王，李祐為嘉王。

昭宗祕密派遣使者拿著親筆書信向王建告知危難。王建以邛州刺史王宗祐為北路行營指揮使，率軍會同鳳翔李茂貞的部隊來迎接昭宗，到達興平，遇到朱全忠的汴州軍，不能前進，退了回去。王建開始自己使用墨制任命官吏，說是「等皇上返回長安再上表報告。」

三月十二日丁未，任命朱全忠兼管左、右神策及六軍諸衛的事務。十八日癸丑，朱全忠在私人府第擺設酒宴，邀請昭宗赴宴。二十日乙卯，朱全忠辭別昭宗，先去洛陽監督修建宮室。昭宗和他一起宴請群臣。宴會散後，昭宗單獨留下朱全忠和忠武節度使韓建飲酒，何皇后出來，親自捧著玉杯給朱全忠敬酒，晉國夫人可證在昭宗耳邊小聲講話。韓建踩朱全忠的腳示意，朱全忠以為在圖謀自己，不肯喝酒，假裝喝醉出去了。朱全忠奏請將長安改為佑國軍，任命韓建為佑國節度使，任命鄭州刺史劉知俊為匡國節度使。

三月二十二日丁巳，昭宗又派遣密使用絹寫的詔書向王建、楊行密、李克用等告急，命令他們集合各藩鎮來圖謀匡復，說：「朕到達洛陽，就會被朱全忠幽禁起來，詔書敕令都出自朱全忠之手，朕的意願再也不能通達了！」

楊行密遣錢傳瑓及其婦并顧全武歸錢塘[1]。〇以淮南行軍司馬李神福為鄂岳招討使，復將兵擊杜洪[2]，朱全忠遣使詣行密，請捨鄂岳，復修舊好。行密報曰[3]：

「俟天子還長安，然後罷兵修好。」

夏，四月辛巳❹，朱全忠奏洛陽宮室已成，請車駕早發，表章相繼。上屢遣宮人諭以皇后新產，未任❺就[1]路，請俟十月東行。全忠疑上徘徊❻俟變，怒甚，謂牙將寇彥卿曰：「汝速至陝，即日促官家❼發來！」閏月丁酉❽，車駕發陝。壬寅❾，全忠逆於新安❿。上之在陝也，司天監⓫奏：「星氣⓬有變，期在今秋，不利東行。」故上欲以十月幸洛。至是，全忠令醫官許昭遠告醫官使閻祐之、司天監王墀、內都知韋周、晉國夫人可證等謀害元帥⓭，悉收殺之。

癸卯⓮，上憩⓯於穀水⓰。自崔胤之死，六軍散亡俱盡，所餘擊毬供奉⓱、內園⓲小兒共二百餘人，從上而東。全忠猶忌之，為設食於幄，盡縊殺⓳之。豫選⓴二百餘人大小相類者，衣㉑其衣服，代之侍衛。上初不覺，累日乃寤㉒。自是上之左右職掌使令皆全忠之人矣。

甲辰㉓，車駕發穀水，入宮，御正殿㉔，受朝賀。乙巳㉕，御光政門㉖，赦天下，改元㉗。更命陝州曰興唐府。詔討李茂貞、楊崇本。

戊申㉘，敕內諸司惟留宣徽等九使㉙外，餘皆停廢，仍不以內夫人充使㉚。以蔣玄暉為宣徽南院使㉛兼樞密使，王殷為宣徽北院使兼皇城使，張廷範為金吾將軍、充街使，以韋震為河南尹兼六軍諸衛副使，又徵武寧留後朱友恭為左龍武統軍㉜，保大節度使氏叔琮為右龍武統軍，典宿衛，皆全忠之腹心也。

癸丑㉝，以張全義為天平㉞節度使。○乙卯㉟，以全忠為護國、宣武、宣義、忠武四鎮㊱節度使。○鎮海、鎮東節度使越王錢鏐求封吳越王。朝廷不許。朱全忠為之言於執政，乃更封吳王。○更命魏博曰天雄軍㊲。癸亥，進天雄節度使長沙郡王羅紹威爵鄴王。

【章旨】以上為第十三段，寫唐昭宗入洛陽，大赦天下，改元天祐。左右親近遭屠戮，宿衛侍奉之人皆朱全忠心腹。

【注釋】❶錢傳璙及其婦句　錢傳璙在楊行密處為人質，事見上卷天復二年。此時赴錢塘。錢塘，縣名，杭州治所。❷擊杜洪　時田頵已平，故復遣李神福擊杜洪。❸行密報曰　楊行密之心在於擴大地盤，朱全忠之心在於篡奪皇位。此時朱全忠無力救杜洪，故要求復修舊好；而楊行密假借護衛天子名義而答覆之。報，答覆。❹辛巳　四月十六日。❺任　承受。❻徘徊　猶豫觀望以待諸道勤王之師。❼官家　對皇帝的稱呼。❽丁酉　閏四月初三日。❾壬寅　閏四月初八日。❿新安　縣名，縣治在今河南新安。在洛陽西七十里。⓫司天監　官名，主管觀察天象之官。⓬星氣　古代占星望氣之術。⓭全忠令醫官句　閻祐之、王墀之死，因為言星氣；韋周、可證之死，是因為附昭宗耳語。醫官使，官名，主管醫官。內都知，官名，知內侍省之職事。元帥，指朱全忠。⓮癸卯　閏四月初九日。⓯憩　休息。⓰穀水　鎮名，在洛陽西。⓱擊毬供奉　在皇帝左右供職的人為供奉。擊毬供奉是陪侍皇帝擊毬的人。⓲內園　內苑；皇宮園林。⓳縊殺　勒死。⓴豫選　事先選好。豫，通「預」。㉑衣　穿。㉒寤　醒悟。㉓甲辰　閏四月初十日。㉔正殿　時以貞觀殿為正殿。㉕乙巳　閏四月十一日。㉖光政門　遷洛陽後，更改宮門名，改長樂門為光政門。㉗改元　改年號為天祐。㉘戊申　閏四月十四日。㉙宣徽等九使　當時只留宣徽兩院、小馬坊、豐德庫、御廚、客省、閤門、飛龍、莊宅等九使。㉚充使　充當內諸司使。初誅宦官後，內諸司皆以內夫人領之，至此始用外人。㉛宣徽南院使　官名，唐置宣徽南北院使，以宦官擔任，總領宮內諸司及三班內侍的名籍和郊祀、朝會、宴饗、供帳等事宜。唐末、五代以大臣充任，因事簡官尊，常以樞密院官兼任。㉜左龍武統軍　與下句右龍武統軍皆北衙六軍之一。㉝癸丑　閏四月十九日。㉞天平　方鎮名，唐憲宗元和十五年（西元八二〇年）鄆曹濮等州節度賜號天平軍。治所鄆州。㉟乙卯　閏四月二十一日。㊱四鎮　朱全忠原為宣武、天平、宣義、護國四鎮節度使，現因洛陽建都，徙張全義為天平軍節度使，故朱全忠又兼忠武，仍為四鎮。㊲天雄軍　方鎮名，唐代宗時，為寵田承嗣，將魏博改為天雄軍。德宗時，田悅叛命，後歸順，遂改為魏博節度使。今又復舊軍號。治所魏州。

【校　記】①就　原作「進」。據章鈺校，十二行本、乙十一行本皆作「就」，今從改。

【語　譯】楊行密遣送錢傳璙和他的妻子以及顧全武返回錢塘。〇楊行密任命淮南行軍司馬李神福為鄂岳招討使，再次率軍進攻杜洪。朱全忠派遣使者前往楊行密那裡，請他不放棄攻打鄂岳，重修舊好。楊行密答覆說：「等陛下返回長安，然後停止征戰重修舊好。」

夏，四月十六日辛巳，朱全忠上奏洛陽的宮室已經建成，請昭宗早日出發，表章接連不斷。昭宗多次派遣宮人告訴朱全忠說，皇后剛剛生下嬰兒，不堪上路，請等到十月再東去洛陽。朱全忠懷疑昭宗徘徊不前是等待事態變化，極為生氣，對牙將寇彥卿說：「你火速趕到陝州，當天就催促昭宗出發前來！」閏四月初三日丁酉，昭宗從陝州出發。初八日壬寅，朱全忠在新安縣迎接昭宗。昭宗在陝州時，司天監上奏說：「星氣有變化，日期就在今年秋天，向東走不吉利。」所以昭宗想在十月去洛陽。這時，朱全忠命令醫官許昭遠告發醫官使閻祐之、司天監王墀、內都知韋周、晉國夫人可證等策劃謀害元帥朱全忠，把他們全部逮捕處死。

閏四月初九日癸卯，昭宗在穀水鎮休息。自從崔胤被殺以後，六軍全都潰散逃亡，所剩下來侍奉打毬的和內園小兒共有二百多人，跟隨昭宗一起東去洛陽。朱全忠仍然對他們有所顧忌，在帳幕中用飲食招待他們，把他們全都勒死了。朱全忠預先挑選二百多個大小和他們相似的人，穿上他們的衣服，代替他們侍從護衛。昭宗開始沒有察覺，過了幾天才明白過來。從此昭宗左右掌理事務、供給驅使的都是朱全忠的人了。

閏四月初十日甲辰，昭宗從穀水出發，進入皇宮，親臨正殿，接受文武百官朝賀。十一日乙巳，親自到光政門宣布大赦天下，改年號為天祐。把陝州改稱為興唐府。下詔討伐李茂貞、楊崇本。

閏四月十四日戊申，敕令宮內諸司除留宣徽等九使外，其餘全部廢棄；仍然不以內夫人充任諸司使。任命蔣玄暉為宣徽南院使兼樞密使，王殷為宣徽北院使兼皇城使，張廷範為金吾將軍、充街使；任命韋震為河南尹兼六軍諸衛副使，又徵召武寧留後朱友恭為左龍武統軍，保大節度使氏叔琮為右龍武統軍，掌管宮中值宿警衛。這些人都是朱全忠的心腹。

閏四月十九日癸丑，任命張全義為天平節度使。〇二十一日乙卯，任命朱全忠為護國、宣武、宣義、忠武四鎮節度使。〇鎮海、鎮東節度使越王錢鏐請求封為吳越王。朝廷不同意。朱全忠在執政大臣前為錢鏐說情，於是改封錢鏐為吳王。〇把魏博軍改名為天雄軍。二十九日癸亥，進封天雄節度使長沙郡王羅紹威為鄴王。

【研　析】本卷研析朱全忠遷昭宗於洛陽，崔胤、張濬之死兩件史事。

朱全忠遷昭宗於洛陽。遷昭宗於東都洛陽，直接掌控唐王室，便於就近禪代，這是朱全忠的政治構想，他分為三個步驟來完成。第一步，藉崔胤之手排除異己，貶逐韓偓等唐室忠臣。天復三年（西元九〇三年）正月，李茂貞屈服，朱全忠擁帝唐昭宗還長安。朱全忠與崔胤殺滅宦官，帝室的一個基礎完全毀除。朱全忠留兵萬人守衛宮闕，留昭宗暫居長安，崔胤專擅朝政，大權獨攬，崔胤排除異己，韓偓等忠臣被貶逐，唐昭宗真成了一個孤家寡人。崔胤自鳴得意，其實在為朱全忠做驅除。第二步，朱全忠臣服山東王師範，徹底解除後顧之憂，同時加冕頭上光環，撈取政治資本。天復三年二月，昭宗給朱全忠加號為「回天再造竭忠守正功臣」，以輝王李祚為諸道兵馬元帥，朱全忠為副元帥，加爵梁王。四月，以朱全忠判元帥府事，天下兵權盡歸朱全忠。七月，朱全忠以諸道兵馬副元帥之尊，大發兵征討王師範，九月王師範請降，楊行密收縮回淮南。自此，中原再沒有人敢與朱全忠抗衡。朱全忠的聲威遠在諸鎮之上，可以放手來逼宮了。第三步，朱全忠殺崔胤，逼昭宗遷洛陽。天復四年正月，朱全忠密表崔胤專權亂國，離間君臣，請併其黨皆誅之。朱全忠同時密令朱友諒殺崔胤。接著朱全忠稱李茂貞逼京畿，逼迫昭宗遷往洛陽。長安宮闕被付之一炬。昭宗在途密詔告急於王建、楊行密、李克用等勤王，諸鎮鞭長莫及。閏四月，昭宗到達東都，大赦，改元天祐。昭宗的貼身侍從，甚至擊毬供奉、內園小兒二百餘人，全被朱全忠殺害，更換成新人。昭宗舉目無故人。

崔胤、張濬之死。崔胤、張濬兩個禍國之臣，志大才疏，主觀上想振興唐王室，客觀上釀成禍國之事，兩人並非國賊，而是反對朱全忠篡逆，崔胤外結朱全忠，兩人互相利用，彼此心裡都十分明朗。朱全忠把崔胤盡誅宦官的信轉送韓全誨，欲假韓全誨之手殺崔胤。韓全誨首鼠兩端，表面親善朱全忠，骨子裡是李茂貞同黨，朱全忠最後選擇了崔胤來誅除宦官，掃除唐王室的一個根基。宦官已被清除，留崔胤無益有禍，崔胤的大限也就到了。崔胤以應對李茂貞為名，擴充禁衛六軍以自保，朱全忠選出汴兵以應募，崔胤全然不知。朱全忠兵圍鳳翔，此時閒居長水的張濬致書諸鎮討逆，王師範起兵，張濬預其謀。朱全忠逼遷昭宗於洛陽，陰謀篡奪，憂慮張濬煽動諸鎮，密令張全義殺之。張全義派牙將楊麟裝扮為盜匪劫殺張濬。張濬令其子張格逃逸留種，自己迎受災難降臨。崔胤、張濬，晚節死於國難，亦可謂義士。

朱全忠不僅是一個梟雄，在政治上的權謀詐術也冠絕一時，崔胤、張濬都不是對手。

# 卷第二百六十五

## 唐紀八十一

起閼逢困敦（甲子　西元九〇四年）五月，盡柔兆攝提格（丙寅　西元九〇六年），凡二年有奇。

【題解】本卷記事起西元九〇四年五月，迄西元九〇六年，凡二年又八個月。當唐昭宗天祐元年五月至唐哀帝天祐三年。此時期朱全忠加緊逼宮，為禪代稱帝而掃清道路。朱全忠的清道工作，在政治上分了三個步驟。第一步，弒昭宗，立幼帝，以便掌控。天祐元年八月，朱全忠弒昭帝，立輝王李祚為帝，改名李柷，年十三，是為哀帝。此舉也是篡唐的預演，禪代前的火力偵察。第二步，大殺朝士。第三步，加官兵馬元帥，這本是由皇太子儲君擔當的官職，朱全忠任此職，比封王、加九錫的禪代程序更為直接。名義上擁唐的諸鎮，李茂貞與王建結親，聯合楊崇本、李克用、劉仁恭、楊行密、趙匡凝以興唐為辭，共討朱全忠，因各鎮力弱，又無統屬，討逆行動雷聲大，雨點小，沒有形成對朱全忠的軍事征討，朱全忠反而主動出擊，攻沒山南東道，擴張了勢力。淮南楊行密病歿，其子楊渥繼位，部屬叛亂，自顧不暇。太原李克用自保。朱全忠篡唐條件，完全成熟。

### 昭宗聖穆景文孝皇帝下之下

## 天祐元年（甲子　西元九〇四年）

五月丙寅❶，加河陽節度使張漢瑜同平章事。○帝宴朱全忠及百官於崇勳殿❷，既罷，復召全忠宴於內殿。全忠疑，不入。帝曰：「全忠不欲來，可令敬翔❸來。」全忠擿翔使去❹，曰：「翔亦醉矣。」辛未❺，全忠東還。乙亥❻，至大梁。

忠義節度使趙匡凝遣水軍上峽❼攻王建夔州，知渝州王宗阮等擊敗之。萬州刺史張武作鐵絙❽絕江中流，立柵於兩端，謂之「鏁峽❾」。

六月，李茂貞、王建、李繼徽傳檄合兵以討朱全忠。全忠以鎮國節度使朱友裕為行營都統，將步騎數萬[1]擊之，命保大節度使劉鄩棄鄜州，引兵屯同州❿。癸丑⓫，全忠引兵自大梁西討茂貞等。秋，七月甲子⓬，過東都入見。壬申⓭，至河中。

西川諸將勸王建乘李茂貞之衰，攻取鳳翔。建以問節度判官馮涓，涓曰：「兵者凶器，殘民耗財，不可窮⓮也。今梁、晉虎爭⓯，勢不兩立，若併而為一，舉兵向蜀，雖諸葛亮復生，不能敵矣。鳳翔，蜀之藩蔽⓰，不若與之和親，結為婚姻，無事則務農訓兵，保固疆埸⓱，有事則覘其機事⓲，觀釁⓳而動，可以萬全。」

建曰：「善！茂貞雖庸才，然有強悍之名，遠近畏之，與全忠力爭則不足，自守則有餘，使為吾藩蔽，所利多矣。」乃與茂貞修好⑳。丙子㉑，茂貞遣判官趙鍠如西川，為其姪天雄㉒節度使繼崇[2]求昏，建以女妻之。茂貞數求貨及甲兵於建，建皆與之㉓。

王建賦斂㉔重，人莫敢言。馮涓因建生日獻頌㉕，先美㉖功德，後言生民㉗之苦。建愧謝曰：「如君忠諫，功業何憂！」賜之金帛。自是賦斂稍損㉘。

初，朱全忠自鳳翔迎車駕還，見德王裕眉目疏秀㉙，且年齒已壯，惡之㉚，私謂崔胤曰：「德王嘗奸帝位㉛，豈可復留！公何不言之！」胤言於帝。帝問全忠，全忠曰：「陛下父子之間，臣安敢竊議，此崔胤賣㉜臣耳。」帝自離長安，日憂不測，與皇后終日沈飲㉝，或相對涕泣。全忠使樞密使蔣玄暉伺察帝，動靜皆知之。帝從容謂玄暉曰：「德王，朕之愛子，全忠何故堅欲殺之？」因泣下，齧㉞中指血流。玄暉具以語全忠，全忠愈不自安。

時李茂貞、楊崇本、李克用、劉仁恭、王建、楊行密、趙匡凝移檄往來，皆以興復㉟為辭。全忠方引兵西討㊱，以帝有英氣，恐變生於中，欲立幼君，易謀㊲禪代㊳。乃遣判官李振至洛陽，與玄暉及左龍武統軍朱友恭、右龍武統軍氏叔琮等圖之。

八月壬寅㊴，帝在椒殿㊵，玄暉選龍武牙官㊶史太等百人夜叩宮門，言軍前㊷有急奏，欲面見帝。夫人裴貞一開門見兵，曰：「急奏何以兵為？」史太殺之。玄暉問：「至尊㊸安在？」昭儀㊹李漸榮臨軒㊺呼曰：「寧殺我曹，勿傷大家㊻！」帝方醉㊼，遽起，單衣繞柱走，史太追而弒之。漸榮以身蔽帝，太亦殺之。又欲殺何后，后求哀於玄暉，乃釋之。

癸卯㊽，蔣玄暉矯詔稱李漸榮、裴貞一弒逆㊾，宜立輝王祚為皇太子，更名柷，監軍國事。又矯皇后令，太子於柩㊿前即位。宮中恐懼，不敢出聲哭。丙午(51)，昭宣帝(52)即位，時年十三。

【章　旨】以上為第一段，寫李茂貞與王建結親，聯合楊崇本、李克用、劉仁恭、楊行密、趙匡凝以興復為辭，共討朱全忠。朱全忠西征，恐東都生變，弒昭宗，立輝王李祚為皇太子，改名柷，年十三，是為哀帝。

【注　釋】❶丙寅　五月初二日。❷崇勳殿　洛陽宮前殿為貞觀殿，內朝為崇勳殿。當在貞觀殿北。❸敬翔　朱全忠的心腹，時為檢校右僕射、太府卿。入後梁，任光祿大夫、行兵部尚書、金鑾殿大學士，知崇政院事。後梁亡，自殺。傳見《舊五代史》卷十八、《新五代史》卷二十一。❹全忠擿翔使去　朱全忠懷疑昭宗欲加害於自己和敬翔，故指使敬翔離去而不入。擿，指使。❺辛未　五月初七日。❻乙亥　五月十一日。❼上峽　夔州在三峽上游，趙匡凝溯江而上進攻。❽鐵絚　鐵索。❾鏁

峽　即鎖峽。鏁，同「鎖」。⑩屯同州　劉鄩在鄜州，靠近李茂貞、李繼徽，故使其棄鄜州還屯同州，與朱友裕合勢。⑪癸丑　六月二十日。⑫甲子　七月初二日。⑬壬申　七月初十日。⑭窮　窮兵。極其兵力，好戰不休，為窮兵。⑮梁晉虎爭　兩虎相爭。梁指朱全忠，晉指李克用。⑯藩蔽　藩籬屏蔽。⑰疆埸　疆界。埸，邊界。⑱機事　機密要事。⑲釁　縫隙；破綻。⑳修好　王建已併山南諸州，阻關而守，關外靠李茂貞為藩蔽，所以與之修好。㉑丙子　七月十四日。㉒天雄　此天雄軍治秦州，屬李茂貞。㉓茂貞數求貨及甲兵於建二句　王建企圖以李茂貞為屏蔽，故通婚姻，又不厭其煩地給予兵甲物資等援助。數求，多次求取。㉔賦斂　徵收賦稅。㉕馮涓因建生日獻頌　馮涓趁王建生日獻上頌辭。因，趁著。獻頌，奉獻祝賀的頌辭。㉖美　稱讚。㉗生民　百姓。㉘損　減少。㉙疏秀　疏朗清秀。㉚惡之　厭惡德王裕。朱全忠企圖篡奪帝位，意欲立庸幼為君以便控制。見德王裕容貌清秀而且年紀長大，立之於己不利，所以討厭他。㉛德王嘗奸帝位　德王曾為劉季述所立。事見本書卷二百六十二光化三年、天復元年。奸，偽。㉜賣　出賣。此語可見朱全忠奸詐。㉝沈飲　即沉飲。沉溺於酒。㉞齧　咬。㉟興復　興復唐之社稷。㊱西討　討伐岐、邠。㊲易謀　容易圖謀。㊳禪代　以禪讓方式取代李氏皇室的帝王之位。㊴壬寅　八月十一日。㊵椒殿　后妃居住的宮殿。因漢皇后所居宮殿，以椒和泥塗壁，取溫、香、多子之意，故有此稱。㊶龍武牙官　龍武軍的低級軍官。㊷軍前　西討邠、岐的行營軍前。㊸至尊　指昭宗。㊹昭儀　女官名，皇后、夫人之下有昭儀。㊺軒　殿前欄杆。㊻大家　對皇帝的稱呼。㊼帝方醉　指昭宗皇帝正好喝醉。醉，醉酒。㊽癸卯　八月十二日。㊾弒逆　臣殺君、子殺父。㊿柩　已裝屍體的棺材。(51)丙午　八月十五日。(52)昭宣帝　即唐哀帝。

【校　記】[1]數萬　原無此二字。據章鈺校，十二行本、乙十一行本、孔天胤本皆有此二字，今據補。[2]繼崇　原作「繼勳」。據章鈺校，十二行本、乙十一行本皆作「繼崇」，張敦仁《通鑑刊本識誤》同，今從改。

【語　譯】昭宗聖穆景文孝皇帝下之下

天祐元年（甲子　西元九〇四年）

五月初二日丙寅，加任河陽節度使張漢瑜為同平章事。〇昭宗在崇勳殿宴請朱全忠和文武百官，宴席散去後，又召朱全忠到內殿宴飲。朱全忠心中疑慮，不肯進去。昭宗說：「朱全忠不想來，可以讓敬翔來。」朱全忠指使敬翔離去，說：「敬翔也喝醉了。」初七日辛未，朱全忠向東返回大梁。十一日乙亥，到達大梁。忠義節度使趙匡凝派遣水軍逆流而上到三峽，進攻王建控制的夔州。知渝州事王宗阮等擊敗趙匡凝的水軍。萬州刺史張武製造鐵索截斷長江中央的航道，在兩端建立柵欄，稱為「鏁峽」。

六月，李茂貞、王建、李繼徽傳布檄文聯合軍隊以討伐朱全忠。朱全忠任命鎮國節度使朱友裕為行營都統，率領步兵、騎兵數萬人攻打他們，命令保大節度使劉鄩放棄鄜州，率軍駐紮同州。二十日癸丑，朱全忠統率大軍從大梁出發，向西討伐李茂貞等人。秋，七月初二日甲子，路過東都洛陽，入城朝見昭宗。初十日壬申，到達河中。

西川諸將領勸說王建乘李茂貞衰弱的機會，攻取鳳翔。王建以此詢問節度判官馮涓，馮涓說：「軍隊是凶器，殘害百姓，耗費錢財，不可窮兵黷武。現在梁王朱全忠、晉王李克用兩虎相爭，勢不兩立，如果他們合而為一，發兵攻打蜀地，雖然諸葛亮再生，也無法抵擋了。鳳翔這個地方，是蜀地的屏障，不如與李茂貞和睦親善，結為兒女親家；無事時就專注農業生產，訓練軍隊，固守邊界，有事時就探察機密事務，看見破綻再行動，這樣可以萬無一失。」王建說：「好！李茂貞雖然是個庸才，但他有強悍的名聲，遠近的人都畏懼他，與朱全忠爭勝雖然力量不足，但防守自保則綽綽有餘，使他成為我的屏障，利益是很多的。」於是和李茂貞修好。七月十四日丙子，李茂貞派遣判官趙鍠前往西川，為他的姪兒天雄節度使李繼崇求婚，王建把女兒嫁給李繼崇為妻。李茂貞一再向王建索求財物和兵器盔甲，王建都給了他。

王建徵收的賦稅很重，人們都不敢說此事。馮涓藉王建生日的機會進獻頌辭，先讚美他的功德，然後再說百姓的困苦。王建很慚愧，致謝說：「能像你這樣忠言直諫，何愁功業不能成就呢！」賞賜給馮涓金銀絹帛。從此以後，賦稅的徵收稍有減輕。

當初，朱全忠從鳳翔迎接昭宗返回長安，見德王李裕眉清目秀，並且已經成年，很厭惡他，私下對崔胤說：「德王曾經偽居帝位，怎麼能再留下他呢！公為何不與皇上說呢！」崔胤把這些話向昭宗說了。昭宗詢問朱全忠，朱全忠回答說：「皇上父子之間的事情，臣怎麼敢私下裡議論！這是崔胤在出賣我。」昭宗自離開長安以後，每天都擔心發生意外，和皇后整天沉醉在酒中，有時會相對哭泣。朱全忠派樞密使蔣玄暉偵察昭宗的言行，一舉一動都知道。昭宗閒談時對蔣玄暉說：「德王，是朕的愛子，朱全忠為什麼緣故一定要殺死他？」說著流下了眼淚，咬破中指血流不止。蔣玄暉把這些情況全部報告朱全忠，朱全忠更加感到不安。當時李茂貞、楊崇本、李克用、劉仁恭、王建、楊行密、趙匡凝往來公文書信，都談論到要興復王室。朱全忠正率軍西討岐州、邠州，因為昭宗有英武之氣，恐怕宮中產生變亂，想要另立幼主，以便於圖謀用禪讓方式取代皇室。於是朱全忠派遣判官李振到洛陽，與蔣玄暉以及左龍武統軍朱友恭、右龍武統軍氏叔琮等人謀劃這件事。

八月十一日壬寅，昭宗在何皇后居住的椒殿，蔣玄暉挑選龍武牙官史太等一百人在夜裡叩打宮門，說前線有緊急軍事奏報，想面見昭宗。夫人裴貞一開門見到士兵，說：「緊急奏報為什麼要帶士兵？」史太把她殺死。蔣玄暉問：「皇上在哪裡？」昭儀李漸榮走近殿前欄杆大聲叫道：「寧可殺了我們，不要傷害皇上！」昭宗正好喝醉，急忙起身，穿著單衣繞柱逃跑，史太追上把他殺死了。李漸榮用身子遮擋昭宗，史太也把她殺了。史太又想殺何皇后，何皇后向蔣玄暉苦苦哀求，才放過她。

八月十二日癸卯，蔣玄暉假造詔書稱李漸榮、裴貞一大逆不道殺死昭宗，應該立輝王李祚為皇太子，把李祚改名為李柷，監理軍國事務。又假造何皇后的命令，讓皇太子在靈柩前即位為皇帝。宮中驚恐，大家不敢出聲哭泣。十五日丙午，昭宣帝即皇帝位，當時年齡只有十三歲。

李克用復以張承業為監軍。○淮南將李神福攻鄂州，未下，會疾病，還廣陵，楊行密以舒州團練使泌陽❶劉存代為招討使。神福尋卒。宣州觀察使臺濛卒，楊行密以其子牙內諸軍使渥❷為宣州觀察使，右牙都指揮使徐溫謂渥曰：「王寢疾而嫡嗣❸出藩❹，此必姦臣之謀。它日相召，非溫使者及王令書❺，慎無亟來！」

渥泣謝而行。

九月己巳⑥，尊皇后為皇太后。○朱全忠引兵北屯永壽⑦，南至駱谷⑧，鳳翔、邠寧兵竟不出。辛未⑨，東還。

冬，十月辛卯朔⑩，日有食之⑪。

朱全忠聞朱友恭等弒昭宗，陽驚，號哭自投於地，曰：「奴輩負我，令我受惡名於萬代！」癸巳⑫，至東都⑬，伏梓宮⑭慟哭流涕，又見帝⑮自陳非己志，請討賊⑯。先是，護駕軍士有掠米於市者。甲午⑰，全忠奏朱友恭、氏叔琮不戢⑱士卒，侵擾市肆⑲，友恭貶崖州⑳司戶，復姓名李彥威，叔琮貶白州㉑司戶，尋皆賜自盡。彥威臨刑大呼曰：「賣我以塞天下之謗㉒，如鬼神何㉓！行事如此，望有後乎㉔！」

丙申㉕，天平節度使張全義來朝。丁酉㉖，復以全忠為宣武、護國、宣義、天平節度使，以全義為河南尹兼忠武節度使、判六軍諸衛事㉗。乙巳㉘，全忠辭赴鎮。庚戌㉙，至大梁。○鎮國節度使朱友裕薨於梁園㉚。

光州㉛叛楊行密，降朱全忠，行密遣兵圍之，與鄂州㉜皆告急於全忠。十一月戊辰㉝，全忠自將兵五萬自潁州濟淮㉞，軍于霍丘㉟，分兵救鄂州。淮南兵釋光州之圍還廣陵，按兵不出戰，全忠分命諸將大掠淮南以困之。

錢鏐潛遣衢州羅城使葉讓殺刺史陳璋[36]，事泄。十二月，璋斬讓而叛，降于楊行密。

初，馬殷弟賨，性沈勇[37]，事孫儒，為百勝[38]指揮使。儒死，事楊行密，屢有功，遷黑雲指揮使。行密嘗從容問其兄弟，乃知為殷之弟，大驚曰：「吾常怪汝器度[39]瓌偉[40]，果非常人。當遣汝歸。」賨泣辭曰：「賨淮西殘兵[41]，大王不殺而寵任之，湖南地近，嘗得兄聲問，賨事大王久，不願歸也。」行密固遣之。是歲，賨歸長沙，行密親餞之郊。

賨至長沙，殷表賨為節度副使。它日，殷議入貢天子，賨曰：「楊王[42]地廣兵彊，與吾鄰接，不若與之結好，大可以為緩急之援，小可通商旅之利。」殷作色曰：「楊王不事天子，一旦朝廷致討，罪將及吾。汝置此論，勿為吾禍[43]！」

初，清海節度使徐彥若遺表薦副使劉隱權留後，朝廷以兵部尚書崔遠為清海節度使。遠至江陵，聞嶺南多盜，且畏隱不受代，不敢前，朝廷召遠還。隱遣使以重賂結朱全忠，乃奏以隱為清海節度使。

【章　旨】以上為第二段，寫朱全忠得知昭宗被弒，佯驚，痛哭，還東都殺朱友恭、氏叔琮塞責以欺天下。

【注　釋】❶泌陽　縣名，縣治在今河南唐河縣，唐時屬唐州。❷渥　即楊渥（?—西元九〇八年），字奉天，楊行密長子。楊行密卒，襲位自稱吳王。後為大將張顥所殺。傳見《舊五代史》卷一百三十四、《新五代史》卷六十一。❸嫡嗣　享有繼承權的嫡子。❹出藩　指楊渥出為宣州觀察使。❺令書　諸侯下令於境內，稱為令書。以區別於天子所下制、詔、敕等。❻己巳　九月初八日。❼永壽　縣名，縣治在今陝西永壽北。❽駱谷　谷名，關中通往漢中的通道之一，在今陝西周至西南。❾辛未　九月初十日。❿辛卯朔　十月初一日。⓫日有食之　日蝕。⓬癸巳　十月初三日。⓭至東都　自軍前還至東都洛陽。⓮梓宮　帝后所用以梓木製造的棺材。⓯帝　昭宣帝。⓰賊　弒昭宗之賊。⓱甲午　十月初四日。⓲戢　制止；管束。⓳市肆　市場。因護駕軍士有人在市場上搶米，故以此作為二人罪名。⓴崖州　州名，治所在今海南海口東南。㉑白州　州名，治所在今廣西博白。㉒塞天下之謗　制止住全天下的指責、怨言。㉓如鬼神何　意謂天下人的嘴可以堵住，而鬼神是騙不了的，你將拿鬼神怎麼辦。㉔望有後乎　意謂此為斷子絕孫之舉。㉕丙申　十月初六日。㉖丁酉　十月初七日。㉗判六軍諸衛事　朱友恭、氏叔琮既誅，現以張全義領宿衛。㉘乙巳　十月十五日。㉙庚戌　十月二十日。㉚黎園　朱全忠以朱友裕為行營都統，黎園為行營所在地。㉛光州　州名，治所在今河南潢川縣。時刺史為柴再用。㉜鄂州　刺史杜洪。楊行密使其將劉存攻鄂州。㉝戊辰　十一月初八日。㉞濟淮　自潁州潁上縣由正陽渡淮。㉟霍丘　縣名，縣治在今安徽霍丘。在壽州西。㊱陳璋　原為衢州制置使。天復二年徐綰叛錢鏐，陳璋奪地有功，錢鏐以為衢州刺史。㊲沈勇　沉著勇敢。㊳百勝　馬賨英勇善戰，百戰百勝，故以百勝為其軍隊名。㊴器度　才能風度。㊵瓌偉　魁偉奇異。㊶淮西殘兵　馬賨從秦宗權、孫儒起於淮西，故云。㊷楊王　楊行密封吳王，故稱。㊸勿為吾禍　不要給我造成禍害。

【語　譯】李克用再次以張承業為監軍。〇淮南將領李神福進攻鄂州，未能攻取，正趕上生病，返回廣陵。楊行密以舒州團練使泌陽人劉存代他為招討使。李神福不久去世。宣州觀察使臺濛去世，楊行密派自己的兒子牙內諸軍使楊渥為宣州觀察使。右牙都指揮使徐溫對楊渥說：「吳王臥病在床，您是嫡子而被派到外地鎮守，這必定是奸臣的陰謀。以後召您回來，不是我派遣的使者以及吳王的令書，您要謹慎小心，不要馬上前來！」

楊渥哭著道謝後去上任。

九月初八日己巳，尊何皇后為皇太后。〇朱全忠率軍北去駐紮在永壽縣，南邊到了駱谷。鳳翔、邠寧的軍隊竟然不出戰。九月初十日辛未，朱全忠率軍向東返回。

冬，十月初一日辛卯，發生日蝕。

朱全忠得知朱友恭等人殺死昭宗，假裝震驚，號啕大哭，自己撲倒在地上，說：「這些奴才們背棄了我，使我千秋萬代蒙受惡名！」十月初三日癸巳，到達東都洛陽，伏在昭宗的靈柩上痛哭流涕，又進見昭宣帝，陳說這不是自己的想法，請求討伐叛賊。先前，護衛皇帝的士兵有人在市場上搶米。初四日甲午，朱全忠上奏朱友恭、氏叔琮不能管束士兵，侵犯擾亂市場，朱友恭被貶為崖州司戶，恢復原來的姓名李彥威，氏叔琮被貶為白州司戶，不久都賜令自盡。李彥威臨到受刑時大聲呼喊說：「出賣我來杜絕天下人的指責，對鬼神怎麼交代！像這樣做事情，還能指望有後代嗎！」

十月初六日丙申，天平節度使張全義來朝見昭宣帝。初七日丁酉，又任命朱全忠為宣武、護國、宣義、天平節度使，任命張全義為河南尹兼忠武節度使、判六軍諸衛事。十五日乙巳，朱全忠辭別昭宣帝返回鎮所。二十日庚戌，到達大梁。〇鎮國節度使朱友裕在梨園行營去世。

光州背叛楊行密，投降了朱全忠。楊行密派兵包圍光州，光州與鄂州都向朱全忠告急。十一月初八日戊辰，朱全忠親率軍隊五萬人從潁州渡過淮河，駐軍在霍丘縣，分兵救援鄂州。淮南軍解除對光州的包圍返回廣陵，按兵不動，不出來應戰。朱全忠分別命令諸將領大肆掠奪淮南，使他貧困。

錢鏐暗中派遣衢州羅城使葉讓殺害刺史陳璋，事情洩露。十二月，陳璋斬殺葉讓而叛變，投降了楊行密。

當初，馬殷的弟弟馬賨性情沉著勇敢，侍奉孫儒，擔任百勝指揮使。孫儒死後，侍奉楊行密，多次立下戰功，遷升為黑雲指揮使。楊行密曾經閒談時問到他的兄弟，才知道他是馬殷的弟弟，大為驚訝地說：「我常常對你器度奇特偉岸感到驚訝。你果然不是常人，應當送你回去。」馬賨哭著推辭說：「我只是淮西殘留的士兵，大王沒有殺我反而寵愛信任我，湖南距離不遠，曾經得到哥哥的音信。我侍奉大王很久，不願回去。」

楊行密堅決要他回去。這一年，馬賨返回長沙，楊行密親自到郊外為他餞行。

馬賨到達長沙，馬殷上表請求任命他為節度副使。有一天，馬殷商量向天子進貢的事，馬賨說：「楊行密地廣兵強，與我們邊界相鄰，不如與他建立友好關係，從大局看可以作為緊急時的援助，從小處看也有互通商旅的利益。」馬殷變了臉色，說：「楊行密不能侍奉天子，一旦朝廷發兵討伐他，罪責將會牽連到我們。你放棄這種主張，不要給我招來災禍！」

當初，清海節度使徐彥若臨終上表推舉副使劉隱暫時代理清海留後。朝廷任命兵部尚書崔遠為清海節度使。崔遠到達江陵，得知嶺南盜賊很多，又擔心劉隱不肯接受替代，不敢前往。朝廷召崔遠返回京城。劉隱派遣使者用貴重的財物去賄賂巴結朱全忠，朱全忠於是奏請任命劉隱為清海節度使。

## 昭宣光烈孝皇帝❶

### 天祐二年（乙丑　西元九〇五年）

春，正月，朱全忠遣諸將進兵逼壽州❷。

潤州團練使安仁義勇決得士心，故淮南將王茂章攻之，踰年不克。楊行密使謂之曰：「汝之功❸吾不忘也，能束身❹自歸，當以汝為行軍副使，但不掌兵耳。」仁義不從。茂章為地道入城，遂克之。仁義舉族登樓，眾不敢逼❺。先是攻城諸將見仁義輒罵之，惟李德誠不然，至是仁義召德誠登樓，謂曰：「汝有禮，吾今以為汝功❻。」且以愛妾贈之，乃擲弓於地[1]。德誠掖之❼而下，並其子斬於廣陵市。

兩浙兵圍陳詢❽于睦州，楊行密遣西南招討使陶雅將兵救之。軍中夜驚，士卒多踰壘❾亡去，左右及裨將韓球奔告之，雅安臥不應，須臾自定❿，亡者皆還。錢鏐遣其從弟鎰及指揮使顧全武、王球禦之，為雅所敗，虜鎰及球以歸。

庚午⓫，朱全忠命李振知青州事，代王師範。◯全忠圍壽州，州人閉壁不出。全忠乃自霍丘引歸，二月辛卯⓬，至大梁。

李振至青州，王師範舉族西遷，至濮陽⓭，素服乘驢⓮而進。至大梁，全忠客之⓯。表李振為青州留後。

戊戌⓰，以安南⓱節度使、同平章事朱全昱為太師，致仕。全昱，全忠[2]之兄也，戇⓲樸無能，先領安南，全忠自請罷之。

是日社⓳，全忠使蔣玄暉邀昭宗諸子德王裕、棣王祤、虔王禊、沂王禋、遂王禕、景王祕、祁王祺[3]、雅王禛、瓊王祥，置酒九曲池⓴，酒酣，悉縊殺之，投尸池中。

朱全忠遣其將曹延祚將兵與杜洪共守鄂州，庚子㉑，淮南將劉存攻拔之㉒，執洪、延祚及汴兵千餘人送廣陵，悉誅之。行密以存為鄂岳觀察使。

己酉㉓，葬聖穆景文孝皇帝㉔於和陵㉕，廟號昭宗。

三月庚午㉖，以王師範為河陽節度使。○戊寅㉗，以門下侍郎、同平章事獨孤損同平章事，充靜海㉘節度使，以禮部侍郎河間㉙張文蔚㉚同平章事。甲申㉛，以門下侍郎、同平章事裴樞為左僕射，崔遠為右僕射，並罷政事。

【章旨】以上為第三段，寫楊行密攻拔潤州，殺叛將潤州團練使安仁義，又攻拔鄂州，殺武昌節度使杜洪。朱全忠殺德王裕等昭宗九子。

【注釋】❶昭宣光烈孝皇帝　即唐末帝，昭宗第九子。名祚，後更名柷。西元九〇五—九〇七年在位。朱全忠篡國後封為濟陰王，遷至曹州。後梁開平二年（西元九〇八年）為朱全忠所害。時年十七，諡為哀皇帝。後唐明宗天成三年（西元九二八年）立廟於曹州，改諡為昭宣光烈孝皇帝，廟號景宗。❷壽州　州名，治所在今安徽壽縣。是時朱全忠自霍丘遣諸將進逼。❸汝之功　安仁義歸楊行密，破趙鍠、孫儒，平宣、潤二州，皆有功。❹束身　自縛其身。❺眾不敢逼　安仁義在淮南軍中號稱最善射者，眾人害怕，故不敢逼。❻以為汝功　以此作為你的功勞。❼掖之　挾持。❽陳詢　睦州刺史，天復三年（西元九〇三年）六月叛錢鏐。❾踰壘　翻越營壘。❿自定　自然安定下來。此謂陶雅以靜制動。⓫庚午　正月十一日。⓬辛卯　二月初二日。⓭濮陽　縣名，縣治在今河南濮陽南。時屬濮州。⓮素服乘驢　囚服乘驢，以示請罪。⓯客之　以客禮接待。⓰戊戌　二月初九日。⓱安南　方鎮名，唐肅宗乾元元年（西元七五八年）升安南管內經略使為節度使，治所交州，在今越南河內。⓲戇　愚直。⓳社　古代祭祀土地神。以立春後第五個戊日為春社。⓴九曲池　在洛陽西苑中。㉑庚子　二月十一日。㉒攻拔之　天復二年正月，淮南兵攻鄂州，至此時攻克。㉓己酉　二月二十日。㉔聖穆景文孝皇帝　即昭宗的諡號。㉕和陵　在河南緱氏縣（今河南偃師南）懊來山，是年更名太平山。㉖庚午　三月十一日。㉗戊寅　三月十九日。㉘靜海　方鎮名，唐懿宗咸通七年（西元八六六年）升安南都護為靜海軍節度使。以獨孤損充靜海節度使是罷免其執政權力。㉙河間　縣名，為瀛州治所，在今河北河間。㉚張文蔚　（？—西元九〇八年）字右華，乾符初登進士第。僖宗朝除監察御史、中書舍人。昭宗朝為禮部侍郎。傳見《舊唐書》卷一百七十八、《舊五代史》卷十八、《新五代史》卷三十四。㉛甲申　三月二十五日。

【校　記】①乃擲弓於地　原無此五字。據章鈺校，十二行本、乙十一行本、孔天胤本皆有此五字，張敦仁《通鑑刊本識誤》、張瑛《通鑑校勘記》同，今據補。②全忠　據章鈺校，孔天胤本作「朱全忠」。③祺　原作「琪」。據章鈺校，十二行本、乙十一行本、孔天胤本皆作「祺」，今從改。

【語　譯】昭宣光烈孝皇帝

天祐二年（乙丑　西元九〇五年）

春，正月，朱全忠派遣諸將領率軍進逼壽州。

潤州團練使安仁義勇敢果斷，深得軍心，所以淮南將領王茂章攻打潤州，過了一年還未能攻克。楊行密派遣使者對他說：「你的功勞我不會忘記。只要你能把自己捆上，前來歸順，我一定以你為行軍副使，只是不掌握兵權罷了。」安仁義沒有聽從。王茂章挖地道進入城中，於是攻克潤州。安仁義帶領全族人登上高樓，眾人不敢逼近。先前攻城諸將領看到安仁義就罵他，只有李德誠不這樣做。到這時候，安仁義叫李德誠登上樓來，對他說：「你待人有禮貌，我今天把這作為你的功勞。」並且將自己的愛妾贈送給他，把弓箭扔到地上。李德誠挾持著安仁義下樓，連同他的兒子一起在廣陵街市被斬首。

兩浙軍隊在睦州圍攻陳詢，楊行密派遣西南招討使陶雅率軍救援。軍營中夜裡受到驚擾，士兵大多翻越營壘逃走。左右及裨將韓球跑來報告陶雅，陶雅安穩地躺著不理會。不久營中自行安定下來，逃亡的士兵全部返回。錢鏐派遣他的堂弟錢鎰以及指揮使顧全武、王球進行抵禦，被陶雅打敗，陶雅俘虜錢鎰和王球返回廣陵。

正月十一日庚午，朱全忠任命李振知青州事，代替王師範。〇朱全忠包圍壽州，壽州人關閉營壘，不出來應戰。朱全忠就帶領士兵從霍丘返回。二月初二日辛卯，到達大梁。

李振到達青州。王師範帶領全族人西遷，到濮陽後，素服騎驢前往。到達大梁，朱全忠以客人的禮節接待他。朱全忠上表請求以李振為青州留後。

二月初九日戊戌，朝廷任命安南節度使、同平章事朱全昱為太師，退休。朱全昱，是朱全忠的哥哥，戇厚樸實，沒有才能，原先兼管安南，朱全忠自己請求將他罷免。

這一天是社日，朱全忠派遣蔣玄暉邀請昭宗諸子德王李裕、棣王李栩、虔王李禊、沂王李禋、遂王李禕、景王李祕、祁王李祺、雅王李禛、瓊王李祥，在九曲池擺設酒宴，酒喝到酣暢時，把他們全部用繩子勒死，屍體被扔入九曲池中。

朱全忠派遣他的部將曹延祚率軍與杜洪共守鄂州。二月十一日庚子，淮南將領劉存攻取鄂州，捉住杜洪、曹延祚以及汴州兵一千多人送到廣陵，把他們全部殺死。楊行密以劉存為鄂岳觀察使。

二月二十日己酉，把聖穆景文孝皇帝葬在和陵，廟號為昭宗。

三月十一日庚午，任命王師範為河陽節度使。〇十九日戊寅，任命門下侍郎、同平章事獨孤損為同平章事，充任靜海節度使，任命禮部侍郎河間人張文蔚為同平章事。二十五日甲申，任命門下侍郎、同平章事裴樞為左僕射，崔遠為右僕射，都罷免同平章事職務。

初，柳璨及第，不四年為宰相，性傾巧❶輕佻❷。時天子左右皆朱全忠腹心，璨曲意❸事之。同列裴樞、崔遠、獨孤損皆朝廷宿望❹，意輕之，璨以為憾。和王❺傅張廷範，本優人❻，有寵於全忠，奏以為太常卿❼。樞曰：「廷範勳臣❽，幸有方鎮❾，何藉❿樂卿⓫！恐非元帥⓬之旨。」持之不下。全忠聞之，謂賓佐⓭曰：「吾常以裴十四⓮器識⓯真純，不入浮薄之黨，觀此議論，本態露矣⓰。」璨因此并遠、損諳⑰於全忠，故三人皆罷。

以吏部侍郎楊涉⑱同平章事。涉，收⑲之孫也。為人和厚恭謹，聞當為相，與家人相泣，謂其子凝式曰：「此吾家之不幸也，必為汝累⑳。」

加清海節度使劉隱同平章事。◯壬辰㉑，河東都押牙蓋寓卒。遺書勸李克用省營繕㉒，薄賦斂，求賢俊。◯夏，四月庚子㉓，有彗星㉔出西北。◯淮南將陶雅會衢、睦兵攻婺州㉕，錢鏐遣[1]其弟鏢將兵救之。

五月，禮院㉖奏，皇帝登位應祀南郊㉗；敕用十月甲午㉘行之。◯乙丑㉙，彗星長竟天㉚。

柳璨恃朱全忠之勢，恣㉛為威福。會有星變㉜，占者㉝曰：「君臣俱災，宜誅殺以應之㉞。」璨因疏㉟其素所不快者於全忠曰：「此曹㊱皆聚徒橫議，怨望腹非㊲，宜以之塞㊳災異。」李振亦言於全忠[2]曰：「朝廷所以不理㊴，良㊵由衣冠㊶浮薄之徒紊亂綱紀。且王欲圖大事㊷，此曹皆朝廷之難制者也，不若盡去之。」全忠以為然。癸酉㊸，貶獨孤損為棣州刺史，裴樞為登州刺史，崔遠為萊州刺史。乙亥㊹，貶吏部尚書陸扆為濮州司戶，工部尚書王溥為淄州司戶。庚辰㊺，貶太子太保致仕趙崇為曹州司戶，兵部侍郎王贊為濰州㊻[3]司戶。自餘㊼或門胄高華㊽，或科第自進，居三省[49]臺閣[50]，以名檢[51]自處，聲迹稍著者，皆指為以[4]浮薄，貶逐無虛日[52]，搢紳[53]為之一空。辛巳[54]，再貶裴樞為瀧州[55]司戶，獨孤損為瓊州[56]司戶，崔遠為白州[57]司戶。

甲申[58]，忠義[59]節度使趙匡凝遣使修好於王建。

六月戊子朔[60]，敕裴樞、獨孤損、崔遠、陸扆、王溥、趙崇、王贊等並所在賜自盡。

時全忠聚樞等及朝士貶官者三十餘人於白馬驛[61]，一夕盡殺之，投尸于河。

初，李振屢舉進士，竟不中第，故深疾搢紳之士，言於全忠曰：「此輩常自謂清流[62]，宜投之黃河，使為濁流！」全忠笑而從之。

振每自汴至洛，朝臣[5]必有竄逐者[63]，時人謂之鴟梟[64]。見朝士皆頤指氣使[65]，旁若無人。

全忠嘗與僚佐及遊客坐於大柳之下，全忠獨言曰：「此柳宜為車轂[66]。」眾莫應。有遊客數人起應曰：「宜為車轂。」全忠勃然厲聲曰：「書生輩好順口玩人[67]，皆此類也！車轂須用夾榆[68]，柳木豈可為之！」顧左右曰：「尚何待！」左右數十人，捽[69]言「宜為車轂」者悉撲殺[70]之。

己丑[71]，司空致仕裴贄貶青州司戶，尋賜死。○柳璨餘怒所注[72]，猶不啻[73]十數，張文蔚力解之，乃止。

時士大夫避亂，多不入朝。壬辰[74]，敕所在州縣督遣[75]，無得稽留[76]。前司勳員外郎[77]李延古[78]，德裕之孫也，去官居平泉莊[79]，詔下未至，戊申[80]【6】，責授衛尉寺主簿[81]。

秋，七月癸亥[82]，太子賓客致仕柳遜貶曹州司馬。

【章旨】以上為第四段，寫柳璨傾巧輕佻，以浮薄之名譖害朝士，貶逐公卿，朱全忠一夕殺朝士三十餘人，朝廷為之一空。

【注釋】❶傾巧　狡詐靈巧。❷輕佻　不穩重。❸曲意　委曲己意而奉承別人。❹宿望　素負重望的人。❺和王　李福，唐昭宗子。❻優人　以樂舞、諧戲為職業的藝人。❼太常卿　官名，九卿之一，掌禮樂郊廟社稷事宜。❽勳臣　功臣。有扈從東遷之功。❾幸有方鎮　希望委任方鎮。❿藉　憑藉；依靠。⓫樂卿　太常卿掌禮樂，故云。此言張廷範應出任方鎮，不必藉樂卿以為榮。⓬元帥　指朱全忠。時朱為諸道元帥。⓭賓佐　賓客及僚佐。⓮裴十四　指裴樞。排行十四，故稱。⓯器識　器度見識。⓰觀此議論二句　朱全忠對裴樞的意見不滿，認為暴露了他浮薄的本來面目。本態，本來面目。⓱譖　說壞話誣陷別人。⓲楊涉　乾符二年（西元八七五年）登進士第。昭宗朝為吏部尚書，哀帝即位後任宰相。傳見《舊唐書》卷一百七十七、《新唐書》卷一百八十四、《新五代史》卷三十四。⓳收　即楊收，懿宗朝宰相，以罪貶死。傳見《舊唐書》卷一百七十七、《新唐書》卷一百八十四。⓴累　連累；牽連。㉑壬辰　四月初四日。㉒營繕　營造修建工程。㉓庚子　四月十二日。㉔彗星　太陽系中的一種小天體，主要由冰凍物質和塵埃組成，繞日運行。形狀如掃帚，又叫「掃帚星」。古人認為彗星出現是災禍的預兆。㉕婺州　州名，治所在今浙江金華。光化三年（西元九〇〇年）田頵取婺州，後田頵反叛，錢鏐助楊行密攻田頵而取之，派沈夏駐守。㉖禮院　即太常寺，又稱太常禮院。㉗南郊　封建王朝皇帝即位，要到南郊圜丘祭天。唐玄宗定《開元禮》，遂合祭天地於南郊。㉘甲午　十月初九日。㉙乙丑　五月初七日。㉚彗星長竟天　形容彗星長貫天空。當時認為這是除舊布新，政權將發生改換的徵兆。㉛恣　放縱；任意。㉜星變　指彗星出現。㉝占者　掌占卜卦兆吉凶的人。㉞應之　順應天命。㉟疏　羅列。㊱此曹　這夥人。㊲腹非　即腹誹，口裡不說，心裡不以為然。㊳塞　抵擋；防止。㊴理治　治理。㊵良　確；真。㊶衣冠　指朝官、士大夫。㊷圖大事　篡奪唐朝皇位。㊸癸酉　五月十五日。㊹乙亥　五月十七日。㊺庚辰　五月二十二日。㊻濰州　州名，唐高祖武德二年（西元六一九年）分青州北海縣置濰州，八年州廢，以北海還屬青州，現復置濰州，治所在今山東濰坊。㊼自餘　其餘。㊽門胄高華　指出身高貴者。門胄，世系。㊾三省　中書、門下、尚書三省。㊿臺閣　原為尚書的別稱。此處泛指朝廷機構。(51)名檢　名聲規矩。(52)貶逐無虛日　言沒有一天不貶逐官員的。(53)搢紳　又作「縉紳」。代指朝官士大夫。搢，插。紳，束腰的大帶。(54)辛巳　五月二十三日。(55)瀧州　州名，治所瀧水，在今廣東羅定南。(56)瓊州　州名，治所在今海南定安東北。(57)白州　州名，治所在今廣西博白。(58)甲申　五月二十六日。(59)忠義　方鎮名，唐僖宗文德元年（西元八八八年）賜山南東道節度號忠義軍節度，治所襄州，在今湖北襄樊。(60)戊子朔　六月初一日。(61)白馬驛　在滑州白馬縣。(62)清流　負有時望的清高士大夫。(63)竄逐者　貶斥放逐的人。(64)鴟梟　鴟為猛禽，傳說梟食母，古人以為皆惡鳥，喻奸邪惡人。(65)頤指氣使　用面頰表情和口鼻出氣示意，使人奔走於前。此處形容李振依仗朱全忠的勢力肆意驕縱，氣焰之盛。(66)車轂　車輪中間車軸貫入處的圓木。安裝在車輪兩側軸上，使輪保持直立不致內外傾斜。(67)好順口玩人　喜歡隨聲附和戲弄人。(68)夾榆　樹名，木質地堅硬，色赤，用來製造器具，堅固耐久。(69)捽　揪住。(70)撲殺　捽死、擊殺。(71)己丑　六月初二日。(72)注　注目；關注。(73)不啻　不止。(74)壬辰　六月初五日。(75)督遣　監督遣送到京。(76)稽留　停留。(77)司勳員外郎　官名，吏部司勳司次官，員二人，從六品上階。掌計算文武官員資歷之依據。(78)李延古　即李敬義（？—西元九一五年），武宗朝宰相李德裕之孫。傳見《舊五代史》卷六十，並附《新唐書》卷一百八十〈李德裕傳〉。(79)平泉莊　李德裕的莊園，在河南府界，距洛陽城三十里。(80)戊申　六月二十一日。(81)衛尉寺主簿　官名，衛尉寺佐官，員二人，從七品上階。掌印信及勾檢稽失。衛尉寺掌器械文物，總武庫、武器、守宮三署。實際所掌只殿廷之帷幕等瑣事。(82)癸亥　七月初六日。

【校　記】①遣　原作「使」。據章鈺校，十二行本、乙十一行本皆作「遣」，今從改。②全忠　原作「朱全忠」。據章鈺校，十二行本、乙十一行本皆無「朱」字，今據刪。③濰州　嚴衍《通鑑補》改作「濮州」。按，《舊唐書》卷二十下〈哀帝紀〉載「銀青光祿大夫、兵部侍郎王贊可濮州司戶。」④以　原無此字。據章鈺校，十二行本、乙十一行本皆有此字，今據補。⑤朝臣　原作「朝廷」。據章鈺校，十二行本、乙十一行本皆作「朝臣」，今從改。⑥戊申　原無此二字。據章鈺校，十二行本、乙十一行本皆有此二字，張瑛《通鑑校勘記》同，今據補。

**【語　譯】**當初，柳璨考中進士，不到四年就當上宰相。柳璨性情狡詐靈巧，舉止輕浮。當時天子左右的人都是朱全忠的心腹，柳璨阿諛奉承去迎合他們。與柳璨同時位列宰相的裴樞、崔遠、獨孤損都是朝廷中素有德望的人，心中看不起他，柳璨因此怨恨他們。和王李福之傅張廷範原為俳優，受到朱全忠的寵信，柳璨上奏請求以張廷範為太常卿。裴樞說：「張廷範是功臣，希望委以方鎮，為什麼要以掌管禮樂的太常卿為榮呢！恐怕這不是元帥的本意。」意見相持不下。朱全忠得知這些話，對賓客僚佐們說：「我常認為裴樞的器度見識真誠純樸，不會合於輕薄浮躁之流，現在看他這個議論，本來面目顯露出來了。」柳璨因此在朱全忠面前連同崔遠、獨孤損一起誣陷，所以這三人都被罷免。

任命吏部侍郎楊涉為同平章事。楊涉，是楊收的孫子，為人平和寬厚，謙恭謹慎，得知要他出任宰相，楊涉和家人相對哭泣，對他的兒子楊凝式說：「這是我家門的不幸，一定會連累你。」

加任清海節度使劉隱為同平章事。〇四月初四日壬辰，河東都押牙蓋寓去世，遺書中勸李克用縮減營建費用，減輕賦稅，徵求賢俊。〇夏，四月十二日庚子，有彗星出現在西北方。〇淮南將領陶雅會合衢州、睦州的軍隊進攻婺州，錢鏐派遣他的弟弟錢鏢率軍救援婺州。

五月，禮院上奏，昭宣帝即位應該在南郊進行祭祀。敕令在十月初九日甲午舉行祭祀典禮。〇五月初七口乙丑，彗星的長度橫貫整個天空。

柳璨依仗朱全忠的勢力，肆意作威作福。正趕上彗星出現，占卜的人說：「君臣都有災禍，應該以誅殺來應和天意。」柳璨藉此向朱全忠上書列舉他平素所不滿意的人，說：「這些人都聚集徒眾橫加議論，怨恨不滿，心懷誹謗，應該用他們來防止災異。」李振也對朱全忠說：「朝廷所以治理不好，都是因為朝廷官員中輕浮淺薄的人擾亂了國家法紀。況且大王想要圖謀大事，這些都是朝廷中難以制服的人，不如全部除掉他們。」朱全忠認為很對。五月十五日癸酉，貶獨孤損為棣州刺史，裴樞為登州刺史，崔遠為萊州刺史。十七日乙亥，貶吏部尚書陸扆為濮州司戶，工部尚書王溥為淄州司戶。二十二日庚辰，貶以太子太保退休的趙崇為曹州司戶，兵部侍郎王贊為濰州司戶。其餘有的門第高貴，有的以科舉及第出仕，在三省臺閣任職，注重自己名節，聲望政跡稍為顯著的，都被指責因為輕浮淺薄，沒有一天不貶官驅逐的，朝中官員為之一空。二十三日辛巳，再貶裴樞為瀧州司戶，獨孤損為瓊州司戶，崔遠為白州司戶。

五月二十六日甲申，忠義節度使趙匡凝派遣使者與王建建立友好關係。

六月初一日戊子，敕令賜裴樞、獨孤損、崔遠、陸扆、王溥、趙崇、王贊等人都於所在地自殺。

當時朱全忠在白馬驛聚中裴樞等以及被貶斥的朝中官員三十多人，一個晚上把他們全部殺死，將屍體扔入黃河。起初，李振多次參加進士考試，竟然沒有考中，所以非常嫉恨科舉出身的高級官員。他對朱全忠說：「這些人經常自稱為清流，應該把他們投入黃河，使他們成為濁流！」朱全忠笑著採納了他的建議。

李振每次從汴州到洛陽，朝中官員必定會有人被貶逐到遠地，當時人稱他為鴟梟。看見朝中官員，他總是頤指氣使，旁若無人。

朱全忠曾經和幕僚佐吏以及遊客坐在大柳樹下面，朱全忠自言自語說：「這一株柳樹適合做車轂。」大家都沒有回應。有幾個遊客起來附和說：「適合做車轂。」朱全忠突然厲聲說：「書生們喜歡隨聲附和來戲弄人，全都像這類事一樣！車轂須用榆木，柳木怎麼可以製作呢！」回頭看著左右的人說：「還等什麼！」左右幾十個人，揪住說「適合做車轂」的人全部打死。

六月初二日己丑，把司空退休的裴贄貶為青州司戶，不久賜死。〇柳璨餘怒之下所關注的人，還不止十多個，張文蔚竭力勸解，方才作罷。

當時士大夫躲避禍亂，大多不到朝廷裡來。六月初五日壬辰，敕令所在州縣督促遣送他們到京，不得停留各地。前司勳員外郎李延古，是李德裕的孫子，辭去官職住在平泉莊，詔令下達後沒有到京城，二十一日戊申，責罰他擔任衛尉寺主簿。

秋，七月初六日癸亥，以太子賓客退休的柳遜被貶為曹州司馬。

庚午❶夜，天雄❷牙將李公佺與牙軍謀亂，羅紹威❸覺之。公佺焚府舍，剽掠，奔滄州❹。

八月，王建遣前山南西道節度使王宗賀等將兵擊昭信❺節度使馮行襲於金州。

朱全忠以趙匡凝東與楊行密交通，西與王建結昏。乙未❻，遣武寧節度使楊師厚將兵擊之。己亥❼，全忠以大軍繼之。

處州❽刺史盧約使其弟佶攻陷溫州❾，張惠奔福州。◯錢鏐遣方永珍救婺州。

初，禮部員外郎知制誥❿司空圖⓫棄官居虞鄉王官谷，昭宗屢徵之，不起。柳璨以詔書徵之。圖懼，詣洛陽入見，陽為衰野⓬，墜笏失儀⓭。璨乃復下詔，略曰：「既養高⓮以傲代⓯，類移山⓰以釣名。」又曰：「匪夷匪惠⓱，難居公正之朝。可放還山。」圖，臨淮人也。

楊師厚攻下唐、鄧、復、郢、隨、均、房七州⓲，朱全忠軍于漢北⓳。九月辛酉⑳，命師厚作浮梁於陰谷口㉑。癸亥㉒，引兵度漢。甲子㉓，趙匡凝將兵二萬陳于漢濱，師厚與戰，大破之，遂傅㉔其城下。是夕，匡凝焚府城，帥其族及麾下士沿漢奔廣陵㉕。乙丑㉖，師厚入襄陽。丙寅㉗，全忠繼至。匡凝至廣陵，楊行密戲之曰：「君在鎮，歲以金帛輸朱全忠[1]，今敗，乃歸我乎？」匡凝曰：「諸侯事天子，歲輸貢賦乃其職也，豈輸賊㉘乎！今日歸公，正以不從賊故耳。」行密厚遇之。

【章旨】以上為第五段，寫朱全忠兼併山南東道，節度使趙匡凝奔淮南。

【注釋】❶庚午　七月十三日。❷天雄　即魏博節度。❸羅紹威　天雄節度使、鄴王。附朱全忠，入後梁，為守太師，兼中書令。傳見《舊唐書》卷一百八十一、《新唐書》卷二百十、《舊五代史》卷十四、《新五代史》卷三十九。❹滄州　時劉守文據滄州。❺昭信　方鎮名，治所金州，在今陝西安康。時節度使為馮行襲，附朱全忠。❻乙未　八月初九日。❼己亥　八月十三日。❽處州　州名，治所在今浙江麗水縣。❾溫州　時為張惠所據。❿知制誥　官名，掌起草詔令。原為中書舍人之職，其後常以他官代行其職，稱為某官知制誥。他官帶知制誥者為外制，翰林學士帶知制誥者為內制。⓫司空圖　（西元八三七—九〇八年）字表聖，臨淮（今江蘇盱眙）人，咸通進士，官禮部員外郎、中書舍人，後隱居虞鄉縣（在今山西永濟）中條山王官谷，自號知非子、耐辱居士。詩人、詩論家。著有《詩品》。傳見《舊唐書》卷一百九十下、《新唐書》卷一百九十四。⓬衰野　衰老樸野。⓭墜笏失儀　掉落笏板，違失朝廷禮儀。⓮養高　修養高尚志節。⓯傲代　高傲自負，輕視世人。⓰移山　愚公移山。故事見《列子・湯問》，後世多以愚公移山比喻有志者事竟成。但柳璨意謂司空圖隱居是沽名釣譽，如同愚公移山一樣。⓱匪夷匪惠　意謂司空圖既沒有伯夷之清，又沒有柳下惠之和，難以與之相比。夷，指伯夷。惠，指柳下惠。⓲七州　指唐、鄧等七州，時為忠義軍，為山南東道巡屬。⓳漢北　漢江以北。⓴辛酉　九月初五日。

㉑陰谷口　地名，在今湖北襄樊西北漢江畔。㉒癸亥　九月初七日。㉓甲子　九月初八日。㉔傅　靠近。㉕廣陵　楊行密時據廣陵。趙匡凝沿漢入江，順流東下而奔歸。㉖乙丑　九月初九日。㉗丙寅　九月初十日。㉘賊　指朱全忠。

【校記】①朱全忠　原作「全忠」。據章鈺校，十二行本、乙十一行本、孔天胤本皆有「朱」字，今據補。

【語譯】七月十三日庚午夜裡，天雄牙將李公佺與牙軍謀劃作亂，羅紹威察覺了他們的行動。李公佺焚燒官府房舍，大肆搶掠，逃往滄州。

八月，王建派遣前山南西道節度使王宗賀等率軍在金州進攻昭信節度使馮行襲。

朱全忠因為趙匡凝東邊和楊行密聯絡，西邊與王建結成兒女親家。八月初九日乙未，派遣武寧節度使楊師厚率軍攻打他。十三日己亥，朱全忠帶領大軍繼踵其後。

處州刺史盧約派遣他的弟弟盧佶攻下溫州，張惠逃往福州。○錢鏐派遣方永珍救援婺州。

當初，禮部員外郎知制誥司空圖棄官居住在虞鄉縣王官谷，昭宗多次徵召他，他都未出來任職。柳璨用詔書徵召他，司空圖害怕，前往洛陽入朝進見，假裝衰老而又粗野，墜落朝笏，違失朝廷禮儀。柳璨於是又頒下詔書，大略是說：「既自命修養高節以傲視世人，又類似誇口移山以沽名釣譽。」又說：「不是伯夷，也不是柳下惠，難以立身在公平正直的朝廷裡，可以放他返回到山裡。」司空圖，是臨淮人。

楊師厚攻下唐、鄧、復、郢、隨、均、房七州，朱全忠駐軍在漢江北岸。九月初五日辛酉，朱全忠命令楊師厚在陰谷口架設浮橋。初七日癸亥，率軍渡過漢江。初八日甲子，趙匡凝率軍二萬人在漢江邊列陣，楊師厚與他交戰，把他打得大敗，於是靠近襄陽城下。當天晚上，趙匡凝焚燒襄陽城，率領他的族人和部下將士沿漢江逃往廣陵。初九日乙丑，楊師厚進入襄陽城。初十日丙寅，朱全忠相繼到達。趙匡凝到達廣陵，楊行密與他開玩笑說：「您在藩鎮時，每年將金銀布帛輸送給朱全忠，今天戰敗，才來歸附我嗎？」趙匡凝說：「諸侯侍奉天子，每年輸送貢品、上繳賦稅是他的職責，怎麼是輸送給賊寇呢！今天歸附您，正是因為不依附賊寇的緣故。」楊行密用厚禮接待他。

丙寅❶，封皇弟禔為潁王，祐為蔡王。○丁卯❷，荊南節度使趙匡明❸帥眾二萬，棄城奔成都。戊辰❹，朱全忠以楊師厚為山南東道留後，引兵擊江陵❺，至樂鄉❻，荊南牙將王建武遣使迎降。全忠以都將賀瓌為荊南留後。全忠尋表師厚為山南東道節度使。

王宗賀等攻馮行襲，所向皆捷。丙子❼，行襲棄金州，奔均州，其將全師朗以城降。王建更師朗姓名曰王宗朗，補金州觀察使，割渠、巴、開❽三州以隸之。

乙酉❾，詔更用十一月癸酉親郊❿。

淮南將陶雅、陳璋拔婺州，執刺史沈夏以歸。楊行密以雅為江南都招討使，歙、婺、衢、睦觀察使，以璋為衢、婺副招討使。璋攻暨陽⓫，兩浙將方習敗之。習進攻婺州。

濠州團練使劉金卒，楊行密以金子仁規知濠州。

楊行密長子宣州觀察使渥，素無令譽⓬，軍府⓭輕之。行密寢疾，命節度判官周隱召渥。隱性憃直⓮，對曰：「宣州司徒⓯輕易信讒，喜擊毬飲酒，非保家之主。餘子皆幼，未能駕馭諸將。廬州刺史劉威，從王起細微⓰，必不負王，不若使之權領軍府，俟諸子長以授之。」行密不應。左右牙指揮使徐溫、張顥言於行密曰：「王平生出萬死，冒矢石，為子孫立基業，安可使它人有之！」行密曰：「吾死瞑目矣。」隱，舒州人也。

它日，將佐問疾，行密目留⑰幕僚嚴可求。眾出，可求曰：「王若不諱⑱，如軍府何？」行密曰：「吾命周隱召渥，今忍死待之。」可求與徐溫詣隱，隱未出見，牒⑲猶在案上，可求即與溫取牒，遣使者如宣州召之。可求，同州⑳人也。行密以潤州團練使王茂章為宣州觀察使㉑。

【章　旨】以上為第六段，寫楊行密病重，遣意部屬立其長子楊渥為淮南節度使繼任人。

【注　釋】❶丙寅　九月初十日。❷丁卯　九月十一日。❸趙匡明　趙匡凝之弟。天復三年（西元九〇三年），趙匡凝遣其據荊南，趙匡凝敗，趙匡明棄城奔成都。❹戊辰　九月十二日。❺江陵　荊南軍府治所，在今湖北荊州之江陵城。❻樂鄉　鎮名，在江陵府長林縣，在今湖北荊門西北。❼丙子　九月二十日。❽渠巴開　皆州名，渠州治所在今四川渠縣，巴州治所在今四川巴中，開州治所在今重慶市開縣。❾乙酉　九月二十九日。❿親郊　帝王親自舉行郊祀。⓫暨陽　縣名，即越州諸暨縣，縣治在今浙江諸暨，與婺州東陽縣接境。⓬令譽　好名聲。⓭軍府　將帥的幕府。⓮惷直　愚鈍憨直。⓯宣州司徒　指楊渥。楊渥時守宣州，加官司徒。⓰細微　低賤。⓱目留　用眼光示意留下。⓲不諱　死的含蓄說法。⓳牒　楊行密召楊渥的文書。⓴同州　嚴可求本同州人，父名實，仕唐後為江淮陸運判官，住家於江都。㉑使王茂章為宣州觀察使　王茂章為當時名將，楊行密因宣州地接杭州，地位極為重要，故以王茂章守之。但他沒有料知王茂章與楊渥有矛盾，致使後來王茂章輕易地奔赴兩浙。

【語　譯】九月初十日丙寅，封皇弟李禔為潁王，李祐為蔡王。〇十一日丁卯，荊南節度使趙匡明率軍二萬人，放棄城池逃往成都。十二日戊辰，朱全忠任命楊師厚為山南東道留後，率軍進攻江陵，到達樂鄉，荊南牙將王建武派遣使者迎接，向楊師厚投降。朱全忠任命都將賀瓌為荊南留後。朱全忠不久上表奏請楊師厚為山南東道節度使。

王宗賀等攻打馮行襲，軍鋒所向，全都獲勝。九月二十日丙子，馮行襲放棄金州，逃往均州，他的部將全師朗獻城投降。王建改全師朗的姓名為王宗朗，補任金州觀察使，分割出渠、巴、開三州隸屬於他。

九月二十九日乙酉，昭宣帝下詔改在十一月十九日癸酉親自舉行郊祀典禮。

淮南將領陶雅、陳璋攻下婺州，俘獲刺史沈夏返回。楊行密任命陶雅為江南都招討使，歙、婺、衢、睦觀察使，任命陳璋為衢、婺副招討使。陳璋進攻暨陽，兩浙將領方習打敗了陳璋，方習進攻婺州。

濠州團練使劉金去世，楊行密任命劉金的兒子劉仁規為知濠州事。

楊行密的長子宣州觀察使楊渥，素來沒有好聲譽，節度使府中的人輕視他。楊行密臥病在床，命令節度判官周隱召回楊渥。周隱為人愚鈍樸直，回答說：「宣州司徒楊渥輕易聽信讒言，喜好擊毬飲酒，不是能保全家業的人主。其餘的兒子年齡都小，不能駕御諸將領。廬州刺史劉威，從低賤時就跟隨您，一定不會辜負您。不如讓他暫時代理節度使府事務，等幾個兒子長大後再把權力交還他們。」楊行密不回答。左右牙指揮使徐溫、張顥對楊行密說：「大王您一生出生入死，冒著矢石的危險，為子孫後代建立基業，怎麼能讓別人佔有呢！」楊行密說：「我死也放心了。」周隱，是舒州人。

有一天，將領佐吏來探問病情，楊行密用眼睛示意留下幕僚嚴可求。眾人出去後，嚴可求說：「大王如有不測，節度使府的事務如何處理呢？」楊行密說：「我命令周隱召回楊渥，如今強忍病痛等他到來。」嚴可求和徐溫到周隱那兒，周隱沒有出來見面，召回楊渥的牒文仍放在桌案上。嚴可求立即與徐溫拿走牒文，派遣使者到宣州去召楊渥。嚴可求，是同州人。楊行密任命潤州團練使王茂章為宣州觀察使。

冬，十月丙戌朔❶，以朱全忠為諸道兵馬元帥，別開幕府❷。○是日，全忠部署將士，將歸大梁③，忽變計，欲乘勝擊淮南。敬翔諫曰：「今出師未踰月，平兩大鎮④，闢地數千里，遠近聞之，莫不震慴⑤。此威望可惜⑥，不若且歸息兵，俟釁⑦而動。」不聽。○改昭信軍為戎昭軍，仍割均州隸之⑧[1]。

辛卯⑨，朱全忠發襄州。壬辰⑩，至棗陽⑪，遇大雨。自申州⑫抵光州，道險狹塗潦⑬，人馬疲乏，士卒尚未冬服⑭，多逃亡。全忠使人謂光州刺史柴再用曰：「下，我以汝為蔡州刺史⑮；不下，且屠城！」再用嚴設守備，戎服登城，見全忠，拜伏甚恭，曰：「光州城小兵弱，不足以辱王之威怒。王苟先下壽州，敢不從命！」全忠留其城東旬日而去。

起居郎⑯蘇楷⑰，禮部尚書循⑱之子也，素無才行，乾寧中登進士第，昭宗覆試⑲黜之，仍永不聽⑳入科場㉑。甲午㉒，楷帥同列㉓上言：「諡號㉔美惡，臣子不得而私。先帝諡號多溢美㉕，乞更詳議。」事下太常㉖，丁酉㉗，張廷範奏改諡恭靈莊愍孝皇帝，廟號㉘襄宗，詔從之。

楊渥至廣陵。辛丑㉙，楊行密承制以渥為淮南留後。○戊申㉚，朱全忠發光州，迷失道百餘里，又遇雨，比及壽州㉛，壽人堅壁清野以待之。全忠欲圍之，無林木可為柵，乃退屯正陽㉜。○癸丑㉝，更名成德軍曰武順㉞。

【章旨】以上為第七段，寫朱全忠為諸道兵馬元帥，別開幕府。改昭信軍為戎昭軍、成德軍為武順軍。

【注釋】❶丙戌朔　十月初一日。❷別開幕府　另外開設元帥府。❸將歸大梁　將自襄陽歸大梁。❹兩大鎮　荊、襄兩鎮。❺震慴　驚怕；驚懼。❻惜　珍惜。❼釁　機會。❽割均州隸之　昭信軍本置於金州，時已為王建所取，故改置於均州。❾辛卯　十月初六日。❿壬辰　十月初七日。⓫棗陽　縣名，縣治在今湖北棗陽。時屬隨州。⓬申州　州名，治所在今河南信陽。⓭塗潦　道路上流水或積水。⓮冬服　穿冬裝。⓯蔡州刺史　柴再用汝陽（今河南汝南）人，所以朱全忠以衣錦還鄉利誘之。⓰起居郎　官名，門下省屬官，員二人，從六品上階，掌記載皇帝的言行。⓱蘇楷　（？—西元九二八年）蘇循之子，與其父皆無行，歷唐、後梁、後唐，官至後唐尚書員外郎。父子同傳，見《舊五代史》卷六十、《新五代史》卷三十四。⓲循　蘇循，昭宗朝為禮部尚書。善阿諛苟容，無士行。⓳覆試　重試。乾寧二年（西元八九五年）進士二十餘人，中使奏云僥倖者半。唐昭宗命學士陸扆、馮渥覆試，及格者十四人。蘇楷等四人最下，不得再赴舉場。⓴不聽　不接受；不允許。㉑科場　科舉考試的考場。唐人謂貢院為科場。㉒甲午　十月初九日。㉓同列　此謂起居郎羅袞、起居舍人盧鼎等。蘇楷被黜不許入科場，唐昭宗遇弒後，朱全忠控制朝政，才得為起居郎。㉔諡號　帝王、貴族、大臣、士大夫死後，依其生前事跡給予的稱號。㉕溢美　過分誇獎。㉖太常　太常寺。官署名，掌禮樂郊廟社稷事宜。㉗丁酉　十月十二日。㉘廟號　帝王死後，在太廟立室奉祀，並追尊以某祖、某宗的名號，稱廟號。㉙辛丑　十月十六日。㉚戊申　十月二十三日。㉛比及壽州　當到達壽州時。㉜正陽　鎮名，在壽州西六十里。㉝癸丑　十月二十八日。㉞武順　因朱全忠父親名誠，故改成德軍為武順，治所鎮州。

【校記】①仍割均州隸之　原無此六字。據章鈺校，十二行本、乙十一行本、孔天胤本皆有此六字，張敦仁《通鑑刊本識誤》、張瑛《通鑑校勘記》同，今據補。

【語譯】冬，十月初一日丙戌，任命朱全忠為諸道兵馬元帥，另外開設元帥府。○這一天，朱全忠部署將士，準備返回大梁，忽然改變計畫，想要乘勝攻擊淮南。敬翔勸諫說：「現在出兵還不到一個月，平定襄陽、荊州兩大藩鎮，開闢疆域數千里，遠近的人得知後，沒有不震驚害怕的。這個威望需要珍惜，不如暫時回去停止征戰，等待機會再發動攻擊。」朱全忠不聽。○朝廷改昭信軍為戎昭軍，並將均州劃歸給它管轄。

十月初六日辛卯，朱全忠從襄州出發。初七日壬辰，到達棗陽，遇到大雨。從申州到光州的道路險阻狹窄，到處積水，人困馬乏，士兵還沒有穿上冬衣，許多人逃亡。朱全忠派人對光州刺史柴再用說：「獻城投降，我以你為蔡州刺史；不投降，就要屠滅全城人！」柴再用嚴加守備，戎裝登城，看見朱全忠，拜伏行禮，非常恭敬，說：「光州城小兵弱，不值得羞辱大王發威動怒。大王如果先攻下壽州城，我怎麼敢不服從您的命令呢！」朱全忠在光州城東停留十天後離去。

起居郎蘇楷，是禮部尚書蘇循的兒子，向來無才無德，乾寧年間考中進士，昭宗覆試後將他廢黜，並且永遠不准他再入科場考試。十月初九日甲午，蘇楷率領同僚向昭宣帝上奏說：「謚號的好壞，臣子不能有所偏私。先帝的謚號有太多溢美之詞，請求再詳細商議。」事情交下給太常辦理。十二日丁酉，張廷範上奏更改昭宗的謚號為恭靈莊愍孝皇帝，廟號為襄宗，昭宣帝下詔依從他的意見。

楊渥到達廣陵。十月十六日辛丑，楊行密藉皇帝名義任命楊渥為淮南留後。〇二十三日戊申，朱全忠從光州出發，迷失道路一百多里，又遇上下雨，等到抵達壽州，壽州人堅壁清野來等待他。朱全忠打算包圍壽州，但沒有樹木可以修建柵欄，於是撤退，屯駐正陽鎮。〇二十八日癸丑，朝廷改成德軍叫武順軍。

十一月丙辰❶，朱全忠度淮而北，柴再用抄其後軍，斬首三千級，獲輜重萬計。全忠悔之❷，躁忿❸尤甚。丁卯❹，至大梁。

先是，全忠急於傳禪❺，密使蔣玄暉等謀之。玄暉與柳璨等議：以魏、晉以來皆先封大國，加九錫❻、殊禮❼，然後受禪，當次第❽行之。乃先除全忠諸道元帥，以示有漸，仍以刑部尚書裴迪為送官告使❾，全忠大怒。宣徽副使王殷、趙殷衡疾玄暉權寵⑩，欲得其處，因譖之於全忠曰：「玄暉、璨等欲延唐祚⑪，故逗遛⑫[1]其事以須⑬變。」玄暉聞之懼，自至壽春⑭，具言其狀。全忠曰：「汝曹巧述閒事⑮以沮⑯我，借使⑰我不受九錫，豈不能作天子邪！」玄暉曰：「唐祚已盡，天命歸王，愚智皆知之。玄暉與柳璨等非敢有背德⑱，但以今茲晉、燕、岐、蜀⑲皆吾勍敵⑳，王遽受禪，彼心未服，不可不曲盡義理㉑，然後取之，欲為王創萬代之業耳。」全忠叱之曰：「奴果反矣！」玄暉惶遽㉒辭歸，與璨議行九錫。時天子將郊祀，百官既習儀㉓，裴迪自大梁還㉔，言㉕全忠怒曰：「柳璨、蔣玄暉等欲延唐祚，乃郊天㉖也。」璨等懼。庚午㉗，敕改用來年正月上辛㉘。殷衡本姓孔名循，為全忠家乳母養子，故冒姓趙，後漸貴，復其姓名。

壬申㉙，趙匡明至成都，王建以客禮遇之。

昭宗之喪，朝廷遣告哀使㉚司馬卿宣諭王建，至是始入蜀境。西川掌書記韋莊為建謀，使武定㉛節度使王宗綰諭卿曰：「蜀之將士，世受唐恩，去歲聞乘輿東遷，凡上二十表，皆不報㉜。尋㉝有亡卒㉞自汴來，聞先帝已罹㉟朱全忠弒逆。蜀之將士方日夕枕戈㊱，思為先帝報仇。不知今茲使來以何事宣諭？舍人㊲宜自圖進退。」卿乃還。

庚辰㊳，吳武忠王楊行密薨。將佐共請宣諭使李儼㊴承制授楊渥淮南節度使、東南諸道行營都統，兼侍中、弘農郡王。

柳璨、蔣玄暉等議加朱全忠九錫，朝士多竊懷㊵憤邑㊶，禮部尚書蘇循獨揚言曰：「梁王功業顯大㊷，曆數㊸有歸，朝廷速宜揖讓㊹。」朝士無敢違者。辛巳㊺，以全忠為相國㊻，總百揆㊼。以宣武、宣義、天平、護國、天雄、武順、佑國、河陽、義武、昭義、保義、戎昭、武定、泰寧、平盧、忠武、匡國、鎮國、武寧、忠義、荊南等二十一道㊽為魏國，進封魏王，仍加九錫。全忠怒其稽緩㊾，讓不受。十二月戊子㊿，命樞密使蔣玄暉齎手詔詣全忠諭指(51)。癸巳(52)，玄暉自大梁還，言全忠怒不解。甲午(53)，柳璨奏稱：「人望(54)歸梁王，陛下釋重負(55)，今其時也。」即日遣璨詣大梁達傳禪之意，全忠拒之。

【章　旨】以上為第八段，寫楊行密辭世，長子楊渥繼為淮南節度使。朱全忠急於受禪，柳璨、蔣玄暉等人為之策劃，認為應依魏、晉以來故事，先封大國，加九錫，殊禮，次第行之，然後受禪。

【注　釋】❶丙辰　十一月初二日。❷悔之　後悔不用敬翔之言。❸躁忿　急躁忿怒。❹丁卯　十一月十三日。❺傳禪　以禪讓方式傳承皇位。❻九錫　又名九賜。最初，本為帝王尊禮大臣所給的九種器物：一、車馬，二、衣服，三、樂則，四、朱戶，五、納陛，六、虎賁，七、弓矢，八、鈇鉞，九、秬鬯。自王莽以後權臣篡位，建立新王朝之前，都加九錫，成為例行公事。❼殊禮　特殊的禮遇。一般在禪讓之前指的是贊拜不名、入朝不趨和劍履上殿等。❽次第　依次。❾送官告使　官名，亦作官告使，專送授官憑證及封贈臨時設置的官職。⑩權寵　蔣玄暉時為樞密使，內專朝廷之權，外結朱全忠之寵。⑪延唐祚　延長唐的皇位。⑫逗遛　拖延。⑬須　待。⑭壽春　縣名，壽州治所。時朱全忠在壽春行營。⑮巧述閒事　指蔣玄暉等所說受禪的做法。先封大國、加九錫、殊禮等皆為王莽所創，蔣玄暉是依舊例。⑯沮　阻止。⑰借使　假使。⑱背德　違背朱全忠的恩德。⑲晉燕岐蜀　指李克用、劉仁恭、李茂貞和王建。⑳勍敵　勁敵；強大的敵人。㉑曲盡義理　多方盡量做到符合義理。㉒惶遽　惶恐慌忙。㉓習儀　唐制，皇帝行大祀，百官皆先習儀，受誓戒，然後行事。㉔自大梁還　裴迪先至壽春行營，從朱全忠還大梁，又自大梁返回洛陽。㉕言　轉述。㉖郊天　郊外祀天。此所云郊天，朱全忠認為是柳璨、蔣玄暉為了拖延唐政權所採用的手段。㉗庚午　十一月十六日。㉘上辛　每月上旬的辛日。㉙壬申　十一月十八日。㉚告哀使　朝廷派出報喪的官員。㉛武定　方鎮名，治洋州，為蜀之東北邊鄙。㉜報　回覆。㉝尋　不久。㉞亡卒　逃亡至蜀的汴卒。㉟罹　遭遇。㊱枕戈　枕著兵器，隨時準備戰鬥。㊲舍人　指司馬卿。唐制中書通事舍人掌受四方章奏及宣傳詔命。㊳庚辰　十一月二十六日。㊴李儼　天復二年，昭宗以金吾將軍李儼為江淮宣諭使，拜楊行密為東面行營都統，淮南諸道立功將士，聽用都統牒承制遷補，然後表聞。㊵懷　內心裡的想法。㊶憤邑　憤恨抑鬱。㊷顯大　顯著偉大。㊸曆數　天道；朝代更替的次序。㊹揖讓　謂讓位於賢。㊺辛巳　十一月二十七日。㊻相國　官名，不常置，漢、魏以後位望尊於宰相。㊼總百揆　總領國政和百官。揆，事務。㊽二十一道　據胡三省注，二十一道領州凡六十九。宣武領汴、宋、亳、單；宣義領汝、鄭、滑；天平領鄆、曹、濮、濟；護國領河中、晉、絳、慈、隰；天雄領魏、博、貝、衛、澶、相；武順領鎮、冀、深、趙；佑國領京兆、商、華；河陽領孟、懷；義武領定、祁、易；昭義領潞、澤；保義領邢、洺、磁；戎昭領金、均、房；武定領洋；泰寧領兗、沂、密；平盧領青、淄、齊、棣、登、萊；忠武領陳、許；匡國領同；鎮國領陝、虢；武寧領徐、宿；忠義領襄、鄧、隨、郢、唐、復、安；荊南領荊、歸、峽。㊾稽緩　拖延。㊿戊子　十二月初四日。(51)諭指　即諭旨。宣布皇帝的旨意。(52)癸巳　十二月初九日。(53)甲午　十二月初十日。(54)人望　人心所向，為眾人所仰望。(55)釋重負　此為勸哀帝讓位之辭。

【校　記】①逗遛　據章鈺校，孔天胤本作「逗留」。按，「逗遛」同「逗留」。

【語　譯】十一月初二日丙辰，朱全忠渡過淮河北進，柴再用包抄他的後軍，砍下三千首級，獲得輜重數以萬計。朱全忠後悔不聽敬翔的話，更加暴躁忿怒。十三日丁卯，到達大梁。

在這以前，朱全忠急於要通過禪讓方式稱帝，祕密讓蔣玄暉等人謀劃此事。蔣玄暉與柳璨等商議：從魏、晉以來，都是先封大國，加賜九錫，給予特殊的禮遇，然後再接受禪讓，應當按這個順序進行。於是先任命朱全忠為諸道元帥，以表示循序漸進，並且派刑部尚書裴迪為送官告使，朱全忠大怒。宣徽副使王殷、趙殷衡嫉妒蔣玄暉擅權得寵，想要得到他的位置，因此向朱全忠誣陷他說：「蔣玄暉、柳璨等想要延續唐朝政權，所以拖延此事以等待事變發生。」蔣玄暉得知後很害怕，親自到壽春，對朱全忠詳細解釋具體情況。朱全忠說：「你們巧言敘述一些不相干的事情來阻止我，假如我不受九錫之禮，難道就不能做天子嗎！」蔣玄暉說：「唐朝的氣數已盡，天命歸依大王，無論愚人還是智者都深信不疑。我和柳璨等人不敢違背大王的恩德，只是因為如今晉、燕、岐、蜀等地都是我們的勁敵，大王馬上接受禪讓，他們心裡不服氣；不能不設法慢慢地講明大義道理，然後再取代皇位，想為大王創立萬世的基業。」朱全忠責罵他說：「奴才果然要造反了！」蔣玄暉惶恐告辭返回洛陽，與柳璨商議行九錫之禮。這時昭宣帝將舉行郊祀大典，文武百官已經在學習禮儀，裴迪從大梁返回，轉述朱全忠發怒時說的話：「柳璨、蔣玄暉等人想要延續唐代的政權，所以才舉行郊祀祭天。」柳璨等很恐懼。十一月十六日庚午，敕令改用明年正月上旬的辛日舉行郊祀祭天。趙殷衡本來姓孔名循，是朱全忠家奶媽的養子，所以冒充姓趙，後來逐漸顯貴，才恢復原來的姓名。

十一月十八日壬申，趙匡明到達成都，王建用客禮來接待他。

昭宗發喪，朝廷派遣告哀使司馬卿前往成都宣諭王建，到這時才開始進入蜀地境內。西川掌書記韋莊替王建謀劃，派武定節度使王宗綰告訴司馬卿說：「蜀地的將士，世代蒙受唐朝皇室的恩惠，去年得知皇帝東遷洛陽，總共上了二十個表文，都沒有得到答覆。不久有逃亡的士兵從汴州到來，得知先帝已經被朱全忠殺害。蜀地將士正日夜枕戈以待，想為先帝報仇。不知如今使者到來，想要宣告什麼事情？您應該自己考慮進退。」司馬卿於是返回洛陽。

十一月二十六日庚辰，吳武忠王楊行密去世。淮南將領佐吏共同請求宣諭使李儼以皇帝名義任命楊渥為淮南節度使、東南諸道行營都統，兼侍中、弘農郡王。

柳璨、蔣玄暉等商議加朱全忠九錫之禮，朝中官吏大多私懷怨怒，抑鬱不平，只有禮部尚書蘇循揚言說：

「梁王功業顯赫偉大，天命所歸，朝廷應該迅速把帝位禪讓給他。」朝中官吏沒有敢於違抗的人。十一月二十七日辛巳，任命朱全忠為相國，總攬朝廷政務。以宣武、宣義、天平、護國、天雄、武順、佑國、河陽、義武、昭義、保義、戎昭、武定、泰寧、平盧、忠武、匡國、鎮國、武寧、忠義、荊南等二十一道為魏國，進封為魏王，並加九錫之禮。朱全忠惱恨他們拖延遲緩，推辭不肯接受。十二月初四日戊子，命令樞密使蔣玄暉攜帶昭宣帝親筆詔書到朱全忠處宣旨。初九日癸巳，蔣玄暉從大梁返回洛陽，說朱全忠怒氣不解。初十日甲午，柳璨上奏說：「民望歸向梁王，陛下放棄這沉重的負擔，現在正是時候。」當天派遣柳璨到大梁去傳達昭宣帝禪讓帝位的意思，朱全忠拒絕接受。

初，璨陷害朝士❶過多，全忠亦惡之。璨與蔣玄暉、張廷範朝夕宴聚，深相結，為全忠謀禪代事。何太后泣遣宮人阿秋、阿虔[1]達意玄暉，語以它日傳禪之後，求子母❷生全。王殷、趙殷衡譖玄暉，云「與柳璨、張廷範於積善宮❸[2]夜宴，對太后焚香為誓，期興復唐祚。」全忠信之。乙未❹，收玄暉及豐德庫使❺應頊、御廚使❻朱建武繫❼河南獄❽。以王殷權知樞密，趙殷衡權判宣徽院事。全忠三表辭魏王、九錫之命。丁酉❾，詔許之❿，更以為天下兵馬元帥，然全忠已修大梁府舍為宮闕矣。是日，斬蔣玄暉，杖殺應頊、朱建武。庚子⓫，省⓬樞密使及宣徽南院使，獨置宣徽使一員，以王殷為之，趙殷衡為副使。辛丑⓭，敕罷宮人宣傳詔命⓮及參隨視朝⓯。追削蔣玄暉為凶逆百姓⓰，令河南⓱揭⓲尸於都門外，聚眾焚之。

玄暉既死，王殷、趙殷衡又誣玄暉私侍⑲何太后，令阿秋、阿虔通導⑳往來。己酉㉑，全忠密令殷、殷衡害太后于積善宮，敕追廢太后為庶人，阿秋、阿虔皆於殿前撲殺。庚戌㉒，以皇太后喪，廢朝三日㉓。

辛亥㉔，敕以宮禁內亂，罷來年正月上辛謁郊廟禮。◯癸丑㉕，守司空兼門下侍郎、同平章事柳璨貶登州刺史，太常卿張廷範貶萊州司戶。甲寅㉖，斬璨於上東門㉗外，車裂廷範③於都市。璨臨刑呼曰：「負國賊㉘柳璨，死其宜矣！」

西川將王宗朗不能守金州，焚其城邑，奔成都。戎昭節度使馮行襲復取金州，奏稱④「金州荒殘，乞徙理均州。」從之。更以行襲領武定軍㉙⑤。

陳詢不能守睦州，奔于廣陵㉚，淮南招討使陶雅入據其城。◯楊渥之去宣州也，欲取其幄幕㉛及親兵以行，觀察使王茂章不與，渥怒。既襲位，遣馬步都指揮使李簡等將兵襲之。◯湖南兵寇淮南，淮南牙內指揮使楊彪擊卻之。

【章旨】以上為第九段，寫朱全忠改修大梁府舍為宮闕，三表辭封魏王、加九錫之命，怒其遲緩，改為天下兵馬元帥，誅殺柳璨等人，又弒何太后。

【注釋】❶璨陷害朝士　天祐二年（西元九〇五年），柳璨列舉與己不合的大臣名單給朱全忠，要求誅滅之以塞星變之禍。

朱全忠將裴樞等三十餘人殺害於白馬驛。❷子母　指哀帝和太后。❸積善宮　洛陽宮城中宮殿，係何太后所居。❹乙未　十二月十一日。❺豐德庫使　官名。❻御廚使　官名，掌御廚。❼繫　關押；下獄。❽河南獄　河南府監獄。❾丁酉　十二月十三日。❿詔許之　上所云「表辭」是敬翔的主意，此所云「詔許之」，是王殷等人稟承朱全忠旨意所為。⓫庚子　十二月十六日。⓬省　裁減。⓭辛丑　十二月十七日。⓮罷宮人宣傳詔命　天復三年誅宦官，以內夫人宣傳詔命，現罷。⓯參隨視朝　唐制，宮嬪司贊掌朝會贊相之事，凡朝，引客立於殿廷。現只令小黃門引從，宮人不得出內。⓰追削蔣玄暉為凶逆百姓　追削蔣玄暉一切官職，成為兇逆百姓。⓱河南　即河南府。⓲揭　舉。⓳私侍　私通。⓴通導　聯繫引導。㉑己酉　十二月二十五日。㉒庚戌　十二月二十六日。㉓廢朝三日　既廢母為庶人，又廢朝三日，既有悖人情，又不符合禮法，哀帝被朱全忠玩弄於股掌之上。㉔辛亥　十二月二十七日。㉕癸丑　十二月二十九日。㉖甲寅　十二月三十日。㉗上東門　洛陽外郭城東面三門，北邊的叫上東門。㉘負國賊　柳家自柳公綽世代仁孝謹重，動循禮法，至柳璨為人鄙野，喪盡家風，至死自悟為負國之賊。㉙武定軍　方鎮名，治所洋州，在今陝西西鄉。㉚奔于廣陵　陳詢為兩浙兵所逼而出走。㉛幄幕　軍中的營幕。

【校　記】1阿秋阿虔　原作「阿虔阿秋」。據章鈺校，十二行本、乙十一行本二字皆互乙，今從改。2積善宮　原作「積善堂」。據章鈺校，十二行本、乙十一行本、孔天胤本皆作「積善宮」，張敦仁《通鑑刊本識誤》同，今從改。3廷範　原作「張廷範」。據章鈺校，十二行本、乙十一行本皆無「張」字，今據刪。4稱　原作「請」。據章鈺校，十二行本、乙十一行本皆作「稱」，張敦仁《通鑑刊本識誤》同，今從改。5武定軍　原作「武安軍」。胡三省注云：「按《考異》，則『武安軍』當作『武定軍』。」嚴衍《通鑑補》改作「武定軍」，今據以校正。

【語　譯】當初，柳璨陷害朝中官員過多，朱全忠也厭惡他。柳璨與蔣玄暉、張廷範日夜宴飲聚會，深相結納，為朱全忠謀劃禪讓皇位的事。何太后哭著派遣宮人阿秋、阿虔向蔣玄暉轉達想法，告訴他將來禪讓皇位以後，請求保全她母子性命。王殷、趙殷衡誣陷蔣玄暉，說「他和柳璨、張廷範在積善宮夜宴，對著何太后焚香發誓，約定興復唐朝皇室的統治。」朱全忠相信他們的話。十二月十一日乙未，逮捕蔣玄暉以及豐德庫使應頊、御廚使朱建武等關押在河南府的監獄中。任命王殷暫時主持樞密的事務，趙殷衡暫時代理宣徽院的職務。朱全忠三次上表辭讓進封魏王並加九錫的詔命。十三日丁酉，昭宣帝下詔同意他的辭讓，再次任命他為天下兵馬元帥，然而朱全忠已經修建大梁的府舍為宮殿了。這一天，斬殺蔣玄暉，用木杖打死應頊、朱建武。十六日庚子，裁減樞密使和宣徽南院使，只設置宣徽使一名，任命王殷出任，趙殷衡為副使。十七日辛丑，敕令停止宮人宣布傳達詔命以及參與朝會的引導等。追削蔣玄暉的官職，成為兇逆百姓，命令河南府把他的屍體掛在都門外，聚集百姓當眾焚燒。

蔣玄暉死後，王殷、趙殷衡又誣陷蔣玄暉私通何太后，讓宮人阿秋、阿虔聯絡並引導往來。十二月二十五日己酉，朱全忠密令王殷、趙殷衡在積善宮殺害何太后，敕令追廢何太后為庶民，阿秋、阿虔都在殿前打死。二十六日庚戌，因為皇太后去世，停止上朝三天。

十二月二十七日辛亥，昭宣帝頒布敕令，因為宮廷內亂，停止來年正月上旬辛日舉行祭祀天地和祖宗的典禮。〇二十九日癸丑，守司空兼門下侍郎、同平章事柳璨貶為登州刺史，太常卿張廷範貶為萊州司戶。三十日甲寅，在洛陽上東門外斬殺柳璨，在京城市場車裂張廷範。柳璨臨刑，呼喊說：「負國賊柳璨，死得應該啊！」

西川將領王宗朗不能守衛金州，焚燒金州城邑，逃往成都。戎昭節度使馮行襲再次攻取金州，上奏稱「金州荒涼殘破，乞求遷徙治所到均州。」朝廷同意他的奏請。改任馮行襲統領武定軍。

陳詢不能守衛睦州，逃往廣陵，淮南招討使陶雅進城佔據了睦州。〇楊渥離開宣州時，想要帶著他的帳幕和親兵隨行，觀察使王茂章不同意，楊渥大怒。等到他承襲父親楊行密的職位後，派遣馬步都指揮使李簡等率軍襲擊王茂章。〇湖南軍隊入侵淮南，淮南牙內指揮使楊彪擊退了他們。

## 三年（丙寅　西元九〇六年）

春，正月壬戌[1]，靈武[2]節度使韓遜[3]奏吐蕃七千餘騎營於宗高谷[4]，將擊嗢末❺及取涼州❻。

李簡兵奄❼至宣州，王茂章度❽不能守，帥眾奔兩浙。親兵上蔡❾刁彥能辭以母老❿，不從行，登城諭眾曰：「王府⓫命我招諭汝曹，大兵行至矣。」眾由是定。陶雅畏茂章斷其歸路，引兵還歙州⓬，錢鏐復取睦州。鏐以茂章為鎮東節度副使，更名景仁。○乙丑⓭，加靜海節度使曲承裕同平章事。

初，田承嗣鎮魏博，選募六州⓮驍勇之士五千人為牙軍，厚其給賜⓯以自衛，為腹心。自是父子相繼⓰，親黨膠固⓱，歲久益驕橫，小不如意，輒族舊帥而易之，自史憲誠以來皆立於其手⓲。天雄節度使羅紹威心惡之⓳，力不能制⓴。朱全忠之圍鳳翔也，紹威遣軍將楊利言密以情告全忠，欲借其兵以誅之。全忠以事方急，未暇如其請，陰許之。及李公佺㉑作亂，紹威益懼，復遣牙將臧延範趣全忠。全忠乃發河南諸鎮兵七[1]萬，遣其將李思安將之，會魏、鎮兵㉒屯深州㉓樂城㉔，聲言擊滄州，討其納李公佺也。會全忠女適㉕紹威子廷規者卒，全忠遣客將馬嗣勳㉖實甲兵於橐㉗中，選長直兵㉘千人為擔夫，帥之入魏，詐云會葬㉙。全忠自以大軍繼其後，云赴行營，牙軍皆不之疑。庚午㉚，紹威潛遣人入庫斷弓弦、甲襻㉛，是夕，紹威帥其奴客數百，與嗣勳合擊牙軍，牙軍欲戰而弓甲皆不可用，遂圍營㉜

殪㉝之，凡八千家，嬰孺無遺。詰旦㉞，全忠引兵入城。

辛未㉟，以權知寧遠㊱留後龐巨昭[2]、嶺南西道留後葉廣略並為節度使。○庚辰㊲，錢鏐如睦州。○西川將王宗阮攻歸州㊳，獲其將韓從實。

陳璋聞陶雅歸歙，自婺州退保衢州㊴。兩浙將方永珍等取婺州，進攻衢州。

楊渥遣先鋒指揮使陳知新攻湖南。三月乙丑㊵，知新拔岳州，逐刺史許德勳㊶，渥以知新為岳州刺史。

戊寅㊷，以朱全忠為鹽鐵、度支、戶部三司都制置使。三司之名始于此。全忠辭不受。

夏，四月癸未朔㊸，日有食之。

【章　旨】以上為第十段，寫天雄節度使羅紹威引汴兵誅滅魏博累世牙兵八千家，嬰孺無遺。以朱全忠為鹽鐵、度支、戶部三司使，三司之名始於此。

【注　釋】❶壬戌　正月初八日。❷靈武　方鎮名，即朔方節度。❸韓遜　（？—西元九一六年）本靈州列校，唐末社會動亂，據有其地，為節度使。入梁，累加官至中書令，封潁川郡王。傳見《舊五代史》卷一百三十二、《新五代史》卷四十。❹宗高谷　地名，在今青海西寧東。❺嗢末　一名渾末。原為吐蕃奴部，唐武宗時尚恐熱作亂，這一部落數千人以嗢末自號，處甘、肅、瓜、沙等州間。❻涼州　州名，河西節度使治所，在今甘肅武威。靈武西至涼州九百里。❼奄　突然。❽度　估計。❾上蔡　縣名，縣治在今河南上蔡。❿辭以母老　以母親年老為理由不能從王茂章奔兩浙。⓫王府　楊行密、楊渥父子均以王爵鎮廣陵，故稱淮南軍府為王府。⑫歙州　州名，治所在今安徽歙縣。⑬乙丑　正月十一日。⑭六州　魏博節度巡屬之魏、博、貝、衛、澶、相六州。⑮給賜　供給賞賜。⑯父子相繼　指牙兵的後代承襲父兄的位置。⑰膠固　膠粘固結，喻結成死黨。⑱立於其手　指節度使皆由魏博牙軍擁立，前後共六任。即：唐穆宗長慶二年（西元八二二年）立史憲誠；文宗太和三年（西元八二九年）立何進滔；懿宗咸通十一年（西元八七〇年）立韓允中；僖宗中和三年（西元八八三年）立樂彥禎；文德元年（西元八八八年）立趙文玠；不久又立羅弘信。⑲羅紹威心惡之　羅紹威心中憎惡魏博牙軍的跋扈。心惡，內心厭惡。⑳力不能制　無力駕御。力，聲望、威信與力量。㉑李公佺　天雄牙將。去年七月謀亂，焚府舍，奔滄州。㉒魏鎮兵　魏博、鎮冀兩鎮之兵。㉓深州　州名，治所在今河北深州。㉔樂城　縣名，縣治在今河北獻縣東南。㉕適　嫁給。㉖馬嗣勳　（？—西元九〇六年）濠州鍾離（今安徽鳳陽）人，為濠州牙將，遭楊行密攻擊而投宣武朱全忠，時為宣武軍元從押衙。此戰受重傷，十餘天後去世。傳見《舊五代史》卷二十、《新五代史》卷二十三。㉗橐　盛物的袋子。㉘長直兵　長年值衛兵，一般選用驍勇善戰的兵士充任。㉙會葬　葬朱全忠之女。㉚庚午　正月十六日。㉛甲襻　甲上的帶子。㉜闔營　全營。㉝殪　殺死。㉞詰旦　明旦；第二天早上。㉟辛未　正月十七日。㊱寧遠　方鎮名，唐昭宗乾寧四年（西元八九七年）升容管觀察使為寧遠軍節度使。㊲庚辰　正月二十六日。㊳歸州　州名，治所在今湖北秭歸。時屬荊南。㊴退保衢州　去年九月，淮南兵取婺州，陳璋本以衢州附淮南，現自婺州退保之。㊵乙丑　三月十二日。㊶許德勳　原為湖南將，唐昭宗天復三年（西元九〇三年）取岳州。㊷戊寅　三月二十五日。㊸癸未朔　四月初一日。

【校　記】①七　原作「十」。據章鈺校，十二行本、乙十一行本、孔天胤本皆作「七」，熊羅宿《胡刻資治通鑑校字記》同，今從改。②寵巨昭　原作「龐巨昭」。據章鈺校，十二行本、乙十一行本皆作「寵巨昭」，今從改。

【語　譯】三年（丙寅　西元九〇六年）

春，正月初八日壬戌，靈武節度使韓遜上奏說吐蕃七千多名騎兵紮營在宗高谷，將要攻擊嗢末和奪取涼州。

李簡的軍隊突然到達宣州，王茂章估計不能據守，率領部眾投奔兩浙錢鏐。他的親兵上蔡人刁彥能以母親年老為藉口，不跟隨王茂章一起走。他登上城牆告訴士兵說：「王府命令我招集曉諭你們，大軍馬上就要到了。」士兵們因此安定下來。陶雅害怕王茂章切斷他的退路，率軍返回歙州，錢鏐再次奪取睦州。錢鏐以王茂章為鎮東節度副使，把他名字改為王景仁。〇正月十一日乙丑，加任靜海節度使曲承裕為同平章事。

當初，田承嗣鎮守魏博，挑選、招募六州驍勇善戰的士兵五千人組成牙軍，供給賞賜豐厚，藉此來自衛，作為心腹親信。從此牙軍父子傳承相繼，親戚黨羽如膠似漆般堅固，時間長了更加驕橫跋扈，稍微不順心意，就殺死舊主帥的全族再更換新的，從史憲誠以來，主帥都立於其手。天雄節度使羅紹威心中憎惡他們，但是力量不足以制服他們。朱全忠包圍鳳翔時，羅紹威派遣軍將楊利言祕密把情況告訴朱全忠，想要借他的軍隊來消滅牙軍。朱全忠因為形勢正緊，沒有空閒滿足他的請求，但暗中許諾了他。等到李公佺作亂，羅紹威更加恐懼，再次派遣牙將臧延範催促朱全忠。朱全忠於是徵調河南各鎮軍隊七萬人，派遣他的部將李思安率領，會合魏博、鎮冀的軍隊駐紮在深州樂城，聲稱要進攻滄州，討伐劉守文接納叛將李公佺的罪過。正趕上朱全忠嫁給羅紹威兒子羅廷規的女兒去世，朱全忠派遣客將馬嗣勳在袋子裡裝滿兵器鎧甲，挑選長期警衛的士兵一千人為挑夫，率領他們進入魏博，假裝說是前來會葬。朱全忠自己統率大軍跟隨在他們的後面，聲稱是到行營去，魏博牙軍都沒有懷疑他們。正月十六日庚午，羅紹威暗中派人進入武器庫割斷弓弦和鎧甲繫帶。當天晚上，羅紹威率領家中的奴僕賓客數百人，與馬嗣勳一起攻擊牙軍。牙軍想要應戰，但弓箭鎧甲都不能使用，於是全營牙軍都被殺死，一共有八千家，嬰幼兒也沒留下一個。第二天早上，朱全忠率軍進入城中。

正月十七日辛未，任命暫時代理寧遠留後的寵巨昭和嶺南西道留後葉廣略同為節度使。〇二十六日庚辰，錢鏐前往睦州。〇西川將領王宗阮進攻歸州，俘獲歸州將領韓從實。

陳璋得知陶雅返回歙州，從婺州撤退守衛衢州。兩浙將領方永珍等攻取婺州，進兵攻打衢州。

楊渥派遣先鋒指揮使陳知新進攻湖南。三月十二日乙丑，陳知新攻取岳州，趕走刺史許德勳，楊渥以陳知新為岳州刺史。

三月二十五日戊寅，朝廷任命朱全忠為鹽鐵、度支、戶部三司都制置使。三司的名稱從此時開始。朱全忠推辭不受。

夏，四月初一日癸未，發生日蝕。

羅紹威既誅牙軍，魏之諸軍皆懼，紹威雖數撫諭之，而猜怨益甚。朱全忠營於魏州城東數旬，將北巡行營，會天雄牙將史仁遇作亂，聚眾數萬據高唐❶，自稱留後，天雄巡內諸州[1]多應之。全忠移軍入城，遣使召行營兵還攻高唐，至歷亭❷，魏兵在行營者作亂。與仁遇相應。元帥府左司馬李周彝、右司馬苻道昭擊之，所殺殆半，進攻高唐，克之，城中兵民無少長❸皆死。擒史仁遇，鋸殺之。

先是，仁遇求救於河東及滄州，李克用遣其將李嗣昭將三千騎攻邢州以救之。時邢州兵纔二百，團練使牛存節守之，嗣昭攻七日不克。全忠遣右長直都將張筠❹將數千騎助存節守城，筠伏兵於馬嶺❺，擊嗣昭，敗之，嗣昭遁去。

義昌節度使劉守文❻遣兵萬人攻貝州❼，又攻冀州，拔蓨縣❽，進攻阜城❾。時鎮州大將王釗攻魏州叛將李重霸於宗城❿。全忠遣歸救冀州，滄州兵去。丙午⓫，重霸棄城走，汴將胡規⓬追斬之。

鎮南節度使鍾傳以養子延規為江州⓭刺史。傳薨，軍中立其子匡時⓮為留後。延規恨不得立，遣使降淮南。

五月丁巳⓯，朱全忠如洺州，遂巡北邊，視戎備⓰，還，入于魏。○丙子⓱，廢戎昭軍，并均、房隸忠義軍⓲，以武定節度使馮行襲為匡國節度使。○楊渥以昇州刺史秦裴為西南行營都招討使，將兵擊鍾匡時於江西。

六月甲申⑲，復以忠義軍為山南東道。○朱全忠以長安鄰於邠、岐⑳，數有戰爭，奏徙佑國節度使韓建於淄青㉑，以淄青節度使長社㉒王重師㉓為佑國節度使。

秋，七月，朱全忠克相州㉔。時魏之亂兵散據貝、博、澶、相、衛州及魏之諸縣[2]，全忠分命諸將攻討，至是悉平之，引兵南還。

全忠留魏半歲，羅紹威供億㉕，所殺牛羊豕㉖近七十萬，資糧稱是㉗，所賂遺㉘又近百萬。比去，蓄積為之一空。紹威雖去其逼㉙，而魏兵自是衰弱。紹威悔之，謂人曰：「合六州四十三縣㉚鐵，不能為此錯㉛也！」○壬申㉜，全忠至大梁。

【章旨】以上為第十一段，寫魏州諸軍憤怨羅紹威誅牙軍，紛起作亂，朱全忠發兵往討，軍旅供應，耗盡魏州蓄積，羅紹威深悔之。

【注釋】❶高唐　縣名，縣治在今山東高唐，時屬博州，在州東北一百一十里。❷歷亭　縣名，縣治在今山東武城東。❸無少長　無論年少與年長的，不分老幼。❹張筠　海州（今江蘇連雲港市）人，先事時溥為宿州刺史，後投朱全忠為客將、長直軍使，累拜宣徽使。梁亡事後唐，為京兆尹。傳見《舊五代史》卷九十、《新五代史》卷四十七。❺馬嶺　關名，在今山西太谷東南。❻劉守文　劉仁恭之子。後為弟劉守光所殺。❼貝州　州名，治所在今河北清河縣。❽蓨縣　縣名，縣治在今河北景縣，時屬冀州。❾阜城　縣名，縣治在今河北阜城，亦冀州屬縣。❿宗城　縣名，縣治在今河北威縣東，時屬魏州。⓫丙

午　四月二十四日。⓬胡規　（？—西元九一一年）兗州人。初事朱瑾，後歸朱全忠。入後梁，官至右龍虎統軍兼侍衛指揮使。後因罪賜死。傳見《舊五代史》卷十九。⓭江州　州名，治所在今江西九江市。⓮匡時　鍾傳子，傳死後立為留後，後被楊渥擊敗。傳附《新五代史》卷四十一〈鍾傳傳〉。⓯丁巳　五月初五日。⓰戎備　軍備。⓱丙子　五月二十四日。⓲忠義軍　方鎮名，文德元年（西元八八八年）賜山南東道號忠義軍節度。⓳甲申　六月初二日。⓴鄰於邠岐　邠州在長安西北二百七十五里，鳳翔在長安西三百零九里。㉑奏徙佑國節度使韓建於淄青　因韓建原與李茂貞連結，朱全忠恐其復然，故徙之淄青。徙，遷徙；調動。㉒長社　縣名，縣治在今河南許昌。㉓王重師　（？—西元九〇九年）材力兼人，初為朱全忠拔山都將，力戰有功，授潁州刺史、佑國軍節度使。後為劉捍誣陷而死。傳見《舊五代史》卷十九、《新五代史》卷二十二。㉔相州　州名，治所在今河南安陽。㉕供億　按需要而供應。㉖豕　豬。㉗稱是　相當；相等。㉘賂遺　贈送財物。㉙去其逼　除掉威脅他的魏博牙兵。㉚六州四十三縣　指魏博節度所領之魏、博、相、衛、貝、澶六州及其所屬的四十三個縣。㉛錯　又稱鑢，即銼刀，銼銅鐵所用之具。羅紹威後悔引朱全忠殺牙兵，致使魏博削弱，以鑄錯諧音為喻。「鑄成大錯」典出於此。㉜王申　七月二十一日。

【校　記】[1]州　原作「縣」。據章鈺校，十二行本、乙十一行本皆作「州」，今從改。[2]及魏之諸縣　原無此五字。據章鈺校，十二行本、乙十一行本、孔天胤本皆有此五字，張敦仁《通鑑刊本識誤》同，今據補。

【語　譯】羅紹威誅滅牙軍後，魏博屬下各軍都很恐懼，羅紹威雖然多次安撫曉諭他們，但是猜疑怨恨更加嚴重。朱全忠在魏州城東紮營幾十天，將要北上巡視行營，正趕上天雄牙將史仁遇發動叛亂，聚集部眾幾萬人佔據高唐縣，自稱天雄軍留後，天雄鎮屬下各州大多響應他。朱全忠調動軍隊入城，派遣使者召喚行營的軍隊回來攻打高唐縣，到達歷亭縣，魏州士兵在行營內的人叛亂，與史仁遇相互呼應。元帥府左司馬李周彝、右司馬苻道昭進攻叛亂的士兵，殺死將近一半，進攻高唐縣，攻克縣城，城中的士兵、百姓不分年少年長都被殺死。活捉史仁遇，把他鋸死了。

先前，史仁遇向河東李克用和滄州劉守文求救，李克用派遣他的部將李嗣昭率領三千名騎兵進攻邢州救援史仁遇。當時邢州的士兵只有二百人，團練使牛存節防守邢州，李嗣昭攻打七天未能攻克。朱全忠派遣右長直都將張筠率領幾千名騎兵幫助牛存節守城，張筠在馬嶺埋伏軍隊，攻擊李嗣昭，把他擊敗，李嗣昭逃走。

義昌節度使劉守文派遣軍隊一萬人進攻貝州，又進攻冀州，攻取蓨縣，進兵攻打阜城。當時鎮州大將王釗在宗城進攻魏州叛將李重霸。朱全忠派王釗回去救援冀州，滄州軍退走。四月二十四日丙午，李重霸放棄城池逃走，汴州將領胡規追擊，斬殺李重霸。

鎮南節度使鍾傳以養子鍾延規為江州刺史。鍾傳去世，軍中擁立他的兒子鍾匡時為留後。鍾延規怨恨自己未能成為留後，派遣使者向淮南楊渥投降。

五月初五日丁巳，朱全忠前往洺州，於是巡視北邊地區，察看軍備情況，返回，進入魏州。○二十四日丙子，廢除戎昭軍，連同均州、房州劃歸忠義軍，任命武定節度使馮行襲為匡國節度使。○楊渥以昇州刺史秦裴為西南行營都招討使，率軍前往江西進攻鍾匡時。

六月初二日甲申，再次改忠義軍為山南東道。○朱全忠由於長安鄰近邠州、岐州，多次發生戰爭，上奏請求遷徙佑國節度使韓建到淄青，以淄青節度使長社人王重師為佑國節度使。

秋，七月，朱全忠攻克相州。當時魏博叛亂的士兵分別佔據貝、博、澶、相、衛五州和魏博多個縣，朱全忠分別派遣諸將攻討，到這時全部平定，於是率軍南還。

朱全忠留在魏州半年，羅紹威按需供應，所殺的牛、羊、豬近七十萬頭，物資糧食與此相當，用來賄賂贈送的財貨又近百萬錢。到朱全忠離開時，歷年積蓄為之一空。羅紹威雖然除掉了威脅自己的牙軍，而魏博軍隊從此衰弱下來。羅紹威對此很後悔，對人說：「聚集六州四十三個縣的鐵，也鑄不成這樣的大錯啊！」○七月二十一日壬申，朱全忠到達大梁。

秦裴至洪州，軍于蓼洲❶。諸將請阻水❷立寨，裴不從，鍾匡時果遣其將劉楚據之。諸將以咎❸裴，裴曰：「匡時驍將獨楚一人耳，若帥眾守城，不可猝拔❹，吾故以要害❺誘致之耳。」未幾，裴破寨，執楚，遂圍洪州，饒州❻刺史唐寶請降。

八月乙酉❼，李茂貞遣其子侃為質於西川；王建以侃知彭州。◯朱全忠以幽、滄相首尾❽為魏患，欲先取滄州。甲辰❾，引兵發大梁。

兩浙[1]圍衢州，衢州刺史陳璋告急於淮南，楊渥遣左廂馬步都虞候周本將兵迎璋。本至衢州，浙人解圍，陳於城下，璋帥眾歸于本，兩浙兵取衢州。呂師造❿曰：「浙人近我而不動，輕我也，請擊之！」本曰：「吾受命迎陳使君，今至矣，何為復戰！彼⓫必有以待我⓬也。」遂引兵還。本為之殿，浙人躡⓭之，本中道設伏，大破之。

九月辛亥朔⓮，朱全忠自白馬⓯渡河。丁卯⓰，至滄州，軍於長蘆⓱，滄人不出。羅紹威饋運，自魏至長蘆五百里，不絕於路。又建元帥府舍於魏，所過驛亭供酒饌⓲、幄幕、什器⓳，上下數十萬人，無一不備。

秦裴拔洪州，虜鍾匡時等五千人以歸。楊渥自兼鎮南節度使，以裴為洪州制置使。◯靜難節度使楊崇本以鳳翔、保塞⓴、彰義、保義㉑之兵攻夏州，匡國節度使劉知俊邀擊坊州㉒之兵，斬首三千餘級，擒坊州刺史劉彥暉。

【章　旨】以上為第十二段，寫淮南軍攻下洪州，楊渥自兼鎮南節度使。

【注　釋】❶蓼洲　在洪州（今江西南昌）百花洲西南南塘灣外，與百花洲相並，水自兩洲間流入章江。❷阻水　靠水立寨，以水為險。❸咎　歸罪；埋怨。❹猝拔　很快攻下。猝，突然。❺要害　關係全局的重要地點，指蓼洲水寨。❻饒州　州名，治所在今江西鄱陽。❼乙酉　八月初四日。❽幽滄相首尾　幽指劉仁恭，滄指劉守文，父子互相接應稱之為相首尾。❾甲辰　八月二十三日。❿呂師造　楊行密部的行營都尉。天復元年（西元九〇一年）李神福攻杭州，派呂師造伏兵於青山下，夾擊顧全武，大獲全勝。呂師造因此而輕視浙兵。⓫彼　指兩浙兵。⓬有以待我　意謂兩浙兵有埋伏。⓭躡　緊隨在後。⓮辛亥朔　九月初一日。⓯白馬　縣名，滑州治所。在今河南滑縣。⓰丁卯　九月十七日。⓱長蘆　縣名，縣治在今河北滄州。⓲酒饌　酒食；吃喝。⓳什器　日常生活用具。⓴保塞　方鎮名，唐僖宗中和二年（西元八八二年）以延州置保塞軍節度。㉑保義　應為保大，因保義領邢、洺、磁等州，在山東，保大領鄜、坊，與邠、岐等鎮皆在關西。㉒坊州　州名，治所在今陝西黃陵。時屬保大軍管轄。

【校　記】①兩浙　原作「兩浙兵」。據章鈺校，十二行本、乙十一行本皆無「兵」字，今據刪。

【語　譯】秦裴到達洪州，駐軍在蓼洲。各將領請求依水建立營寨，秦裴不聽，鍾匡時果然派遣他的部將劉楚佔據這個地方。各將領埋怨秦裴，秦裴說：「鍾匡時的勇將只有劉楚一個人了，如果他率領部眾守城，不可能立刻攻下來，我故意以要害的地方引誘他出來。」不久，秦裴攻破營寨，俘獲劉楚，於是包圍洪州，饒州刺史唐寶請求投降。

八月初四日乙酉，李茂貞派遣他的兒子李侃到西川做人質，王建以李侃為知彭州事。〇朱全忠由於幽州的劉仁恭、滄州的劉守文父子首尾相連，成為魏州的隱患，想要先攻取滄州。二十三日甲辰，率軍從大梁出發。

兩浙軍包圍衢州，衢州刺史陳璋向淮南告急，楊渥派遣左廂馬步都虞候周本率軍迎接陳璋。周本到達衢州，浙人解除包圍，在城下布陣，陳璋率領部眾歸附周本，兩浙軍取得衢州。呂師造說：「浙人靠近我們而按兵不動，是輕視我們，請攻擊他們！」周本說：「我奉命來迎接陳使君，今天他到了，為什麼還要打仗！

他們一定有抵禦我們進攻的準備。」於是率軍返回。周本走在最後，浙人隨後跟蹤，周本中途設下埋伏，大破兩浙軍。

九月初一日辛亥，朱全忠從白馬渡過黃河。十七日丁卯，到達滄州，駐軍在長蘆縣，滄州軍隊不出戰。羅紹威運送供給，從魏州到長蘆縣五百里路，前後連綿不斷。又在魏州建造元帥府舍，所經過的驛站、涼亭供給酒食、帳幕、各種日用器具，從上到下幾十萬人，沒有一樣不準備周全。

秦裴攻取洪州，俘獲鍾匡時等五千人返回。楊渥自己兼任鎮南節度使，以秦裴為洪州制置使。〇靜難節度使楊崇本率領鳳翔、保塞、彰義、保義四鎮軍隊進攻夏州，匡國節度使劉知俊截擊坊州的軍隊，斬首三千多級，擒獲坊州刺史劉彥暉。

劉仁恭救滄州，戰屢敗。乃下令境內：「男子十五以上，七十以下，悉自備兵糧詣行營，軍發之後，有一人在閭里❶，刑❷無赦！」或諫曰：「今老弱悉行，婦人不能轉餉❸，此令必行，濫刑者眾矣。」乃命勝執兵者❹盡行，文其面❺曰「定霸都」，士人❻則文其腕或臂曰「一心事主」，於是境內士民❼，稚孺❽之外身[1]無不文者。得兵十萬，軍于瓦橋❾。

時汴軍築壘圍滄州，鳥鼠不能通。仁恭畏其強，不敢戰。城中食盡，丸土❿而食，或互相掠啖⓫，朱全忠使人說劉守文曰：「援兵勢不相及，何不早降！」守文登城應之曰：「僕於幽州，父子也。梁王方以大義服天下，若子叛父而來，將安用⑫之！」全忠愧其辭直，為之緩攻。

冬，十月丙戌⑬，王建始立行臺⑭於蜀，建東向舞蹈⑮，號慟⑯，稱：「自大駕東遷⑰，制命⑱不通，請權立行臺，用李晟、鄭畋故事⑲，承制封拜。」仍以牓帖告諭所部藩鎮州縣。

劉仁恭求救於河東，前後百餘輩⑳。李克用恨仁恭返覆㉑，竟未之許，其子存勗㉒諫曰：「今天下之勢，歸朱溫者什七八㉓，雖彊大如魏博、鎮、定，莫不附之。自河以北，能為溫患者獨我與幽、滄耳，今幽、滄為溫所困，我不與之併力拒之，非我之利也。夫為天下者不顧小怨，且彼嘗困我而我救其急，以德懷之㉔，乃一舉而名實附也。此乃吾復振之時，不可失也。」克用以為然，與將佐謀召幽州兵與攻潞州，曰：「於彼，則[2]可以解圍；於我，則[3]可以拓境㉕。」乃許仁恭和，召其兵，仁恭遣都指揮使[4]李溥將兵三萬詣晉陽，克用遣其將周德威、李嗣昭將兵與之共攻潞州。

【章旨】以上為第十三段，寫朱全忠大舉圍攻滄州，劉仁恭求救於李克用，李克用攻潞州以牽制朱全忠。

【注釋】❶閭里　鄉里，泛指民間。❷刑　殺。❸轉餉　運送糧餉。❹勝執兵者　拿得動武器的人。勝，勝任。❺文其面在臉上刺字。❻士人　士大夫。❼士民　士人和庶民。❽穉孺　年幼的兒童。❾瓦橋　關名，在今河北雄縣南易水上。❿丸土　揉土成丸。⓫啖　吃。⓬安用　如何使用。⓭丙戌　十月初六日。⓮行臺　行尚書臺的省稱。在地方代表朝廷行尚書省事的機構。⓯舞蹈　古時朝拜帝王的禮儀。⓰號慟　放聲痛哭。⓱大駕東遷　指唐昭宗遷洛陽。⓲制命　皇帝的詔命。⓳李晟鄭畋故事　指王建沿用李晟、鄭畋先前權宜拜官的舊例，自行拜官授爵。李晟在德宗建中四年（西元七八三年）平朱泚之亂中，拜授裨將趙光銑、唐良臣、張彧為洋、利、劍三州刺史，以通蜀漢之路。後李懷光與朱泚連兵，李晟為調畿內芻粟，又拜授張彧為京兆尹，皆未嘗承制。事見本書卷二百三十德宗興元元年。鄭畋在黃巢入長安時為京城四面諸軍行營都統，他以涇原節度使程宗楚為副都統，前朔方節度使唐弘夫為行軍司馬，亦權宜授官。事見本書卷二百五十四僖宗中和元年。⓴百餘輩　派出的使者一百多批。㉑返覆　劉仁恭以幽州叛李克用，又約朱全忠共同攻李克用，故李克用深恨之。㉒存勗　即後唐莊宗李存勗。㉓什七八　十分之七、八。㉔以德懷之　意謂以德行感召人。㉕拓境　開拓疆界。

【校　記】①身　原無此字。據章鈺校，十二行本、乙十一行本、孔天胤本皆有此字，今據補。②則　原無此字。據章鈺校，十二行本、乙十一行本、孔天胤本皆有此字，張敦仁《通鑑刊本識誤》同，今據補。③則　原無此字。據章鈺校，十二行本、乙十一行本、孔天胤本皆有此字，張敦仁《通鑑刊本識誤》同，今據補。④都指揮使　原作「都揮使」。據章鈺校，十二行本、乙十一行本、孔天胤本皆有「指」字，今據補。

【語　譯】劉仁恭救援滄州，屢次戰敗。於是對境內下令說：「男子十五歲以上，七十歲以下，全部自備兵器、糧食前往行營。軍隊出發後，如果有一個人還在鄉里，刑殺不赦！」有人勸諫說：「如今老弱全部出發，婦女不能轉運糧餉。這命令一定執行的話，被濫殺的人太多了。」於是下令能拿得起兵器的人全部出發，在他們臉上刺「定霸都」三個字，讀書人就在他的手腕或胳膊上刺「一心事主」四個字，於是境內的士人百姓，除了幼兒之外，身上沒有不被刺字的。劉仁恭共得到士兵十萬人，駐軍在瓦橋。

這時汴州軍修築營壘圍住滄州，飛鳥、老鼠都不能通過。劉仁恭懼怕對方軍力強大，不敢出戰。城中糧食吃光了，就把泥土搓成丸子吞食，有的互相掠奪來吃。朱全忠派人勸劉守文說：「援兵勢必來不及了，為什麼不早投降！」劉守文登上城牆答覆朱全忠說：「我和幽州是父子關係。梁王您正以大義征服天下，假如兒子背叛父親前來，將如何使用他呢！」朱全忠因為他的言辭坦率而感到慚愧，所以延緩攻勢。

冬，十月初六日丙戌，王建開始在蜀地設立行臺。王建面向東方舞蹈拜謁，放聲痛哭，說道：「自從皇上東遷洛陽以後，皇上的制命不能通達。臣請求暫時設立行臺，用李晟、鄭畋的舊例，以皇上名義封拜官爵。」於是用榜帖文書告知所統轄的藩鎮州縣。

劉仁恭向河東李克用求救，前後派出使者一百多批。李克用憎恨劉仁恭反覆無常，最後也沒有答應他。他的兒子李存勗勸諫說：「如今天下的形勢，歸附朱溫的已經佔了十分之七、八，即使像魏博、鎮州、定州那樣強大的藩鎮，沒有不依附他的。自黃河以北，能使朱溫感到憂慮的，只有我們和幽州、滄州了。如今幽州、滄州被朱溫所圍困，我們不與他們合力抵禦朱溫，不是我們的利益所在。謀取天下的人不該顧及小怨，況且他們曾困擾我們，而我們卻解救他們的危急，以恩德安撫他們，這是一舉兩得，名聲和實利都得到了。這是我們復興振作之時，不可錯失良機。」李克用認為很對，就和部將、佐吏商議召請幽州軍共同進攻潞州，說：「對他們來說，可以解除包圍；對我們來說，可以開拓疆土。」於是答應與劉仁恭和好，召請他的軍隊。劉仁恭派遣都指揮使李溥率軍三萬人前來晉陽，李克用派遣他的部將周德威、李嗣昭率軍與李溥一同進攻潞州。

夏州告急於朱全忠。戊戌❶，全忠遣劉知俊及其將康懷貞[1]救之。楊崇本將六鎮❷之兵五萬，軍于美原❸。知俊等擊之，崇本大敗，歸于邠州。

武貞節度使雷彥恭❹[2]屢寇荊南，留後賀瓌閉城自守，朱全忠以為怯，以潁州防禦使高季昌代之，又遣駕前指揮使倪可福將兵五千戍荊南以備吳、蜀。朗兵❺引去。

十一月，劉知俊、康懷貞乘勝攻鄜、延等五州，下之。加知俊同平章事，以懷貞為保義節度使。西軍❻自是不振。◯湖州刺史高彥卒，子澧代之。

十二月乙酉❼，錢鏐表薦行軍司馬王景仁❽。詔以景仁領寧國節度使。◯朱全忠分步騎數萬，遣行軍司馬李周彝將之，自河陽救潞州。

閏月乙丑❾，廢鎮國軍興德府復為華州，隸匡國節度❿，割金、商州隸佑國軍⓫。

初，昭宗凶訃⓬至潞州，昭義節度使丁會帥將士縞素⓭流涕久之。及李嗣昭攻潞州，會舉軍降於河東。李克用以嗣昭為昭義留後。會見克用，泣曰：「會非力不能守也。梁王⓮陵虐唐室，會雖受其舉拔之恩，誠不忍其所為，故來歸命⓯耳。」克用厚待之，位於諸將之上。

己巳⓰，朱全忠命諸軍治攻具，將攻滄州。壬申⓱，聞潞州不守。甲戌⓲，引兵還。

先是，調河南北芻糧，水陸⓳輸軍前，諸營山積⓴，全忠將還，命悉[3]焚之，煙炎數里，在舟中者鑿而沈之。劉守文使遺全忠書曰：「王以百姓之故，赦僕之罪，解圍而去，王之惠也。城中數萬口，不食數月矣，與其焚之為煙，沈之為泥，願乞其所[4]餘以救之。」全忠為之留數囷㉑以遺㉒之，滄人賴以濟。

河東兵進攻澤州，不克而退。○吉州㉓刺史彭玕遣使請降於湖南。玕本赤石洞蠻酋㉔，鍾傳用為吉州刺史。

【章旨】以上為第十四段，寫李克用攻拔潞州，朱全忠解滄州之圍而去。

【注釋】❶戊戌 十月十八日。❷六鎮 上文言靜難節度使楊崇本以鳳翔、保塞、彰義、保大之兵攻夏州，加上秦隴之兵為六鎮。❸美原 縣名，縣治在今陝西富平東北。❹雷彥恭 （？—西元九〇九年）雷滿子。昭宗朝，雷滿任武貞軍節度使，駐節朗州。雷滿死，雷彥恭逐兄彥威自立，歸附楊行密。傳附《新唐書》卷一百八十六、《舊五代史》卷十七、《新五代史》卷四十一〈雷滿傳〉。❺朗兵 雷彥恭之兵。❻西軍 謂邠、岐之兵。❼乙酉 十二月初七日。❽王景仁 即王茂章。王茂章是年正月棄宣州歸錢鏐。❾乙丑 閏十二月十七日。❿匡國節度 治同州。廢興德府為華州，隸匡國節度，是併同、華為一鎮。⓫佑國軍 方鎮名，光啓三年（西元八八七年）升東畿觀察防遏使為佑國軍節度。以金、商隸佑國與同、華合併，都是為了加強抵禦邠、岐的力量。⓬凶訃 死訊。告喪曰訃。⓭縞素 白色的喪服。此用如動詞，意謂丁會全軍將士皆著喪服。⓮梁王 朱全忠。⓯歸命 歸順。⓰己巳 閏十二月二十一日。⓱壬申 閏十二月二十四日。⓲甲戌 閏十二月二十六日。⓳水陸 通過水路和陸路。⓴山積 言糧草堆積得像山一樣。㉑囷 圓倉。㉒遺 送給；給予。㉓吉州 州名，治所在今江西吉安。㉔蠻酋 南方少數民族首領。

【校記】[1]康懷貞 原作「康懷英」。嚴衍《通鑑補》改作「康懷貞」，今據以校正。[2]雷彥恭 原作「雷彥威」。據章鈺校，十二行本、乙十一行本、孔天胤本皆作「雷彥恭」，今從改。[3]命悉 原作「悉命」。據章鈺校，十二行本、乙十一行本二字皆互乙，今從改。[4]所 原無此字。據章鈺校，十二行本、乙十一行本皆有此字，張敦仁《通鑑刊本識誤》同，今據補。

【語譯】夏州向朱全忠告急。十月十八日戊戌，朱全忠派遣劉知俊和他的部將康懷貞救援夏州。楊崇本率領六鎮的軍隊五萬人，駐紮在美原縣。劉知俊等攻擊他們，楊崇本大敗，返回邠州。

武貞節度使雷彥恭多次入侵荊南，荊南留後賀瓌關閉城門自我防守，朱全忠認為他膽怯，以潁州防禦使高季昌取代他的職位，又派遣駕前指揮使倪可福率軍五千人戍守荊南來防備吳、蜀的侵掠。朗州軍退去。

十一月，劉知俊、康懷貞乘勝進攻鄜、延等五州，攻克五州。加任劉知俊為同平章事，以康懷貞為保義節度使。邠州、岐州的軍隊從此一蹶不振。○湖州刺史高彥去世，他的兒子高澧接替他的職位。

十二月初七日乙酉，錢鏐上表推薦行軍司馬王景仁。昭宣帝下詔任命王景仁領寧國節度使。○朱全忠分出步兵、騎兵幾萬人，派遣行軍司馬李周彝統率他們，從河陽出發救援潞州。

閏十二月十七日乙丑，廢除鎮國軍興德府，恢復為華州，隸屬匡國節度使，割出金州、商州隸屬佑國軍。當初，昭宗被害的訃告傳到潞州，昭義節度使丁會率領將士們穿上喪服痛哭流涕很長時間。等到李嗣昭進攻潞州，丁會率全軍向河東軍投降。李克用以李嗣昭為昭義留後。丁會拜見李克用，哭著說：「我丁會不是無力守衛潞州。梁王欺陵虐待唐朝皇室，丁會雖然受到他推薦提拔的恩惠，實在不能容忍他的作為，所以前來歸順罷了。」李克用厚待丁會，地位在諸將領之上。

閏十二月二十一日己巳，朱全忠命令各軍隊修整攻城的器具，即將進攻滄州。二十四日壬申，得知潞州失守。二十六日甲戌，率軍返回。

此前，朱全忠徵調河南、河北的糧食草料，通過水路、陸路運輸到軍中，各營的糧草堆積如山。朱全忠將要撤回，命令把糧草全部燒掉，濃煙、火焰蔓延數里，裝在船上的糧草，就鑿船沉入水中。劉守文派人給朱全忠送信說：「大王為了百姓的緣故，赦免我的罪過，解圍離開，這是大王的恩惠。滄州城中有幾萬口人，已經幾個月沒有糧食吃，與其把糧食燒成煙，沉入水中成為泥土，不如我們求得剩餘的糧草來解救百姓。」朱全忠因此留下幾個倉庫的糧食送給他，滄州人依靠這個得到救濟。

河東軍進攻澤州，未能攻克而撤退。○吉州刺史彭玕派遣使者向湖南馬殷請求投降。彭玕原本是赤石洞蠻人的首領，鍾傳任用他為吉州刺史。

【研析】本卷研析朱全忠弒帝，柳璨、蔣玄暉之死，羅紹威誅殺牙兵三件史事。

朱全忠弒帝。天祐元年朱全忠逼帝昭宗遷洛陽，昭宗詔令諸鎮勤王。當時李茂貞、楊崇本、李克用、劉仁恭、王建、楊行密、趙匡凝移檄往來，皆以興復為辭。八月，朱全忠西討李茂貞，憂慮昭宗在洛陽生變，於是派判官李振到洛陽，密令樞密使蔣玄暉與左龍武統軍朱友恭、右龍武統軍氏叔琮弒殺昭宗，立幼君，以便禪代。八月十一日壬寅，蔣玄暉等選龍武牙官史太等一百餘人夜叩宮門弒殺昭宗，以及夫人裴貞一、昭儀李漸榮。八月十二日，蔣玄暉矯皇后令嫁禍於李漸榮、裴貞一弒帝，宣立昭宗第九子輝王李祚為太子。李祚當年十三歲，八月十五日丙午在昭宗靈柩前即位，是為哀帝。

朱全忠聞訊昭宗已被弒，故作驚詫，號哭於地。十月初三日癸巳，朱全忠回到洛陽，拜伏昭宗靈柩前慟哭，又到哀帝面前表白自己不知情，發誓懲治奸賊。十月初四日，朱全忠奏稱朱友恭、氏叔琮管束士卒不嚴，侵擾市鋪，貶朱友恭崖州司戶，復稱原名李彥威，貶氏叔琮白州司戶，隨後又賜二人自盡。李彥威臨刑高聲叫罵說：「朱全忠出賣我李彥威來推託弒帝的罪責，堵塞天下民眾的嘴，可是騙不了鬼神，姓朱的做事太惡毒，一定斷子絕孫！」十月十五日，朱全忠回到大梁。

自古以來，弒帝篡國的野心家，不知天下有羞恥二字，個人心腸如蛇蠍，但像朱全忠這樣卸磨殺驢的行事還是不多見。朱全忠狠毒而下作，難怪李彥威要罵他斷子絕孫了。不過李彥威之死，也不令人同情。他的憤怒，可為那些替奸人做鷹犬的奴才者戒！

柳璨、蔣玄暉之死。柳璨，字炤之，是唐忠臣柳公綽的族孫。柳璨年少好學，家境貧寒少孤，苦讀成才，知名當世，任史館直學士。昭宗好文，柳璨被人推薦，得到昭宗寵愛，拔擢為翰林學士。崔胤死後，昭宗一手提升柳璨為諫議大夫同中書門下平章事，柳璨從一個布衣升為宰相，前後四年，一路直升飛機，為近世少有。柳璨受到昭宗的如此恩寵，不知圖報，反以加倍的出賣靈魂投靠朱全忠，與蔣玄暉、張廷範沆瀣一氣，策劃篡奪事宜，柳璨不遺餘力。天祐二年五月初七日乙丑，天空出現彗星，占星者說：「彗星現，君臣有災，要用誅殺來消災。」柳璨藉機進言朱全忠大殺朝士。六月初一日戊子，朱全忠一夜誅殺朝士大夫三十餘人於白馬驛，投屍黃河，使為濁流。蔣玄暉，朱全忠心腹，昭宗東遷洛陽，朱全忠安置蔣玄暉為樞密使，監控昭宗及宮中動靜。張廷範，以優人為朱全忠所愛，昭宗東遷時為御營使，跳躍升職，旬月之間進位金吾衛將軍、河南尹。柳璨為相，秉承朱全忠旨意，奏用張廷範為太常卿，掌禮儀。於是柳璨、蔣玄暉、張廷範三人共議朱全忠受禪篡唐事宜，成為策劃班子三人小組。柳璨等建議朱全忠為相國，總百揆，先封魏王大國，以宣武等二十一道為魏邑，加九錫殊禮。朱全忠認為遲緩，一怒之下，誅殺三人。柳璨臨刑大呼曰：「負國賊柳璨，早就該死了！」李彥威臨刑大罵朱全忠斷子絕孫，柳璨臨刑大罵自己該死，可見柳璨、蔣玄暉等文奴才比李彥威等武奴才更要等而下之。柳璨等人之所為，恰如《莊子・列禦寇》所講寓言，宋人曹商使秦，得到從車一百輛的賞賜。莊子說：「秦王有病，請醫生治療，吸吮膿瘡的醫生，賞車一輛，吸吮肛門上痔瘡的醫生，賞車五輛。所治愈下，得車愈多。」柳璨等人，有奶便是娘，奴性十足，吸吮痔瘡之徒，死得一點也不冤。柳璨自罵為「負國賊」，還算他有自知之明。

羅紹威誅殺牙兵。魏博鎮自田承嗣以來，牙兵皆選用魏博所屬魏州、博州、貝州、衛州、澶州、相州等六州的壯士組成，世代相繼，賞賜優厚，任節帥的心腹。這種家族親兵，父子相繼，親黨膠固，日漸驕慣，小不如意，就殺舊帥，立新帥，自史憲誠以來，魏博節帥都是牙兵所立。羅紹威十分厭惡牙兵的驕縱。他向朱全忠借兵十萬，用陰謀手段誅殺牙兵八千多家，嬰孺無遺。牙兵驕縱，應當整頓，但罪不至死。即使犯死罪，不是反叛大逆，也應只罪其身，嬰孺無遺，實在過分。羅紹威此舉，滅絕人性，激起六州士卒相繼反叛，朱全忠擁兵十萬，坐鎮平叛，長達半年，羅紹威供給，殺牛、羊、豕近七十萬頭，資給相當，贈送的財物又是一百萬。朱全忠退軍之時，魏博鎮的庫藏積蓄，消耗一空。尤其是魏博鎮六州士卒，被殺一空，魏博鎮從此衰落，羅紹威只能依附朱全忠，仰人鼻息過生活。羅紹威後悔不迭，朱全忠大獲其利。

# 卷第二百六十六

## 後梁紀一

起彊圉單閼（丁卯　西元九〇七年），盡著雍執徐（戊辰　西元九〇八年）七月，凡一年有奇①。

**【題　解】**本卷記事起西元九〇七年，迄西元九〇八年七月，載述史事凡一年又七個月，當梁太祖開平元年至二年二月。此時期，一年有餘，歷史發生大變局，中原易代，朱全忠受禪篡唐，建立後梁。朱全忠改名朱晃，史稱梁太祖。四方軍閥，太原晉王李克用、淮南弘農王楊渥、鳳翔岐王李茂貞仍奉唐年號「天祐」，蜀王王建稱「天復」。隨後四鎮各發生重大事變。晉王李克用辭世，嗣子李存勗繼位，發生李克寧未遂政變。淮南兵變，張顥弒楊渥，徐溫奉楊隆演為弘農王。蜀王建稱帝，誅跋扈大臣太師王宗佶，自固根本。李茂貞地狹兵弱，自顧不暇。其餘諸鎮皆臣服於後梁。梁太祖初即位，新朝新皇帝，應當有一番新氣象，大有作為。但新朝伊始即無善政可陳。梁太祖殺唐哀帝，滅王師範一門二百餘口，皆非帝王氣度。梁太祖的文治武功皆不足道，由於可與梁朝抗衡的強鎮恰又多事，晉、吳兩鎮內訌削弱了抗衡梁朝的力量。於是一個德薄奸險的朱晃得以篡國成功。晉王李存勗親自率兵救潞州，大破梁兵，嶄露頭角，梁太祖的潛在敵手正升起，梁太祖失落長歎曰：「克用為不亡矣。」

太祖❶神武元聖孝皇帝上

開平❷元年（丁卯　西元九〇七年）

春，正月辛巳❸，梁王休兵❹于貝州。○淮南節度使兼侍中、東面諸道行營都統弘農郡王楊渥既得江西❺，驕侈益甚，謂節度判官周隱曰：「君賣人國家❻，何面復相見！」遂殺之。由是將佐皆不自安。

黑雲都❼指揮使呂師周與副指揮使綦章將兵屯上高❽，師周與湖南戰，屢有功，渥忌之。師周懼，謀於綦章曰：「馬公❾寬厚，吾欲逃死❿焉，可乎？」章曰：「茲事⓫君自圖之，吾舌可斷，不敢泄！」師周遂奔湖南，章縱其孥⓬使逸⓭去。師周，揚州人也。

渥居喪⓮，晝夜酣飲⓯，作樂，然⓰十圍之燭⓱以擊毬，一燭費錢數萬⓲。或單騎出遊⓳，從者奔走道路，不知所之。左、右牙⓴指揮使張顥、徐溫泣諫㉑，渥怒曰：「汝謂我不才，何不殺我自為之！」二人懼。渥選壯士，號「東院馬軍」，廣署親信㉒為將吏，所署者恃勢驕橫，陵蔑㉓勳舊㉔。顥、溫潛謀㉕作亂。渥父行密之世，有親軍數千營於牙城㉖之內，渥遷出於外，以其地為射場，顥、溫由是無所憚。

渥之鎮宣州也，命指揮使朱思勍、范思從、陳璠將親兵三千，及嗣位，召歸廣陵。顥、溫使三將從秦裴擊江西，因㉗戍洪州，誣以謀叛，命別將陳祐往誅之。祐間道㉘兼行㉙，六日至洪州，微服懷短兵㉚徑㉛入秦裴帳中，裴大驚，祐告之故㉜，乃召思勍等飲酒，祐數㉝思勍等罪，執而斬之。渥聞三將死，益忌顥、溫，欲誅之。丙戌㉞，渥晨視事，顥、溫帥牙兵二百，露刃㉟直入庭中，渥曰：「爾果欲殺我邪？」對曰：「非敢然㊱也，欲誅王左右亂政者耳！」因數渥親信十餘人之罪，曳㊲下，以鐵檛擊殺之。謂之「兵諫㊳」。諸將不與之同者，顥、溫稍㊴以法誅之，於是軍政悉歸二人，渥不能制。

【章　旨】以上為第一段，寫楊渥既得江西，驕侈益甚，牙將張顥、徐溫殺渥親信十餘人，稱為「兵諫」，於是軍政全歸於二人，楊渥不能制。

【注　釋】❶太祖　即梁太祖朱溫，唐宋州碭山（今安徽碭山縣）午溝里人，初從黃巢起義，後歸唐賜名全忠，即帝位改名晃。朱溫以宣武節度使創業，宣武軍治汴，古稱大梁。朱溫受禪，先進爵梁王，故國號梁。因前有南朝蕭梁，故朱梁史稱後梁，為五代之一。朱溫西元九〇七—九一二年在位。諡神武元聖，廟號太祖。事載《舊五代史》卷一至卷七、《新五代史》卷一和卷二。❷開平　後梁朱溫稱帝建立的第一個年號（西元九〇七—九一一年）。❸辛巳　正月初四日。❹休兵　朱全忠自滄州還，休兵貝州。❺得江西　兼併鍾匡時。事見上卷天祐三年（西元九〇六年）。❻賣人國家　周隱性格憨直，曾勸楊行密立廬州刺史劉威，認為楊渥不能勝任，故云。❼黑雲都　楊行密部曲編號之一。都為當時獨立的部隊單位，以黑雲為名。呂師周的父親呂珂以勇敢事楊行密，累有功，拜黑雲都指揮使。珂死，呂師周代之。❽上高　鎮名，在洪州高安縣界，今江西宜豐東南。❾馬公　即馬殷。❿逃死　逃命。謂投奔馬殷，逃避楊渥的迫害。⓫茲事　這件事。⓬孥　妻子兒女。⓭逸　逃跑。⓮居喪　居其父楊行密之喪。⓯酣飲　恣意暢飲。⓰然　通「燃」。⓱十圍之燭　十圍粗的大蠟燭。圍，計量周長的單位，以五寸為一圍，十圍為周長五尺。一云三寸為一圍，十圍則周長三尺。⓲一燭費錢數萬　十圍之燭一支就價值數萬。⓳單騎出遊　謂楊渥獨自騎馬出遊。⓴左右牙　即左右衙軍，是親軍及衛隊。牙，大將所建以象牙為飾的大旗。執牙旗者分為左右隊，故稱左右牙。㉑泣諫　哭著直言規勸。懇切直諫，乃至動情哭泣，忠切之至。㉒廣署親信　廣為安置親信。㉓陵蔑　欺侮輕視。㉔勳舊　勳臣故舊。㉕潛謀　暗中策劃。㉖牙城　即衙城。圍繞節度使府修築的城牆。㉗因　趁。㉘間道　小路。㉙兼行　日夜兼程。㉚短兵　短的兵器。㉛徑　直接。㉜告之故　告訴秦裴所以便衣直入的原因。㉝數　列舉。㉞丙戌　正月初九日。㉟露刃　露出兵器的鋒刃。㊱然　這樣，指誅殺楊渥。㊲曳　拉；牽引。㊳兵諫　進諫時以兵相逼，迫使就範。㊴稍　隨即；逐步。

【校　記】①奇　「奇」下原有「朱氏本碭山人碭山戰國時屬梁地太祖以宣武節度使創業宣武軍治汴州古大梁也寖益彊盛進封梁王國遂號曰梁通鑑以前紀已有蕭梁故此稱曰後梁」六十二字。據章鈺校，十二行本、乙十一行本皆無此六十二字，今據刪。

【語　譯】太祖神武元聖孝皇帝上

開平元年（丁卯　西元九〇七年）

春，正月初四日辛巳，梁王朱全忠在貝州休整軍隊。〇淮南節度使兼侍中、東面諸道行營都統弘農郡王楊渥取得江西以後，更加驕橫奢侈，對節度判官周隱說：「你出賣別人的國家，有什麼臉面和我再相見！」於是把周隱殺了。由此部下將領、佐吏都心懷不安。

黑雲都指揮使呂師周和副指揮使綦章率軍屯駐上高鎮。呂師周與湖南馬殷交戰，屢立戰功，楊渥嫉恨他。呂師周很恐懼，和綦章商量說：「馬殷為人寬厚，我打算逃命去他那裡，可以嗎？」綦章說：「這件事您自己考慮，我的舌頭可以割掉，絕不會外洩！」呂師周便投奔湖南馬殷，綦章放了呂師周的妻子兒女，讓他們逃走。呂師周，是揚州人。

楊渥居喪時，晝夜暢飲作樂，點燃十圍粗的蠟燭，以便擊毬，一支蠟燭花費幾萬錢。有時一個人騎馬出去遊玩，隨從侍衛在路上奔跑尋找，不知道他去哪裡了。左、右牙指揮使張顥、徐溫哭著勸說，楊渥生氣地說：「你們說我沒有才能，何不殺了我自己當節度使！」張顥、徐溫兩人害怕了。楊渥挑選了壯士，號稱「東院馬軍」，大量安排親信擔任將領和官吏，被委任的這些人仗勢驕橫，欺陵蔑視勳臣故舊。張顥、徐溫密謀作亂。楊渥父親楊行密時，有親軍幾千人駐紮在牙城裡面，楊渥把他們遷往牙城外面，用他們的營地作為射箭的場所。張顥、徐溫因此全無顧忌。

楊渥鎮守宣州時，命令指揮使朱思勍、范思從、陳璠統率親兵三千人，等到繼位後，把他們召回廣陵。張顥、徐溫派這三位將領跟隨秦裴攻打江西，趁著這個機會戍守在洪州。張顥、徐溫誣陷他們圖謀反叛，命令別將陳祐前往殺死他們。陳祐從小路日夜兼程，六天到達了洪州，穿著平民衣服，懷裡藏著短兵器，直接進入秦裴營帳中，秦裴大驚。陳祐把原因告訴秦裴，便把朱思勍等三人叫來飲酒。陳祐列數朱思勍等人的罪行，把他們抓起來後處斬了。楊渥聽說他的三員將領死了，更加嫉恨張顥、徐溫，想要除掉他們。正月初九日丙戌，楊渥早晨處理政事，張顥、徐溫率領牙兵二百人，拔出刀來直接進入內庭。楊渥說：「你們果然想要殺我嗎？」張顥、徐溫回答說：「不敢這樣做，只是想殺死你身邊那些擾亂政事的人而已！」於是數說楊渥親信十多人的罪行，把他們拖下去，用鐵鞭打死了他們，稱這件事是「兵諫」。各將領中不和二人合作的，張顥、徐溫逐漸假借軍法把他們殺死，於是軍政大權全部都歸二人掌握，楊渥不能控制。

初，梁王以河北諸鎮皆服，惟幽、滄未下，故大舉伐之，欲以堅諸鎮之心。

既而潞州內叛❶，王燒營而還，威望大沮❷。恐中外因此離心，欲速受禪以鎮之。丁亥❸，王入館于魏，有疾，臥府中。魏博節度使①羅紹威恐王襲之，入見王曰：

「今四方稱兵❹為王患者，皆以翼戴❺唐室為名，王不如早滅唐以絕人望。」王雖不許而心德❻之，乃亟歸。壬寅❼，至大梁。

甲辰❽，唐昭宣帝遣御史大夫薛貽矩❾至大梁勞王，貽矩請以臣禮見，王揖❿之升階，貽矩曰：「殿下⓫功德在人，三靈改卜⓬，皇帝⓭方行舜、禹之事⓮，臣安敢違！」乃北面⓯拜舞⓰於庭。王側身避之。貽矩還，言於帝曰：「元帥有受禪之意矣⓱！」帝乃下詔，以二月禪位于梁。又遣宰相以書諭王。王辭。

河東兵猶屯長子⓲，欲窺⓳澤州。王命保平⓴節度使康懷貞悉發京兆、同華之兵屯晉州以備之。

二月，唐大臣共奏請昭宣帝遜位㉑。壬子㉒，詔宰相帥百官詣元帥府㉓勸進㉔，王遣使卻㉕之。於是朝臣、藩鎮乃至湖南、嶺南上牋㉖勸進者相繼。

【章旨】以上為第二段，寫唐哀帝下詔在二月禪位於梁，朱全忠表辭。哀帝再下詔宰相率百官到元帥府勸進，於是朝臣、藩鎮等勸進者相繼。

【注釋】❶內叛　指昭義節度使丁會舉軍降李克用。❷沮　喪失。❸丁亥　正月初十日。❹稱兵　興兵；舉兵。❺翼戴　輔佐擁戴。❻德　感激。❼壬寅　正月二十五日。❽甲辰　正月二十七日。❾薛貽矩　(?—西元九一一年)字熙用，河東聞喜(今山西聞喜北)人，唐末為御史大夫，朱全忠即位，為梁相五年而卒。傳見《舊五代史》卷十八、《新五代史》卷三十五。❿揖　揖讓。⓫殿下　對諸侯王的稱呼。⓬三靈改卜　謂天、地、人之心都已背離唐室，改而選擇梁王朱全忠。三靈，天、地、人。卜，選擇。⑬皇帝　指唐昭宣帝。⑭舜禹之事　指禪讓。傳說舜經過治水考驗，以禹為繼承人，主動傳位給他。⑮北面　面向北。古時君見臣，君面南而坐，臣子見君北面而拜。⑯拜舞　先下拜，後舞蹈，是唐代臣見君的禮節。⑰元帥有受禪之意矣　薛貽矩此言是促哀帝讓位。元帥，指朱全忠。⑱長子　縣名，縣治在今山西長子，在澤州北一百四十里。⑲窺窺伺；找機會。⑳保平　即保義節度使。宋太宗太平興國元年始改保義軍為保平軍，司馬光為避宋太宗諱，亦稱保平軍。㉑遜位　退位。㉒壬子　二月初五日。㉓元帥府　梁王朱全忠建元帥府於大梁。㉔勸進　勸即帝位。㉕卻　推辭。㉖牋　對上級或尊長者的書札。

【校　記】①魏博節度使　原無此五字。據章鈺校，十二行本、乙十一行本、孔天胤本皆有此五字，今據補。

【語　譯】當初，梁王朱全忠因河北各藩鎮全部歸服，只有幽州劉仁恭、滄州劉守文沒有攻下來，所以大舉討伐他們，想要以此來堅定各藩鎮歸服之心。後來不久潞州丁會從內部叛變，朱全忠燒毀營寨返回，威望受到很大的損害。朱全忠害怕內外因此離心離德，打算趕快接受唐昭宣帝禪讓來震懾他們。正月初十日丁亥，朱全忠入住魏州，有病，在魏博節度使府中休息。魏博節度使羅紹威害怕朱全忠襲擊他，進見朱全忠說：「現在四方起兵成為大王禍患的人，都用擁戴唐王室作為名義，大王不如及早滅了唐朝，斷絕人們對唐朝抱有的希望。」朱全忠雖然沒有同意，但心裡卻很感激他，於是急忙回去了。二十五日壬寅，到達大梁。

正月二十七日甲辰，唐昭宣帝派遣御史大夫薛貽矩到大梁慰問朱全忠。薛貽矩請求用臣子的禮節來進見，朱全忠拱手揖讓請他上臺階。薛貽矩說：「殿下的功德都在人們心裡，天、地、人三靈都選擇了您。皇上正要像舜、禹一樣行禪讓之事，臣怎麼敢違背呢！」於是面朝北在庭中行叩拜舞蹈之禮。朱全忠側身避開他。薛貽矩返回洛陽，對唐昭宣帝說：「朱全忠有了接受禪讓帝位的意思！」唐昭宣帝於是頒下詔書，在二月把帝位禪讓給梁王朱全忠。又派遣宰相用書信告訴朱全忠。朱全忠推辭不受。

河東軍隊仍然屯駐在長子縣，想要進犯澤州。朱全忠命令保平節度使康懷貞徵發全部京兆、同州、華州的軍隊駐紮晉州來防備河東軍隊。

二月，唐大臣一起上奏請求唐昭宣帝退位。初五日壬子，詔令宰相率領百官前往元帥府勸朱全忠即帝位，朱全忠派遣使者到洛陽推辭不受。於是朝中大臣、各地藩鎮，乃至湖南、嶺南上表勸朱全忠即帝位的連續不斷。

三月癸未❶，王以亳州刺史李思安為北路行軍都統，將兵擊幽州❷。○庚寅❸，唐昭宣帝詔薛貽矩再詣大梁諭禪位之意，又詔禮部尚書蘇循❹齎百官牋詣大梁。○鎮海、鎮東節度使吳王錢鏐遣其子傳璙、傳瓘討盧佶於溫州。

甲辰❺，唐昭宣帝降御札禪位于梁。以攝❻中書令張文蔚為冊使❼[1]，禮部尚書蘇循副之。攝侍中楊涉為押傳國寶❽使，翰林學士張策❾副之。御史大夫薛貽矩為押金寶❿使，尚書左丞趙光逢⓫副之。帥百官備法駕⓬詣大梁。

楊涉子直史館⓭凝式言於涉曰：「大人⓮為唐宰相，而國家至此，不可謂之無過。況手持天子璽綬與人，雖保富貴，柰千載何⓯！盍⓰辭之！」涉大駭曰：「汝滅吾族！」神色為之不寧者數日。○策，敦煌⓱人。光逢，隱⓲之子也。

【章　旨】以上為第三段，寫朱全忠逼使唐哀帝降御札禪位於梁，百官備法駕詣大梁。

【注　釋】❶癸未　三月初六日。❷幽州　時屬劉仁恭。❸庚寅　三月十三日。❹蘇循　（？—西元九二三年）為人奸佞巧偽，梁王朱全忠急於禪代，蘇循阿附梁王，力勸唐哀帝退位。梁王即帝位，以蘇循為冊禮副使。傳見《舊五代史》卷六十、《新五代史》卷三十五。❺甲辰　三月二十七日。❻攝　代理。❼冊使　臨時所設的官名，奉傳禪冊書和寶璽，押金吾仗衛、太常鹵簿等。❽傳國寶　唐有傳國八寶。秦以來皇帝印章獨稱璽，專用玉材，璽有「受命於天」四字。武則天厭惡「璽」字，改為「寶」，唐受命傳國八寶並改雕「寶」字。❾張策　（？—西元九〇八年）字少逸，河西敦煌人，曾落髮為僧，後韓建薦於朝，累拜中書舍人、翰林學士。傳見《新五代史》卷三十五。❿金寶　皇后及太子之印信曰寶，因其以金為材，故曰金寶。⓫趙光逢　字延吉，趙隱之子。時以文行聞名。唐昭宗時曾為御史中丞，以世亂棄官五、六年，後柳璨為相，起用為太常卿。傳見《舊唐書》卷一百七十八、《新唐書》卷一百八十二、《舊五代史》卷五十八、《新五代史》卷三十四。⓬法駕　皇帝出巡的儀仗。法駕規制，各代不一。唐制，天子大駕備五輅：玉、金、象、革、木。五輅皆有副。又有屬車十二，曰指南車、記里鼓車、白鷺車、鸞旗車、辟惡車、皮軒車、羊車、耕根車、四望車、安車、黃鉞車、豹尾車。法駕儀仗略低於大駕，減五輅副車，屬車減三分之一，即減白鷺、辟惡、安車、四望車。參閱《新唐書》卷二十三下〈儀衛〉下及《唐六典》。⓭直史館　官名，唐太宗貞觀三年（西元六二九年）置史館於門下省。以他官兼領，卑位有才者亦以直館稱，以宰相蒞修撰。天寶以後，他官兼史職者稱史館修撰，初入者為直史館。唐憲宗元和元年（西元八〇六年）宰相裴垍建議，登朝領史職者為修撰，以高官入判館事，未登朝者為直史館。⓮大人　對父親的尊稱。⓯柰千載何　千年以後人們會如何說。意謂將要千載落罵名。⓰盍　何不。⓱敦煌　郡名，治所在今甘肅敦煌。⓲隱　唐懿宗時左僕射趙隱。事見本書卷二百五十二懿宗咸通十三年。

【校　記】1冊使　原作「冊禮使」。據章鈺校，十二行本、乙十一行本皆無「禮」字，今據刪。

【語　譯】三月初六日癸未，朱全忠任命亳州刺史李思安為北路行軍都統，率軍攻打幽州。〇十三日庚寅，唐昭宣帝下詔命令薛貽矩再次前往大梁向朱全忠說明禪讓帝位的想法，又下詔命令禮部尚書蘇循攜帶百官勸朱全忠即帝位的奏箋前往大梁。〇鎮海、鎮東節度使吳王錢鏐派遣他的兒子錢傳璙、錢傳瓘到溫州討伐盧佶。

三月二十七日甲辰，唐昭宣帝頒下手令禪讓帝位給梁王朱全忠。任命代理中書令張文蔚為冊使，禮部尚書蘇循為副使。任命代理侍中楊涉為押傳國寶使，翰林學士張策為副使。任命御史大夫薛貽矩為押金寶使，尚書左丞趙光逢為副使。率領百官備好皇帝出巡的車駕儀仗前往大梁。

楊涉的兒子直史館楊凝式對楊涉說：「大人身任唐朝宰相，國家到此地步，不能說沒有過錯。何況親手拿著天子的玉璽絲帶送給別人，雖說保住了榮華富貴，但千年以後人們會怎麼說！何不辭掉這個差使呢！」

楊涉大驚，說：「你要滅掉我全族啊！」好幾天神色不安。○張策，是敦煌人。趙光逢，是趙隱的兒子。

盧龍節度使劉仁恭，驕侈[1]貪暴，常慮幽州城不固，築館於大安山❶，曰：「此山四面懸絕❷，可以少制眾❸。」其棟宇❹壯麗，擬❺於帝者。選美女實其中，與方士鍊丹❻藥求不死。悉斂境內錢，瘞❼於山顛，令民間用墐泥❽為錢。又禁江南茶商無得入境，自采山中草木為茶，鬻之。

仁恭有愛妾羅氏，其子守光通焉。仁恭杖守光而斥之，不以為子數❾。李思安引兵入其境，所過焚蕩無餘。夏，四月己酉❿，直抵幽州城下。仁恭猶在大安山，城中無備，幾至⓫不守。守光自外引兵入，登城拒守。又出兵與思安戰，思安敗退。守光遂自稱節度使，令部將李小喜、元行欽⓬將兵攻大安山。仁恭遣兵拒戰，為小喜所敗。虜仁恭以歸，囚於別室。仁恭將佐及左右，凡守光素所惡者皆殺之。

銀胡䩮都⓭指揮使王思同⓮帥部兵三千，山後⓯八軍巡檢使⓰李承約⓱帥部兵二千奔河東。守光弟守奇奔契丹，未幾，亦奔河東。河東節度使晉王克用以承約為匡霸⓲指揮使，思同為飛騰指揮使。思同母，仁恭之女也。

【章　旨】以上為第四段，寫劉守光囚禁其父劉仁恭，自為盧龍節度使。

【注　釋】❶大安山　山名，在今北京市房山區西北百花山。❷懸絕　懸崖絕壁。❸以少制眾　以少量兵力抵禦眾多的敵人。❹棟宇　泛指房屋。棟，屋之正中。宇，屋之四垂。❺擬　比擬。❻錬丹　道家煉製丹砂。❼瘞　埋。❽堇泥　同「墐泥」。粘土。❾不以為子數　不把劉守光算在諸子之列。❿己酉　四月初三日。⓫幾至　幾乎至於。⓬元行欽　（?—西元九二六年）幽州人，初為劉守光裨將，驍勇善戰，後從後唐莊宗李存勗，賜姓名李紹榮。莊宗死後，為明宗李亶所殺。傳見《舊五代史》卷七十、《新五代史》卷二十五。⓭銀胡䩮都　劉仁恭的部隊名，有勇猛親兵之意。胡䩮，藏矢的器具。都，部隊的編制單位。⓮王思同　（?—西元九三四年）幽州（今北京市城區西南）人，其父敬柔為劉仁恭之婿。思同事仁恭為銀胡䩮都指揮使，後奔晉，為飛勝指揮使。為人勇敢善騎射，好學喜為詩。後唐明宗時為右武衛上將軍、京兆尹。應順元年三月，為李從珂所殺。傳見《舊五代史》卷六十五、《新五代史》卷三十三。⓯山後　盧龍以媯、檀、新、武四州為山後。⓰巡檢使　官名，掌訓練甲兵，巡邏州邑，職權頗重。⓱李承約　（西元八六二—九三七年）字德儉，薊門（一作薊州，在今天津市薊縣）人，少事劉仁恭為山後八軍巡檢使，後奔晉，為昭義軍節度使、左龍武將軍。傳見《舊五代史》卷九十、《新五代史》卷四十七。⓲匡霸　匡霸與下文飛騰，皆李克用所置軍都號。

【校　記】[1]驕侈　據章鈺校，孔天胤本作「驕奢」。

【語　譯】盧龍節度使劉仁恭驕侈貪暴，常常擔心幽州城不堅固，在大安山上修築館舍，說：「這座山四周懸崖絕壁，可以少制眾。」館舍壯觀華麗，可以和皇帝的宮殿相比。挑選美女住滿裡面，和方士一起煉丹藥，以求長生不死。把境內的錢全部搜刮來，埋在山頂上，命令老百姓用粘土做錢使用。又禁絕江南茶商，不許入境，自採山中草木為茶，賣給百姓。

劉仁恭有愛妾羅氏，劉仁恭的兒子劉守光和羅氏通姦。劉仁恭用棍棒拷打劉守光，趕走了他，不再承認他這個兒子。李思安帶兵進入劉仁恭的幽州境內，所過之處燒殺搶掠一空。夏，四月初三日己酉，李思安直抵幽州城下。劉仁恭還在大安山，幽州城內沒有防備，幾乎守不住。劉守光從外面帶兵進入城內，登城抵禦防守。又派出軍隊和李思安交戰，李思安敗退。劉守光便自稱為節度使，命令部將李小喜、元行欽率軍攻打大安山。劉仁恭派兵抵抗，被李小喜打敗。李小喜俘虜了劉仁恭返回幽州，把他囚禁在側房中。劉仁恭的將領佐吏和左右親信，凡是劉守光厭惡的全部處死。

銀胡䩮都指揮使王思同率領部下三千人，山後八軍巡檢使李承約率領部下二千人，投奔河東李克用。劉守光的弟弟劉守奇投奔契丹，沒多久，也投奔河東李克用。河東節度使晉王李克用任命李承約為匡霸指揮使，王思同為飛騰指揮使。王思同的母親，是劉仁恭的女兒。

庚戌❶[1]，梁王始御金祥殿❷，受百官稱臣，下書稱教令，自稱曰寡人。辛亥❸，令諸牋、表、簿、籍❹皆去唐年號，但稱月、日。丙辰❺，張文蔚等至大梁。盧佶聞錢傳璙等將至，將水軍拒之於青澳❻。錢傳瓘曰：「佶之精兵盡在於此，不可與戰。」乃自安固❼捨舟，間道襲溫州。戊午❽，溫州潰，擒佶斬之。吳王錢鏐以都監使❾吳璋為溫州制置使，命傳璙等移兵討盧約於處州❿。

壬戌⓫，梁王更名⓬晃。王兄全昱聞王將即帝位，謂王曰：「朱三⓭，爾可作天子乎！」

甲子⓮，張文蔚、楊涉乘輅⓯自上源驛⓰從冊寶，諸司各備儀衛鹵簿⓱前導，百官⓲從其後，至金祥殿前陳⓳之。王被⓴衮冕㉑，即皇帝位。張文蔚、蘇循奉冊㉒升殿進讀㉓，楊涉、張策、薛貽矩、趙光逢以次奉寶升殿㉔，讀已㉕，降㉖，帥百官舞蹈稱賀。帝遂與文蔚等宴於玄德殿。帝舉酒曰：「朕輔政㉗未久，此皆諸公推戴之力。」文蔚等皆[2]慚懼，俯伏不能對，獨蘇循、薛貽矩及刑部尚書張禕，盛稱帝功德宜應天順人㉘。

帝復與宗戚㉙飲博㉚於宮中，酒酣，朱全昱忽以投瓊㉛擊盆中迸散㉜，睨㉝帝曰：「朱三，汝本碭山一民也，從黃巢為盜，天子用汝為四鎮節度使㉞，富貴極矣，柰何一旦滅唐家三百年㉟社稷，自稱帝王！行當㊱族滅，奚以博為㊲！」帝不懌㊳而罷。

乙丑㊴，命有司㊵告㊶天地、宗廟、社稷。丁卯㊷，遣使宣諭㊸州、鎮。戊辰㊹，大赦，改元㊺，國號大梁。奉唐昭宣帝為濟陰㊻王，皆如前代故事，唐中外舊臣官爵並如故。以汴州為開封府，命曰東都，以故東都㊼為西都，廢故西京㊽，以京兆府為大安府，置佑國軍㊾於大安府。更名魏博曰天雄軍㊿。遷濟陰王于曹州，栫之以棘(51)，使甲士守之。

【章旨】以上為第五段，寫梁王朱全忠受禪篡唐，國號大梁，改名晃，史稱梁太祖。奉唐哀帝為濟陰王，幽囚於曹州。

【注釋】❶庚戌　四月初四日。❷金祥殿　朱全忠受禪都大梁，改正衙殿為崇元殿，東殿為玄德殿，內殿為金祥殿，萬歲堂為萬歲殿。❸辛亥　四月初五日。❹牋表簿籍　此指一切章奏、文書。❺丙辰　四月初十日。❻青澳　在溫州東北海中，俗稱青澳門。由青澳門進船則至溫州，其外則為大海。❼安固　縣名，縣治在今浙江瑞安。❽戊午　四月十二日。❾都監使　官名，即監軍。❿處州　州名，治所在今浙江麗水市。⓫王戌　四月十六日。⓬更名　朱全忠時將受禪，「全忠」二字係唐僖宗所賜，故改名。⓭朱三　朱溫行三。⓮甲子　四月十八日。⓯輅　大車。⓰上源驛　驛站名，在河南開封城南。⓱儀衛鹵簿　皇帝出駕時扈從的儀仗隊。⓲百官　唐之百官。⓳陳　陳列。⓴被　通「披」。穿著。㉑袞冕　袞衣和冠冕。帝王的禮服和禮帽。㉒冊　指以唐哀帝名義頒下的傳禪冊書。㉓讀　宣讀禪位冊書。㉔奉寶升殿　捧著皇帝玉璽登殿。㉕已　畢。㉖降　指楊涉等走下殿來。㉗輔政　任相國，輔佐朝政。㉘應天順人　適應天命，順從人心。謂朱全忠理應受禪。㉙宗戚　即親戚。同姓之親為宗，異姓之親為戚。㉚博　博戲。共十二棋，六黑六白，兩人相博，每人六棋，又稱六博。後人有不行棋只擲采（骰子），也稱擲采為博。㉛投瓊　擲骰子。古代骰子以玉石做成，所以叫瓊。㉜迸散　迸碎四散。㉝睨　斜著眼看。不屑的眼神。㉞四鎮節度使　唐昭宗天復元年，朱全忠領宣武、宣義、天平、護國四鎮節度使。㉟三百年　唐朝自高祖武德元年（西元六一八年）至哀帝禪位於梁，享國二百九十年。三百年，舉其整數。㊱行當　將要。㊲奚以博為　還擲什麼骰子取樂。奚，疑問代詞。什麼。㊳懌　高興。㊴乙丑　四月十九日。㊵有司　官吏。古代設官分職，各有專司，故稱有司。㊶告　祭祀禱告。㊷丁卯　四月二十一日。㊸宣諭　告之以受禪於唐。㊹戊辰　四月二十二日。㊺改元　改元開平。㊻濟陰　曹州濟陰郡治所濟陰縣，在今山東曹縣西北。㊼故東都　洛陽。㊽故西京　長安。㊾佑國軍　原治長安，現長安改名，故治大安府。㊿天雄軍　唐以秦州為天雄軍。據本書卷二百六十四，唐昭宗天祐元年四月，已「更命魏博曰天雄軍」。當時恐亦出於朱全忠之意。(51)栫之以棘　樹荊棘柴木為圍柵。《左傳》哀公八年：「囚諸樓臺，栫之以棘。」栫，圍。

【校　記】[1]庚戌　原無此二字。據章鈺校，十二行本、乙十一行本皆有此二字，張瑛《通鑑校勘記》同，今據補。[2]皆　原無此字。據章鈺校，十二行本、乙十一行本皆有此字，今據補。

【語　譯】四月初四日庚戌，梁王朱全忠初次登上金祥殿，接受百官稱臣朝拜，所頒下的文書稱為教令，自稱為寡人。初五日辛亥，命令各種箋、表、簿、籍都去掉唐朝的年號，只稱月、日。初十日丙辰，張文蔚等人到了大梁。

盧佶聽說錢傳璙等人的軍隊即將到達，率領水軍在青澳抵抗。錢傳瓘說：「盧佶的精兵全部在這裡了，不可與他交戰。」於是從安固放棄船隻，抄小路襲擊溫州。四月十二日戊午，溫州軍隊潰敗，活捉盧佶，把他殺了。吳王錢鏐任命都監使吳璋為溫州制置使，命令錢傳璙等人轉移部隊在處州討伐盧約。

四月十六日壬戌，梁王朱全忠改名為晃。朱全忠的哥哥朱全昱聽說朱全忠即將即位為皇帝，對他說：「朱三，你能當天子嗎！」

四月十八日甲子，張文蔚、楊涉從上源驛乘坐輅車帶著禪位冊書和傳國玉璽，各司都準備儀仗、衛士在前面開道，百官在後隨從，到金祥殿前排列成隊。朱全忠身穿皇帝的禮服，頭戴皇冠，登上皇帝之位。張文蔚、蘇循捧著禪位冊書升殿宣讀，楊涉、張策、薛貽矩、趙光逢按照次序捧著傳國玉璽升殿。讀完冊文，一起下殿，率領百官行舞蹈禮儀進行祝賀。梁太祖便在玄德殿宴請張文蔚等人。梁太祖舉起酒杯說：「朕輔佐朝廷大政沒有多久，這都是你們推舉擁戴的力量。」張文蔚等人都慚愧恐懼，俯伏在地不能回答，只有蘇循、薛貽矩及刑部尚書張禕盛讚皇帝功德，應該回應上天，順從人意。

梁太祖又和宗族親戚在宮中飲酒博戲。酒喝得正暢快，朱全昱忽然拿起骰子砸向盆中，骰子迸裂四散，他斜眼瞪著梁太祖說：「朱三，你本來是碭山一個平民百姓，跟隨黃巢做強盜，皇帝任用你為四鎮節度使，榮華富貴到了極點，為什麼一個早晨滅掉了唐朝三百年江山，自稱為帝王！全族將要被誅滅，還玩什麼博戲呢！」梁太祖不高興，就散了酒宴。

四月十九日乙丑，命令有關部門祭告天地、宗廟、社稷。二十一日丁卯，派遣使者向各州、各藩鎮宣布禪位稱帝。二十二日戊辰，大赦天下，改換年號，國號大梁；尊奉唐昭宣帝為濟陰王，全都按照前代的成例，唐朝廷內外舊臣的官職爵位都和過去一樣。以汴州為開封府，命名為東都，以原來的東都洛陽為西都；廢除原來的西京長安，以京兆府為大安府，在大安府設置佑國軍。改名魏博為天雄軍。把濟陰王李柷遷往曹州，住處四周用荊棘圍起來，派遣穿戴甲冑的士兵守衛。

辛未❶，以武安節度使馬殷為楚王❷。

以宣武掌書記、太府卿敬翔知崇政院❸事，以備顧問，參謀議，於禁中承上旨，宣於宰相而行之。宰相非進對時有所奏請及已受旨應復請者，皆具記事因❹崇政院以聞，得旨則復宣於宰相。翔為人沈深❺有智略，在幕府二[1]十餘年❻，軍謀、民政，帝一以委之。翔盡心勤勞，晝夜不寐，自言惟馬上乃得休息。帝性暴戾❼難近，人莫能測，惟翔能識其意趣。或有所不可❽，翔未嘗顯言❾，但❿微示⓫持疑，帝意已悟，多為之改易。禪代之際，翔謀居多。

追尊皇高祖⓬考、妣⓭以來皆為帝、后。皇考誠為烈祖文穆皇帝，妣王氏為文惠皇后。

初，帝為四鎮節度使，凡倉庫之籍⓮，置建昌院以領之。至是，以養子宣武節度副使友文⓯為開封尹、判院事⓰，掌凡國之金穀。友文本康氏子也。

乙亥⓱，下制削奪李克用官爵。是時惟河東、鳳翔、淮南稱「天祐⓲」，西川稱「天復」年號，餘皆稟梁正朔，稱臣奉貢。

蜀王與弘農王⓳移檄諸道，云欲與岐王⓴、晉王會兵興復唐室，卒無應者。蜀王乃謀稱帝，下教㉑諭統內㉒吏民。又遺晉王書云「請各帝㉓一方，俟朱溫既平，乃訪唐宗室立之，退歸藩服㉔。」晉王復書不許，曰：「誓於此生靡㉕敢失節。」

唐末之誅宦官也，詔書至河東，晉王匿監軍張承業於斛律寺㉖，斬罪人以應詔。至是，復以為監軍，待之加厚，承業亦為之竭力。

岐王治軍甚寬，待士卒簡易。有告部將符昭反者，岐王直詣㉗其家，悉去左右㉘，熟寢㉙經宿㉚而還，由是眾心悅服。然御軍㉛無紀律，及聞唐亡，以兵羸地蹙㉜，不敢稱帝，但開岐王府，置百官，名其所居為宮殿，妻稱皇后㉝，將吏上書稱牋表，鞭、扇㉞、號令多擬帝者。

鎮海節度判官羅隱說吳王錢鏐舉兵討梁，曰：「縱無成功，猶可退保杭、越，自為東帝㉟，柰何交臂㊱事賊，為終古之羞乎！」鏐始以隱為不遇㊲於唐，必有怨心，及聞其言，雖不能用，心甚義之。

五月丁丑朔㊳，以御史大夫薛貽矩為中書侍郎、同平章事。○加武順軍㊴[2]節度使趙王王鎔守太師，天雄節度使鄴王羅紹威守太傅，義武節度使王處直兼侍中。○契丹遣其臣袍笏㊵梅老來通好，帝遣太府少卿㊶高頎報之。

【章　旨】以上為第六段，寫蜀王王建亦謀稱帝，稱「天復」年號。河東李克用、鳳翔李茂貞、淮南楊渥仍稱「天祐」年號，以示尊奉唐室。其餘諸鎮皆稱臣於梁。梁封武安節度使馬殷為楚王。

【注釋】❶辛未　四月二十五日。❷楚王　馬殷不由郡王進爵，而直接封國王，是朱全忠即位之初特恩。❸崇政院　梁之崇政院即唐之樞密院。❹因　通過。❺沈深　深沉。❻二十餘年　敬翔於唐僖宗光啓年間入汴幕府，至此二十年。❼暴戾　兇暴乖張。❽或有所不可　意謂朱全忠有時做出不合適的決定。❾顯言　明說。❿但　只。⓫微示　稍微表示。⓬高祖　祖父的祖父，即五代祖。⓭考妣　對已亡故的父母稱考、妣。據《五代會要》：梁以舜臣朱虎為始祖，四十二代至朱黯，即為朱全忠之高祖，追尊為肅祖宣元皇帝，妃范氏諡宣僖皇后。朱黯之子朱茂琳為敬祖光獻皇帝，妃楊氏諡孝皇后。茂琳之子朱信為憲祖昭武皇帝，妃劉氏諡昭懿皇后。朱信之子是朱全忠的父親朱誠。⓮籍　此指登記糧食財貨的簿冊。⓯友文　朱友文（？—西元九一三年），字德明，本名康勤，朱全忠養以為子。朱全忠病重，欲立友文為嗣，被朱友珪殺害。傳見《舊五代史》卷十二、《新五代史》卷十三。⓰判院事　兼掌建昌院事。⓱乙亥　四月二十九日。⓲天祐　與下文「天復」都是唐昭宗晚年時的年號。昭宗天復四年朱全忠劫持昭宗遷洛陽，改元天祐。河東李克用、鳳翔李茂貞、淮南楊渥不承認梁朝，仍用唐天祐年號，西川王建一直用天復年號。⓳弘農王　淮南楊渥。⓴岐王　李茂貞。㉑下教　下教令。㉒統內　統治區域以內。㉓帝　稱帝。㉔藩服　指藩鎮之職。㉕靡　不。㉖斛律寺　寺廟名，南北朝時高齊建霸府於晉陽，斛律金父子先後為北齊丞相，貴盛時建廟名曰斛律寺。㉗詣　去；到；前往。㉘悉去左右　全部撤去身邊侍衛人員。㉙熟寢　熟睡。㉚經宿　過了一夜。㉛御軍　統帥部隊。㉜兵羸地蹙　兵力弱而地方小。㉝妻稱皇后　李茂貞自稱岐王，而稱妻為皇后，妻之貴超過了自己，說明李茂貞欲稱帝而又不敢的心態，混亂了禮數。㉞鞭扇　鳴鞭與雉尾扇。古儀仗之一。唐制，天子視朝，從禁中出則鳴鞭傳警。既出西序門索扇。扇合，天子升御座；扇開，百官畢朝。㉟東帝　江東之帝。㊱交臂　交手；拱手。表示恭敬。㊲不遇　不受重用。㊳丁丑朔　五月初一日。㊴武順軍　方鎮名，即成德軍。天祐二年更名為武順軍節度使。㊵袍笏　古制，自天子以至大夫、士人，皆穿朝服執笏。笏以玉、象牙及竹做成，按地位高低而異。㊶太府少卿　官名。太府寺為國家金穀之保管出納機構，掌財貨、廩藏、貿易，凡四方貢賦百官俸秩，謹其出納。太府少卿位在太府寺卿之下。

【校　記】①二　原誤作「三」。嚴衍《通鑑補》改作「二」，今據以校正。②武順軍　原作「武順」。據章鈺校，十二行本、乙十一行本皆有「軍」字，今據補。

【語　譯】四月二十五日辛未，冊封武安節度使馬殷為楚王。

任命宣武掌書記、太府卿敬翔主管崇政院的事務，以備顧問，參與謀劃商議大事，在宮中接受梁太祖的旨意，傳達給宰相執行。宰相不是進宮奏對時的緊急奏請，以及已經接受旨意又要請示的，都詳記其事，通過崇政院向梁太祖奏報，得到梁太祖旨意再傳達給宰相。敬翔為人深沉有智謀，在朱全忠幕府二十多年，軍事謀劃、民政事務，朱全忠全部委託給他。敬翔盡心勤勞，晝夜不眠，自己說只有騎在馬上才能休息一會兒。梁太祖性情殘暴乖戾，難以接近，大家猜測不到他的意圖，只有敬翔能夠知道他的想法。或有不合適的決定，敬翔未曾明白說出，只是稍微表示疑問，梁太祖就已經理解，大多作了改變。梁太祖接受唐昭宣帝禪位時，多是敬翔謀劃。

追尊皇高祖父、高祖母以後各代祖先都為皇帝、皇后。皇上父親朱誠為烈祖文穆皇帝，母親王氏為文惠皇后。

當初，梁太祖擔任四鎮節度使，凡是糧倉府庫的簿籍，設置建昌院來管理。到這時候，梁太祖任命養子宣武節度副使朱友文為開封尹，兼管建昌院的事務，掌控全國的錢財糧食。朱友文，本來是康氏的兒子。

四月二十九日乙亥，頒發制書削奪李克用的官職爵位。當時只有河東、鳳翔、淮南三鎮用唐昭宣帝「天祐」年號，西川用唐昭宗「天復」年號，其餘各藩鎮都採用後梁的曆法，稱臣入貢。

蜀王王建和弘農王楊渥傳送檄文給各道，說要和岐王李茂貞、晉王李克用集中兵力興復唐朝，最終無人響應。蜀王王建便謀劃稱帝，頒發文書告訴轄區內的官吏百姓。又寫信對晉王李克用說「請各自稱帝一方，等到平定朱溫後，再尋訪唐朝的宗室立為皇帝，我們退歸藩鎮。」晉王李克用回信不同意，說：「我發誓這一生不敢喪失臣子的節操。」

唐末誅殺宦官時，詔書到達河東，晉王李克用把監軍張承業藏到斛律寺，殺了罪犯來應付詔命。到這時，又用張承業為監軍，對待他更加優厚，張承業也為李克用竭盡全力。

岐王李茂貞管理軍隊極為寬鬆，對待士兵也平易近人。有人舉報他的部將符昭造反，岐王李茂貞直接到符昭家裡，讓左右的人全部離開，在符昭家裡熟睡一夜才回去，由此部眾都心悅誠服。但他指揮軍隊沒有紀律，等到聽說唐朝滅亡，由於兵弱地狹，不敢稱帝，只設立岐王府，設置文武百官，把居住的地方稱為宮殿，妻子稱為皇后，將領官吏上書稱為箋表，鳴鞭、持扇、號令等多數按照皇帝的規格。

鎮海節度判官羅隱勸說吳王錢鏐出兵討伐梁朝，說：「即使沒有成功，還可以退保杭州、越州，自己在東邊稱帝，為什麼要拱手侍奉賊寇，成為千古的恥辱呢！」錢鏐開始以為羅隱在唐朝不受重用，必有怨恨之心，等到聽了羅隱的話，雖然不能採納，心裡還是很稱讚他。

五月初一日丁丑，任命御史大夫薛貽矩擔任中書侍郎、同平章事。〇加封武順軍節度使趙王王鎔守太師，天雄節度使鄴王羅紹威守太傅，義武節度使王處直兼任侍中。〇契丹派遣他的大臣梅老穿戴朝服手執笏板前來互通友好，梁太祖派遣太府少卿高頎到契丹回訪。

初，契丹有八部❶，部各有大人，相與約，推一人為王，建旗鼓以號令諸部，每三年則以次相代。咸通❷末，有習爾❸者為王，土宇❹始大。其後欽德❺為王，乘中原多故，時入盜邊。及阿保機❻為王，尤雄勇，五姓奚❼及七姓室韋❽、達靼❾咸役屬之。阿保機姓邪律❿氏，恃其強，不肯受代⓫。久之，阿保機擊黃頭室韋⓬還，七部⓭劫之於境上，求如約⓮。阿保機不得已，傳旗鼓⓯，且曰：「我為王九年，得漢人多，請帥種落⓰居古漢城⓱，與漢人守之，別自為一部。」七部許之。漢城者[1]，故後魏⓲滑鹽縣也。地宜五穀，有鹽池之利。其後阿保機稍以兵擊滅七部，復併為一國。又北侵室韋、女真⓳，西取突厥⓴故地，擊奚，滅之，復立奚王而使契丹監其兵。東北諸夷皆畏服之。

是歲，阿保機帥眾三十萬寇雲州，晉王與之連和，面會東城㉑，約為兄弟，延之帳中，縱酒，握手盡歡，約以今冬共擊梁。或勸晉王：「因其來，可擒也。」王曰：「讎㉒敵未滅而失信夷狄，自亡之道也！」阿保機留旬日乃去，晉王贈以金繒數萬。阿保機留馬三千匹，雜畜萬計以酬之。阿保機既[2]歸而背盟，更附于梁，晉王由是恨之。

己卯㉓，以河南尹兼河陽節度使張全義為魏王。鎮海、鎮東節度使吳王錢鏐為吳越王。加清海節度使劉隱、威武㉔節度㉕王審知兼侍中，仍以隱為大彭王㉖。

癸未㉗，以權知荊南留後高季昌為節度使。荊南舊統八州㉘，乾符以來，寇亂相繼，諸州皆為鄰道所據，獨餘江陵。季昌到官，城邑殘毀，戶口彫耗㉙。季昌安集流散，民皆復業。

【章　旨】以上為第七段，寫契丹主耶律阿保機率三十萬眾侵雲州，李克用與之和，約共擊梁，阿保機歸而背盟，派使者通好於梁。梁太祖封張全義為魏王，錢鏐為吳越王，劉隱為大彭王。

【注　釋】❶八部　契丹唐初居今內蒙古西拉木倫河流域，君長為大賀氏。分八部：但利皆部、乙室活部、實活部、納尾部、頻沒部、內會雞部、集解部、奚嗢部。每部之長稱大人。八部大人每三年輪換稱王。❷咸通　唐懿宗的年號（西元八六〇—八七四年）。❸習爾　即習爾之。傳見《新唐書》卷二百十九、《舊五代史》卷一百三十七。❹土宇　疆土。❺欽德　契丹王。唐僖宗光啓年間在位，屢犯邊，劉守光俘獲舍利王子，欽德乞盟納賂以求之，從此十餘年不敢犯塞。傳見《新唐書》卷二百

十九、《舊五代史》卷一百三十七。❻阿保機　即遼太祖（西元八七二—九二六年），遼王朝的建立者。傳見《舊五代史》卷一百三十七、《新五代史》卷七十二、《遼史》卷一。❼五姓奚　北方奚人的五個部落，一阿會部，二處和部，三奧失部，四度稽部，五元俟折部。唐朝晚期居住在陰涼川，營府之西，幽州之西北。❽室韋　古族名，分布在嫩江流域及黑龍江南北岸。唐代時有二十多部。居住在南方的部分以狩獵為主，有低級農業。北方的各部從事狩獵。部落由千戶或幾千戶組成，從北魏到唐代經常向中原王朝朝賀。在契丹建遼的過程中，部分被併入遼。七姓室韋為接近契丹的七個部落。❾達靼　部落名，本靺鞨別部，唐末始見其名。後乃為蒙古的別稱。或作韃靼。❿邪律　初為契丹部落名，以始興之地世里為姓，譯為邪律，一作耶律。遼建國後為國族姓。⓫不肯受代　阿保機稱王，不接受他人來替代，不肯去掉王號。⓬黃頭室韋　室韋的一個部落。⓭七部　契丹共八部，除阿保機以外則為七部。⓮如約　依照三年一代之約。⓯旗鼓　契丹王用以號令諸部的旗鼓。⓰種落　原意為部族聚居的地方，此指本部族。⓱古漢城　即北魏滑鹽縣治，在今河北承德南。⓲後魏　即鮮卑族拓跋珪建立的北魏。⓳女真　古族名，滿族的祖先。周時稱肅慎氏，隋、唐時叫靺鞨，五代始稱女真，屬於遼。分布於松花江、黑龍江下游一帶。⓴突厥　古代阿爾泰山一帶的游牧民族。隋唐之際，佔有漠北之地，東西萬里，後為回紇所滅。㉑東城　雲州之東城。㉒讎　仇敵，指朱全忠。㉓己卯　五月初三日。㉔威武　方鎮名，乾寧四年（西元八九七年）升福建團練觀察處置使為威武軍節度使。㉕節度　據胡三省注，下應有「使」字。㉖大彭王　自宋武帝劉裕以彭城之裔興於江南，後多以彭城之劉姓為名族。劉隱封大彭王，取意於此。㉗癸未　五月初七日。㉘八州　荊、歸、硤、夔、忠、萬、澧、朗，共八州。㉙彫耗　減少。

【校　記】①者　原無此字。據章鈺校，十二行本、乙十一行本皆有此字，今據補。②既　原無此字。據章鈺校，十二行本、乙十一行本皆有此字，今據補。

【語　譯】當初，契丹有八個部，每個部都有大人，共同約定，推舉一人為王，設置旗鼓用來號令各部，每三年依次輪流擔任。唐懿宗咸通末年，有個叫習爾的為王，疆土開始擴大。這以後欽德為王，乘著中原地區戰亂不斷，經常進入邊境搶掠。到阿保機為王時，他尤其威武勇猛，五姓奚和七姓室韋、達靼都歸他役使。阿保機姓邪律氏，倚仗自己強大，不肯接受替代。過了很長時間，阿保機攻打黃頭室韋回來，契丹七個部落的人在邊境劫持他，要求他履行三年輪換為王的約定。阿保機迫不得已，把旗鼓傳送給別人，並且說：「我當王九年，獲得很多漢人，請求率領同種部落到古漢城居住，與漢人共同守衛，另外自立一部。」七個部落同意了。漢城，就是原來後魏的滑鹽縣。那裡土地適合種植五穀，有鹽池上的利益。這以後阿保機逐漸利用兵力滅掉了七個部落，把契丹合併成為一個國家。阿保機又北侵室韋、女真，西取突厥舊地，攻打奚部落，消滅了他們。後來又置立奚王，讓契丹監督他的軍隊。東北方的各夷族都很害怕，臣服於阿保機。

這一年，阿保機率領部眾三十萬人入侵雲州，晉王李克用與他聯手和好，在雲州的東城會面，結為兄弟。李克用把阿保機請入營帳中，縱情飲酒，握手盡歡，約定在這一年冬天一起出兵攻打梁朝。有人勸晉王李克用說：「乘著阿保機前來的機會，可以活捉他。」李克用說：「仇敵朱全忠還沒有消滅，而失信於阿保機，是自取滅亡的道路！」阿保機停留了十天才離去，晉王李克用贈送給他金銀綢緞有好幾萬。阿保機留下三千匹馬和數以萬計的各種牲畜來作為答禮。阿保機返回後背叛了盟約，又歸附了梁朝，晉王李克用因此很恨他。

五月初三日己卯，封河南尹兼河陽節度使張全義為魏王。封鎮海、鎮東節度使吳王錢鏐為吳越王。加授清海節度使劉隱、威武節度王審知兼任侍中，還封劉隱為大彭王。

五月初七日癸未，任命暫時代理荊南留後的高季昌為荊南節度使。荊南舊時統轄八個州，唐僖宗乾符年間以來，外寇內亂相繼，各個州都被相鄰各道佔據，只剩下江陵。高季昌到任時，城邑殘毀，人口彫零。高季昌對流散的百姓招集安置，民眾都恢復了生業。

乙酉❶，立皇兄[1]全昱為廣王，子友文為博王，友珪為郢王，友璋為福王，友貞為均王，友雍為賀王，友徽為建王❷。○辛卯❸，以東都❹舊第為建昌宮，改判建昌院事為建昌宮使。○壬辰❺，命保平節度使康懷貞將兵八萬會魏博兵攻潞州❻。○甲午❼，詔廢樞密院，其職事皆入於崇政院，以知院事敬翔為院使。

禮部尚書蘇循及其子起居郎楷自謂有功於梁❽，當不次❾擢用。循朝夕望為相，帝薄❿其為人，敬翔及殿中監⓫李振亦鄙之。翔言於帝曰：「蘇循，唐之鴟梟⓬，賣國求利，不可以立於惟新之朝⓭。」戊戌⓮，詔循及刑部尚書張禕等十五人並勒⓯致仕，楷斥歸田里。循父子乃之⓰河中依朱友謙。

盧約以處州降吳越。

弘農王以鄂岳觀察使劉存為西南面都招討使，岳州刺史陳知新為岳州團練使，廬州觀察使劉威為應援使，別將許玄應為監軍，將水軍三萬以擊楚。楚王馬殷甚懼，靜江軍⓱使楊定真賀曰：「我軍勝矣！」殷問其故，定真曰：「夫戰懼則[2]勝，驕則敗。今淮南兵直趨吾城，是驕而輕敵也，而王有懼色，吾是以知其必勝也。」

殷命在城都指揮使⓲秦彥暉將水軍三萬浮江而下，水軍副指揮使黃璠帥戰艦三百屯瀏陽口⓳。六月，存等遇大雨，引兵還至越堤北，彥暉追之。存數戰不利，乃遺殷書詐降。彥暉使謂殷曰：「此必詐也，勿受！」存與彥暉夾水而陳，存遙呼曰：「殺降不祥⓴，公獨不為子孫計耶！」彥暉曰：「賊入吾境而不擊，奚顧㉑子孫！」鼓譟而進。存等走，黃璠自瀏陽引兵[3]絕㉒江，與彥暉合擊，大破之，執存及知新，裨將死者百餘人，士卒死者以萬數，獲戰艦八百艘。威以餘眾遁歸，彥暉遂拔岳州。殷釋存、知新之縛㉓，慰諭之。二人皆罵曰：「丈夫以死報主，肯事賊乎！」遂斬之。許玄應，弘農王之腹心也，常預政事，張顥、徐溫因其敗，收斬之。

楚王殷遣兵會吉州刺史彭玕㉔攻洪州，不克。

**【章旨】**以上為第八段，寫楚王馬殷大敗犯境的淮南兵。

**【注釋】**❶乙酉　五月初九日。❷子友文為博王六句　子友等六人皆為朱全忠之子。此外，朱全忠還有友裕、友孜二子，共八子。其中友裕已死。友文以養子居諸子之上，導致友珪弒逆。❸辛卯　五月十五日。❹東都　開封。❺壬辰　五月十六日。❻潞州　晉將李嗣昭守潞州。潞州治所在今山西長治。❼甲午　五月十八日。❽有功於梁　天祐二年，蘇循促成禪代之事，自以為有功。❾不次　不按尋常的次序；破格。❿薄　鄙薄；看不起。天祐二年蘇楷上議認為唐昭宗諡號多溢美，朱全忠深鄙之。⓫殿中監　官名，唐置殿中省，殿中監為其長官，負責皇帝起居事務，所屬有尚食、尚藥、尚衣、尚舍、尚乘、尚輦六局，多以戚里貴臣為之。⓬鴟梟　貓頭鷹一類的鳥。古謂之凶鳥。⓭惟新之朝　惟，語首助詞。新朝，指梁。⓮戊戌　五月二十二日。⓯勒　勒令；強制。⓰之　往。⓱靜江軍　馬殷部隊名。⓲在城都指揮使　武官名，盡統潭州在城之兵。⓳瀏陽口　瀏陽，縣名，因瀏陽河得名，縣治在今湖南瀏陽。瀏陽河有二源，在縣東二源合。瀏陽口當在瀏陽東。⓴不祥　不吉利。㉑奚顧　顧什麼。㉒絕　渡過；跨越。㉓殷釋存知新之縛　馬殷親自解開劉存、陳知新的綁繩，以勸其降。縛，用如名詞，綁縛之繩。㉔彭玕　彭玕附楚。事見本書卷二百六十五唐紀昭宣帝天祐三年。

**【校記】**[1]皇兄　原無「皇」字。據章鈺校，十二行本、乙十一行本皆有此字，今據補。[2]則　張敦仁《通鑑刊本識誤》作「必」。按，「則」字義長。[3]引兵　原無此二字。據章鈺校，十二行本、乙十一行本皆有此二字，今據補。

【語譯】五月初九日乙酉，梁太祖封他的哥哥朱全昱為廣王，封他的兒子朱友文為博王，朱友珪為郢王，朱友璋為福王，朱友貞為均王，朱友雍為賀王，朱友徽為建王。〇十五日辛卯，把東都的舊宅作為建昌宮，改名判建昌院事為建昌宮使。〇十六日壬辰，命令保平節度使康懷貞率軍八萬人會合魏博鎮的軍隊攻打潞州。〇十八日甲午，下詔取消樞密院，它職掌的事務全部歸入崇政院，任命知院事敬翔為院使。

禮部尚書蘇循和他的兒子起居郎蘇楷自認為有功於梁朝，應當受到破格提升任用，蘇循日夜盼望當宰相，梁太祖看不起他的為人，敬翔和殿中監李振也鄙視他。敬翔對梁太祖說：「蘇循是唐朝的鴟梟一樣的惡人，出賣國家，謀求私利，不能讓他立足於新的朝廷。」五月二十二日戊戌，梁太祖下詔命令蘇循和刑部尚書張禕等十五人一起退職，蘇楷驅逐回鄉。蘇循父子便到河中依附朱友謙。

盧約獻出處州投降吳越王錢鏐。

弘農王楊渥任命鄂岳觀察使劉存為西南面都招討使，岳州刺史陳知新為岳州團練使，廬州觀察使劉威為應援使，別將許玄應為監軍，率領水軍三萬人攻打楚王馬殷。楚王馬殷極為恐懼，靜江軍使楊定真祝賀說：「我們軍隊勝利了！」馬殷問他什麼原因，楊定真說：「雙方作戰，知道恐懼的就能勝利，驕傲的就會失敗。如今淮南軍隊直奔我們城下，這是驕傲輕敵，而您有恐懼的神色，我所以知道我們必勝。」

馬殷命令在城都指揮使秦彥暉率領水軍三萬人浮舟長江而下，水軍副指揮使黃璠率領戰艦三百艘屯駐瀏陽口。六月，劉存等人遇到大雨，率軍回到越堤北面，秦彥暉追擊他們。劉存幾次交戰都失敗了，便寫信給馬殷假裝投降。秦彥暉派人對馬殷說：「這一定是假投降，不要接受！」劉存與秦彥暉夾水布陣，劉存遠遠地呼叫說：「殺投降的人不吉祥，您難道不為子孫考慮嗎！」秦彥暉說：「賊寇進入我的疆界而不還擊，還顧及什麼子孫！」擂鼓吶喊著前進。劉存等人逃走，黃璠從瀏陽率軍渡過長江，與秦彥暉合力攻擊，大敗淮南軍，抓住了劉存和陳知新，敵人裨將死了一百多人，士兵死去的數以萬計，繳獲戰艦八百艘。劉威帶著剩下的部眾逃了回去，秦彥暉於是攻取了岳州。馬殷解開捆綁劉存、陳知新兩人的繩索，勸說撫慰他們。兩人都破口大罵，說：「大丈夫以死報答主人，怎麼能侍奉賊寇！」於是殺死了兩人。許玄應是弘農王楊渥的心腹，經常參與政事，張顥、徐溫因為許玄應戰敗，把他收捕後殺了。

楚王馬殷派兵會合吉州刺史彭玕攻打洪州，沒有攻克。

康懷貞至潞州，晉昭義節度使李嗣昭、副使李嗣弼❶閉城拒守。懷貞晝夜攻之，半月不克，乃築壘穿蚰蜒塹❷而守之，內外斷絕。晉王以蕃漢都指揮使周德威❸為行營都指揮使，帥馬軍都指揮使李嗣本❹、馬步都虞候李存璋、先鋒指揮使史建瑭❺、鐵林都❻指揮使安元信❼、橫衝指揮使李嗣源❽、騎將安金全❾救潞州。嗣弼，克脩之子；嗣本，本姓張；建瑭，敬思之子；金全，代北❿人也。

晉兵攻澤州⓫，帝遣左神勇軍使范居實⓬將兵救之。○甲寅⓭，以平盧節度使韓建守司徒、同平章事。○武貞節度使雷彥恭⓮會楚兵攻江陵，荊南節度使高季昌引兵屯公安⓯，絕其糧道。彥恭敗，楚兵亦走。○劉守光既囚其父，自稱盧龍留後，遣使請命。秋，七月甲午⓰，以守光為盧龍節度使、同平章事。○靜海節度使曲裕⓱卒。丙申⓲，以其子權知留後顥為節度使。○雷彥恭攻岳州⓳，不克。

丙午⓴，賜河南尹張全義名宗奭㉑。○八月[1]辛亥㉒，以吳越王鏐兼淮南㉓節度使，楚王殷兼武昌節度使，各充本道招討制置使。○晉周德威壁于高河㉔，康懷貞遣親騎㉕都頭秦武將兵擊之，武敗。

丁巳㉖，帝以亳州刺史李思安代懷貞為潞州行營都統，黜懷貞㉗為行營都虞候。思安將河北兵西上㉘，至潞州城下，更築重城㉙，內以防奔突㉚，外以拒援兵，謂之夾寨。調山東㉛民饋軍糧，德威日以輕騎抄㉜之，思安乃自東南山口築甬道㉝，屬㉞於夾寨。德威與諸將互往攻之，排牆填塹，一晝夜間數十發㉟，梁兵疲於奔命。夾寨中出芻牧者㊱，德威輒抄之，於是梁兵閉壁不出。

【章旨】以上為第九段，寫潞州城下梁、晉大交兵。梁太祖加封吳越王錢鏐兼淮南節度使，楚王馬殷兼武昌節度使，各充本道招討制置使，夾擊淮南。

【注釋】❶李嗣弼 （？—西元九二二年）李克脩之子，為涿州刺史，天祐十九年（西元九二二年）被契丹入寇攻殺。時為後梁龍德二年。傳附《舊五代史》卷六十、《新五代史》卷十四〈李克脩傳〉。❷蚰蜒塹 曲折如蚰蜒行跡的壕塹。蚰蜒，蜈蚣的一種。❸周德威 河東大將。盡統蕃、漢之兵，故官名蕃漢都指揮使。❹李嗣本 （？—西元九一六年）本姓張，雁門（今山西代縣）人，世為銅冶鎮將。李克用賜以姓名，養為子。以功遷代州刺史、雲州防禦使、振武節度使。傳見《舊五代史》卷五十二、《新五代史》卷三十六。❺史建瑭 （西元八七九—九二一年）雁門人，其父李敬思為李克用九府都督，在上源驛為梁兵所殺。建瑭為晉兵先鋒，累以戰功行貝、相二州刺史。傳見《舊五代史》卷五十五、《新五代史》卷二十五。❻鐵林都 李克用的部隊名。五代時，諸鎮各有都指揮使，但命官的職分有不同，如周德威為蕃漢都指揮使，則蕃漢之兵都受他的指揮，鐵林都指揮使則指揮鐵林一都之兵。都，軍隊的編制單位。❼安元信 （西元八六二—九三六年）字子言，代北人，五代時唐、晉都有一個安元信，此為後唐安元信。後唐莊宗時為大同軍節度使、橫海軍節度使。明宗即位，為山南東道節度使、歸德軍節度使。末帝時授潞州節度使，卒於鎮。傳見《舊五代史》卷六十一。❽李嗣源 （西元八六七—九三三年）即後唐明宗，西元九二六—九三三年在位。沙陀人，本名邈佶烈，為李克用養子，改名嗣源。因戰功累官至蕃漢內外馬步軍總管。同光四年（西元九二六年）李存勗在兵變中被殺，嗣源入洛陽監國，後稱帝，改名亶。傳見《舊五代史》卷三十五、《新五代史》卷六。❾安金全　（？—西元九二八年）代北人，世為邊將。從李克用屢有戰功，累為刺史。傳見《舊五代史》卷六十一、《新五代史》卷二十五。❿代北　地區名，泛指今山西桓山及河北小五臺山以北地區。唐僖宗中和三年（西元八八三年）曾賜雁門節度為代北節度。⓫攻澤州　晉兵攻澤州，是攻康懷貞之後，以分散梁的兵力。⓬范居實　絳州翼城（今山西翼城）人。傳見《舊五代史》卷十九。⓭甲寅　六月初九日。⓮雷彥恭　（？—西元九○九年）雷滿之子，繼其父為武貞節度使。傳附《舊五代史》卷十七、《新五代史》卷四十一〈雷滿傳〉。⓯公安　縣名，縣治在今湖北公安西北。時屬江陵府。⓰甲午　七月十九日。⓱曲裕　即曲承裕。⓲丙申　七月二十一日。⓳攻岳州　雷彥恭既與楚攻荊南，不久又攻楚之岳州，足見其反覆。⓴丙午　八月初一日。㉑宗奭　朱晃因其原名朱全忠，張全義犯諱，故賜名宗奭。㉒辛亥　八月初六日。㉓淮南　與下文的武昌，二鎮皆為楊行密所統，朱晃為使兩浙、湖南攻弘農王楊行密，故先分授之。㉔高河　鎮名，在潞州屯留縣東南。㉕親騎　梁之馬軍親兵。㉖丁巳　八月十二日。㉗黜懷貞　因與周德威作戰失利而被黜。㉘西上　潞州治上黨，上黨地勢高，在河北諸鎮之西，故曰西上。㉙重城　雙重城牆。㉚奔突　奔跑衝擊。㉛山東　泛指太行山以東。㉜抄　掠取；搶劫。㉝甬道　兩側築牆的通道。㉞屬　連接。㉟發　進攻次數。㊱芻牧者　打柴放牧的人。

【校　記】1八月　原無此二字。據章鈺校，十二行本、乙十一行本、孔天胤本皆有此二字，張敦仁《通鑑刊本識誤》同，今據補。

【語　譯】康懷貞到達潞州，晉昭義節度使李嗣昭、副使李嗣弼關閉城門進行抵抗。康懷貞晝夜攻城，半個月未能攻克，於是築起壁壘，挖了曲如蚰蜒行跡的壕溝，駐守下來，潞州城內外隔絕。晉王李克用任命蕃漢都指揮使周德威為行營都指揮使，率領馬軍都指揮使李嗣本、馬步都虞候李存璋、先鋒指揮使史建瑭、鐵林都指揮使安元信、橫衝指揮使李嗣源、騎將安金全救援潞州。李嗣弼，是李克脩的兒子。李嗣本，本姓張。史建瑭，是史敬思的兒子。安金全，是代北人。

晉王李克用的軍隊攻打澤州，梁太祖派遣左神勇軍使范居實率軍救援澤州。○六月初九日甲寅，任命平盧節度使韓建為守司徒、同平章事。○武貞節度使雷彥恭會合楚兵攻打江陵，荊南節度使高季昌帶兵屯駐公安，斷絕敵軍運糧通道。雷彥恭兵敗，楚兵也撤走了。○劉守光囚禁他的父親劉仁恭後，自稱盧龍留後，派遣使者請求梁太祖任命。秋，七月十九日甲午，梁太祖任命劉守光為盧龍節度使、同平章事。○靜海節度使曲裕去世。二十一日丙申，任命他的兒子暫時代理留後的曲顥擔任靜海節度使。○雷彥恭攻打岳州，沒有攻克。

八月初一日丙午，梁太祖賜河南尹張全義名字叫宗奭。○初六日辛亥，任命吳越王錢鏐兼淮南節度使，楚王馬殷兼武昌節度使，各擔任本道的招討制置使。○晉周德威在高河築壘紮營，康懷貞派遣親騎都頭秦武率兵攻打他，秦武兵敗。

八月十二日丁巳，梁太祖任命亳州刺史李思安代替康懷貞擔任潞州行營都統，貶黜康懷貞為行營都虞候。李思安率領河北軍隊西上，到達潞州城下，又修築了雙重城牆，對內用來防止城裡的士兵奔襲衝擊，對外用來防止援兵進入，這種城牆稱為夾寨。李思安調發山東百姓運送軍糧，周德威天天派輕騎兵抄掠，李思安就從東南山口修築甬道，連接夾寨。周德威又和各將領輪流前往攻打，推倒城牆，填平壕溝，一晝夜之間出發幾十次，梁軍疲於奔命。夾寨中出來割草放牧的，周德威就抄掠他們，於是梁兵關閉營壘不再出來。

九月，雷彥恭攻涔陽❶、公安，高季昌擊敗之。彥恭貪殘類其父，專以焚掠為事，荊、湖間常被❷其患，又附於淮南。丙申❸，詔削彥恭官爵，命季昌與楚王殷討之。

蜀王會將佐議稱帝，皆曰：「大王雖忠於唐，唐已亡矣，此所謂『天與不取❹』

者也。」馮涓❺獨獻議請以蜀王稱制❻，曰：「朝興則未爽稱臣❼，賊❽在則不同為惡。」王不從，涓杜門不出❾。王用安撫副使、掌書記韋莊之謀，帥吏民哭三日。己亥❿，即皇帝位，國號大蜀。辛丑⓫，以前東川節度使兼侍中王宗佶為中書令，韋莊為左散騎常侍、判中書門下事，閬州防禦使唐道襲為內樞密使。莊，見素⓬之孫也。

蜀主雖目不知書，好與書生談論，粗曉其理。是時唐衣冠⓭之族多避亂在蜀，蜀主禮而用之，使修舉故事⓮，故其典章文物⓯有唐之遺風。○蜀主長子校書郎⓰宗仁幼以疾廢，立其次子祕書少監⓱宗懿為遂王。

冬，十月，高季昌遣其將倪可福會楚將秦彥暉攻朗州，雷彥恭遣使乞降於淮南，且告急。弘農王遣將泠業將水軍屯平江⓲，李饒將步騎屯瀏陽以救之，楚王殷遣岳州刺史許德勳將兵拒之。泠業進屯朗口⓳，德勳使善游者五十人，以木枝葉覆其首，持長刀浮江而下，夜犯其營，且舉火，業軍中驚擾。德勳以大軍進擊，大破之，追至鹿角鎮⓴，擒業。又破瀏陽寨，擒李饒，掠上高㉑、唐年㉒而歸。斬業、饒於長沙市。

十一月甲申㉓，夾馬㉔指揮使尹皓攻晉江猪嶺寨㉕，拔之。○義昌節度使劉守文聞其弟守光幽其父，集將吏大哭曰：「不意吾家生此梟㉖獍㉗[1]！吾生不如死，誓與諸君討之！」乃發兵擊守光，互有勝負。

天雄節度使鄴王紹威謂其下曰：「守光以窘急歸國㉘，守文孤立無援，滄州可不戰服也。」乃遺守文書，諭以禍福。守文亦恐梁乘虛襲其後。戊子㉙，遣使請降，以子延祐為質。帝拊㉚手曰：「紹威折簡㉛，勝十萬兵！」加守文中書令，撫納之。

初，帝在藩鎮，用法嚴，將校有戰沒者，所部兵悉斬之，謂之跋隊斬㉜，士卒失主將者，多亡逸不敢歸。帝乃命凡軍士皆文其面㉝以記軍號。軍士或思鄉里逃去，關津㉞輒執之送所屬，無不死者，其鄉里亦不敢容。由是亡者皆聚山澤為盜，大為州縣之患。壬寅㉟，詔赦其罪，自今雖文面亦聽還鄉里。盜減什七八。

淮南右都押牙米志誠等將兵度淮襲潁州，克其外郭㊱。刺史張實據子城㊲拒守。

晉王命李存璋攻晉州，以分上黨㊳兵勢。十二月壬戌㊴，詔河中、陝州發兵救之。○甲子㊵，詔發步騎五千救潁州，米志誠等引去。○丁卯㊶，晉兵寇洺州㊷。○淮南兵攻信州㊸，刺史危仔倡㊹求救於吳越。

【章　旨】以上為第十段，寫王建稱帝於蜀，楚王馬殷再敗淮南兵。滄州劉守文降梁。梁太祖詔令赦免逃兵罪。

【注　釋】❶涔陽　鎮名，在今湖北公安南。❷被　遭遇。❸丙申　九月二十二日。❹天與不取　「天與不取，反受其咎」的省語。為古代流行諺語。《後漢書・袁紹傳》：「(郭)圖等曰：『且公師徒精勇，將士思奮，而不及時早定大業，所謂天與不取，反受其咎。』」意謂天賜良機不利用，必定反而自受其災。❺馮涓　文宗朝劍南東川節度使馮宿之孫。❻稱制　行使皇帝權力。制，制書。漢代根據皇帝頒發命令的內容，有詔書、制書、策書、戒敕之別。唐代凡行大賞，授大官爵，改革舊政，寬赦降虜皆用制書。❼朝興則未爽稱臣　意謂這樣做，如果唐朝復興，則為臣之節並未違背。爽，乖；違背。❽賊　指朱全忠。❾杜門不出　謂屏居不與世人交往。杜門，閉門。❿己亥　九月二十五日。⓫辛丑　九月二十七日。⓬見素　指唐玄宗天寶末年宰相韋見素。⓭衣冠　士大夫；官紳。⓮修舉故事　整理恢復唐朝舊時的典章制度。⓯典章文物　禮樂典章制度。⓰校書郎　官名，掌校勘典籍。唐代為文士起家之美官，由此進身，往往得居清要。⓱祕書少監　官名，祕書省主官，位在卿及大監之下，掌文藝圖籍。⓲平江　縣名，唐時分湘陰置昌江縣，五代時後唐滅梁後，為避李克用之父李國昌諱，改名平江。縣治在今湖南平江縣東南，屬岳州。⓳朗口　朗水自西南辰州、錦州界入朗州，經州城入大江，謂之朗口。⓴鹿角鎮　鎮名，在岳州（今湖南岳陽）南五十里洞庭湖濱。㉑上高　鎮名，唐武德年間曾置望蔡縣，後屬洪州高安縣。在今江西上高。㉒唐年　縣名，縣治在今湖北崇陽西南。唐時屬鄂州。㉓甲申　十一月十一日。㉔夾馬　梁軍營名，在梁西都，即今河南洛陽。㉕江豬嶺寨　在潞州長子縣，縣治在今山西長子西。㉖梟　不孝之鳥，食母。㉗獍　惡獸，食父。㉘歸國　七月，劉守光遣使請命，歸順梁。㉙戊子　十一月十五日。㉚拊　拍；擊。㉛折簡　古人以竹簡作書，簡長二尺四寸，短者一半。折簡言羅紹威隨便寫一封信。㉜跋隊斬　全隊皆斬。跋，足後為跋。㉝文其面　在臉上刺字。㉞關津　指水陸要道關卡。㉟壬寅　十一月二十九日。㊱外郭　外城。㊲子城　大城內的小城，即內城。㊳上黨　潞州上黨郡，治所在今山西長治。㊴壬戌　十二月十九日。㊵甲子　十二月二十一日。㊶丁卯　十二月二十四日。㊷寇洺州　侵犯洺州。此為救潞州流動出擊的部隊。㊸信州　州名，治所在今江西上饒。㊹危仔倡　危全諷之弟。唐僖宗中和二年（西元八八二年），鍾傳為江西觀察使，危全諷據撫州，遣其弟據信州。

【校　記】①獍　據章鈺校，十二行本、乙十一行本皆作「鏡」。按，胡三省注云：「『獍』，讀如『鏡』。」底本當不誤。

【語譯】九月，雷彥恭攻打涔陽、公安，高季昌打敗了他。雷彥恭貪婪殘暴類似他的父親，專門以焚燒搶掠為業，荊、湖之間經常遭受他的禍害，他又依附於淮南的弘農王楊渥。二十二日丙申，梁太祖下詔削除雷彥恭的官職爵位，命令高季昌和楚王馬殷討伐他。

蜀王王建召集將領佐吏商量稱帝，大家都說：「大王您雖然忠於唐王室，但是唐朝已經滅亡了，這就是所說的『上天賜給你，你不接受，反而自受其災。』」惟獨馮涓建議王建以蜀王的名義發布詔令，說：「這樣，唐朝復興則沒有違背做臣子的禮節，賊寇存在也沒有和他們共同作惡。」王建沒有聽從，馮涓便閉門不出。王建採用安撫副使、掌書記韋莊的謀劃，率領吏民百姓大哭三天。九月二十五日己亥，即皇帝位，國號大蜀。二十七日辛丑，任命前東川節度使兼侍中王宗佶為中書令，韋莊為左散騎常侍、判中書門下事，閬州防禦使唐道襲為內樞密使。韋莊，是韋見素的孫子。

蜀主王建雖然目不識字，但喜歡和讀書人談論，粗略曉得書中的道理。當時唐朝的官宦世族大多在蜀地躲避戰亂，王建以禮相待，任用他們，讓他們整理恢復唐朝舊制，所以蜀國的典章制度有唐朝的遺風。〇蜀主王建的長子校書郎王宗仁幼時因病殘廢，就立他的次子祕書少監王宗懿為遂王。

冬，十月，高季昌派遣他的部將倪可福會合楚將秦彥暉攻打朗州。雷彥恭派遣使者到淮南向弘農王楊渥請求投降，並告急求援。弘農王楊渥派遣部將泠業率領水軍屯駐平江，李饒率領步兵、騎兵屯駐瀏陽，用來援救雷彥恭。楚王馬殷派遣岳州刺史許德勳率軍抵抗。泠業進軍駐紮朗口，許德勳派五十個善於游泳的人，用木枝、樹葉遮蔽頭部，手持長刀在長江漂流而下，夜裡襲擊泠業的軍營，並且放火，泠業軍中驚恐混亂。許德勳率領大軍進攻，大敗泠業，追趕到鹿角鎮，抓住了泠業。又攻破了瀏陽寨，活抓了李饒，搶掠了上高、唐年後返回。在長沙的街市上把泠業、李饒殺了。

十一月十一日甲申，梁朝夾馬指揮使尹皓攻打晉王李克用的江猪嶺寨，攻取了寨子。〇義昌節度劉守文聽說他的弟弟劉守光囚禁了他們的父親，把將吏集合起來，大哭著說：「沒有想到我家竟生了這樣的禽獸！我活著還不如死去，發誓和你們一起討伐劉守光！」於是調兵攻打劉守光，雙方互有勝負。

天雄節度使鄴王羅紹威對他的部下說：「劉守光因為困迫歸附我們梁朝，劉守文孤立無援，他的滄州可以不戰就能降服。」於是寫信給劉守文，講明禍福。劉守文也懼怕梁朝乘虛襲擊他的後方。十一月十五日戊子，派遣使者請求投降，拿兒子劉延祐作為人質。梁太祖拍著手說：「羅紹威一封書信，勝過十萬軍隊！」加授劉守文為中書令，加以撫慰，接納了他。

當初，梁太祖在藩鎮時，執法嚴厲，將校有戰死的，他所轄管士兵全部斬首，叫作跋隊斬。士兵失去主將的，大多逃亡不敢回來。梁太祖便命令所有的士兵都要紋刺面部，記上部隊番號。士兵或者思念鄉里逃離，關卡渡口常常把他們抓住送回所屬部隊，沒有不被殺死的，他們的家鄉也不敢收容。因此逃亡的人都聚集到山林湖澤做強盜，成為州縣的大害。十一月二十九日壬寅，梁太祖下詔赦免他們的罪過，從現在起，即使臉上刺了字也允許返回家鄉。盜賊減少了十分之七八。

淮南右都押牙米志誠等人帶兵渡過淮河襲擊潁州，攻下了外城。潁州刺史張實據守內城進行抵抗。

晉王李克用命令李存璋攻打晉州，以此分散梁朝攻打上黨的兵力。十二月十九日壬戌，梁太祖下詔命令河中、陝州出兵救援晉州。○二十一日甲子，梁太祖下詔調發步兵、騎兵五千人救援潁州，米志誠等人帶兵撤離。○二十四日丁卯，晉王李克用的軍隊侵犯洺州。○淮南軍攻打信州，信州刺史危仔倡向吳越王錢鏐請求救援。

二年（戊辰　西元九〇八年）

春，正月癸酉朔❶，蜀主登興義樓。有僧抉一目❷以獻，蜀主命飯僧❸萬人以報之。翰林學士張格曰：「小人無故自殘，赦其罪已幸矣，不宜復崇獎以敗風俗。」蜀主乃止。

丁丑④，蜀以韋莊為門下侍郎、同平章事。○辛巳⑤，蜀主祀南郊⑥。壬午⑦，大赦，改元武成。

晉王疽⑧發於首，病篤⑨。周德威等退屯亂柳⑩。晉王命其弟內外蕃漢都知兵馬使・振武節度使克寧⑪、監軍張承業、大將李存璋、吳珙、掌書記盧質⑫立其子晉州刺史存勗為嗣，曰：「此子志氣遠大，必能成吾事⑬，爾曹善教導之！」辛卯⑭，晉王謂存勗曰：「嗣昭厄於重圍⑮，吾不及見矣。俟葬畢，汝與德威輩速竭力救之！」又謂克寧等曰：「以亞子累汝！」亞子，存勗小名也。言終而卒。克寧綱紀⑯軍府，中外無敢諠譁。

克寧久總兵柄⑰，有次立之勢⑱，時上黨圍未解，軍中以存勗年少，多竊議者，人情恟恟⑲。存勗懼，以位讓克寧。克寧曰：「汝冢嗣⑳也，且有先王之命，誰敢違之！」將吏欲謁見存勗，存勗方㉑哀哭久[1]未出。張承業入謂存勗曰：「大孝在不墜基業㉒，多哭何為！」因扶存勗出，襲位為河東節度使、晉王。李克寧首帥㉓諸將拜賀，王悉以軍府事委之㉔。

以李存璋為河東軍城使㉕、馬步都虞候。先王㉖之時，多寵借胡人及軍士，侵擾市肆，存璋既領職，執其尤暴橫者戮之，旬月間城中肅然。○吳越王鏐遣兵侵②淮南甘露鎮㉗，以救信州。

蜀中書令王宗佶㉘，於諸假子為最長，且恃其功，專權驕恣。唐道襲已為樞密使，宗佶猶以名呼之，道襲心銜㉙之而事之逾謹。宗佶多樹黨友㉚，蜀主亦惡之。二月甲辰㉛，以宗佶為太師，罷政事㉜。

蜀以戶部侍郎張格為中書侍郎、同平章事。格為相，多迎合主意㉝，有勝己者，必以計排去之。

【章旨】以上為第十一段，寫蜀主以韋莊為門下侍郎、同平章事，祀南郊，改元武成。河東節度使李克用死，其子李存勗繼立。

【注釋】❶癸酉朔　正月初一日。❷抉一目　挖出一隻眼睛。❸飯僧　猶言齋僧，施飯與僧。❹丁丑　正月初五日。❺辛巳　正月初九日。❻祀南郊　皇帝登位，依禮應祀南郊，祭告天地。王建稱帝，故有祀南郊之舉。❼壬午　正月初十日。❽疽　結成塊狀的毒瘡。浮淺者為癰，深厚者為疽。❾病篤　病勢沉重。❿亂柳　鎮名，在潞州屯留縣（今山西屯留）界。⓫克寧　李克用之弟李克寧（？—西元九〇八年），在諸兄弟中最賢，也最得李克用信任，為內外制置蕃漢都知兵馬使、振武軍節度使。克用死後，受諸養子及其妻慫恿謀亂，被殺。傳見《新唐書》卷一百四十一、《舊五代史》卷五十、《新五代史》卷十四。⓬盧質　（西元八六一—九三七年）字子徵，河南人，李克用時為河東節度掌書記。李存勗即位，拜太原尹、匡國軍節度使，歷鎮河陽、橫海。傳見《舊五代史》卷九十三、《新五代史》卷五十六。⓭成吾事　據《考異》引《五代史闕文》，李克用將終，以三矢付存勗，曰：「一矢討劉仁恭，汝不先下幽州，河南未可圖也；一矢擊契丹，且曰阿保機與吾把臂而盟，結為兄弟，誓復唐家社稷，今背約附梁，汝必伐之；一矢滅朱溫。汝能成善志，死無恨矣！」⓮辛卯　正月十九日。⓯厄於重圍　謂李嗣昭為梁兵圍困於潞州。⓰綱紀　治理；照管。⓱總兵柄　掌握河東軍權。⓲次立之勢　兄死弟及，以長幼之次，有自立之勢。⑲悩悩　紛擾不安的樣子。⑳冢嗣　嫡長子。㉑方　正在。㉒大孝在不墜基業　意謂不喪失李克用開創的基業才是大孝。墜，喪失；墜落。㉓首帥　帶頭率領。㉔委之　委託李克寧。㉕軍城使　官名，掌河東節度治所部隊。㉖先王　謂李克用。㉗吳越王鏐句　錢鏐攻甘露鎮是為了牽制淮南兵力，使其不能急攻危仔倡。甘露鎮，鎮名，在浙江常山縣西北。㉘王宗佶本姓甘，王建在忠武軍時掠得之，養以為子。長大後為將，屢有戰功。㉙銜　怨恨。㉚黨友　黨徒；同夥。㉛甲辰　二月初三日。㉜罷政事　停止王宗佶參與國家大事的決策權，此為殺王宗佶張本。㉝主意　蜀主王建之意。

【校　記】①久　原無此字。據章鈺校，十二行本、乙十一行本皆有此字，張敦仁《通鑑刊本識誤》同，今據補。②侵　原作「攻」。據章鈺校，十二行本、乙十一行本皆作「侵」，今從改。

【語　譯】二年（戊辰　西元九〇八年）

春，正月初一日癸酉，蜀主王建登上興義樓。有個僧人挖出自己一隻眼睛獻給王建，王建命令齋僧一萬人來回報他。翰林學士張格說：「僧人無故自殘，赦免他的罪過已經幸運，不應該再推崇獎賞他而敗壞風俗。」王建這才作罷。

正月初五日丁丑，蜀主王建任命韋莊為門下侍郎、同平章事。〇初九日辛巳，蜀主王建到南郊祭天。初十日壬午，大赦，改換年號為武成。

晉王李克用頭上長了毒瘡，病情嚴重。周德威等人撤退到亂柳駐紮。晉王李克用命令他的弟弟內外蕃漢都知兵馬使．振武節度使李克寧，監軍張承業，大將李存璋、吳珙，掌書記盧質等人擁立他的兒子晉州刺史李存勗為嗣王，說：「這個兒子志向高遠，一定能完成我的事業，你們要好好教導他！」正月十九日辛卯，晉王對李存勗說：「李嗣昭被圍困在重圍之中，我來不及看見他了。等埋葬我完畢，你和周德威等人迅速竭盡全力救援他！」又對李克寧等人說：「以亞子相託，拖累你了！」亞子，是李存勗的小名。李克用說完話就去世了。李克寧治理軍府，內外沒有人敢於喧譁。

李克寧長期總攬兵權，有兄死弟立之勢。當時敵人對上黨的包圍還沒有解除，軍中認為李存勗年紀小，很多人私下議論，人心浮動。李存勗很害怕，把王位讓給李克寧。李克寧說：「你是嗣子，又有先王的遺命，誰敢違抗！」將領、官吏想要謁見李存勗，李存勗正在悲傷哭泣，過了很久沒有出來。張承業進去對李存勗說：「最大的孝順是不喪失父親的基業，多哭又有什麼用呢！」於是扶著李存勗出來，繼位為河東節度使、晉王。李克寧帶頭率領各將領拜賀，晉王李存勗把軍府事務全部委託給李克寧。

晉王李存勗任命李存璋為河東軍城使、馬步都虞候。先王李克用時，大多寵信使用胡人和軍士，這些人侵犯騷擾市集店鋪。李存璋任職以後，抓住其中特別殘暴橫行的處死，十天到一個月的時間城裡就安定下來。

○吳越王錢鏐派遣軍隊進犯淮南甘露鎮，藉此來救援信州。

蜀國的中書令王宗佶在蜀主王建的養子中最為年長，並且靠著自己有功，專權驕縱。唐道襲已經擔任樞密使，王宗佶仍然直呼其名，唐道襲心裡非常怨恨他，但表面上侍奉他卻更加恭敬。王宗佶廣結黨羽，蜀主王建也憎恨他。二月初三日甲辰，任命王宗佶為太師，停止參議國家政事。

蜀國任命戶部侍郎張格為中書侍郎、同平章事。張格當宰相，大多迎合蜀主王建的旨意，遇有超過自己的人，一定設計把他排擠出去。

初，晉王克用多養軍中壯士為子，寵遇如真子。及晉王存勗立，諸假子皆年長握兵，心怏怏❶不服[1]，或託疾不出，或見新王不拜。李克寧權位既重，人情多向之。假子李存顥陰說❷克寧曰：「兄終弟及❸，自古有之。以叔拜姪，於理安乎！天與不取，後悔無及！」克寧曰：「吾家世以慈孝聞天下，先王之業苟❹有所歸，吾復何求！汝勿妄言，我且斬汝！」克寧妻孟氏，素剛悍，諸假子各遣其妻入說孟氏，孟氏以為然，且慮語泄❺及禍，數❻以迫❼克寧。克寧性怯，朝夕惑於眾言，心不能無動。又與張承業、李存璋相失⑧，數誚讓⑨之。又因事擅⑩殺都虞候李存質。又求領大同節度使，以蔚、朔⑪、應州⑫為巡屬。晉王皆聽之。

李存顥等為克寧謀，因⑬晉王過其第，殺承業、存璋，奉克寧為節度使，舉河東九州⑭附于梁，執晉王及太夫人曹氏⑮送大梁。太原人史敬鎔⑯，少事晉王克用，居帳下，見親信，克寧欲知府中陰事⑰，召敬鎔，密以謀告之。敬鎔陽許之，入告太夫人，太夫人大駭，召張承業，指晉王謂之曰：「先王把⑱此兒臂授公等，如聞外間謀欲負之，但置吾母子有地⑲，勿送大梁，自它不以累⑳公。」承業惶恐曰：「老奴以死奉先王之命，此何言也！」晉王以克寧之謀告，且曰：「至親㉑不可自相魚肉㉒，吾苟㉓避位㉔，則亂不作矣。」承業曰：「克寧欲投大王母子於虎口，不除之豈有全㉕理！」乃召李存璋、吳珙及假子李存敬、長直軍使朱守殷，使陰為之備。壬戌㉖，置酒會諸將於府舍，伏甲執克寧、存顥於座。晉王流涕數㉗之曰：「兒曏㉘以軍府讓叔父，叔父不取。今事已定，柰何復為此謀，忍以吾母子遺㉙仇讎㉚乎！」克寧曰：「此皆讒人㉛交構㉜，夫復何言！」是日，殺克寧及存顥。

癸亥㉝，酖殺㉞濟陰王於曹州，追諡曰唐哀皇帝。○甲子㉟，蜀兵入歸州㊱，執刺史張瑭。○辛未㊲，以韓建為侍中，兼建昌宮使。

李思安等攻潞州，久不下，士卒疲弊㊳，多逃亡。晉兵猶屯余吾寨㊴，帝疑晉王克用詐死，欲召兵還，恐晉人躡㊵之，乃議自至澤州應接歸師，且召匡國節度使劉知俊將兵趣澤州㊶。三月壬申朔㊷，帝發大梁。丁丑㊸，次㊹澤州。辛巳㊺，劉知俊至。壬午㊻，以知俊為潞州行營招討使。

【章旨】以上為第十二段，寫李克用弟李克寧謀作亂，被殺。梁太祖酖殺濟陰王李柷於曹州，謚為哀帝。

【注釋】❶快快　不服氣；不樂意。❷陰說　私下裡勸說。❸兄終弟及　殷人之制，父子相繼與兄終弟及，均為常態。自周代以後，宗法制度確立，則為父子相繼。李存勗這裡是以殷制為言。❹苟　如果；只要。❺語泄　企圖篡奪王位的話洩露出去。❻數　多次。❼迫　逼迫；催促。❽相失　彼此失和。❾誚讓　譴責。❿擅　任意；隨便。⓫朔　州名，治所在今山西朔州。⓬應州　州名，唐末置應州，領金城、渾源二縣，治所在今山西應縣。⓭因　趁。⓮河東九州　并、遼、沁、汾、石、忻、代、嵐、憲州。⓯曹氏　（？—西元九二五年）李克用次妃，李存勗生母。李克用正室劉氏無子，性賢。曹氏封晉國夫人。李存勗即位後，冊尊曹氏為皇太后，劉氏為皇太妃。傳見《舊五代史》卷四十九、《新五代史》卷十四。⓰史敬鎔（？—西元九二九年）太原（今山西太原西南）人，李克用愛將，入唐，累為節度使，卒，贈太尉。傳見《舊五代史》卷五十五。⓱陰事　祕密事。⓲把　執；握著。⓳有地　有一定的地方。⓴累　連累；拖累。㉑至親　最近之親。李存勗與李克寧為叔姪，故云。㉒魚肉　殘害。㉓苟　如果。㉔避位　讓位。㉕全　保全。㉖工戌　二月二十一日。㉗數　責備；數說。㉘曏　從前；往日。㉙遺　送給。㉚仇讎　指朱晃。㉛讒人　進讒言的邪惡之人。㉜交構　互相構陷，指有意虛構，擴大事態。㉝癸亥　二月二十二日。㉞酖殺　用毒酒殺死濟陰王李柷。李柷，唐末帝，朱全忠篡唐，廢為濟陰王，至是又殺之，謚為哀帝。李柷死時年十七，葬於濟陰縣定陶鄉，在今山東定陶。㉟甲子　二月二十三日。㊱歸州　荊南巡屬。㊲辛未　二月三十日。㊳疲弊　疲憊。㊴余吾寨　在潞州屯留縣西北。㊵躡　緊隨在後。㊶趣澤州　趕赴澤州。趣，通「趨」。㊷壬申朔　三月初一日。㊸丁丑　三月初六日。㊹次　途中止宿。㊺辛巳　三月初十日。㊻壬午　三月十一日。

【校　記】①服　原作「伏」。據章鈺校，十二行本、乙十一行本皆作「服」，今從改。

【語　譯】當初，晉王李克用收養了很多軍中的壯士為養子，寵信待遇如同親生的兒子。等到晉王李存勗繼立王位，各養子都比他年紀大，握有兵權，心裡悶悶不樂，不願服從，或者託病不出來，或者見到新王也不參拜。李克寧位高權重，人心大多歸向他。養子李存顥暗中勸李克寧說：「哥哥死了弟弟繼位，自古以來就有這種情況。叔叔叩拜姪子，在道理上穩妥嗎！上天給與你而不獲取，後悔也來不及了！」李克寧說：「我家世代以父慈子孝聞名天下，先王的基業如果有所歸屬，我還求什麼呢！你不要再胡說了，不然我就要殺了你！」李克寧的妻子孟氏，一向剛強兇悍，各養子分別打發自己的妻子去勸說孟氏，孟氏認為有道理，並且擔心這些話洩露出去遭受災禍，一再逼迫李克寧採取行動。李克寧性格怯弱，從早到晚受大家的話蠱惑，不能不動心。又和張承業、李存璋失和，一再責備他們。又藉故擅自殺死了都虞候李存質。又要求兼任大同節度使，把蔚州、朔州、應州作為屬地。晉王李存勗都聽從了他。

李存顥等為李克寧出謀劃策，乘著晉王李存勗到他家探望時，殺死張承業、李存璋，擁立李克寧為河東節度使，獻上河東所屬九個州歸附梁朝，抓住晉王李存勗和太夫人曹氏送往大梁。太原人史敬鎔年輕時侍奉晉王李克用，任職李克用帳下，受到信任。李克寧想要知道王府中祕事，叫來史敬鎔，祕密地把計畫告訴了他。史敬鎔佯裝答應了李克寧，回府後告訴了太夫人曹氏。太夫人大驚，叫來張承業，指著晉王李存勗對他說：「先王抓著這個孩子的胳膊把他託付給你們，如果聽到外面有人謀劃想要背叛他，只求有個地方安置我們母子，不要送往大梁，其他不敢拖累您。」張承業惶恐地說：「老奴以死來遵奉先王的遺命，您說的這是什麼話！」晉王李存勗把李克寧的陰謀告訴他，並且說：「至親不能自相殘殺，我如果讓位，禍亂就不會發生了。」張承業說：「李克寧想要把大王母子投入虎口，不剷除他，難道還有保全他的道理嗎！」於是召見李存璋、吳珙以及養子李存敬、長直軍使朱守殷，讓他們暗中進行準備。二月二十一日壬戌，在王府設置酒宴會集諸將領，埋伏甲士在座位上抓捕了李克寧、李存顥。晉王李存勗流著淚數落李克寧說：「我以前把節度使讓給叔父，叔父不接受。現在事情已成定局，為什麼又策劃這一陰謀，忍心要把我們母子兩人送給仇敵呢！」李克寧說：「這些都是說壞話的奸邪小人有意構陷，我還有什麼話好說呢！」當天，殺了李克寧和李存顥。

二月二十二日癸亥，梁太祖在曹州用毒酒害死了濟陰王李柷，追謚他為唐哀皇帝。〇二十三日甲子，蜀國軍隊進入歸州，抓住了歸州刺史張瑭。〇三十日辛未，梁太祖任命韓建擔任侍中，兼任建昌宮使。

李思安等人攻打潞州，很長時間沒有攻下來，士兵疲憊困乏，很多人逃亡。晉兵仍屯駐余吾寨。梁太祖懷疑晉王李克用是假死，打算叫軍隊回來，又害怕晉兵尾隨；便商議親自到澤州接應撤回來的軍隊，並且叫匡國節度使劉知俊帶兵趕往澤州。三月初一日壬申，梁太祖從大梁出發。初六日丁丑，駐軍澤州。初十日辛巳，劉知俊到了。十一日壬午，梁太祖任命劉知俊為潞州行營招討使。

癸巳❶，門下侍郎、同平章事張文蔚卒。

帝以李思安久無功，亡將校四十餘人，士卒以萬計，更閉壁自守，遣使召詣行在❷。甲午❸，削思安官爵，勒歸本貫❹充役❺。斬監押❻楊敏貞。

晉李嗣昭固守踰年❼，城中資用將竭，嗣昭登城宴諸將作樂。流矢❽中嗣昭足，嗣昭密拔❾之，座中皆不覺。帝數遣使賜嗣昭詔，諭降之。嗣昭焚詔書，斬使者。

帝留澤州旬餘，欲召上黨兵還，遣使就與諸將議之。諸將以為李克用死，余吾兵⑩且退，上黨孤城無援，請更留旬月以俟之。帝從之，命增運芻糧⑪以饋其軍。劉知俊將精兵萬餘人擊晉軍，斬獲甚眾，表請自留攻上黨，車駕宜還京師。帝以關中空虛，慮岐人⑫侵同華，命知俊休兵長子⑬旬日，退屯晉州，俟五月歸鎮。

蜀太師王宗佶既罷相，怨望，陰畜養死士⑭，謀作亂。上表以為：「臣官預⑮大臣，親則長子，國家之事，休戚⑯是同。今儲貳⑰未定，必啟[1]厲階⑱。陛下若以宗懿才堪繼承，宜早行冊禮⑲，以臣為元帥，兼總六軍。儻以時方艱難，宗懿沖幼，臣安敢持謙⑳不當重事！陛下既正位南面㉑，軍旅之事宜委之臣下。臣請開元帥府，鑄六軍印，征戍㉒徵發㉓，臣悉專行。太子視膳㉔於晨昏，微臣㉕握兵於環衛㉖，萬世基業，惟陛下裁㉗之。」蜀主怒，隱忍㉘未發，以問唐道襲，對曰：「宗佶威望，內外懾服㉙，足以統御諸將。」蜀主益疑之。己亥㉚，宗佶入見，辭色悖慢㉛。蜀主諭之，宗佶不退，蜀主不堪其忿，命衛士撲殺之。貶其黨御史中丞㉜鄭騫為維州㉝司戶，衛尉少卿㉞李鋼為汶川㉟尉，皆賜死於路。

【章　旨】以上為第十三段，寫蜀主王建斬殺桀敖不馴的太師王宗佶。

【注　釋】❶癸巳　三月二十二日。❷行在　皇帝離宮後所居之地。❸甲午　三月二十三日。❹本貫　原籍。李思安為陳留（今河南開封南）人。❺充役　充平民之役。李思安官爵被奪，身為百姓，只能服事庶民雜役。❻監押　監軍。❼踰年　超過一年。李嗣昭於前年十二月入潞州，去年五月康懷貞攻之，至今已一年多。❽流矢　飛來的亂箭。❾密拔　偷偷地拔掉。此時潞州城內資用將盡，李嗣昭故意在城樓與諸將宴飲，裝出從容的樣子給敵人看。腳中流矢不聲張，目的是使眾人安定。❿余吾兵　在屯留縣西北余吾寨駐紮的晉軍。⓫芻糧　糧草。⓬岐人　李茂貞之兵。⓭長子　縣名，縣治在今山西長子。⓮死士　敢死之士。⓯預　參與。這裡指在大臣之列。⓰休戚　喜樂與憂慮。⓱儲貳　儲副，太子的別稱。⓲厲階　禍端。厲，惡。⓳冊禮　冊封太子之禮。⓴持謙　自持謙虛。㉑正位南面　面朝南正位而坐。即謂稱帝。㉒征戍　遠行屯守邊境。㉓徵發　徵集動用人力和物力。㉔視膳　人子侍養父母等長輩的禮節。食上問冷暖，食畢問所膳如何。㉕微臣　自稱。㉖環衛　禁衛。㉗裁　決定。㉘隱忍　克制忍耐。㉙慴服　畏懼威勢而屈服。㉚己亥　三月二十八日。㉛悖慢　違逆傲慢。㉜御史中丞　官名，御史臺長官為大夫，次官為中丞，唐代御史大夫往往缺位，御史中丞實為御史臺長官，掌監察。㉝維州　州名，治所在今四川理縣北薛城。㉞衛尉少卿　官名，掌宮門衛屯兵。㉟汶川　縣名，縣治在今四川汶川縣，時屬茂州。

【校　記】[1]啟　原作「生」。據章鈺校，十二行本、乙十一行本皆作「啟」，今從改。

【語　譯】三月二十二日癸巳，門下侍郎、同平章事張文蔚去世。

梁太祖因為李思安攻打潞州很久未能成功，損失了將校四十多人，士兵數以萬計，又閉壘自守，便派遣使者把李思安召至澤州行營。三月二十三日甲午，削除李思安官職爵位，勒令返回原籍應差充役。殺了監押楊敏貞。

晉李嗣昭堅守潞州一年多，城裡物資用品即將沒有了，李嗣昭登上城樓宴請各將領取樂。有支流矢射中了他的腳，李嗣昭偷偷地拔掉了它，座中的人都沒有察覺。梁太祖多次派遣使者賜詔李嗣昭，勸說他投降梁朝。李嗣昭燒毀了詔書，殺死了使者。

梁太祖在澤州停留了十多天，想要召上黨的軍隊回來，派遣使者就地與各將領商量。各將領認為李克用已經死了，余吾寨的晉兵即將撤退，上黨孤城無援，請求再留下個把月來等待機會。梁太祖同意了大家的意見，命令增運糧草來供應軍隊。劉知俊率領精兵一萬多人攻打晉軍，斬殺俘虜了很多士兵，上表請求自己留下攻打上黨，梁太祖應返回京師大梁。梁太祖因為關中空虛，擔心岐州李茂貞侵犯同州、華州，命令劉知俊在長子縣休整軍隊十天，撤退到晉州駐紮，等到五月返回鎮所。

蜀國太師王宗佶免除宰相職務後，心中怨恨，暗中養活敢死之士，陰謀作亂。他上表認為：「臣官列大臣，論骨肉之親則是陛下長子，國家的事情，和臣休戚相關。現在太子還沒有確定，必然產生禍端。陛下如果認為王宗懿的才幹可以繼承皇位，應該早日舉行冊封大禮，任用臣為元帥，兼統所有軍隊。倘若認為時勢正處在艱難時期，王宗懿年幼，臣怎麼敢自持謙遜不去承擔重任！陛下已經南面稱帝，軍隊事務應該委託臣下。臣請求設置元帥府，鑄造指揮全國軍隊的印信，征討戍守，徵集調發人力物力，全部由臣獨自施行。太子早晚服侍您的飲食，臣下控兵在四周保衛，這是萬世的基業，希望陛下考慮決定。」蜀主王建很生氣，暗中忍耐沒有發作，拿這件事詢問唐道襲。唐道襲回答說：「王宗佶有威望，朝廷內外都畏懼他順從他，足可以統御各將領。」蜀主王建更加懷疑王宗佶。三月二十八日己亥，王宗佶入宮朝見，言辭表情悖傲。蜀主向他說明白，王宗佶不退讓。蜀主不勝其忿，命令衛士把王宗佶打死。他的黨羽御史中丞鄭騫被貶為維州司戶，衛尉少卿李鋼被貶為汶川尉，都在路途中賜死。

初，晉王克用卒，周德威握重兵在外，國人皆疑之。晉王存勗召德威使引兵還。夏，四月辛丑朔❶，德威至晉陽，留兵城外，獨徒步而入，伏先王柩，哭極哀。退，謁嗣王，禮甚恭。眾心由是釋然❷。

癸卯❸，門下侍郎、同平章事楊涉罷為右僕射。以吏部侍郎于兢為中書侍郎，翰林學士承旨張策為刑部侍郎，並同平章事。兢，琮❹之兄子也。

夾寨奏余吾晉兵已引去，帝以為[1]援兵不能復來，潞州必可取。丙午❺，自澤州南還。壬子❻，至大梁。梁兵在夾寨者亦不復設備❼。晉王與諸將謀曰：「上黨，河東之藩蔽，無上黨，是無河東也。且朱溫所憚者獨先王耳，聞吾新立，以為童子未閑❽軍旅，必有驕怠之心。若簡精兵倍道❾趣❿之，出其不意，破之必矣。取威定霸⓫，在此一舉，不可失也！」張承業亦勸之行。乃遣承業及判官王緘乞師於鳳翔⓬，又遣使賂契丹王阿保機求騎兵。岐王衰老，兵弱財竭，竟不能應。晉王大閱⓭士卒，以前昭義節度使丁會為都招討使。甲子⓮，帥周德威等發晉陽。

淮南遣兵寇石首⓯，襄州兵敗之於瀺港⓰。又遣其將李厚將水軍萬五千趣荊南，高季昌逆戰，敗之於馬頭⓱。

己巳⓲，晉王軍于黃碾⓳，距上黨四十五里。五月辛未朔⓴，晉王伏兵三垂岡㉑下，詰旦㉒大霧，進兵直抵夾寨。梁軍無斥候㉓，不意晉兵之至，將士尚未起，軍中驚擾。晉王命周德威、李嗣源分兵為二道，德威攻西北隅，嗣源攻東北隅，填塹燒寨，鼓譟而入。梁兵大潰，南走，招討使符道昭馬倒，為晉人所殺。失亡將校士卒以萬計，委棄資糧、器械山積。

周德威等至城下，呼李嗣昭曰：「先王已薨，今王自來，破賊夾寨。賊已去矣，可開門！」嗣昭不信，曰：「此必為賊所得，使來誑㉔我耳。」欲射之。左右止之，嗣昭曰：「王果來，可見乎！」王自往呼之。嗣昭見王白服，大慟幾絕㉕，城中皆哭，遂開門。初，德威與嗣昭有隙㉖，晉王克用臨終謂晉王存勗曰：「進通㉗忠孝，吾愛之深。今不出重圍，豈德威不忘舊怨邪！汝為吾以此意諭之。若潞圍不解，吾死不瞑目。」進通，嗣昭小名也。晉王存勗以告德威，德威感泣，由是戰夾寨甚力。既與嗣昭相見，遂歡好如初。

康懷貞以百餘騎自天井關㉘遁歸。帝聞夾寨不守，大驚，既而歎曰：「生子當如李亞子㉙，克用為不亡矣！至如吾兒，豚犬㉚耳！」詔所在安集散兵。

周德威、李存璋乘勝進趣澤州，刺史王班素失人心，眾不為用。龍虎統軍㉛牛存節自西都㉜將兵應接夾寨潰兵，至天井關，謂其眾曰：「澤州要害地，不可失也，雖無詔旨，當救之。」眾皆不欲，曰：「晉人勝氣方銳，且眾寡不敵。」存節曰：「見危不救，非義也；畏敵彊而避之，非勇也。」遂舉策㉝引眾而前。至澤州，城中人已縱火諠譟，欲應晉王，班閉牙城㉞自守，存節至，乃定。晉兵尋至，緣城穿地道攻之，存節晝夜拒戰，凡旬有三日㉟。劉知俊自晉州引兵救之，德威焚攻具㊱，退保高平㊲。

晉王歸晉陽，休兵行賞，以周德威為振武節度使、同平章事。命州縣舉賢才，黜貪殘，寬租賦，撫孤窮，伸冤濫㊳，禁姦盜，境內大治㊴。以河東地狹兵少，乃訓練士卒，令騎兵不見敵無得乘馬。部分㊵已定，無得相踰越㊶，及留絕以避險㊷，分道並進，期會㊸無得差晷刻㊹。犯者必斬。故能兼山東，取河南，由士卒精整㊺故也。

初，晉王克用平王行瑜，唐昭宗許其承制㊻封拜。時方鎮多行墨制㊼，王恥與之同，每除吏㊽必表聞。至是，晉王存勗始承制除吏。○晉王德㊾張承業，以兄事之，每至其第，升堂拜母，賜遺[2]甚厚。○潞州圍守歷年，士民凍餒死者太半，市里蕭條。李嗣昭勸課農桑，寬租緩刑，數年之間，軍城完復。

【章旨】以上為第十四段，寫晉王李存勗解潞州之圍，大破梁軍。而後休兵行賞，勵精圖治，王業興隆。

【注釋】❶辛丑朔　四月初一日。❷釋然　放心的樣子。❸癸卯　四月初三日。❹琮　于琮，宣宗朝駙馬都尉、宰相。傳見《舊唐書》卷一百四十九、《新唐書》卷一百四。❺丙午　四月初六日。❻壬子　四月十二日。❼不復設備　不再採取防備措施。梁兵主驕於上，將惰於下，無防備必然有禍患。❽未閑　未熟習。❾倍道　兼程而行。❿趣　通「趨」。趕赴；前往。⓫取威定霸　取得威勢，決定霸業。⓬乞師於鳳翔　向岐王李茂貞請求援兵。⓭閱　檢閱。⓮甲子　四月二十四日。⓯石

首　縣名，縣治在今湖北石首。時屬荊州。⑯瀺港　鎮名，在石首縣。⑰馬頭　城名，在今湖北公安西北，北與江陵隔長江相望。⑱己巳　四月二十九日。⑲黃碾　村名，在今山西長治北黃碾。⑳辛未朔　五月初一日。㉑三垂岡　在今山西屯留東南。㉒詰旦　明晨。㉓斥候　哨兵。梁兵驕惰，無戰備，故不置哨兵。㉔誑　欺騙。㉕幾絕　幾乎氣絕。㉖隙　感情上的裂痕。㉗進通　嗣昭小名。㉘天井關　關名，在今山西晉城南太行山上。㉙生子當如李亞子　《三國志・孫權傳》裴注引《吳曆》載，濡須之戰，曹操讚歎孫權雄武曰：「生子當如孫仲謀，劉景升兒子若豚犬耳。」這裡朱全忠化用曹操語慨歎李存勗之雄武。亞子，後唐莊宗李存勗的小名。㉚豚犬　豬狗。㉛龍虎統軍　即龍虎軍，原唐龍武軍號，梁受唐禪，改「武」為「虎」。㉜西都　梁以洛陽為西都。㉝策　馬鞭。㉞牙城　唐代圍繞節度使府或州刺史府衙所築城牆，在羅城和子城之內。㉟旬有三日　十日一旬，旬有三日則為十三天。㊱攻具　攻城器具。㊲高平　縣名，縣治在今山西高平，在澤州東北八十三里。㊳冤濫　濫加的冤案。㊴大治　治理得宜，局勢十分安定。㊵部分　部署安排。㊶踰越　左軍不得超越右軍，後部不得超越前部。㊷留絕以避險　謂軍行必須緊緊跟進，不得停留以避危險。絕，停止。㊸期會　約定好會合的日期。㊹差晷刻　約期在日中會合，日晷過中而不至則為差。誤期必斬，軍法嚴明。晷刻，猶言時刻。晷，日影。古人測日影以定時刻。㊺精整　精幹整齊。㊻承制　秉承皇帝旨意。㊼墨制　由皇帝直接發出不經外廷的親筆手令。㊽除吏　授官。㊾德　感激。張承業排除李克寧之難，故晉王感激他。

【校　記】①為　原無此字。據章鈺校，十二行本、乙十一行本皆有此字，張敦仁《通鑑刊本識誤》同，今據補。②賜遺　據章鈺校，十二行本、乙十一行本皆作「賜遺」。按，「賜遺」義長。

【語　譯】當初，晉王李克用去世，周德威在外面握有重兵，國人都懷疑他。晉王李存勗召周德威帶兵返回晉陽。夏，四月初一日辛丑，周德威到達晉陽，軍隊停留在城外，獨自步行入城，伏在先王李克用的靈柩上，哭得非常哀傷。退出後，拜見嗣位的晉王李存勗，禮節極為恭敬。因此大家心裡的疑慮消釋了。

四月初三日癸卯，梁朝的門下侍郎、同平章事楊涉免職，擔任右僕射。任命吏部侍郎于兢擔任中書侍郎，翰林學士承旨張策擔任刑部侍郎，都任同平章事。于兢，是于琮哥哥的兒子。

潞州夾寨的梁朝將領奏報余吾寨的晉兵已經撤走，梁太祖認為晉的援兵不能再來，潞州一定可以攻取。

四月初六日丙午，從澤州南下返回。十二日壬子，到達大梁。留在夾寨的梁軍不再設防。晉王李存勗與各將領謀劃說：「上黨是河東的屏障，沒有上黨，就是沒有河東。況且朱溫所畏懼的只是先王李克用，聽說我剛剛繼立，認為小孩子不熟悉戰陣，心理一定驕傲懈怠。如果挑選精兵兼程追趕他們，出其不意，一定可以打敗他們。取得威勢，決定霸業，在此一舉，不能喪失這個機會！」張承業也勸他親自出征。於是派遣張承業和判官王緘到鳳翔請求李茂貞出兵援助，又派遣使者賄賂契丹王阿保機尋求騎兵支援。岐王李茂貞衰老了，兵弱財盡，最終沒有答應。晉王李存勗大規模檢閱軍隊，任命前昭義節度使丁會為都招討使。二十四日甲子，率領周德威等從晉陽出發。

淮南弘農王楊渥派兵侵犯石首，襄州軍隊在瀺港打敗了淮南軍。淮南又派遣將領李厚帶領水軍一萬五千人趕往荊南，高季昌迎戰，在馬頭打敗了李厚。

四月二十九日己巳，晉王李存勗屯兵黃碾，距離上黨四十五里。五月初一日辛未，晉王埋伏軍隊在三垂岡下，第二天早晨大霧，進兵直抵夾寨。梁朝軍隊沒有偵察兵，沒有想到晉兵到來，將士還沒有起床，軍營中驚慌騷動。晉王命令周德威、李嗣源分兵兩路，周德威攻打西北角，李嗣源攻打東北角，填平壕溝，焚燒營寨，擂鼓吶喊著衝了進來。梁軍崩潰，向南逃走。招討使符道昭的戰馬跌倒，被晉兵殺死。逃失死亡的將校士卒數以萬計；丟棄的物資、糧草、器械堆積如山。

周德威等人到達潞州城下，呼叫李嗣昭說：「先王已經去世，當今的晉王親自前來，攻破了敵人的夾寨。敵人已經逃走了，可以打開城門！」李嗣昭不相信，說：「這一定是被敵人俘虜了，派來欺騙我。」想用箭射周德威，身邊的人阻止他。李嗣昭說：「晉王果真來了，可以見見嗎！」晉王李存勗親自前往城下呼喚李嗣昭。李嗣昭看見晉王身穿白色喪服，放聲痛哭，幾乎氣絕，城裡的人也都哭了，於是打開了城門。當初，周德威和李嗣昭有矛盾，晉王李克用臨死時對李存勗說：「李進通為人忠孝，我愛他很深。如今不能突出重圍，難道是周德威不肯忘掉舊日的仇怨嗎！你替我把這個意思向他說明白。如果潞州不能解圍，我死不瞑目。」進通，是李嗣昭的小名。晉王李存勗把這話告訴了周德威，周德威感動得哭泣，因此攻打夾寨特別盡力。在與李嗣昭相見後，兩人便和好了，像最初一樣。

康懷貞率領一百多騎兵從天井關逃回大梁。梁太祖聽說夾寨失守，大驚，過了一會兒長歎說：「生兒子應當像李亞子，李克用不會消亡了！至於像我的兒子，豬狗而已！」下詔就地安撫召集逃散的士兵。

周德威、李存璋乘勝進兵奔赴澤州，澤州刺史王班一向失去民心，民眾不肯聽他差遣。龍虎統軍牛存節從西都率軍接應夾寨潰敗的士兵，到達天井關，對他的部眾說：「澤州是要害之地，不能喪失，雖然沒有梁太祖的詔旨，也應當救援它。」部下都不願意，說：「晉兵勝利的氣勢正旺盛，況且敵眾我寡，不能對抗。」牛存節說：「見危不救，不是義；懼怕強敵而躲避，不是勇。」於是舉起馬鞭帶領部眾前進。到達澤州，城裡的人已經縱火騷動，打算響應晉王，王班關閉牙城自守，牛存節到了，才安定下來。晉兵隨即到達，沿著城牆挖掘地道攻城，牛存節日夜抵抗作戰，一共十三天。劉知俊從晉州帶兵救援，周德威燒毀攻城器具，退守高平。

晉王李存勗回到晉陽，休整軍隊，論功行賞，任命周德威為振武節度使、同平章事。命令州縣薦舉有才德的人，罷黜貪婪殘暴的官吏，寬免田租賦稅，撫恤孤苦窮困的人，申冤雪恥，嚴禁作奸行竊，境內百姓安居太平。因為河東地狹兵少，於是訓練士兵，命令騎兵沒有見到敵人不能騎馬。各路軍隊部署已定，不許互相超越，以及停留躲避險隘，分道並進，約定了會合時間，不能相差片刻。違反的人，一定斬首。所以晉王能夠兼併山東，奪取河南，這是由於士兵精銳嚴整的緣故。

當初，晉王李克用平定了王行瑜，唐昭宗答應李克用承皇帝意旨任官授爵。當時各藩鎮多用墨制自行任命官吏，李克用恥於和他們相同，每次任命官吏一定上表奏報。到這時候，晉王李存勗才開始承制任命官吏。○晉王李存勗感激張承業的恩德，把他當做兄長侍奉，每次到張承業的宅第，進入內堂，拜見張承業的母親，賞賜的物品非常豐厚。○潞州被圍，守城歷時一年，士民百姓連凍帶餓死了一大半，街市里巷蕭條冷落。李嗣昭鼓勵督促老百姓耕地紡織，減輕賦稅，放寬刑罰，數年間，城池恢復了原來的面貌。

靜江節度使、同平章事李瓊卒，楚王殷以其弟永州刺史存知桂州事。○壬申❶，更以許州忠武軍為匡國軍，同州匡國軍為忠武軍，陝州保義軍為鎮國軍。○乙亥❷，楚兵寇鄂州，淮南所署知州秦裴擊破之。

淮南左牙指揮使張顥、右牙指揮使徐溫專制軍政，弘農威王❸心不能平，欲去之而未能。二人不自安，共謀弒王，分其地以臣於梁。戊寅❹，顥遣其黨紀祥等弒王於寢室，詐云暴薨❺。

己卯❻，顥集將吏於府廷[1]，夾道及庭中堂上皆[2]列白刃❼，令諸將悉去衛從❽然後入。顥厲聲問曰：「嗣王已薨，軍府誰當主之？」三問，莫應❾，顥氣色益怒。幕僚❿嚴可求前密啟曰：「軍府至大，四境多虞⓫，非公代[3]之不可，然今日則恐太速。」顥曰：「何謂速也？」可求曰：「劉威、陶雅、李遇、李簡，皆先王之等夷⓬，公今自立，此曹肯為公下乎？不若立幼主輔之，諸將孰敢不從！」顥默然久之。可求因屏⓭左右，急書⓮一紙置袖中，麾⓯同列詣使宅⓰賀⓱，眾莫測其所為。既至，可求跪讀之，乃太夫人史氏⓲教⓳也。大要言先王⓴創業艱難，嗣王㉑不幸早世㉒，隆演㉓次當立，諸將宜無負楊氏，善開導之。辭旨明切。顥氣色皆沮㉔，以其義正，不敢奪，遂奉威王弟隆演稱淮南留後、東面諸道行營都統。

既罷，副都統朱瑾詣可求所居，曰：「瑾年十六七即橫戈躍馬，衝犯大敵，未嘗畏懾，今日對顥，不覺流汗。公面折㉕之如無人，乃知瑾匹夫之勇㉖，不及公遠矣。」因以兄事之。

縱[4]顥以徐溫為浙西觀察使，鎮潤州。嚴可求說溫曰：「公捨牙兵㉗而出外藩，顥必以弒君之罪歸公。」溫驚曰：「然則柰何？」可求曰：「顥剛愎㉘而暗於事㉙，公能見聽㉚，請為公圖之。」時副使㉛李承嗣參預軍府之政，可求又說承嗣曰：「顥凶威如此，今出徐公[5]於外，意不徒然㉜，恐亦非公之利。」承嗣深然之㉝。可求往見顥曰：「公出徐公於外，人皆言公欲奪其兵權而殺之，多言亦可畏也。」顥曰：「右牙㉞欲之，非吾意也。業已行矣，柰何？」可求曰：「止之易耳。」明日，可求邀顥及承嗣俱詣溫，可求瞋目㉟責溫曰：「古人不忘一飯之恩，況公楊氏宿將㊱！今幼嗣初立，多事之時，乃求自安於外，可乎？」溫謝曰：「苟諸公見容，溫何敢自專！」由是不行。顥知可求陰附溫，夜，遣盜刺之。可求知不免，請為書㊲辭府主㊳。盜執刀臨之，可求操筆無懼色。盜能辨字，見其辭旨忠壯，曰：「公長者㊴，吾不忍殺。」掠其財以復命，曰：「捕之不獲。」顥怒曰：「吾欲得可求首，何用財為！」

溫與可求謀誅顥，可求曰：「非鍾泰章不可。」泰章者，合肥人，時為左監門衛將軍[40]，溫使親將彭城[6]翟虔告之。泰章聞之喜，密結壯士三十人，夜，刺血相飲[41]為誓。丁亥[42]旦，直入斬顥於牙堂[43]，并其親近。溫始暴[44]顥弒君之罪，轘[45]紀祥等於市。詣西宮[46]白太夫人。太夫人恐懼，大泣曰：「吾兒沖幼，禍難如此，願保百口[47]歸廬州，公之惠[48]也！」溫曰：「張顥弒逆，不可不誅，夫人宜自安！」初，顥與溫[7]謀弒威王，溫曰：「參用[49]左、右牙兵，心必不一，不若獨用吾兵。」顥不可，溫曰：「然則獨用公兵。」顥從之。至是，窮治逆黨，皆左牙兵也，由是人以溫為實不知謀也。隆演以溫為左、右牙都指揮使，軍府事咸取決焉。以嚴可求為揚州司馬。

溫性沈毅，自奉簡儉，雖不知書，使人讀獄訟[50]之辭而決之，皆中情理。先是，張顥用事，刑戮[8]酷濫，縱親兵剽奪[51]市里。溫謂嚴可求曰：「大事已定，吾與公輩當力行善政，使人解衣而寢[52]耳。」乃立法度，禁彊暴，政[9]舉大綱[53]，軍民安之。溫以軍旅委可求[10]，以財賦委支計官[54]駱知祥，皆稱其職，淮南謂之「嚴、駱[55]」。

己丑[56]，契丹王阿保機遣使隨高頎[57]入貢，且求冊命[58]。帝復遣司農卿[59]渾特，賜以手詔，約共滅沙陀(60)，乃行封冊。

【章　旨】以上為第十五段，寫淮南兵變，牙將張顥殺楊渥，徐溫奉其弟楊隆演為弘農王。

【注　釋】❶壬申　五月初二日。❷乙亥　五月初五日。❸弘農威王　楊渥諡威王，故稱。❹戊寅　五月初八日。❺暴薨　暴病猝死。楊渥死時，年僅二十三歲。❻己卯　五月初九日。❼白刃　鋒利的刀。這裡指執刀的侍衛士。❽悉去衛從　全部去掉衛從。❾莫應　無人應聲。❿幕僚　地方軍政長官署中參謀、書記、顧問之類的官佐。⓫四境多虞　指劉威在廬州，陶雅在歙州，李遇在宣州，李簡在常州，各獨當方面。虞，憂慮。⓬等夷　同輩。指劉威、陶雅、李遇、李簡等四人皆與楊行密同輩。⓭屏　屏退；讓退去。⓮書　寫。⓯麾　指揮。⓰使宅　節度使所居為使宅。⓱賀　賀親君嗣位。⓲史氏　楊渥之母，封武昌郡君。楊渥嗣位後為太夫人。⓳教　文體的一種。為上對下的告諭。⓴先王　指楊行密。㉑嗣王　指楊渥。㉒早世　過早辭世。㉓隆演　（西元八九六—九二〇年）字鴻源，楊行密第二子。初名瀛，又名渭。楊渥被害後嗣位，天祐十六年（西元九一九年）即吳王位，改元武義。傳見《舊五代史》卷一百三十四、《新五代史》卷六十一。㉔沮　沮喪；失意；懊喪。㉕面折　當面斥責他人過錯，此指當面挫敗。㉖匹夫之勇　勇猛取勝不靠智謀，單憑一己之力。《孟子・梁惠王下》：「此匹夫之勇，敵一人者也。」㉗牙兵　即衙兵。徐溫原為右牙指揮使。㉘剛愎　倔強而固執。㉙暗於事　不明事理。㉚見聽　尊稱他人聽取自己的意見。㉛副使　時李承嗣為淮南行軍副使。㉜徒然　僅此；只是如此。㉝深然之　深表同意。㉞右牙　謂徐溫。當時徐溫為右牙指揮使。㉟瞋目　怒目。㊱宿將　老將。㊲為書　寫書信。㊳府主　謂楊隆演。㊴長者　品德高尚的人。㊵左監門衛將軍　武官名，掌軍府門衛。㊶刺血相飲　古人盟誓，各刺己血於酒混而飲之，表示誠意。㊷丁亥　五月十七日。㊸牙堂　即衙堂，左右軍指揮使治事之所。㊹暴　揭露。㊺轘　車裂。㊻西宮　廣陵西宮。楊行密妃史夫人所居。㊼百口　全家。㊽惠　恩惠。㊾參用　雜用。㊿獄訟　訴訟案件。有關財物之爭執為訟，以罪名相告為獄。(51)剽奪　搶掠。(52)解衣而寢　表示心無憂慮。(53)大綱　主體；要領。(54)支計官　官名，掌收支會計之事。(55)嚴駱　指嚴可求與駱知祥兩人為徐溫之左右手，兩人齊名，並稱「嚴駱」。(56)己丑　五月十九日。(57)高頎　去年五月，契丹遣使通好，朱晃遣太府少卿高頎回報阿保機。(58)冊命　皇帝封立諸王的命令。契丹因為梁強大，背晉投梁。(59)司農卿　官名，司農寺主管糧食積儲、京官祿米及園池果實等，置卿、少卿等官。(60)沙陀　此指李存勗。

【校　記】①府廷　原作「府庭」。據章鈺校，十二行本、乙十一行本、孔天胤本皆作「府廷」，張敦仁《通鑑刊本識誤》同，今從改。②皆　原作「各」。據章鈺校，十二行本、乙十一行本、孔天胤本皆作「皆」，張敦仁《通鑑刊本識誤》同，今從改。③代　原作「主」。據章鈺校，孔天胤本作「代」，張敦仁《通鑑刊本識誤》同，今從改。④縱　原無此字。據章鈺校，十二行本、乙十一行本皆有此字，今據補。⑤徐公　原無「公」字。據章鈺校，孔天胤本有此字，今據補。按，下文亦作「徐公」，有「公」字義長。⑥彭城　原無此二字。據章鈺校，十二行本、乙十一行本、孔天胤本皆有此二字，張敦仁《通鑑刊本識誤》同，今據補。⑦顥與溫　原作「溫與顥」。據章鈺校，十二行本、乙十一行本、孔天胤本二字皆互乙，今從改。⑧刑戮　原作「刑罰」。據章鈺校，十二行本、乙十一行本、孔天胤本皆作「刑戮」，今從改。⑨政　原無此字。據章鈺校，十二行本、乙十一行本皆有此字，張敦仁《通鑑刊本識誤》同，今據補。⑩可求　原作「嚴可求」。據章鈺校，十二行本、乙十一行本、孔天胤本皆無「嚴」字，今據刪。

【語　譯】靜江節度使、同平章事李瓊去世，楚王馬殷任命李瓊的弟弟永州刺史李存主管桂州事務。○五月初二日壬申，梁朝把許州忠武軍改稱為匡國軍，同州匡國軍改稱為忠武軍，陝州保義軍改稱為鎮國軍。○初五日乙亥，楚王馬殷的軍隊侵犯鄂州，淮南弘農王楊渥委任的知州秦裴打敗了楚軍。

淮南左牙指揮使張顥、右牙指揮使徐溫獨攬軍政大權，弘農威王楊渥心中不平，打算除掉他們，但沒有辦成。張顥、徐溫自感不安，一起謀劃殺了楊渥，瓜分他的地盤，稱臣於梁。五月初八日戊寅，張顥派遣他的黨羽紀祥等人在寢室裡殺死了楊渥，欺騙人們說楊渥暴病去世。

五月初九日己卯，張顥把將領、官吏集合在節度使府庭院，夾道、庭院和大堂上都排列持刀衛士，命令各將領丟下隨從的侍衛然後進入庭院。張顥粗聲厲氣地問道：「嗣王已經去世，節度使府應當由誰來主持？」問了三次，沒有人回應，張顥更加生氣。幕僚嚴可求向前悄悄地開導他說：「節度使府至關重要，四方邊境非常令人憂慮，非您繼任不可，然而今天作決定恐怕太急了。」張顥說：「為什麼太急了？」嚴可求說：「劉威、陶雅、李遇、李簡，都是和先王同等地位的人，您今天自立為王，這些人肯做您的下屬嗎？不如擁立幼主輔佐他，各將領誰敢不聽從！」張顥沉默了很久。嚴可求乘機屏退身邊的人，迅速寫了一張紙放在袖子裡，指揮大家前往節度使住宅去祝賀，大家猜不出他要做什麼。到了節度使住宅後，嚴可求跪在地上宣讀這張紙，原來是楊渥母親太夫人史氏的教諭。大略說先王楊行密創業艱難，嗣王楊渥不幸早死，楊隆演依次序應當繼立。各將領應該無負楊氏，好好地教導他。文辭意思明白懇切。張顥氣色沮喪，因為教諭理直義正，張顥不敢違背，於是尊奉弘農威王楊渥的弟弟楊隆演擔任淮南留後、東面諸道行營都統。事情完了，副都統朱瑾來到嚴可求的住處，對他說：「我朱瑾十六七歲就橫戈躍馬，衝擊大敵，未曾畏懼，今天面對張顥，不覺流汗。您當面挫敗他，就像沒有他這個人一樣，這才知道我朱瑾是匹夫之勇，比您差遠了。」從此就用兄長的禮節來侍奉嚴可求。

聽任張顥派徐溫為浙西觀察使，鎮守潤州。嚴可求勸徐溫說：「您放棄統率牙兵而出外鎮守，張顥一定把殺死君王之罪加在您身上。」徐溫吃驚地說：「這該怎麼辦呢？」嚴可求說：「張顥剛愎自用而又不明事理。您如能聽我的話，請為您謀劃。」當時副使李承嗣參與節度使府的政務，嚴可求又勸李承嗣說：「張顥兇狠威風到這個地步，如今把徐溫派到外面，張顥的意圖還不僅此而已，恐怕對您也不利。」李承嗣深以為然。嚴可求去見張顥，說：「您把徐溫派到外面，人們都說您想要奪取他的兵權並把他殺死，這樣說多了也是很可怕的。」張顥說：「徐溫自己想出去，不是我的意思。事情已經決定了，如何處理呢？」嚴可求說：「要阻止他很容易。」第二天，嚴可求邀請張顥和李承嗣一起到徐溫那裡，嚴可求怒目指責徐溫說：「古人不忘記一頓飯的恩德，況且您是楊氏的老將！如今幼主剛剛繼位，正是多事之秋，卻尋求到外面自己安寧，能這樣嗎？」徐溫謝罪說：「如果你們能寬容我，我徐溫怎麼敢擅自作主！」因此徐溫沒有成行。張顥知道嚴可求暗地裡依附徐溫，夜裡派遣刺客刺殺嚴可求。嚴可求知道不能逃脫，請刺客允許他寫一封信和嗣王楊隆演訣別。刺客拿刀對著他，嚴可求執筆書寫全無懼色。刺客能識字，看到他寫的文辭忠誠壯烈，說：「您是年高有德行的人，我不忍心殺您。」便搶劫他的財物回去覆命，說：「搜捕嚴可求沒有找到。」張顥生氣地說：「我想得到嚴可求的腦袋，要這些財物幹什麼！」

徐溫和嚴可求謀劃殺死張顥，嚴可求說：「這事非鍾泰章不可。」鍾泰章，是合肥人，當時擔任左監門衛將軍，徐溫派遣心腹部將彭城翟虔告訴鍾泰章。鍾泰章聽了很高興，祕密聯合壯士三十人，夜裡刺血互飲立誓。五月十七日丁亥早晨，直接進入牙堂殺死了張顥和他的親信。徐溫這才揭露了張顥殺害弘農威王楊渥的罪行，在街市上把紀祥等人車裂。徐溫前往西宮稟告太夫人史氏。太夫人很害怕，大哭著說：「我的兒子年紀幼小，遭遇這樣的禍難，希望保全我家一百口人的性命返回廬州，就是你對我們的恩惠了！」徐溫說：「張顥叛逆殺主，不能不殺死他。夫人應該放心！」當初，張顥與徐溫謀劃殺害弘農威王楊渥，徐溫說：「如果混合使用左、右牙兵，一定不會同心，不如單獨使用我的士兵。」張顥不同意，徐溫說：「那麼就單獨使用您的兵士。」張顥答應了。到這時候，徹底懲治叛逆黨徒，都是張顥的左牙兵，因此人們認為徐溫確實不知道張顥的陰謀。楊隆演任命徐溫為左、右牙都指揮使，軍府事務都由他決定。任命嚴可求擔任揚州司馬。

徐溫性格沉穩堅毅，簡樸自持，雖然不識字，但讓人讀訴訟文書而做出判決，都合情合理。此前，張顥執政用事，亂施酷刑，放縱親信士兵掠奪街市里巷。徐溫對嚴可求說：「大事已定，我與您應該努力實行善政，讓百姓晚上脫掉衣服安心睡覺。」於是制定法律，禁止強暴，提出為政要領，士兵和民眾安定下來。徐溫把軍隊事務委託給嚴可求，把財政賦稅事務委託給支計官駱知祥，都很稱職，淮南把他們並稱為「嚴、駱」。

五月十九日己丑，契丹王阿保機派遣使臣隨梁朝使者高頎到京進貢，並且請求冊封為王。梁太祖又派遣司農卿渾特賜給阿保機親筆詔書，約定一起消滅沙陀李存勗，再冊封他為王。

壬辰❶，夾寨諸將詣闕待罪❷，皆赦之。帝賞牛存節全澤州之功，以為六軍馬步都指揮使。

雷彥恭引沅江❸環朗州以自守，秦彥暉頓❹兵月餘不戰，彥恭守備稍懈。彥暉使裨將曹德昌帥壯士夜入自水竇❺，內外❻舉火相應，城中驚亂，彥暉鼓譟壞門而入，彥恭輕舟奔廣陵。彥暉虜其弟彥雄，送于大梁。淮南以彥恭為節度副使。先是，澧州刺史向瓌與彥恭相表裏，至是亦降於楚，楚始得澧、朗二州。

蜀主遣將將兵會岐兵五萬攻雍州⑦，晉張承業亦將兵應之。六月壬寅⑧，以劉知俊為西路行營都招討使以拒之。

金吾上將軍⑨王師範家於洛陽，朱友寧之妻泣訴於帝曰：「陛下化家為國⑩，宗族皆蒙榮寵。妾夫⑪獨不幸，因王師範叛逆，死於戰場。今仇讎猶在，妾誠痛之！」帝曰：「朕幾忘此賊！」己酉⑫，遣使就洛陽族之。使者先鑿阬⑬於第側，乃宣敕告之。師範盛陳宴具⑭，與宗族列坐，謂使者曰：「死者人所不免，況有罪乎！予不欲使積尸長幼無序。」酒既行，命自幼及長，引於阬中戮之，死者凡二百人。

丙辰⑮，劉知俊及佑國節度使王重師大破岐兵于漠谷⑯[1]，晉、蜀兵皆引歸。

○蜀立遂王宗懿為太子。○帝欲自將擊潞州。丁卯⑰，詔會諸道兵。

湖南判官高郁請聽⑱民自采茶賣於北客，收其征⑲以贍軍⑳，楚王殷從之。秋，七月，殷奏於汴、荊、襄、唐、郢、復州置回圖務㉑，運茶於河南、北，賣之以易繒纊㉒、戰馬而歸，仍歲貢茶二十五萬斤，詔許之。湖南由是富贍㉓。

壬申㉔，淮南將吏請於李儼㉕，承制授楊隆演淮南節度使、東面諸道行營都統、同平章事、弘農王。

鍾泰章賞㉖薄，泰章未嘗自言。後踰年，因醉與諸將爭言而及之。或告徐溫，以泰章怨望，請誅之，溫曰：「是吾過也。」擢為滁州刺史。

【章　旨】以上為第十六段，寫梁太祖與契丹約共滅沙陀。楚王馬殷攻取澧、朗兩州。蜀主王建會同鳳翔節度使李茂貞，並結晉王李存勗合兵攻梁雍州，軍敗。梁太祖滅王師範一門二百餘人。

【注　釋】❶壬辰　五月二十二日。❷詣闕待罪　到宮闕請罪。❸沅江　水名，源出貴州都勻雲霧山，上游為清水江，自西向東，至湖南黔陽下始稱沅水，經沅陵、桃源等縣，繞朗州（今湖南常德）城南，至漢壽縣注入洞庭湖。❹頓　停留；止息。❺竇　孔道。❻內外　城內城外。城內指自水道入城者，城外指秦彥暉屯守大軍。❼雍州　梁受禪，改京兆府為雍州大安府。當時雍州治所長安，在今陝西西安。❽壬寅　六月初三日。❾金吾上將軍　官名，金吾衛為南衙十六衛之一。上將軍為高級武官，在大將軍、將軍之上。❿化家為國　朱家受禪，統治國家。⓫妾夫　指朱友寧。唐昭宗天復三年（西元九〇三年）朱友寧死於登州之戰，為王師範所殺。⓬己酉　六月初十日。⓭阬　同「坑」。⓮宴具　宴會器具。⓯丙辰　六月十七日。⓰漠谷　在今陝西乾縣北。⓱丁卯　六月二十八日。⓲聽　任憑。⓳征　稅。⓴贍軍　供給軍隊生活所需。㉑回圖務　官署名，掌貿易交換貨物，官員為回圖使。㉒繒纊　絲織品的總稱。纊，絲棉絮。㉓富贍　富裕充足。㉔壬申　七月初三日。㉕李儼　昭宗朝宰相張濬之子，賜姓李。先任左金吾大將軍，昭宗天復二年（西元九〇二年）為江淮宣諭使，始承制。㉖賞　殺張顥之賞。

【校　記】①漠谷　原作「幕谷」，今據嚴衍《通鑑補》改作「漠谷」。

【語　譯】五月二十二日壬辰，潞州夾寨的各將領到皇宮外請罪，梁太祖全部赦免了他們。梁太祖賞賜牛存節保全澤州的功勞，任命他擔任六軍馬步都指揮使。

雷彥恭引流沅江水環繞朗州來加強自身的防衛，秦彥暉屯兵一個多月沒有出戰，雷彥恭守衛戒備逐漸鬆懈。秦彥暉派副將曹德昌率領壯士夜裡從水洞進入城內，裡外舉火相應，城中驚恐騷亂，秦彥暉擂鼓吶喊毀壞城門進入城中，雷彥恭輕舟逃往廣陵。秦彥暉俘虜了雷彥恭的弟弟雷彥雄，送到大梁。淮南楊隆演任命雷彥恭為節度副使。此前，澧州刺史向瓌與雷彥恭互為表裡，到這時也投降了楚王。楚王這才得到了澧、朗二州。

蜀主王建派遣將領率軍會合岐王李茂貞的軍隊五萬人攻打雍州，晉監軍張承業也率軍響應他們。六月初三日壬寅，梁朝任命劉知俊擔任西路行營都招討使進行抵抗。

金吾上將軍王師範家在洛陽。朱友寧的妻子向梁太祖哭訴說：「陛下化家為國，全宗族都蒙受榮耀恩寵。惟獨我的丈夫不幸，因為王師範的叛逆，死在戰場上。現在仇人還在，我實在痛心！」梁太祖說：「朕幾乎忘掉了這個逆賊！」六月初十日己酉，派遣使者到洛陽處死了王師範的全族。使者先在王師範的宅第旁挖了坑，才宣讀梁太祖的詔書，告訴王師範。王師範大擺酒席，和宗族的人依次就坐，對使者說：「死亡，人所不免，何況還有罪呢！我不想讓屍體堆積，長幼沒有次序。」已經開始喝酒，命令宗族的人從幼到長，帶到坑中處死。死的共有二百人。

六月十七日丙辰，劉知俊和佑國節度使王重師在漠谷大敗岐王李茂貞的軍隊，晉、蜀的軍隊都撤回去了。〇蜀主王建立遂王王宗懿為太子。〇梁太祖打算親自率軍攻打潞州。二十八日丁卯，下詔集合各道的軍隊。

湖南判官高郁請求聽任百姓自己採茶賣給北方的客商，徵收他們的賦稅來供給軍需，楚王馬殷聽從了。秋，七月，馬殷奏請在汴州、荊州、襄州、唐州、郢州、復州設置回圖務，運茶到黃河南北，賣茶換取絲棉織品和戰馬回來，仍然每年向朝廷進貢茶葉二十五萬斤。梁太祖下詔答應了這件事。湖南從此富足起來。

七月初三日壬申，淮南的將領、官吏向江淮宣諭使李儼請求，承制授予楊隆演為淮南節度使、東面諸道行營都統、同平章事、弘農王。

鍾泰章得到賞賜很少，鍾泰章未曾自己說過。後來過了一年，因為醉酒和各將領爭論談到了這件事。有人告訴了徐溫，認為鍾泰章心懷怨恨，請求殺了他。徐溫說：「這是我的過錯。」把鍾泰章提拔為滁州刺史。

【研析】本卷研析朱全忠篡唐，李存勗嗣位晉王，王建稱帝三件史事。

朱全忠篡唐。朱全忠，原名朱溫，排行第三，宋州碭山縣午溝里人。父親朱誠，是鄉間私塾教師，有三子，長子朱全昱，次子朱存，三子朱溫。朱溫兇悍狡詐，純粹一個鄉間流氓。參加黃巢起義，官至同州防禦使，為黃巢看守東大門。西元八八二年，朱溫看到黃巢形勢不利，向河中節度使王重榮投降，說母親姓王，認王重榮為母舅，唐僖宗任命朱溫為同華節度使，賜名朱全忠。西元八八三年，唐任命朱全忠為汴州刺史、宣武軍節度使，並加任命東北面都招討使，堵塞黃巢向東的退路。朱全忠被黃巢打敗，向李克用求救。西元八八四年，李克用到河南打敗黃巢，還軍路過汴州，朱全忠請李克用入城相會，企圖謀殺未遂，朱、李從此交惡。由此，也可見朱全忠之兇狡。

朱全忠經過二十年的經營，據有廣大河南中原地區，環四周諸鎮，李克用、李茂貞、楊行密均不能與之爭，篡唐條件成熟，遷昭宗於洛陽，隨而弒帝立幼，大殺朝士，唐王室朝臣為之一空。唐哀帝天祐四年四月十六日壬戌，朱全忠改名朱晃，四月十八日甲子黃袍加身，在汴京金祥殿即皇帝位，史稱梁太祖。四月二十二日戊辰，大赦，改元，國號大梁。廢唐哀帝為濟陰王。朱晃長兄朱全昱在家宴上斥責朱晃說：「朱三，你原本是碭山的一個平民，跟隨黃巢為盜，唐朝天子任用你為四鎮節度使，富貴已極，為什麼你還要奪取人家的三百年天下，恩將仇報，自稱皇帝，你的行為，該當滅族。」朱全昱不失忠厚平民本色，他的斥責，代表了平民對梁太祖朱晃的評價。

李存勗嗣位晉王。李存勗，李克用嗣子，少小聰明過人，及長，善騎射，膽壯驍勇，年十一，從李克用討王行瑜，昭宗見之稱奇，賜以翡翠盤。李存勗習《春秋》，通大義，是其所長，但沉迷於歌舞俳優之戲，是其所短。

天祐五年（西元九〇八年）正月，李克用卒，李存勗即王位於太原，時年二十四歲。李存勗以王位讓其叔父李克寧，李克寧不許，隨後聽信夫人及諸將之言，謀作亂，奪王位，以晉依附後梁。在這千鈞一髮之際，李存勗在監軍張承業輔佐下，果斷出擊，誅李克寧，穩定了眾心。接著，李存勗整頓綱紀，誅殺悍卒擾民罪大者，全軍肅靜。此時，汴、晉兩軍爭潞州，攻戰一年，汴軍仍未攻下潞州。梁太祖趁著晉喪主少，親率大軍來取潞州，志在必得。李存勗與諸將謀議說：「潞州上黨是河東的屏障，不可丟失。朱溫聽說我新立，不熟悉軍旅，一定認為是奪取上黨的好時機。我將帶領精兵，倍道兼行，出其不意入援上黨，一定能打敗汴軍。取威定霸，在此一舉。」四月二十日甲子，晉王李存勗親率周德威等大將從晉陽出發，直趨上黨，大敗汴軍。梁太祖聞訊大驚，長歎說：「生子當如李亞子，李克用沒有死。說起我的兒子，只是一群豬狗罷了。」梁太祖身經百戰，他最害怕的人是李克用，認為李克用之死，是梁朝滅晉的好時機，他做夢也沒想到李存勗年少英勇，如此有大局觀，如此善抓時機，竟然搶在自己的前頭到達潞州，一戰使梁太祖喪膽。取威定霸，一戰成功，少年晉王李存勗達到了他的目的。

王建稱帝。王建目不知書，以行伍拼殺一生，居然打鬥出了一片天下。唐昭宗大順二年(西元八九一年)，王建割據西川，後來兼併了東川和漢中等地，共有四十六州，四境有重山之險，蜀地稱天府之國，中原多事，西川可立國。古有巴國、蜀國，東漢末有蜀漢。西元九〇七年，朱晃篡唐稱帝於中原，王建隨後也稱帝於西川，國號蜀，史稱前蜀，建都於成都。唐玄宗、唐僖宗先後蒙塵入蜀，許多名人朝士大夫相隨入蜀，尤其唐末中原大亂，許多名家世族避亂蜀中。韋莊、張格、毛文錫等一百多名中原士人受到王建優待。史稱王建喜歡與文士交遊，前蜀「典章文物有唐之遺風」。王建稱帝，多次改元，加尊號，寵信宦官，喜聽祥瑞之言，經常有龍出現，這些都是「唐之遺風」，其實是正在被掃蕩的腐朽文化。王建好女色，多內寵，疏於理政，又教子無方，前有太師王宗佶強求大司馬之事，後有皇太子元膺擅殺太子少保唐道襲的事發生。唐道襲原本是一個舞僮，見幸於王建，嬖臣小人，王建用為樞密使，又為皇太子的少保，王宗佶和王元膺正眼瞧不起唐道襲，哪能相容。王建殺王宗佶和王元膺，喪其兩子，仍未得教訓。晚年，軍政大權交給宦官唐文扆，西元九一八年王建死，養子王宗弼殺唐文扆。少子王宗衍嗣位，比其父更加荒淫，國政完全交給宋光嗣、宋光葆、景潤澄等一群宦官，自己整日與狎客韓昭等遊宴賦詩，蜀國政治由此可知。西元九二五年，後唐莊宗李存勗派兵滅了前蜀。王建所立之蜀國，前後只存在了三十五年。

# 卷第二百六十七

## 後梁紀二

起著雍執徐（戊辰　西元九〇八年）八月，盡重光協洽（辛未　西元九一一年）二月，凡二年有奇。

【題　解】本卷記事起西元九〇八年八月，迄西元九一一年二月，載述史事凡二年又七個月。當梁太祖開平二年八月至開平五年二月。此時期梁太祖朱晃已步入他的晚年，猜忌心日增，先是枉殺佑國節度使王師重，逼反忠武節度使劉知俊，以同州叛附岐王李茂貞，北聯晉王共討梁。繼之盡誅趙王深州戍兵，逼反王鎔與梁絕，依附晉王李存勗，導致梁、晉雙方在趙州大戰，晉王大勝梁兵，乘勝逐北攻取河北梁屬州縣。燕王劉守光聲言南下討梁，要當盟主，晉王退兵，決心先北後南，剷除劉守光再專意南下討梁，舒緩了梁朝受攻的壓力。此時期，地區混戰，劉守光破滄州，一統盧龍舊境，勢力增強。吳王將周本大敗危全諷於洪州，江西地盡歸楊隆演所有。錢鏐破湖州，叛將高澧奔吳。錢鏐築捍海石塘，拓廣杭州城，從此錢唐富甲東南。楚王馬殷勢力達於嶺表，唐寧遠節度使龐巨昭、高州防禦使劉昌魯臣附楚王。梁須行《梁律令格式》。

### 太祖神武元聖孝皇帝中

開平二年（戊辰　西元九〇八年）

八月，吳越王錢鏐遣寧國❶節度使王景仁奉表詣大梁，陳取淮南之策。景仁，即茂章也，避梁諱❷改焉。

淮南遣步軍都指揮使周本、南面統軍使呂師造擊吳越，九月，圍蘇州。吳越將張仁保攻常州之東洲❸，拔之。淮南兵死者萬餘人。淮南以池州團練使陳璋為水陸行營都招討使，帥柴再用等諸將救東洲，大破仁保於魚蕩，復取東洲。柴再用方戰舟壞，長矟❹浮之，僅而得濟。家人為之飯僧❺千人，再用悉取其食以犒部兵，曰：「士卒濟我，僧何力焉！」

丙子❻，蜀立皇后周氏❼。后，許州人也。

晉周德威、李嗣昭將兵三萬出陰地關❽，攻晉州，刺史徐懷玉拒守，帝自將救之。丁丑❾，發大梁。乙酉❿，至陝州。戊子⓫，岐王所署延州節度使胡敬璋寇上平關⓬，劉知俊擊破之。周德威等聞帝將至，乙未⓭，退保隰州⓮。

荊南節度使高季昌遣兵屯漢口⓯，絕楚朝貢之路。楚王殷遣其將許德勳將水軍擊之，至沙頭⓰，季昌懼而請和。殷又遣步軍都指揮使呂師周將兵擊嶺南，與清海節度使劉隱十餘戰，取昭、賀、梧、蒙、龔、富六州⓱。殷土宇既廣，乃養士息民，湖南遂安。

冬，十月，蜀主立後宮張氏為貴妃，徐氏⑱為賢妃，其妹為德妃。張氏，郪⑲人，宗懿之母也。二徐，耕⑳之女也。

華原㉑賊帥溫韜㉒聚眾嵯峨山㉓，暴掠雍州諸縣，唐帝諸陵發㉔之殆徧。○庚戌㉕，蜀主講武㉖於星宿山㉗，步騎三十萬。○丁巳㉘，帝還大梁。

辛酉㉙，以劉隱為清海、靜海節度使，以膳部郎中㉚趙光裔、右補闕李殷衡充官告使㉛，隱皆留之㉜。光裔，光逢㉝之弟。殷衡，德裕㉞之孫也。

依政㉟進士梁震，唐末登第，至是歸蜀。過江陵，高季昌愛其才識，留之，欲奏為判官。震恥之㊱，欲去，恐及禍，乃曰：「震素不慕榮宦㊲[1]，明公不以震為愚，必欲使之參謀議，但以白衣㊳侍樽俎㊴可也，何必在幕府！」季昌許之。震終身止稱前進士，不受高氏辟署㊵。季昌甚重之，以為謀主，呼曰先輩㊶。

帝從吳越王鏐之請，以亳州團練使寇彥卿為東南面行營都指揮使，擊淮南。

十一月，彥卿帥眾二千襲霍丘㊷，為土豪朱景所敗。又攻廬、壽二州，皆不勝。淮南遣滁州刺史史儼拒之，彥卿引歸㊸。

定難㊹節度使李思諫卒。甲戌㊺，其子彝昌㊻自為留後。

劉守文舉滄德兵攻幽州，劉守光求救於晉，晉王遣兵五千助之。丁亥㊼，守文兵至盧臺軍㊽，為守光所敗。又戰玉田㊾，亦敗。守文乃還。

癸巳㊿，中書侍郎、同平章事張策以刑部尚書致仕。以左僕射楊涉同平章事。○保塞節度使胡敬璋卒，靜難(51)節度使李繼徽以其將劉萬子代鎮延州。○是歲，弘農王遣軍將萬全感齎書間道詣晉及岐，告以嗣位。○帝將遷都洛陽。

【章　旨】以上為第一段，寫淮南王與吳越王交戰，晉王與後梁交戰，互有勝敗。楚王馬殷北敗高季昌，南敗劉隱，湖南遂安。梁震為荊南謀主，不受高氏辟署，終身止稱前進士。

【注　釋】❶寧國　方鎮名，唐昭宗景福元年（西元八九二年）升宣歙團練使為寧國軍節度使，治所宣州。唐哀帝天祐三年（西元九〇六年）王茂章帥眾自宣州奔兩浙，錢鏐以為寧國節度使。❷避梁諱　朱晃曾祖名茂琳，故王茂章避諱改名景仁。❸東洲　鎮名，又名東布洲，在今江蘇啟東市北呂泗鎮一帶。❹矟　同「槊」。矛長丈八尺曰矟。❺飯僧　家人因柴再用以長矛渡水生還為神靈保祐，故施飯與僧。❻丙子　九月初八日。❼周氏　許州人，王建元配之妻。❽陰地關　關名，在汾州和晉州交界處，今山西霍州北。❾丁丑　九月初九日。❿乙酉　九月十七日。⓫戊子　九月二十日。⓬上平關　關名，在隰州石樓縣（今山西石樓）北，位山、陝交界處。⓭乙未　九月二十七日。⓮隰州　州名，在晉州西北二百五十五里。治所在今山西隰縣。⓯漢口　漢水入長江之口。在鄂州漢陽縣東大別山下。⓰沙頭　鎮名，在今湖北江陵城南。⓱昭賀梧蒙龔富六州　皆在今廣西境。昭州治所在今平樂西，賀州治所在今賀縣東南，梧州治所在今梧州，蒙州治所在今蒙山縣，龔州治所在今平南縣，富州治所在今昭平。⓲徐氏　《新五代史》卷六十三〈前蜀世家〉載，徐氏姐妹二人，姐姐封為賢妃，妹妹封為淑妃。二人皆以色進，交結宦官唐文扆等干預朝政。⓳郪　縣名，縣治在今四川三臺。唐時為梓州治所。⓴耕　即徐耕，曾為眉州刺史。事見本書卷二百五十八。㉑華原　縣名，縣治在今陝西耀州。㉒溫韜　（？—西元九二七年）京兆華原人，少為盜，後事李茂貞，為華原鎮將，改名李彥韜。降梁後為義勝軍節度使，改名溫昭圖。傳見《舊五代史》卷七十三、《新五代史》卷四十。㉓嵯峨山　山名，在今陝西淳化東南、耀州西南。㉔發　挖掘。㉕庚戌　十月十二日。㉖講武　講習武事。㉗星宿山　山名，在今四川成都北。㉘丁巳　十月十九日。㉙辛酉　十月二十三日。㉚膳部郎中　官名，膳部為禮部下屬四部之一，掌陵廟之牲豆酒膳。設郎中、員外郎各一人。㉛官告使　朝廷臨時派出授予授官憑證的官員。官告即告身。㉜隱皆留之　指劉隱把趙光裔、李殷衡都留在節度任上，不讓還朝。當時群雄割據，各自截留士人為己用。㉝光逢　即趙光逢，唐時御史中丞、太常卿，入梁為宰相。傳見《舊唐書》卷一百七十八、《新唐書》卷一百八十二、《舊五代史》卷五十八、《新五代史》卷三十四。㉞德裕　唐武宗時宰相李德裕。傳見《舊唐書》卷一百七十四、《新唐書》卷一百八十。㉟依政　縣名，縣治在今四川邛崍東南，時屬邛州。㊱震恥之　高季昌出身奴僕，梁震恥為他的僚屬。㊲榮宧　榮耀的官職。㊳白衣　無官職。㊴樽俎　盛酒食的器具。此處借指為賓客。㊵辟署　徵舉授官。㊶先輩　唐人呼進士為先輩。㊷霍丘　縣名，縣治在今安徽霍丘。㊸引歸　引兵退歸。寇彥卿兵勢已受挫，而史儼原為河東健將，汴兵畏懼，故聞其至而退。㊹定難　方鎮名，唐僖宗中和二年（西元八八二年）賜夏州節度號定難軍節度。㊺甲戌　十一月初六日。㊻彝昌　李思諫之子李彝昌（？—西元九〇九年）。僖宗時，拓跋思敬拜夏州節度使，賜姓李。思敬卒，其弟李思諫為節度使。傳附《舊五代史》卷一百三十二、《新五代史》卷四十〈李仁福傳〉。㊼丁亥　十一月十九日。㊽盧臺軍　軍鎮名，在今河北青縣。宋時為乾寧軍所在地。㊾玉田　縣名，縣治在今河北玉田。時屬薊州。㊿癸巳　十一月二十五日。(51)靜難　方鎮名，唐僖宗光啓元年（西元八八五年）賜邠寧節度號靜難軍節度。保塞、靜難二鎮時皆屬李茂貞。

【校　記】①榮宧　原作「榮官」。據章鈺校，十二行本、乙十一行本、孔天胤本皆作「榮宧」，張敦仁《通鑑刊本識誤》同，今從改。

【語　譯】太祖神武元聖孝皇帝中

開平二年（戊辰　西元九〇八年）

八月，吳越王錢鏐派寧國節度使王景仁帶著奏表前往大梁，陳述攻取淮南的策略。王景仁，就是王茂章，因為避梁太祖曾祖父朱茂琳諱而改名。

淮南派步軍都指揮使周本、南面統軍使呂師造進擊吳越。九月，包圍蘇州。吳越將領張仁保攻打常州的東洲鎮，攻克了它，淮南士兵死的有一萬多人。淮南任命池州團練使陳璋為水陸行營都招討使，率柴再用等各將領救援東洲鎮，在魚蕩大敗張仁保，重又奪回東洲鎮。柴再用正在交戰，船卻壞了，他靠長矛浮托，才上了岸。家人因此向一千個僧人施飯，柴再用把這些飯食全部拿來犒勞他部下的士兵，說：「士兵救我上岸，僧人出過什麼力呢！」

九月初八日丙子，蜀主冊立皇后周氏。周皇后，是許州人。

晉周德威、李嗣昭率軍三萬從陰地關出發，攻打晉州。晉州刺史徐懷玉抵禦固守，梁太祖親自率軍救援。九月初九日丁丑，從大梁出發。十七日乙酉，到達陝州。二十日戊子，岐王李茂貞所任命的延州節度使胡敬璋侵犯上平關，劉知俊打敗了他們。周德威等人聽說梁太祖要到了，二十七日乙未，退守隰州。

荊南節度使高季昌派兵屯駐漢口，斷絕楚向梁入朝進貢的道路。楚王馬殷派他的部將許德勳率水軍前去攻打，到了沙頭，高季昌因畏懼而請求講和。馬殷又派步軍都指揮使呂師周率軍攻打嶺南，與清海節度使劉隱打了十多仗，攻取昭、賀、梧、蒙、龔、富六個州。馬殷在疆域擴大之後，就讓士兵和百姓休養生息，湖南終於安定。

冬，十月，蜀主王建冊立後宮張氏為貴妃，徐氏為賢妃，徐氏的妹妹為德妃。張氏是郪縣人，太子王宗懿的母親。兩位徐妃是徐耕的女兒。

華原的盜賊首領溫韜在嵯峨山聚集部眾，劫掠雍州各縣，唐朝皇帝的各座陵墓幾乎都被他挖遍了。〇十月十二日庚戌，蜀主王建在星宿山講習武事，參加的步兵、騎兵有三十萬人。〇十九日丁巳，梁太祖返回大梁。

十月二十三日辛酉，梁朝任命劉隱為清海、靜海節度使，派膳部郎中趙光裔、右補闕李殷衡充任官告使，劉隱把他們都留下了。趙光裔，是趙光逢的弟弟。李殷衡，是李德裕的孫子。

邛州依政縣的進士梁震在唐朝末年科舉考中，這時候要回到蜀地去。路過江陵，高季昌喜愛梁震的才能識見，把他留下來，想要奏請任命他為判官。梁震恥於做他的僚屬，想要離開，又擔心遭到禍害，於是說：「我一向不羨慕榮耀的官職，您如果不認為我愚昧無知，一定要讓我參與謀劃計議，只需讓我以平民的身分在您身邊侍奉就可以了，何必要在幕府任職呢！」高季昌答應了。梁震終身只自稱前進士，沒有接受高季昌的徵舉授官。高季昌很看重他，把他當做出謀劃策的主要人物，稱他為先輩。

梁太祖依從吳越王錢鏐的請求，任命亳州團練使寇彥卿為東南面行營都指揮使，進攻淮南。十一月，寇彥卿率軍隊二千人襲擊霍丘，被當地豪強朱景打敗。又攻打廬、壽二州，都沒有取勝。淮南派滁州刺史史儼進行抵禦，寇彥卿率軍退回。

定難節度使李思諫去世。十一月初六日甲戌，他的兒子李彝昌自立為留後。

劉守文發動滄州、德州的軍隊進攻幽州，劉守光向晉王李存勗求救，晉王派兵五千援助劉守光。十一月十九日丁亥，劉守文的軍隊到達盧臺軍，被劉守光打敗。又在玉田縣交戰，也失敗了。劉守文於是退了回去。

十一月二十五日癸巳，中書侍郎、同平章事張策以刑部尚書之職退休。任命左僕射楊涉為同平章事。○保塞節度使胡敬璋去世，靜難節度使李繼徽任用他的部將劉萬子代為鎮守延州。○這一年，弘農王楊隆演派軍將萬全感帶著書信從小路前往晉王和岐王那裡，把自己嗣位的事告訴了他們。○梁太祖將要遷都洛陽。

三年（己巳　西元九〇九年）

春，正月己巳❶，遷太廟神主❷於洛陽。甲戌❸，帝發大梁。壬申❹，以博王友文為東都❺留守。己卯❻，帝至洛陽。庚寅❼，饗❽太廟。辛巳❾，祀圜丘❿，大赦。

丙申⓫，以用度稍充，初給百官全俸⓬。

二月丁酉朔⓭，日有食之。

保塞節度使劉萬子暴虐，失眾心，且謀貳⑭於梁，李繼徽使延州牙將李延實圖之。延實因⑮萬子葬胡敬璋，攻而殺之，遂據延州。馬軍都指揮使河西⑯高萬興⑰與弟[1]萬金聞變，以其眾數千人詣劉知俊降。岐王置翟州於鄜城⑱，其守將亦降。

三月甲戌⑲，帝發洛陽。以山南東道節度使楊師厚兼潞州行營四面[2]招討使。○庚辰⑳，帝至河中，發步騎會高萬興兵取丹㉑、延。○丙戌㉒，以朔方節度使兼中書令韓遜為潁川王。遜本靈州㉓牙校，唐末據本鎮，朝廷因而授以節鉞。○辛卯㉔，丹州刺史崔公實請降。○徐溫以金陵㉕形勝㉖，戰艦所聚，乃自以淮南行軍副使領昇州㉗刺史，留廣陵，以其假子元從㉘指揮使知誥為昇州防遏兼樓船副使，往治之。

夏，四月丙申朔㉙，劉知俊移軍攻延州，李延實嬰城㉚自守。知俊遣白水㉛鎮使劉儒分兵圍坊州。○庚子㉜，以王審知為閩王，劉隱為南平王。○劉知俊克延州，李延實降。

**【章　旨】**以上為第二段，寫梁太祖遷都洛陽，以博王朱友文為東都留守。梁始給百官全俸。加封威武節度使王審知為閩王，清海、鎮海節度使劉隱為南平王。

【注釋】❶己巳　正月初二日。❷太廟神主　太廟內所設已死國君的牌位，以木或石製成。❸甲戌　正月初七日。❹壬申　正月初五日。❺東都　梁以大梁為東都。❻己卯　正月十二日。❼庚寅　正月二十三日。❽饗　合祭。❾辛巳　正月十四日。❿圜丘　祭天的圓形高壇。⓫丙申　正月二十九日。⓬全俸　唐自僖宗廣明年間喪亂以來，百官俸銀僅存數額而已。至此才給全額。⓭丁酉朔　二月初一日。⓮貳　有二心。⓯因　趁。⓰河西　地區名，此指陝北黃河西岸地區。⓱高萬興　（？—西元九二五年）初事胡敬璋為騎將，後與其弟降梁，為延州刺史、保大軍節度使。傳見《舊五代史》卷一百三十二、《新五代史》卷四十。⓲置翟州於鄜城　設置翟州，治所鄜城。鄜城在今陝西洛川縣東南，唐屬坊州。⓳甲戌　三月初九日。⓴庚辰　三月十五日。㉑丹　州名，治所在今陝西宜川縣。㉒丙戌　三月二十一日。㉓靈州　州名，州治在今寧夏靈武。㉔辛卯　三月二十六日。㉕金陵　府名，梁置金陵府，在今江蘇南京。㉖形勝　地勢優越便利。㉗昇州　州名，治所金陵。㉘元從　自始就相隨從的部隊。㉙丙申朔　四月初一日。㉚嬰城　環城。㉛白水　縣名，縣治在今陝西白水縣，時屬同州。㉜庚子　四月初五日。

【校記】①弟　原作「其弟」。據章鈺校，十二行本、乙十一行本皆無「其」字，今據刪。②行營四面　原作「四面行營」。據章鈺校，十二行本、乙十一行本、孔天胤本皆作「行營四面」，今從改。

【語譯】三年（己巳　西元九〇九年）

春，正月初二日己巳，梁太祖把太廟的祖宗牌位遷到洛陽。初七日甲戌，梁太祖從大梁出發。初五日壬申，任命博王朱友文為東都留守。十二日己卯，梁太祖到達洛陽。二十三日庚寅，在太廟合祭祖先。十四日辛巳，在圜丘祭祀上天，實行大赦。

正月二十九日丙申，梁朝由於費用漸漸充裕，開始給百官發放足額俸祿。

二月初一日丁酉，發生日蝕。

保塞節度使劉萬子暴虐，失去人心，並且圖謀投降梁朝，李繼徽派延州牙將李延實設法對付他。李延實乘劉萬子給胡敬璋下葬的機會，攻擊並殺死了劉萬子，於是佔據了延州。馬軍都指揮使河西人高萬興和弟弟高萬金聽說發生變亂，率領他們的部眾幾千人到劉知俊那裡投降梁朝。岐王李茂貞在鄜城設置翟州，那裡的守將也投降了梁朝。

三月初九日甲戌，梁太祖從洛陽出發。任命山南東道節度使楊師厚兼潞州行營四面招討使。〇十五日庚辰，梁太祖到達河中，派出步兵、騎兵會同高萬興的軍隊攻打丹州、延州。〇二十一日丙戌，封朔方節度使兼中書令韓遜為潁川王。韓遜本來是靈州牙校，唐朝末年佔據靈州，朝廷因此授給他符節斧鉞。〇二十六日辛卯，丹州刺史崔公實請求投降。〇徐溫因為金陵地勢優越，而且戰艦聚集，於是自任淮南行軍副使兼領昇州刺史，留駐在廣陵，任命他的養子元從指揮使徐知誥為昇州防遏兼樓船副使，前去治理昇州。

夏，四月初一日丙申，劉知俊調動軍隊進攻延州，李延實利用四周城牆進行防守。劉知俊派白水鎮使劉儒分兵包圍坊州。〇初五日庚子，梁太祖封王審知為閩王，劉隱為南平王。〇劉知俊攻克延州，李延實投降。

淮南兵圍蘇州，推洞屋❶攻城，吳越將臨海❷孫琰置輪於竿首，垂絙❸投錐以揭之❹，攻者盡露，礮❺至則張網以拒之，淮南人不能克。吳越王鏐遣牙內指揮使錢鏢、行軍副使杜建徽等將兵救之。

蘇州有水通城中，淮南張網綴❻鈴懸水中，魚鼈過皆知之。吳越遊弈都虞侯司馬福欲潛行❼入城，故以竿觸網。敵聞鈴聲舉網，福因得過，凡居水中三日，乃得入城。由是城中號令與援兵相應，敵以為神。

吳越王鏐嘗遊府園，見園卒陸仁章樹藝❽有智而志❾之。及蘇州被圍，使仁章通信入城，果得報而返。鏐以諸孫❿畜⓫之，累遷兩府⓬軍糧都監使，卒獲其用，仁章，睦州⑬人也。

辛亥⑭，吳越兵內外合擊淮南兵，大破之，擒其將何朗等三十餘人，奪戰艦二百艘。周本夜遁，又追敗之於皇天蕩⑮。鍾泰章將精兵二百為殿，多樹旗幟於菰蔣⑯中，追兵不敢進而還。

岐王所署保大節度使李彥博、坊州刺史李彥昱皆棄城奔鳳翔，鄜州都將嚴弘倚舉城降。己未⑰，以高萬興為保塞節度使，以絳州刺史牛存節為保大節度使。

◯淮南初置選舉⑱，以駱知祥掌之。

五月丁卯⑲，帝命劉知俊乘勝取邠州。知俊難之⑳，辭以闕㉑食，乃召還。

佑國節度使王重師鎮長安數年，帝在河中，怒其貢奉不時。己巳㉒，召重師入朝，以左龍虎統軍劉捍為佑國留後。

癸酉㉓，帝發河中。己卯㉔，至洛陽。◯劉捍至長安，王重師不為禮，捍譖㉕之於帝，云重師潛與邠、岐通。甲申㉖，貶重師溪州㉗刺史，尋賜自盡，夷其族。

劉守文頻年㉘攻劉守光不克，乃大發兵，以重賂招契丹、吐谷渾之眾，合四萬屯薊州㉙。守光逆戰於雞蘇㉚，為守文所敗。守文單馬立於陳前，泣謂其眾曰：「勿殺吾弟。」守光將元行欽識之，直前擒之，滄德兵皆潰。守光囚之別室，栫以蕠棘㉛，乘勝進攻滄州。滄州節度判官呂兗、孫鶴推守文子延祚為帥，乘城拒守。兗，安次㉜人也。

【章 旨】以上為第三段，寫吳越軍在蘇州大敗淮南軍。

【注 釋】❶洞屋 攻城工具。以木撐柱為之，外邊覆蓋牛皮，其狀如洞。❷臨海 縣名，縣治在今浙江臨海。❸絙 大繩；粗索。❹投錐以揭之 用大繩投錐揭牛皮，此為破洞屋的方法。錐，鑽孔的工具。❺礮 古代以機械發石為礮，所以可以張網拒之。❻綴 繫結。❼潛行 潛水而行。❽樹藝 種植。❾志 記之於心。❿諸孫 眾孫。⓫畜 養。⓬兩府 鎮海、鎮東兩節度使。⓭睦州 州名，治所在今浙江建德東。⓮辛亥 四月十六日。⓯皇天蕩 即黃天蕩。在蘇州長洲縣界，今蘇州葑門東二里。⓰菰蔣 「菰」與「蔣」為同一植物名，即茭白。草本，多年生，生淺水中，高五六尺。因較高，可以隱蔽，所以鍾泰章置旗其中，迷惑敵人。⓱己未 四月二十四日。⓲選舉 禮部考試舉士，吏部通過銓選與考績舉官。自喪亂以來，選舉之法盡廢，淮南復置之。⓳丁卯 五月初三日。⓴難之 為難。李繼徽據鄜州，有鳳翔之援，故劉知俊以取之為難。㉑闕 通「缺」。㉒己巳 五月初五日。㉓癸酉 五月初九日。㉔己卯 五月十五日。㉕譖 誣陷。㉖甲申 五月二十日。㉗溪州 州名，治所在今湖南永順東。㉘頻年 連續多年。劉守文自開平元年攻劉守光，至此已三年。㉙薊州 州名，治所在今天津市薊縣。㉚雞蘇 寨名，在今天津市薊縣西。㉛栫以蕠棘 使用叢棘圍堵。栫，以柴木壅塞。蕠，通「叢」。聚集。㉜安次 縣名，縣治在今河北安次西。時屬幽州。

【語 譯】淮南軍隊包圍蘇州，推著洞屋攻城。吳越將領臨海人孫琰在竹竿頭上設置滑輪，垂下粗繩綁上利錐把洞屋上蒙蓋的牛皮鑽破掀開，使攻城的人全部暴露；炮石打來就張網攔阻，淮南軍隊不能攻下蘇州。吳越王錢鏐派牙內指揮使錢鏢、行軍副使杜建徽等率軍救援蘇州。

蘇州城外有水道通到城裡，淮南軍隊在水中掛上網，網上綴有鈴鐺，魚鱉通過都能知道。吳越遊弈都虞候司馬福想要潛水入城，故意用竹竿去觸網子。淮南軍隊聽到鈴聲舉起網子，司馬福因此得以通過。他在水中一共藏了三天，才得以入城。從此城裡的號令與援兵相呼應，淮南軍隊以為他們似有神助。

吳越王錢鏐曾經到府園遊玩，看到園丁陸仁章種植花草樹木頗具智慧而記在心裡。等到蘇州被圍，就派陸仁章到城裡去通消息，果然得到答覆而回來了，錢鏐把陸仁章當做孫輩對待，一直升到鎮海、鎮東兩府軍糧都監使，終於讓他發揮了作用。陸仁章，是睦州人。

四月十六日辛亥，吳越軍隊在蘇州城內城外配合攻打淮南軍隊，把他們打得大敗，擒獲淮南將領何朗等三十多人，奪取戰艦二百艘。周本趁黑夜逃走，吳越軍隊又追上去在皇天蕩把周本打敗了。鍾泰章率精兵兩百人為淮南軍隊殿後，在水邊菰草中豎起很多旗幟迷惑對方，吳越追兵不敢再追下去而返回。

岐王李茂貞任命的保大節度使李彥博、坊州刺史李彥昱都丟下城池逃回鳳翔，鄜州都將嚴弘倚獻出城池投降。四月二十四日己未，梁太祖任命高萬興為保塞節度使，任命絳州刺史牛存節為保大節度使。○淮南開始建立選士舉官制度，任命駱知祥掌管此事。

五月初三日丁卯，梁太祖命劉知俊乘勝攻取邠州。劉知俊感到為難，以缺乏軍糧為藉口推辭，於是梁太祖把他召回。

佑國節度使王重師鎮守長安多年，梁太祖在河中時，惱怒他不按時進貢。五月初五日己巳，召王重師入朝，任命左龍虎統軍劉捍為佑國留後。

五月初九日癸酉，梁太祖從河中出發。十五日己卯，到達洛陽。○劉捍到了長安，王重師不以禮相待。劉捍在梁太祖面前誣陷王重師，說王重師暗中和邠州、岐州往來。二十日甲申，把王重師貶為溪州刺史，不久又賜令王重師自盡，誅滅他的全族。

劉守文連年進攻劉守光未能取勝，於是出動大批軍隊，並且送出大量財物招來契丹、吐谷渾的部眾，合計四萬人屯駐在薊州。劉守光在雞蘇迎戰，被劉守文打敗。劉守文單人匹馬立在陣前，哭著對他的部眾說：「不要殺死我的弟弟。」劉守光的部將元行欽認識劉守文，逕直衝上前去把他捉住，劉守文的滄德軍隊全都潰散了。劉守光把劉守文囚禁在另設的房間內，用一叢叢的荊棘把屋子堵塞，乘勝進攻滄州。滄州節度判官呂兗、孫鶴推舉劉守文的兒子劉延祚為統帥，登城抵禦防守。呂兗，是安次人。

忠武節度使兼侍中劉知俊，功名浸盛，以帝猜忍❶日甚，內不自安。及王重師誅，知俊益懼。帝將伐河東，急徵知俊入朝，欲以為河東西面行營都統，且以知俊有丹、延之功，厚賜之。知俊弟右保勝指揮使知浣從帝在洛陽，密使人語知俊云：「入必死。」又白帝，請帥弟姪往迎知俊，帝許之。六月乙未朔❷，知俊奏稱[1]「為軍民所留」，遂以同州附於岐。執監軍及將佐之不從者，皆械送於岐。遣兵襲華州，逐刺史蔡敬思，以兵守潼關。潛遣人以重利啗❸長安諸將，執劉捍❹，送於岐，殺之。知俊遣使請兵於岐，亦遣使請晉人出兵攻晉、絳，遺晉王書曰：「不過旬日，可取兩京，復唐社稷。」

丁未❺，朔方節度使韓遜奏克鹽州❻，斬岐所署刺史李繼直。

帝遣近臣諭劉知俊曰：「朕待卿甚厚，何忽相負？」對曰：「臣不背德❼，但畏族滅如王重師耳。」帝復使謂之曰：「劉捍言重師陰結邠、岐，朕今悔之無及，捍死不足塞責❽。」知俊不報。庚戌❾，詔削知俊官爵，以山南東道節度使楊師厚為西路行營招討使，帥侍衛馬步軍都指揮使劉鄩等討之。○辛亥❿，帝發洛陽。

劉鄩至潼關東，獲劉知俊伏路兵⓫藺如海等三十人，釋之使為前導。劉知浣迷失道，盤桓⓬數日，乃至關下，關吏納之。如海等繼至，關吏不知其已被擒，亦納之。鄩兵乘門開直進，遂克潼關，追及知浣，擒之。癸丑⓭，帝至陝。

丹州馬軍都頭王行思等作亂，刺史宋知誨逃歸。

帝遣劉知俊姪嗣業持詔詣同州招諭知俊。知俊欲輕騎⓮詣行在謝罪，弟知偃止之。楊師厚等至華州，知俊將聶賞開門降。知俊聞潼關不守，官軍繼至，蒼黃⓯失圖⓰。乙卯⓱夜[2]，舉族奔岐。楊師厚至長安，岐兵已據城，師厚以奇兵並南山急趨，自西門入⓲，遂克之。庚申⓳，以劉鄩權佑國留後。岐王厚禮⓴劉知俊，以為中書令。地狹，無藩鎮處之，但厚給俸祿而已。

劉守光遣使上表告捷，且言「俟滄德事畢，為陛下掃除[3]并寇㉑。」亦致書晉王，云欲與之同破偽梁㉒。

【章　旨】以上為第四段，寫梁忠武節度使劉知俊因梁太祖猜忌日甚，遂以同州附於岐王李茂貞。

【注　釋】❶猜忍　猜忌殘忍。❷乙未朔　六月初一日。❸啗　以利誘人。❹劉捍　時為佑國軍留後。❺丁未　六月十三日。❻鹽州　州名，治所在今陝西定邊。唐末，鹽州奏事專達朝廷，不隸屬靈夏。至此靈、鹽復合為一鎮。❼背德　背棄恩德。❽塞責　抵罪。❾庚戌　六月十六日。❿辛亥　六月十七日。⓫伏路兵　劉知俊既得潼關，於關外沿路設伏以偵察動靜。⓬盤桓　徘徊；逗留。⓭癸丑　六月十九日。⓮輕騎　輕裝騎兵。⓯蒼黃　慌張；匆忙。⓰失圖　沒有主張。⓱乙卯　六月二十一日。⓲師厚以奇兵並南山二句　唐長安城共有十門，西南三門只有延平門近南山。此時長安已成丘墟，城大難守，即使楊師厚不以奇兵入西門，岐兵亦難久守。⑲庚申　六月二十六日。⑳厚禮　以很高的禮遇相待。㉑并寇　指河東李存勗。河東為并州之地，此時與梁為敵，故云。㉒偽梁　梁受禪於唐，劉守光反覆於梁、晉之間，故稱偽梁。

【校　記】①稱　原無此字。據章鈺校，十二行本、乙十一行本、孔天胤本皆有此字，今據補。②夜　原無此字。據章鈺校，十二行本、乙十一行本、孔天胤本皆有此字，張敦仁《通鑑刊本識誤》同，今據補。③掃除　原作「掃平」。據章鈺校，十二行本、乙十一行本、孔天胤本皆作「掃除」，今從改。

【語　譯】忠武節度使兼侍中劉知俊，功勞名聲越來越大，因為梁太祖的猜忌和殘忍一天比一天厲害，他自己內心很不安。等到王重師被殺，劉知俊更加恐懼了。梁太祖準備攻打河東，緊急徵召劉知俊入朝，想任命他為河東西面行營都統，並且因劉知俊有攻取丹州、延州之功，想要重賞他。劉知俊的弟弟右保勝指揮使劉知浣跟隨梁太祖在洛陽，祕密派人告訴劉知俊說：「入朝必死。」又稟告梁太祖，請求率弟姪前去迎接劉知俊，梁太祖同意了。六月初一日乙未，劉知俊上奏說「被軍隊、百姓所挽留，不能入朝」，於是獻出同州歸附岐王李茂貞。他還拘捕了監軍和不跟從他歸附岐王的將領、佐吏，把他們戴上刑具押送到鳳翔。劉知俊派兵襲擊華州，驅逐刺史蔡敬思，再派軍隊守衛潼關。又暗中派人用重利引誘在長安的各將領，捉住劉捍，把他送到鳳翔殺了。劉知俊派使者向岐王李茂貞請求派兵，也派使者前去請求晉王李存勗出兵攻打晉州、絳州。劉知俊寫給晉王的信中說：「不超過十天，就可以攻取兩京，恢復唐朝社稷。」

六月十三日丁未，朔方節度使韓遜奏報攻克鹽州，殺了岐王李茂貞所任命的鹽州刺史李繼直。

梁太祖派親近官員告諭劉知俊說：「朕對你非常好，你為什麼忽然背叛？」劉知俊回答說：「臣不會背棄恩德，只是害怕像王重師那樣被滅族。」梁太祖又派使者對劉知俊說：「劉捍胡說王重師暗中勾結邠州、岐州，朕如今後悔也來不及了，劉捍雖死也不足以抵償他的罪責。」劉知俊沒有答覆。六月十六日庚戌，下詔削去劉知俊的官職爵位，任命山南東道節度使楊師厚為西路行營招討使，率領侍衛馬步軍都指揮使劉鄩等去討伐劉知俊。〇十七日辛亥，梁太祖從洛陽出發。

劉鄩到達潼關東邊，抓獲劉知俊派出的在路邊埋伏偵察的士兵藺如海等三十人，把他們放了讓他們在前面當嚮導。劉知浣迷了路，耽擱了好幾天才到潼關下，守關軍吏把他們放了進去。藺如海等人接著也到了，守關軍吏不知道他們已被抓獲，也把他們放了進去。劉鄩的軍隊乘著關門打開逕直衝了進去，於是攻克潼關，還追上劉知浣，把他擒獲。六月十九日癸丑，梁太祖到達陝州。

丹州馬軍都頭王行思等人作亂，丹州刺史宋知誨逃了回來。

梁太祖派劉知俊的姪子劉嗣業拿著詔書前往同州招撫曉諭劉知俊。劉知俊準備輕騎前往梁太祖的駐地請罪，他的弟弟劉知偃阻止了他。楊師厚等到達華州，劉知俊的部將聶賞打開城門投降。劉知俊聽說潼關失守，梁朝的軍隊接著就要到了，匆忙慌張間失去了主意。六月二十一日乙卯夜裡，帶領全族投奔岐州。楊師厚到達長安時，岐王李茂貞的軍隊已經佔據了長安城，楊師厚出其不意地派出軍隊沿著南山快速前進，從西門進入長安城，於是攻克長安。二十六日庚申，梁太祖任命劉鄩代理佑國留後的職務。岐王李茂貞給與劉知俊很高的禮遇，任命他為中書令。由於岐州地域狹窄，沒有藩鎮可以安置他，只是給他很優厚的俸祿罷了。

劉守光派使者向梁太祖上表報捷，並且說：「等到滄州、德州的事情辦完後，為陛下掃除并州的賊寇。」劉守光同時也送信給晉王李存勗，說想要和他共同消滅不合正統的梁王朝。

撫州刺史危全諷自稱鎮南節度使，帥撫、信、袁、吉❶之兵號十萬攻洪州❷。淮南守兵纔千人，將吏皆懼，節度使劉威密遣使告急於廣陵，日召僚佐宴飲。全諷聞之，屯象牙潭❸，不敢進，請兵於楚。楚王殷遣指揮使苑玫[1]會袁州刺史彭彦章圍高安❹以助全諷。玫，蔡州人。彦章[2]，玕之兄子[3]也。

徐溫問將於嚴可求，可求薦周本。乃以本為西南面行營招討應援使，將兵七千救高安。本以前攻蘇州無功，稱疾不出，可求即其臥內強起之。本曰：「蘇州之役，敵不能勝我，但主將權輕耳。今必見用，願毋置副貳❺乃可。」可求許之。本曰：「楚人為全諷聲援耳，非欲取高安也。吾敗全諷，援兵❻必還。」乃疾趣象牙潭。過洪州，劉威欲犒軍，本不肯留，或曰：「全諷兵彊，君宜觀形勢然後進。」本曰：「賊眾十倍於我，我軍聞之必懼，不若乘其銳而用之。」

秋，七月甲子❼，以劉守光為燕王。◯梁兵克丹州，擒王行思。◯商州刺史李稠驅士民西走❽，將吏追斬之，推都押牙李玟主州事。◯庚午❾，改佑國軍曰永平❿。◯河東兵寇晉州，抄掠至堯祠⓫而去。◯癸酉⓬，帝發陝州。乙亥⓭，至洛陽，寢疾⓮。

初，帝召山南東道節度使楊師厚，欲使督諸將攻潞州，以前兗海⓯留後王班為留後，鎮襄州。師厚屢為班言牙兵王求等凶悍，宜備之，班自恃左右有壯士，不以為意，每眾辱之。戊寅⓰，謫⓱求戍西境，是夕，作亂，殺班，推都指揮使雍丘⓲劉玘為留後。玘偽從之，明日，與指揮使王延順逃詣帝所。亂兵奉平淮⓳指揮使李洪為留後，附於蜀，未幾，房州刺史楊虔亦叛附于蜀。

危全諷在象牙潭，營柵臨溪，亙⓴數十里。庚辰㉑，周本隔溪布陳，先使嬴兵嘗㉒敵。全諷兵涉溪追之，本乘其半濟，縱兵擊之，全諷兵大潰，自相蹂藉㉓，溺水死者甚眾，本分兵斷其歸路，擒全諷及將士五千人。乘勝克袁州，執刺史彭彥章，進攻吉州。歙州刺史陶雅使其子敬昭及都指揮使徐章將兵襲饒、信，信州刺史危仔倡請降，饒州刺史唐寶棄城走。行營都指揮使米志誠、都尉呂師造等敗苑玫於上高㉔。吉州刺史彭玕帥眾數千人奔楚，楚王殷表玕為郴州㉕刺史，為子希範娶其女。淮南以左先鋒指揮使張景思知信州，遣行營都虞候骨言將兵五千送之。危仔倡聞兵至，奔吳越，吳越王鏐以仔倡為淮南節度副使，更其姓曰元氏㉖。危全諷至廣陵，弘農王以其嘗有德於武忠王㉗，釋之，資給甚厚。八月，虔州㉘刺史盧光稠以州附于淮南。於是江西之地盡入於楊氏。光稠亦遣使附於梁。

【章旨】以上為第五段，寫劉守光騎牆於梁、晉之間，接受梁封燕王。淮南兼併江西。

【注釋】❶撫信袁吉　皆州名，撫州治所在今江西臨川市西，信州治所在今江西上饒西北，袁州治所在今江西宜春東，吉州治所在今江西吉安。❷洪州　唐置鎮南軍於洪州，撫、信、袁、吉皆其巡屬。洪州治所在今江西南昌。❸象牙潭　地名，在撫州金溪縣（今江西金溪縣）東北。❹高安　縣名，縣治在今江西高安。❺副貳　長官的輔佐。❻援兵　謂圍高安之兵。❼甲子　七月初一日。❽西走　準備逃往蜀地。❾庚午　七月初七日。❿永平　方鎮名，梁開平元年（西元九〇七年）徙佑國軍於長安，現改名永平。⓫堯祠　堯都平陽（唐為臨汾縣，晉州治所），有祠在臨汾城東十里東原上。⓬癸酉　七月初十日。⓭乙亥　七月十二日。⓮寢疾　臥病。⓯兗海　方鎮名，唐穆宗長慶元年（西元八二一年）升沂海觀察使為節度使。治所兗州，即兗海節度。⓰戊寅　七月十五日。⓱讁　同「謫」。因罪流放或貶官。⓲雍丘　縣名，縣治在今河南杞縣。⓳平淮山南東道軍隊名。⑳亙 連綿不斷。㉑庚辰 七月十七日。㉒嘗 試。㉓蹂藉 踐踏。㉔上高 鎮名，在今江西宜豐南。㉕郴州 州名，治所在今湖南郴州。㉖元氏 錢鏐厭惡危姓，改姓元。㉗有德於武忠王 當初楊行密攻趙鍠，危全諷多次供給軍餉。所謂「有德」，即指此。楊行密死後謚武忠。㉘虔州 州名，治所在今江西贛州。

【校記】①苑玫 據章鈺校，乙十一行本作「苑政」。按，下文作「玫」，尚不誤。②彥章 據章鈺校，十二行本、乙十一行本、孔天胤本皆作「彥璋」。按，本卷他處皆作「彥章」，尚不誤。③兄子 原無「子」字。據章鈺校，十二行本、孔天胤本皆有此字，今據補。

【語譯】撫州刺史危全諷自稱鎮南節度使，率領撫、信、袁、吉四個州的軍隊號稱十萬人攻打洪州。洪州的淮南守軍只有一千人，將吏們都很恐懼，節度使劉威祕密派使者到廣陵告急，自己則每天召集僚屬佐吏宴飲。危全諷聽到這一情況後，屯駐在象牙潭，不敢前進，向楚王請求派兵。楚王馬殷派指揮使苑玫會同袁州刺史彭彥章包圍高安以援助危全諷。苑玫，是蔡州人。彭彥章，是彭玕的姪子。

徐溫向嚴可求詢問將領人選，嚴可求推薦周本。徐溫於是任命周本為西南面行營招討應援使，率兵七千人救援高安。周本因以前攻打蘇州沒有立功，就推說有病不再出門，嚴可求到周本的臥室內強逼他起來。周本說：「蘇州這場仗，敵人原本不能打勝我們，只是我這個主將權力太輕罷了。今天如果一定要用我，希望不要設置副職這才可以。」嚴可求答應了他。周本說：「楚兵只是聲援危全諷罷了，不是想要奪取高安。我打敗危全諷，這些聲援的部隊一定會撤回的。」於是急速奔赴象牙潭。經過洪州時，劉威想要犒勞軍隊，周本不肯停留，有人說：「危全諷兵力強大，您應當觀察一下形勢然後再進軍。」周本說：「敵軍人數比我們多十倍，我軍聽到這一情況後必定會恐懼，不如乘大家還有一股銳氣時使用他們。」

秋，七月初一日甲子，封劉守光為燕王。○梁朝軍隊攻克丹州，擒獲王行思。○商州刺史李稠驅趕士人百姓向西逃跑，商州的將領、佐吏追上去斬殺了李稠，推舉都押牙李玟主持商州事務。○初七日庚午，把佑國軍改稱為永平。○河東軍隊侵犯晉州，劫掠財物一直到了堯祠才離去。○初十日癸酉，梁太祖從陝州出發。十二日乙亥，到達洛陽，得病臥床。

當初，梁太祖召來山南東道節度使楊師厚，想讓他督率各將領攻打潞州，任命前兗海留後王班為山南東道留後，鎮守襄州。楊師厚多次對王班說牙兵王求等人兇狠強悍，應當對他們加強防備。王班自恃身邊有壯士護衛，不把王求等放在心上，每每當眾侮辱他們。七月十五日戊寅，把王求貶謫到西部轄境去戍守。這天晚上，王求等人作亂，殺了王班，推舉都指揮使雍丘人劉玘為留後。劉玘假裝依從他們，第二天，與指揮使王延順逃到梁太祖那裡。作亂的士兵尊奉平淮指揮使李洪為留後，歸附蜀主王建。不久，房州刺史楊虔也叛變歸附蜀主。

危全諷在象牙潭，軍營的柵欄靠著溪邊，連綿幾十里。七月十七日庚辰，周本隔著溪水列陣，先派瘦弱的士兵挑戰試探。危全諷的軍隊涉水追擊，周本乘他們涉水還沒上岸時，放出軍隊發動攻擊，危全諷的軍隊大敗，自相踐踏，溺水而死的人很多。周本又分出部分兵力切斷他們的歸路，擒獲危全諷及部下將士五千人。周本乘勝攻克袁州，抓獲袁州刺史彭彥章，又進攻吉州。歙州刺史陶雅派他的兒子陶敬昭及都指揮使徐章率軍襲擊饒州、信州，信州刺史危仔倡請求投降，饒州刺史唐寶棄城逃走。行營都指揮使米志誠、都尉呂師造等在上高打敗苑玫。吉州刺史彭玕率部眾幾千人逃奔到楚，楚王馬殷上表奏請任命彭玕為郴州刺史，還為自己的兒子馬希範迎娶了彭玕的女兒。淮南任命左先鋒指揮使張景思掌管信州，派行營都虞候骨言率兵五千護送張景思。危仔倡聽說淮南軍隊到了，逃奔到吳越。吳越王錢鏐任命危仔倡為淮南節度副使，把他的姓改為元氏。危全諷被押送到廣陵，弘農王楊隆演因為危全諷曾經幫助過先王楊行密，於是釋放了他，還給了他豐厚的財物。八月，虔州刺史盧光稠獻出虔州歸附淮南。於是江西之地全部落入淮南楊氏手中。盧光稠同時也派使者到梁朝去表示歸附。

甲寅❶，上疾小瘳❷，始復視朝。○以鎮國節度使康懷貞為西路行營副招討使。○蜀主命太子宗懿判六軍，開永和府，妙選❸朝士為僚屬。○辛酉❹，均州刺史張敬方奏克房州。

岐王欲遣劉知俊將兵攻靈、夏❺，且約晉王使攻晉、絳。晉王引兵南下，先遣周德威等將兵出陰地關攻晉州，刺史邊繼威悉力固守。晉兵穿地道，陷城二十餘步，城中血戰拒之，一夕城復成。詔楊師厚將兵救晉州，周德威以騎扼❻蒙阬❼之險，師厚擊破之，進抵晉州，晉兵解圍遁去。

李洪寇荊南，高季昌遣其將倪可福擊敗之。詔馬步都指揮使陳暉將兵會荊南兵討洪。

蜀主以御史中丞王鍇為中書侍郎、同平章事。◯陳暉軍至襄州，李洪逆戰，大敗，王求死。九月丁酉❽，拔其城，斬叛兵千人，執李洪、楊虔等送洛陽，斬之。◯丁未❾，以保義節度使王檀為潞州東面行營招討使。◯劉守光奏遣其子中軍兵馬使繼威安撫滄州吏民。戊申❿，以繼威為義昌留後。

辛亥⓫，侍中韓建罷守太保，左僕射、同平章事楊涉罷守本官。以太常卿趙光逢為中書侍郎，翰林奉旨⓬工部侍郎杜曉⓭為戶部侍郎，並同平章事。曉，讓能⓮之子也。

淮南遣使者張知遠修好於福建。知遠倨慢⓯，閩王審知斬之，表上其書，始與淮南絕。審知性儉約，常躡麻屨⑯，府舍卑陋，未嘗營葺⑰。寬刑薄賦，公私富實⑱，境內以安。歲⑲自海道登、萊⑳入貢，沒溺㉑者什四五。

冬，十月甲子㉒，蜀司天監胡秀林獻永昌曆㉓，行之。

湖州刺史高澧性凶忍，嘗召州吏議曰：「吾欲盡殺百姓，可乎？」吏曰：「如此，租賦何從出？當擇可殺者殺之耳。」時澧糾民為兵，有言其咨怨㉔者，澧悉集民兵于開元寺㉕，紿㉖云犒享，入則殺之。死者踰半，在外者覺之，縱火作亂。澧閉城大索㉗，凡殺三千人。吳越王鏐欲誅之。戊辰㉘，澧以州叛附于淮南㉙，舉兵焚義和臨平鎮㉚，鏐命指揮使錢鏢討之。

【章 旨】以上為第六段，寫蜀主王建頒行《永昌曆》。閩王王審知絕淮南，由海路入貢梁朝。吳越湖州刺史高澧叛附淮南。

【注 釋】❶甲寅 八月二十一日。❷小瘳 病情稍有好轉。❸妙選 選出色的人物。❹辛酉 八月二十八日。❺靈夏 兩州名，靈州治所在今寧夏靈武，夏州治所在今陝西橫山縣西。❻扼 據守。❼蒙阬 地名，在汾水東，東西長三百多里，蹊徑不通。❽丁酉 九月初五日。❾丁未 九月十五日。❿戊申 九月十六日。⓫辛亥 九月十九日。⓬翰林奉旨 官名，梁改翰林承旨為翰林奉旨。朱晃之父名誠，與「承」音同。為避同音之諱，改「承」為「奉」。⓭杜曉 （？—西元九一二年）字明遠，唐昭宗朝宰相杜讓能之子，仕梁官至宰相。傳見《舊唐書》卷一百七十七、《新唐書》卷九十六、《舊五代史》卷十八，又傳附《新五代史》卷三十五〈蘇循傳〉。⓮讓能 即杜讓能，昭宗朝宰相。景福二年（西元八九三年）李茂貞與王行瑜進逼長安，請誅杜讓能然後還鎮，昭宗賜讓能自盡。事見《舊唐書》卷一百七十七、《新唐書》卷九十六。⓯倨慢 傲慢。⓰躡

麻屨　穿麻鞋。⓱營葺　修建。⓲富實　富裕充實。⓳歲　每年。⓴登萊　皆州名，登州治所在今山東蓬萊，萊州治所在今山東煙臺。㉑沒溺　淹死。自福建入貢大梁，陸路必須走衢州、信州至饒州、池州渡江，經舒州、廬州、壽州渡淮，然後入梁。然而信、饒、廬、壽皆屬淮南楊氏，朱、楊世仇，不能假道；所以要走海路入貢。從福建繞到山東登、萊上岸，路上風濤至險，所以淹死者很多。㉒甲子　十月初二日。㉓永昌曆　一種曆法。當時只行於蜀國，現亡佚。㉔咨怨　歎息怨恨。㉕開元寺　寺廟名，當時各州多有開元寺，可能是唐開元間所建。㉖紿　欺騙。㉗索　搜索。㉘戊辰　十月初六日。㉙叛附于淮南　高澧父子以湖州介於錢、楊之間，兩附以自存。現專附淮南。㉚義和臨平鎮　臨平鎮屬義和，鎮在今浙江餘杭舊臨平鎮。

【語　譯】八月二十一日甲寅，梁太祖的病稍有好轉，重又開始臨朝聽政。○任命鎮國節度使康懷貞為西路行營副招討使。○蜀主王建命太子王宗懿兼領六軍，設置永和府，選擇出色的朝廷官員做他的屬僚。○二十八日辛酉，均州刺史張敬方奏報攻克房州。

岐王李茂貞想要派劉知俊率軍攻打靈州、夏州，並且約請晉王李存勗讓他攻打晉州、絳州。晉王李存勗率軍南下，先派周德威等領兵出陰地關攻打晉州，晉州刺史邊繼威全力固守。晉兵挖掘地道，城牆塌陷二十多步，城中守軍浴血抵抗，一個晚上城牆重又修好了。梁太祖下詔命令楊師厚率軍救援晉州，周德威派騎兵扼守蒙阬險阻，楊師厚擊敗了他們，進軍抵達晉州，晉兵解除包圍逃走了。

李洪侵犯荊南，高季昌派他的部將倪可福擊敗李洪。梁太祖下詔命令馬步都指揮使陳暉率軍會同荊南軍隊討伐李洪。

蜀主王建任命御史中丞王鍇為中書侍郎、同平章事。○陳暉的軍隊到達襄州，李洪迎戰，被打得大敗，王求戰死。九月初五日丁酉，陳暉攻克襄州，斬殺叛軍千人，捉住李洪、楊虔等送到洛陽，把他們斬首。○十五日丁未，任命保義節度使王檀為潞州東面行營招討使。○劉守光上奏請求派遣他的兒子中軍兵馬使劉繼威去安撫滄州的官吏、百姓。十六日戊申，梁朝任命劉繼威為義昌留後。

九月十九日辛亥，侍中韓建被罷免宰相職務，署守太保，左僕射、同平章事楊涉被罷免宰相職務，守任本官。任命太常卿趙光逢為中書侍郎，翰林奉旨工部侍郎杜曉為戶部侍郎，一併為同平章事。杜曉，是杜讓能的兒子。

淮南楊隆演派遣使者張知遠到福建和閩王王審知建立友好關係。張知遠十分傲慢，閩王王審知把他殺了，寫了奏表，並把淮南的書信呈送給梁太祖，開始與淮南斷絕關係。王審知生性儉約，常常穿著麻編的鞋，官府房屋低矮簡陋，也不修葺。刑罰寬鬆，賦稅不多，公家、私人都富裕充實，境內因此很安定。每年由海路經登州、萊州向梁太祖進貢，在風濤中沉沒的船隻佔了十分之四、五。

冬，十月初二日甲子，蜀司天監胡秀林呈獻《永昌曆》，在蜀境頒行。

湖州刺史高澧性情兇狠殘忍，曾經召集州吏商議說：「我想把百姓殺光，可以嗎？」州吏說：「像這樣，田租賦稅從哪裡出？只應當選擇可以殺的人殺死而已。」當時高澧糾集百姓當兵，有人說這些人歎息抱怨，高澧就把糾集來當兵的人全都集中到開元寺，欺騙他們說是犒勞款待，人只要一進去就被殺掉。死的人超過了一半，在寺外的人發覺異常，便放火作亂。高澧關閉城門大肆搜捕，總共殺了三千人。吳越王錢鏐想要誅殺高澧。十月初六日戊辰，高澧叛變獻出湖州歸附淮南楊隆演，又派兵燒了義和縣的臨平鎮。錢鏐命令指揮使錢鏢去討伐高澧。

十一月甲午❶，帝告謝❷於圜丘。戊戌❸，大赦。

鄴王羅紹威得風痹病❹，上表稱：「魏故大鎮❺，多外兵，願得有功重臣鎮之，臣乞骸骨歸第。」帝聞之，撫案動容❻。己亥❼，以其子周翰為天雄❽節度副使，知府事。謂使者曰：「亟歸語❾而❿主：為我彊飯⓫！如有不可諱⓬，當世世貴爾子孫以相報也。今使周翰領軍府，尚冀⓭爾復愈耳。」

岐王欲取靈州以處劉知俊，且以為牧馬之地，使知俊自將兵攻之。朔方節度使韓遜遣使[1]告急。詔鎮國節度使康懷貞、感化節度使寇彥卿將兵攻邠寧以救之。懷貞等所向皆捷，克寧、衍⑭二州，拔慶州⑮南城，刺史李彥廣出降。遊兵⑯侵掠至涇州⑰之境，劉知俊聞之，十二月己丑⑱，解靈州圍，引兵還。帝急召懷貞等還，遣兵迎援於三原⑲青谷⑳，懷貞等還，至三水㉑，知俊遣兵據險邀之，左龍驤軍㉒使壽張㉓王彥章㉔力戰，懷貞等乃得過。懷貞與裨將李德遇、許從實、王審權分道而行，皆與援兵不相值㉕，至昇平㉖，劉知俊伏兵山口，懷貞大敗，僅以身免，德遇等軍皆沒。岐王以知俊為彰義節度使，鎮涇州。

王彥章驍勇絕倫㉗，每戰用二鐵槍，皆重百斤，一置鞍中，一在手，所向無前，時人謂之王鐵槍。

蜀蜀州刺史王宗弁㉘稱疾，罷歸成都，杜門不出。蜀主疑其矜功㉙怨望，加檢校太保，固辭不受，謂人曰：「廉者足而不憂，貪者憂而不足㉚。吾小人㉛，致位至此足矣，豈可求進不已乎！」蜀主嘉其志而許之，賜與有加。

劉守光圍滄州久不下㉜，執劉守文至城下示之，猶固守。城中食盡，民食菫泥㉝，軍士食人，驢馬相噉㉞騣㉟尾。呂兗㊱選男女羸弱者，飼以麴麪㊲而烹之，以給軍食，謂之宰殺務㊳。

【章旨】以上為第七段，寫岐王李茂貞派劉知俊攻靈州，大破救援之梁軍，岐王以劉知俊為彰義節度使鎮涇州。

【注釋】❶甲午 十一月初二日。❷告謝 祭告上天拜謝得天下。❸戊戌 十一月初六日。❹風痹病 由風寒引起的肢體疼痛或麻木的疾病。❺大鎮 大的方鎮。❻動容 內心有所感動而表現於面容。朱晃動容，並非因羅紹威之病難過，而是喜形於色。因為魏博大鎮，歷來都是世襲，有的長達幾十年、上百年，現在羅紹威主動要求請人替代，實出意料之外。❼己亥 十一月初七日。❽天雄 天祐元年賜魏博節度使號天雄軍。❾語 告訴。❿而 汝；你。⓫彊飯 盡量多吃飯，意謂保重身體。⓬不可諱 謂死。⓭冀 希望。⓮寧衍 皆州名，寧州治所在今甘肅寧縣，衍州治所在今甘肅寧縣和陝西彬縣之間。⓯慶州 州名，治所在今甘肅慶陽。寧、衍、慶三州當時都是靜難軍巡屬。⓰遊兵 無固定防地，流動出擊的部隊。⓱涇州 州名，治所在今甘肅涇川縣北。⓲己丑 十二月二十八日。⓳三原 縣名，縣治在今陝西三原。⓴青谷 鎮名，在三原境。㉑三水 漢縣名，在邠州東北六十里，今陝西旬邑北。㉒左龍驤軍 開平元年（西元九〇七年）改左、右親隨軍將馬軍為左、右龍驤軍。㉓壽張 縣名，縣治在今山東梁山縣北。㉔王彥章（西元八六二—九二三年）字子明，鄆州壽張（今山東梁山縣）人，事梁為行營先鋒馬軍使，末帝即位，為濮州、澶州刺史。驍勇善戰，軍中號「王鐵槍」。傳見《舊五代史》卷二十一、《新五代史》卷三十二。㉕相值 相遇。㉖昇平 縣名，唐玄宗天寶十二載（西元七五三年）分宜君縣置昇平縣，縣治在今陝西宜君西北。㉗絕倫 無與倫比。㉘王宗弁 即鹿弁，王建養以為子，賜姓名。㉙矜功 自誇其功。㉚廉者足而不憂二句 清廉的人知足而不憂愁，貪婪的人憂愁而不知足。㉛小人 此謂渺小而胸無大志的人。王宗弁韜諱自保的謙詞。㉜久不下 劉守光自五月攻滄州，久未攻克。㉝堇泥 《新五代史》卷三十九〈劉守光傳〉作「墐泥」。粘土。㉞噉 食。㉟騣 馬頸上的長毛。㊱呂兗 滄州節度判官。㊲麴麫 製作酒麴的麥粉。呂兗讓瘦弱男女吃麴麵，然後宰殺烹之以供軍食。㊳宰殺務 殺人烹之以供軍食處。

【校記】[1]遣使 原無此二字。據章鈺校，十二行本、乙十一行本、孔天胤本皆有此二字，張敦仁《通鑑刊本識誤》、張瑛《通鑑校勘記》同，今據補。

【語譯】十一月初二日甲午，梁太祖到圜丘告謝上天。初六日戊戌，大赦天下。

鄴王羅紹威得了風痹病，上表奏稱：「魏州原來是大的方鎮，多外來的軍隊，希望能派有功勞的重臣來鎮守，臣乞求辭官回家。」梁太祖聽了這些話，撫著桌子臉上顯現出受感動的神色。十一月初七日己亥，任命羅紹威的兒子羅周翰為天雄節度副使，主持節度使府事務。對羅紹威的使者說：「趕快回去告訴你的主人：為朕盡量多吃些飯，好好保重身體！如果萬一有不測，朕會世世代代讓羅氏子孫享有富貴以作為報答。現在先讓羅周翰兼管節度使府，是還希望你重又康復啊。」

岐王李茂貞想要攻取靈州來安置劉知俊，並且把靈州作為牧馬之地，讓劉知俊親自率軍去攻打它。朔方節度使韓遜派人向梁太祖告急。梁太祖下詔讓鎮國節度使康懷貞、感化節度使寇彥卿率軍攻打邠寧來解救靈州。康懷貞等進軍接連取勝，攻克寧、衍二州，奪取了慶州南城，慶州刺史李彥廣出城投降。梁朝遊動出擊的部隊進犯騷擾到了涇州的轄境，劉知俊聞訊後，在十二月二十八日己丑，解除了對靈州的包圍，率軍回去了。梁太祖急召康懷貞等回去，並派遣軍隊到三原縣的青谷鎮去接應援助他們，康懷貞等回師，到達三水縣，劉知俊派兵佔據險要地方進行攔擊，左龍驤軍使壽張人王彥章奮力作戰，康懷貞等才得以通過。康懷貞與副將李德遇、許從實、王審權分道而行，都沒有和援兵相遇。到了昇平縣，劉知俊在山口埋伏軍隊，康懷貞大敗，僅僅隻身逃脫，李德遇等的部隊都遭覆沒。岐王李茂貞任命劉知俊為彰義節度使，鎮守涇州。

王彥章驍勇無比，每次作戰都用兩桿鐵槍，各重一百斤，一桿放置在馬鞍上，一桿拿在手裡，所向無敵，當時人稱他為王鐵槍。

蜀國的蜀州刺史王宗弁聲稱有病，辭官回到成都，閉門不出。蜀主王建懷疑王宗弁居功自負而心懷怨恨，就加封他為檢校太保，王宗弁堅決推辭不肯接受，對人說：「廉潔的人知足而不會有憂愁，貪婪的人憂愁而不會知足。我是個小人物，做到這樣的官位也就很知足了，怎麼能要求提升沒有止境呢！」蜀主王建讚賞他的志向而答應了他，給了他很多賞賜。

劉守光包圍滄州久攻不下，把劉守文押解到城下給城裡的人看，城裡的人依然固守。城裡的食物吃完了，老百姓只好吃粘土，軍士吃人，驢馬互相吃鬃毛尾巴。呂兗挑選瘦弱的男人、女人，給他們吃製酒麴的麥粉，然後把他們殺了煮熟，供給軍隊食用，把這叫做宰殺務。

四年（庚午　西元九一〇年）

春，正月乙未❶，劉延祚❷力盡出降。時劉繼威尚幼，守光使大將張萬進❸、周知裕❹輔之鎮滄州，以延祚及其將佐歸幽州。族呂兗而釋孫鶴。

兗子琦❺，年十五，門下客趙玉紿❻監刑者曰：「此吾弟也，勿妄殺。」監刑者信之，遂挈以逃。琦足痛不能行，玉負之，變姓名，乞食於路，僅而得免。琦感家門殄滅❼，力學自立，晉王聞其名，署[1]代州判官。

辛丑❽，以盧光稠為鎮南留後。◯劉守光為其父仁恭請致仕。丙午❾，以仁恭為太師，致仕。守光尋使人潛殺其兄守文，歸罪於殺者而誅之。

二月，萬全感❿自岐歸廣陵，岐王承制加弘農王兼中書令，嗣吳王⓫，於是吳王赦其境內。

高澧⓬求救於吳，吳常州刺史李簡[2]等將兵應之，湖州將盛師友、沈行思閉城不內，澧帥麾下五千人奔吳。三月癸巳⓭，吳越王鏐巡湖州，以錢鏢為刺史。

【章　旨】以上為第八段，寫盧龍節度使劉守光逼父劉仁恭致仕，又殺其兄劉守文。岐王李茂貞承制加弘農王楊隆演嗣吳王，於是吳王大赦境內。吳越將錢鏢破湖州，高澧奔吳。

【注　釋】❶乙未　正月初四日。❷劉延祚　劉守文之子。其事略見《新五代史》卷三十九〈劉守光傳〉。❸張萬進　(?—西元九一九年)雲州人，原為劉守光裨將。因劉守光之子劉繼威兇虐，殺繼威而歸晉，後降梁，賜名守進。傳見《舊五代史》卷十三。❹周知裕　(?—西元九三四年)字好問，幽州人，初為劉仁恭騎將，輔佐劉守光之子劉繼威鎮滄州。後與張萬進奔梁，為歸化軍指揮使。李存勗入汴，降唐為房州刺史。傳見《舊五代史》卷六十四、《新五代史》卷四十五。❺琦　(西元八九五—九四三年)字輝山，呂兗之子。劉守光族其家時，為門客趙玉所救，後為後唐莊宗殿中侍御史，明宗時為禮部郎中、史館編修。廢帝入立，拜知制誥、端明殿學士。傳見《舊五代史》卷九十二、《新五代史》卷五十六。❻紿　欺騙。❼殄滅　滅絕。❽辛丑　正月初十日。❾丙午　正月十五日。❿萬全感　淮南使，前年使晉及岐。⓫嗣吳王　唐昭宗天復二年(西元九〇二年)封楊行密為吳王，現李茂貞承制加楊隆演嗣王。⓬高澧　湖州刺史高彥之子。唐昭宣帝天祐三年高彥卒，澧代立。⓭癸巳　三月初三日。

【校　記】①署　原作「授」。據章鈺校，十二行本、乙十一行本、孔天胤本皆作「署」，今從改。②李簡　原作「李蕑」。據章鈺校，十二行本、乙十一行本皆作「李簡」，今從改。

【語　譯】四年(庚午　西元九一〇年)

春，正月初四日乙未，劉延祚力量用盡而出城投降。當時劉繼威年齡還小，劉守光派大將張萬進、周知裕輔佐他鎮守滄州；把劉延祚和他的部將、佐吏帶回幽州；族滅呂兗而釋放了孫鶴。

呂兗的兒子呂琦，年齡十五歲，門下客趙玉欺騙監督行刑的人說：「這是我的弟弟，不要亂殺。」監督行刑的人相信了，於是趙玉帶著呂琦逃走。呂琦腳痛不能行走，趙玉背著他，改名換姓，一路乞討，這才得以避免被害。呂琦有感於家族滅絕，努力學習謀求自立。晉王李存勗得知他的名字，任命他為代州判官。

正月初十日辛丑，梁朝任命盧光稠為鎮南留後。〇劉守光替他的父親劉仁恭請求退休。十五日丙午，梁太祖封劉仁恭為太師，以此身分退休。劉守光不久派人祕密殺害他的哥哥劉守文，然後歸罪於暗殺的人，並把他殺了。

二月，萬全感從岐州回到廣陵。岐王李茂貞稟承皇帝旨意加封弘農王楊隆演兼中書令，嗣位為吳王。於是吳王楊隆演在境內實行大赦。

高澧向吳王求救，吳常州刺史李簡等率軍前去接應。湖州將領盛師友、沈行思關閉城門不肯接納援軍，高澧率部下五千人投奔吳王。三月初三日癸巳，吳越王錢鏐巡視湖州，任命錢鏢為刺史。

蜀太子宗懿驕暴❶，好陵傲❷[1]舊臣。內樞密使唐道襲，蜀主之嬖臣❸也，太子屢謔❹之於朝，由是有隙，互相訴於蜀主。蜀主恐其交惡，以道襲為山南西道節度使、同平章事。道襲薦宣徽北院❺使鄭頊為內樞密使，頊受命之日，即欲按道襲昆弟❻盜用內庫金帛。道襲懼，奏頊褊急❼，不可大任。丙午❽，出頊為果州刺史，以宣徽南院使潘炕為內樞密使。

夏州都指揮使高宗益作亂，殺節度使李彝昌。將吏共誅宗益，推彝昌族父❾蕃漢都指揮使李仁福❿為帥。癸丑⓫，仁福以聞。夏，四月甲子⓬，以仁福為定難節度使。

丁卯⓭，宋州⓮節度使衡王友諒獻瑞麥⓯，一莖三穗，帝曰：「豐年為上瑞⓰。今宋州大水，安用此為！」詔除本縣⓱令名，遣使詰責友諒，以兗海留後惠王友能⑱代為宋州留後。友諒、友能，皆全昱子也。

帝以晉州刺史下邑⑲華溫琪⑳拒晉兵有功，欲賞之，會護國節度使冀王友謙上言晉、絳邊河東，乞別建節鎮。壬申㉑，以晉、絳、沁三州為定昌軍㉒，以溫琪為節度使。

左金吾大將軍寇彥卿入朝，至天津橋㉓，有民不避道㉔，投諸㉕欄外㉖而死。彥卿自首於帝。帝以彥卿才幹有功，久在左右，命以私財遺死者家以贖罪。御史司憲㉗崔沂㉘劾㉙奏：「彥卿殺人闕下㉚，請論如法。」帝命彥卿分析㉛。彥卿對：「今從者舉置欄外，不意誤死。」帝欲以過失論，沂奏：「在法，以勢力使令為首，下手為從，不得歸罪從者㉜。不鬬而故毆傷人，加傷罪一等，不得為過失㉝。」辛巳㉞，責授㉟彥卿遊擊將軍、左衛中郎將。彥卿揚言：「有得崔沂首者，賞錢萬緡。」沂以白帝，帝使人謂彥卿：「崔沂有毫髮傷㊱，我當族汝！」時功臣驕橫，由是稍肅㊲。沂，沆㊳之弟也。

【章旨】以上為第九段，寫蜀王太子王宗懿驕暴。夏州發生兵變，李仁福任定難節度使。梁御史司憲崔沂依法制橫暴功臣，正氣稍伸。

【注釋】❶驕暴　驕橫暴虐。❷陵傲　陵辱輕慢。❸嬖臣　寵愛之臣。❹謔　嬉戲；開玩笑。❺宣徽北院　官署名，唐置宣徽南北院使，以宦官擔任，總領宮內諸司及三班內侍的名籍和郊祀朝會宴饗供帳等事宜。五代因之，但以大臣職掌。❻昆弟　兄弟。❼褊急　器量小而性急躁。❽丙午　三月十六日。❾族父　本族與父同輩之人。❿李仁福　（？—西元九三三年）本党項拓跋氏。拓跋思敬以破黃巢功賜姓李，故仁福之族亦姓李。高宗益作亂，殺李思諫之子李彝昌，軍中迎仁福立之。仁福諸子皆為「彝」字輩，則仁福當是彝昌父輩。傳見《舊五代史》卷一百三十二、《新五代史》卷四十。⓫癸丑　三月二十三日。⓬甲子　四月初五日。⓭丁卯　四月初八日。⓮宋州　州名，治所在今河南商丘。梁都大梁，徙宣武節度使於宋州。⓯瑞麥　象徵祥瑞的麥穗，一莖三穗。⓰上瑞　大吉大利。⓱本縣　即產瑞麥之縣。⓲友能　朱全昱第二子朱友能（？—西元九二三年），友諒之弟，代友諒為宋、滑二州留後、陳州刺史，所為不法。貞明四年，以陳州兵反。後唐莊宗入汴，朱友能被殺。傳見《舊五代史》卷十二，並附《新五代史》卷十三〈廣王全昱傳〉。⓳下邑　縣名，縣治在今河南夏邑。⓴華溫琪　（？—西元九三六年）字德潤。事梁，以戰功為絳、棣二州刺史，定昌軍節度使。後唐莊宗滅梁，任命為順義軍節度使。傳見《舊五代史》卷九十、《新五代史》卷四十七。㉑壬申　四月十三日。㉒定昌軍　方鎮名，治所晉州，在今山西臨汾。㉓天津橋　橋名，在今河南開封。㉔有民不避道　據《新五代史》卷二十〈寇彥卿傳〉，不避道之民姓梁名現。㉕諸　之於。㉖欄外　橋欄杆之外。㉗御史司憲　官名，唐高宗以御史大夫為大司憲，因御史為司法之官，故名。梁置御史司憲。㉘崔沂　唐宣宗朝宰相崔鉉之幼子。唐昭宗朝為知制誥，遷為諫議大夫。入梁為御史司憲，執法嚴明，不避豪右。後唐莊宗滅梁，用為左丞。傳見《舊五代史》卷六十八。㉙劾　揭發罪狀。㉚闕下　天津橋正對端門，故云。㉛分析　分疏辯析。崔沂要求依法論處寇彥卿，朱晃企圖寬大，所以讓他分辯對質。㉜在法四句　此四句意謂依法，使用權勢下令的人為首惡，動手的人為脅從，判罪不能讓脅從者來代替首惡。在法，按照法律。指依法定罪。勢力，權力。下手，動手的人；執行的人。㉝不鬭而故毆傷人三句　意謂按照法律，不是互相格鬥而故意打傷人，加傷罪一等，不能作為過失論罪。不鬭，指不是互相鬥毆。㉞辛巳　四月二十二日。㉟責授　遭申斥而授官，即貶官，降職為官。㊱毫髮傷　傷一根毫毛。㊲肅　嚴正。此指收斂。㊳沆　僖宗朝宰相崔沆。事見《舊唐書》卷一百六十三、《新唐書》卷一百六十。

【校　記】[1]陵傲　原作「陵暴」。據章鈺校，十二行本、乙十一行本、孔天胤本皆作「陵傲」，張敦仁《通鑑刊本識誤》同，今從改。

【語　譯】蜀太子王宗懿驕橫暴虐，喜好陵辱慢輕舊臣。內樞密使唐道襲，是蜀主王建的寵臣，太子王宗懿多次在朝廷上戲謔他，由此兩人之間有了嫌隙，互相向蜀主告狀。蜀主擔心他們彼此懷恨在心，就任命唐道襲為山南西道節度使、同平章事。唐道襲推薦宣徽北院使鄭頊為內樞密使。鄭頊接受任命當天，就要調查唐道襲兄弟盜用內庫金帛的事。唐道襲害怕了，上奏說鄭頊氣量狹小，性情急躁，不能擔當大任。三月十六日丙午，把鄭頊調到外地擔任果州刺史，任命宣徽南院使潘炕為內樞密使。

夏州都指揮使高宗益作亂，殺死節度使李彝昌。將吏們共同誅殺高宗益，推舉李彝昌族父蕃漢都指揮使李仁福為統帥。三月二十三日癸丑，李仁福向梁太祖上表奏報。夏，四月初五日甲子，梁太祖任命李仁福為定難節度使。

四月初八日丁卯，宋州節度使衡王朱友諒進獻瑞麥，一根莖上長了三個麥穗。梁太祖說：「如果是豐年，這才是最吉利的兆頭。如今宋州發大水，進獻這個有什麼用！」下詔除去這個縣出產瑞麥的好名聲，還派使者去責問朱友諒，並任命兗海留後惠王朱友能代理宋州留後。朱友諒、朱友能，都是梁太祖哥哥廣王朱全昱的兒子。

梁太祖因為晉州刺史下邑人華溫琪抵禦晉王軍隊有功，想要獎賞他。適逢護國節度使冀王朱友謙上奏說晉州、絳州與河東接界，請求另外建立節鎮。四月十三日壬申，梁太祖以晉、絳、沁三個州為定昌軍，任命華溫琪為節度使。

左金吾大將軍寇彥卿入朝，到了天津橋，有一個老百姓沒有在路上避讓，被扔到橋欄外摔死了。寇彥卿自己向梁太祖報告此事認罪。梁太祖因為寇彥卿才幹不凡，立有功勞，長期以來一直在自己身邊，讓他把自己的錢財送給死者家屬以贖罪。御史司憲崔沂上奏彈劾：「寇彥卿在皇宮前殺人，請求依照法律來定罪。」梁太祖命寇彥卿進行分辯。寇彥卿回答說：「我讓隨從的人把他舉起放到橋欄杆外面，沒料到誤傷死去。」梁太祖想按照過失定罪，崔沂上奏說：「按照法律，倚仗權勢下命令的人是首犯，依照命令動手辦事的人是從犯，不得歸罪於從犯。沒有發生格鬥而故意毆傷別人的，應該加傷罪一等，不得作為過失看待。」四月二十二日辛巳，梁太祖申斥了寇彥卿，把他貶為遊擊將軍、左衛中郎將。寇彥卿揚言說：「如有得到崔沂首級的人，賞錢一萬緡。」崔沂把寇彥卿的話報告梁太祖，梁太祖派人對寇彥卿說：「崔沂如果有毫髮的傷害，我就滅你全族！」當時功臣驕橫，從此逐漸有所收斂。崔沂，是崔沆的弟弟。

五月，吳徐溫母周氏卒，將吏致祭，為偶人❶，高數尺，衣以羅錦，溫曰：「此皆出民力，柰何施於此而焚之，宜解以衣貧者。」未幾，起復❷為內外馬步[1]都軍使，領潤州觀察使。

岐王屢求貨於蜀，蜀主皆與之。又求巴、劍❸二州，蜀主曰：「吾奉茂貞，勤亦至矣，若與之地，是棄民也，寧多與之貨。」乃復以絲、茶、布、帛七萬遺之。

己亥❹，以劉繼威為義昌節度使。◯癸丑❺，天雄節度使兼中書令鄴貞莊王羅紹威卒。詔以其子周翰為天雄留後。

匡國❻節度使長樂忠敬王❼馮行襲疾篤，表請代者。許州牙兵二千，皆秦宗權餘黨，帝深以為憂。六月庚戌❽，命崇政院直學士❾李珽馳往視行襲病，曰：「善諭朕意，勿使亂我近鎮。」珽至許州，謂將吏曰：「天子握百萬兵，去此數舍❿耳[2]，馮公忠純，勿使上有所疑。汝曹赤心奉國，何憂不富貴！」由是眾莫敢異議。

行襲欲使人代受詔，珽曰：「東首加朝服⓫，禮也。」乃即臥內宣詔，謂行襲曰：「公善自輔養，勿視事，此子孫之福也。」行襲泣謝，遂解兩使印⓬授珽，使代掌軍府。帝聞之曰：「予固知珽能辦事，馮族亦不亡矣。」庚辰⓭，行襲卒。甲申⓮，以李珽權知匡國留後，悉以行襲兵分隸諸校，冒馮姓⓯者皆還宗⓰。

楚王殷求為天策上將⓱，詔加天策上將軍。殷始開天策府，以弟賨為左相，存為右相。殷遣將侵荊南，軍于油口⓲。高季昌擊破之，斬首五千級，逐北⓳至白田⓴而還。

【章　旨】以上為第十段，寫天雄節度使羅紹威卒，詔以子代，嘉其忠直，匡國節度使馮行襲病篤，詔以大臣更代，控制跋扈之鎮自為留後。

【注　釋】❶偶人　土木等製成的人像，即「俑」。有的內裝機械，手、足、耳、目都可以動，像活人一樣。❷起復　徐溫居喪致仕，奪情起用稱為起復。❸巴劍　皆州名，巴州治所在今四川巴中，劍州治所在今四川劍閣。❹己亥　五月十一日。❺癸丑　五月二十五日。❻匡國　方鎮名，開平二年（西元九〇八年），改許州忠武軍為匡國軍。❼長樂忠敬王　馮行襲封長樂郡王，諡忠敬。❽庚戌　六月己未朔，無庚戌，疑為庚申，六月初二日。❾崇政院直學士　官名，開平二年（西元九〇八年）十一月置崇政院直學士二名，選有政術文學者為之，後改為直崇政院。❿舍　三十里為一舍。許州至洛陽三百一十五里。⓫東首加朝服　《論語・鄉黨》：「疾，君視之，東首，加朝服，拖紳。」東首，古人臥榻一般設在南窗的西面，國君來，從東邊臺階走上來，所以患者面朝東來迎接他。加朝服，拖紳，患者臥病在床，不能穿朝服，只能蓋在身上。紳是束在腰間的大帶。此言臥病在床東首加朝服受詔，如見君。⑫兩使印　節度使、觀察使印。⑬庚辰　六月二十二日。⑭甲申　六月二十六日。⑮冒馮姓　冒馮姓者皆為馮行襲之養子。冒，假充。⑯還宗　恢復原姓歸本宗，用以消散馮氏之黨。⑰天策上將　官名，唐高祖武德四年（西元六二一年），以唐太宗功高，古官號不足以稱，故加封為天策上將，位在王公之上。終唐之世未再以此官授人。⑱油口　鎮名，在今湖北公安境內。⑲逐北　追逐敗軍。⑳白田　鎮名，在湖南岳陽北。

**【校記】**①馬步　原作「馬步軍」。據章鈺校，十二行本、乙十一行本、孔天胤本皆無「軍」字，今據刪。②耳　原無此字。據章鈺校，十二行本、乙十一行本、孔天胤本皆有此字，張敦仁《通鑑刊本識誤》同，今據補。

**【語譯】**五月，吳徐溫的母親周氏去世，將領官吏前去弔祭，做了一個木偶人，有幾尺高，還穿上了羅錦做的衣服。徐溫說：「這些衣服都出於百姓的勞動，怎麼能用在這裡而去燒掉，應當把衣服卸下來給貧苦的人穿。」不久，徐溫又被起用為內外馬步都軍使，兼任潤州觀察使。

岐王李茂貞多次向蜀國索求財物，蜀主王建都給了他。李茂貞又索求巴、劍二州，蜀主說：「我侍奉李茂貞，已經盡力至極，如果給他土地，這是在拋棄百姓，我寧可多給他財物。」於是又把絲、茶、布、帛共七萬送給了岐王。

五月十一日己亥，任命劉繼威為義昌節度使。〇二十五日癸丑，天雄節度使兼中書令鄴貞莊王羅紹威去世。梁太祖下詔任命羅紹威的兒子羅周翰為天雄留後。

匡國節度使長樂忠敬王馮行襲病得很重，上表請求任命代替自己的人。許州牙兵二千人，都是秦宗權的餘黨，梁太祖對此深為憂慮。六月庚戌日，命崇政院直學士李珽快馬趕往許州去探視馮行襲的病情，說：「好好地曉諭朕的心意，不要讓他們亂了朕的鄰近藩鎮。」李珽到達許州，對將領官吏們說：「皇上掌管著百萬大軍，離這裡並不算遠，馮公對朝廷忠誠純真，不要使皇上有所懷疑。你們赤膽忠心報效國家，何愁不會富貴！」從此眾人不敢再有其他的想法。

馮行襲想派人代替自己接受詔書，李珽說：「你只要頭朝東方穿上朝服，這就算是盡禮了。」於是就在馮行襲的臥室內宣讀詔書，對馮行襲說：「你好好調養身體，不要忙著處理政事，這是你子孫的福氣。」馮行襲哭著謝恩，於是解下節度使、觀察使的大印交給李珽，讓他代掌軍府事務。梁太祖聽到這情況，說：「我原本就知道李珽能辦事，馮行襲一族也不會滅亡了。」六月二十二日庚辰，馮行襲去世。二十六日甲申，任命李珽暫時代理匡國留後，把馮行襲的士兵全都分別歸屬其他各部隊，冒馮姓的養子全都恢復原姓回歸本宗。

楚王馬殷請求成為天策上將，梁太祖下詔加封他為天策上將軍。馬殷開始設置天策府，任命弟弟馬賓為左相，馬存為右相。馬殷又派遣將領率軍侵犯荊南，駐紮在油口。高季昌打敗了他們，斬首五千人，乘勝追擊一直到白田才返回。

吳水軍指揮使敖駢圍吉州刺史彭玕❶弟瑊於赤石❷，楚兵救瑊，虜駢以歸。

秋，七月戊子朔❸[1]，蜀門下侍郎兼吏部尚書、同平章事韋莊卒。

吳越王鏐表：「宦者周延誥等二十五人，唐末避禍❹至此，非劉、韓❺之黨，乞原之。」上曰：「此屬吾知其無罪，但今革弊❻之初，不欲置之禁掖❼，可且留於彼，諭以此意。」

岐王與邠、涇二帥❽各遣使告晉，請合兵攻定難節度使李仁福。晉王遣振武節度使周德威將兵會之，合五萬眾圍夏州，仁福嬰城拒守。

八月，以劉守光兼義昌節度使。

鎮、定自帝踐阼❾[2]以來雖不輸常賦，而貢獻甚勤。會趙王鎔❿母何氏卒，庚申⑪，遣使弔之，且授起復官。時鄰道弔客皆在館，使者見晉使，歸，言於帝曰：「鎔潛與晉通，鎮、定勢彊，恐終難制。」帝深然之。

壬戌⑫，李仁福來告急。甲子⑬，以河南尹兼中書令張宗奭[3]為西京留守。帝恐晉兵襲西京，以宣化⑭留後李思安為東北面行營都指揮使，將兵萬人屯河陽⑮。丙寅⑯，帝發洛陽。己巳⑰，至陝。辛未⑱，以鎮國節度使楊師厚為西路行營招討使，會感化⑲節度使康懷貞將兵三萬屯三原⑳。帝憂晉兵出澤州逼懷州，既而聞其在綏、銀㉑磧㉒中，曰：「無足慮也。」甲申㉓，遣夾馬㉔指揮使李遇、劉綰自鄜、延趨銀、夏，邀㉕其歸路。

吳越王錢鏐築捍海石塘㉖[4]，廣杭州城，大修臺館。由是錢唐㉗富庶盛於東南。

九月己丑㉘，上發陝。甲午㉙，至洛陽，疾復作。

李遇等至夏州，岐、晉兵皆解去。

【章旨】以上為第十一段，寫岐、晉兩王與邠、涇二帥聯兵五萬攻梁夏州，不勝退兵。吳越王錢鏐築捍海石塘，拓廣杭州城，從此錢唐富庶甲於東南。

【注釋】❶吉州刺史彭玕　彭玕本為赤石洞蠻酋，鍾傳用為吉州刺史。吉州治所在今江西吉安。❷赤石　即吉州之赤石洞，為彭氏巢穴。❸戊子朔　七月初一日。❹避禍　唐昭宗天復三年（西元九〇三年），李茂貞誅宦官韓全誨等二十多人，請朱全忠奉帝還京，昭宗還長安後大誅宦官。此處言「唐末避禍」即指此。❺劉韓　指宦官劉季述、韓全誨。❻革弊　革除積弊。❼禁掖　宮中。❽邠涇二帥　邠帥指李繼徽，涇帥指劉知俊。❾踐阼　登基。天子、諸侯、大夫、士皆以阼為主人之位，臨朝覲、揖賓客、承祭祀，升降皆由此，故天子登位曰踐阼。阼，東階。❿趙王鎔　梁初封武順軍節度使王鎔為趙王。⓫庚申　八月初三日。⓬壬戌　八月初五日。⓭甲子　八月初七日。⓮宣化　方鎮名，梁以鄧州為宣化軍。⓯河陽　縣名，縣治在今河南孟州。屯兵河陽目的是保衛洛陽。⓰丙寅　八月初九日。⓱己巳　八月十二日。⓲辛未　八月十四日。⓳感化　方鎮名，唐末因徐州數經叛亂，廢武寧軍，不久又以徐州為感化軍。天復二年（西元九〇二年）罷感化軍節度。據《新五代史》卷六十〈職方考〉，梁置感化軍於華州。⓴三原　縣名，治所在今陝西三原。㉑綏銀　皆州名，綏州治所在今陝西綏德，銀州治所在今陝西榆林南。㉒磧　沙漠；不生草木的沙石地。㉓甲申　八月二十七日。㉔夾馬　梁置左、右堅銳夾馬突將。㉕邀　阻截。㉖捍海石塘　杭州城外瀕錢塘江皆有石塘，上起六和塔，下抵艮山門外，皆為錢氏所築。㉗錢唐　即錢塘。㉘己丑　九月初三日。㉙甲午　九月初八日。

【校　記】①戊子朔　原無此三字。據章鈺校，十二行本、乙十一行本、孔天胤本皆有此三字，今據補。②踐阼　原作「踐祚」。胡三省注云：「『祚』當作『阼』。」據章鈺校，十二行本、孔天胤本皆作「踐阼」，今從改。③張宗奭　原作「張全義」。據章鈺校，十二行本、乙十一行本、孔天胤本皆作「張宗奭」，張敦仁《通鑑刊本識誤》、張瑛《通鑑校勘記》同，今從改。④石塘　原作「石唐」。張敦仁《通鑑刊本識誤》作「石塘」，今從改。

【語　譯】吳水軍指揮使敖駢在赤石洞包圍了吉州刺史彭玕的弟弟彭瑊，楚軍前去解救彭瑊，俘虜了敖駢後返回。

秋，七月初一日戊子，蜀國的門下侍郎兼吏部尚書、同平章事韋莊去世。

吳越王錢鏐上表說：「宦官周延誥等二十五人，唐末避禍來到這裡，他們不是劉季述、韓全誨的黨羽，請求寬恕他們。」梁太祖說：「這些人我知道他們是無罪的，但如今剛開始革除弊端，我不想把他們安置在宮中，可暫且讓他們留在那裡，把我的這個意思告訴他們。」

岐王李茂貞與邠州李繼徽、涇州劉知俊兩帥各派使者通告晉王李存勗，請求合兵攻打定難節度使李仁福。

李存勗派振武節度使周德威率軍和他們會合，一共五萬人包圍夏州，李仁福據城抵禦防守。

八月，任命劉守光兼任義昌節度使。

鎮州、定州自梁太祖登基以來，雖然不曾繳送過日常的賦稅，但進獻物品很殷勤。適逢趙王王鎔的母親何氏去世，八月初三日庚申，梁太祖派使者去弔唁，並且在王鎔守喪期間恢復他原來的官職。當時鄰近各道去弔唁的客人都住在館舍，梁太祖的使者見到了晉王李存勗派去的使者，回到洛陽後，對梁太祖說：「王鎔暗中與晉王往來，鎮州、定州勢力強大，恐怕最終難以控制。」梁太祖認為他說得很對。

八月初五日壬戌，李仁福前來告急。初七日甲子，任命河南尹兼中書令張宗奭為西京留守。梁太祖擔心晉王李存勗的軍隊襲擊西京洛陽，任命宣化留後李思安為東北面行營都指揮使，率軍萬人屯駐在河陽。初九日丙寅，梁太祖從洛陽出發。十二日己巳，到達陝州。十四日辛未，任命鎮國節度使楊師厚為西路行營招討使，會同感化節度使康懷貞率軍三萬屯駐在三原。梁太祖擔心晉王的軍隊出澤州進逼懷州，後來聽說晉軍還在綏州、銀州的沙漠裡，說：「不必憂慮了。」二十七日甲申，派夾馬指揮使李遇、劉綰從鄜州、延州趕往銀州、夏州，阻截晉軍的歸路。

吳越王錢鏐修築防止海潮的石頭塘堤，擴大杭州城，大規模修建樓臺館舍。從此錢唐在東南一帶最為富庶。

九月初三日己丑，梁太祖從陝州出發。初八日甲午，回到洛陽，病又發作。

李遇等到了夏州，岐王、晉王的軍隊都解圍離開了。

冬，十月，遣鎮國節度使楊師厚、相州刺史李思安將兵屯澤州以圖上黨。

吳越王鏐之巡湖州也，留沈行思為巡檢使❶，與盛師友俱歸。行思謂同列陳瓌曰：「王若以師友為刺史，何以處我？」時瓌已得鏐密旨遣行思詣府❷，乃紿之曰：「何不自詣王所論之！」行思從之。既至數日，瓌送其家亦至，行思恨瓌賣己。鏐自衣錦軍❸歸，將吏迎謁，行思取鍛槌❹擊瓌，殺之，因詣鏐，與師友論功❺，奪左右槊❻，欲刺師友，眾執之。鏐斬行思，以師友為婺州刺史。

十一月己丑❼，以寧國節度使、同平章事王景仁❽充北面行營都指揮招討使，潞州副招討使韓勍副之，以李思安為先鋒將，趣上黨。尋遣景仁等屯魏州❾，楊師厚還陝。

蜀主更太子宗懿❿名曰元坦。庚戌⓫，立假子宗裕為通王，宗範為夔王，宗鐬為昌王，宗壽⓬為嘉王，宗翰為集王。立其子宗仁為普王，宗輅為雅王，宗紀為褒王，宗智為榮王，宗澤為興王，宗鼎為彭王，宗傑為信王，宗衍⓭為鄭王。

初，唐末宦官典兵者多養軍中壯士為子以自彊，由是諸將亦傚之。而蜀主尤多，惟宗懿等九人及宗特、宗平真其子，宗裕、宗鐬、宗壽皆其族人。宗翰姓孟，蜀主之姊子；宗範姓張，其母周氏為蜀主妾；自餘假子百二十人皆功臣，雖冒姓連名而不禁昏姻。

上疾小愈，辛亥⓮，校獵⓯於伊、洛⓰之間。

上疑趙王鎔貳⑰於晉，且欲因⑱鄴王紹威卒除移鎮、定。會燕王守光發兵屯淶水⑲，欲侵定州，上遣供奉官⑳杜廷隱、丁延徽監魏博兵三千分屯深㉑、冀㉒，聲言恐燕兵南寇，助趙守禦。又云分兵就食㉓。趙將石公立戍深州，白趙王鎔，請拒之。鎔遽㉔命開門，移公立於外以避之。公立出門㉕，指城而泣曰：「朱氏滅唐社稷，三尺童子知其為人。而我王猶恃姻好㉖，以長者期㉗之，此所謂開門揖盜㉘者也。惜乎，此城之人今為虜矣！」

梁人有亡奔真定㉙，以其謀告鎔者，鎔大懼，又不敢先自絕㉚，但遣使詣洛陽，訴稱：「燕兵已還，與定州㉛講和如故，深、冀民見魏博兵入，奔走驚駭，乞召兵還。」上遣使詣真定慰諭之。未幾，廷隱等閉門盡殺趙戍兵，乘城拒守。鎔始命石公立攻之，不克，乃遣使求援於燕、晉。

鎔使者至晉陽，義武節度使王處直使者亦至，欲共推晉王為盟主，合兵攻梁。晉王會將佐謀之，皆曰：「鎔久臣朱溫㉜，歲輸重賂，結以昏姻，其交深矣。此必詐也，宜徐觀之。」王曰：「彼亦擇利害而為之耳。王氏在唐世猶或臣或叛㉝，況肯終為朱氏之臣乎？彼朱溫之女何如壽安公主㉞！今救死不贍㉟，何顧婚姻！我若疑而不救，正墮朱氏計中。宜趣㊱發兵赴之，晉、趙叶㊲力，破梁必矣。」

乃發兵，遣周德威將之，出井陘㊳，屯趙州㊴。

鎔使者至幽州，燕王守光方獵㊵，幕僚孫鶴馳詣野謂守光曰：「趙人來乞師，此天欲成王之功業也。」守光曰：「何故？」對曰：「比㊶常患其與朱溫膠固。溫之志非盡吞河朔㊷不已，今彼自為讎敵，王若與之并力破梁，則鎮、定㊸皆斂衽㊹而朝燕矣。王不早[1]出師，但恐晉人先我矣。」守光曰：「王鎔數負約，今使之與梁自相弊㊺，吾可以坐承㊻其利，又何救焉！」趙使者交錯於路，守光竟不為出兵[2]。自是鎮、定復稱唐天祐年號㊼，復以武順為成德軍㊽。

【章　旨】以上為第十二段，寫蜀主王建收功臣壯士一百二十人為養子以自強。梁太祖朱晃疑心而殺深州趙王戍兵，逼反趙王王鎔與晉連合。

【注　釋】❶巡檢使　官名，掌訓練甲兵，巡邏州邑。❷府　指鎮海軍府。❸衣錦軍　錢鏐生於臨安石鏡鎮。里中有大樹，錢鏐小時候和小孩們常在大樹下玩耍，錢鏐坐在大石頭上指揮群兒為隊伍，號令有法。及富貴之後，唐昭宗改錢鏐所居鄉為廣義鄉，里為勳貴里，營為衣錦營，石鏡山為衣錦山。錢鏐每遊衣錦軍宴故老，山林都覆以錦。號幼時常在下邊玩的大樹叫「衣錦將軍」。❹鍛椎　打鐵的椎。❺論功　論逐高澧之功。❻槊　兵器。即長矛。❼己丑　十一月初三日。❽王景仁　即淮南名將王茂章，歸梁後為避朱晃曾祖朱茂琳諱，改名王景仁。傳見《舊五代史》卷二十三、《新五代史》卷二十三。❾屯魏州　朱晃派王景仁屯魏州，意在圖鎮、定。❿宗懿　王建次子。據《新五代史》卷六十三〈前蜀世家〉，更名宗坦後，王建得一銅牌，上有二十餘字，王建以為符讖，取其字為諸子名，又改宗坦為元膺。元膺於武成三年（西元九〇八年）殺太子少保作亂，被衛兵殺死，王建又立幼子鄭王宗衍為太子。⓫庚戌　十一月二十四日。⓬宗壽　許州人，王建養為假子，為鎮江軍節度使。喜道家之術。王宗衍立，淫亂胡為，只有宗壽切諫。後唐伐蜀，獨宗壽不降，亡入熊耳山。傳見《新五代史》卷六十三。⓭宗衍　（？—西元九二六年）字化源，王建幼子，以其母徐賢妃得寵立為太子。西元九一九年即位，年少荒淫。西元九二五年，後唐莊宗派魏王李繼岌攻蜀，王宗衍出降。次年被殺。傳見《舊五代史》卷一百三十六、《新五代史》卷六十三。⓮辛亥　十一月二十五日。⓯校獵　設柵欄圈圍野獸以獵取。⓰伊洛　伊水、洛水。伊水出於河南盧氏東南，流經嵩縣、伊川、洛陽，至偃師入洛水。洛水源出陝西洛南北，東入河南，經盧氏、洛寧、宜陽、洛陽，至偃師與伊水會合，到鞏縣的洛口入黃河。⓱貳　有二心。⓲因　趁。⓳淶水　縣名，縣治在今河北淶水縣。⓴供奉官　官名，在皇帝左右供職的人。唐末置東頭供奉官、西頭供奉官。㉑深　州名，治所在今河北深州。㉒冀　州名，治所在今河北冀州。㉓分兵就食　分出部分軍隊到糧多之處就地取養。㉔遽　急。㉕出門　出深州城門。因石公立力主拒絕梁兵，王鎔命他離開深州城，以免發生摩擦。㉖姻好　指王鎔子昭祚娶朱全忠之女為妻。㉗期　看待。㉘開門揖盜　打開門請強盜進來。喻接納壞人，自取其禍。揖，拱手行禮。㉙真定　鎮州治所。在今河北正定。㉚自絕　自己主動斷絕。㉛定州　指義武節度使王處直。㉜久臣朱溫　王鎔於唐昭宗光化三年（西元九〇〇年）服於朱溫，至今已十年。㉝或臣或叛　指王武俊、王承宗及王庭湊。㉞壽安公主　王鎔曾祖王元逵尚唐絳王悟之女壽安公主。意謂元逵尚唐公主，王氏尚且叛唐；今娶梁女，不能作為王氏不反梁的依據。㉟贍　足。㊱趣　通「促」。急；迫切。㊲叶　通「協」。合。㊳井陘　縣名，縣治在今河北井陘西北。㊴趙州　州名，治所在今河北趙縣。㊵方獵　正在打獵。㊶比　近來。㊷河朔　泛指黃河以北地區。㊸鎮定　鎮指王鎔，定指王處直。㊹斂衽　提起衣襟夾於帶間，表示敬意。㊺弊　敗壞。㊻承　受；收。㊼復稱唐天祐年號　鎮、定向梁稱臣，則用開平年號。現復用唐年號，表示不臣於梁。天祐為唐哀帝年號。㊽復以武順為成德軍　鎮州號成德軍，為避梁諱，改為武順軍，現亦復舊為成德軍。

【校　記】①早　原無此字。據章鈺校，十二行本、乙十一行本、孔天胤本皆有此字，張敦仁《通鑑刊本識誤》同，今據補。②趙使者交錯於路二句　原無此二句。據章鈺校，十二行本、乙十一行本、孔天胤本皆有此二句，張敦仁《通鑑刊本識誤》、張瑛《通鑑校勘記》同，今據補。

【語　譯】冬，十月，派遣鎮國節度使楊師厚、相州刺史李思安率軍屯駐在澤州，準備進攻上黨。

吳越王錢鏐巡視湖州時，留下沈行思擔任巡檢使，與盛師友一起回杭州。沈行思對他的同僚陳瓌說：「吳越王如果任命盛師友為刺史，會怎麼來安置我？」當時陳瓌已經得到吳越王錢鏐的密旨，要派沈行思到鎮海軍府去，就欺騙沈行思說：「為什麼不親自到吳越王那裡去說明！」沈行思聽從了陳瓌的話。到達軍府後幾天，陳環把沈行思的家人也送到了，沈行思怨恨陳環出賣了自己。錢鏐從家鄉衣錦軍回來，將領官吏前去迎接謁見，沈行思取出打鐵的槌擊打陳環，把陳環打死了；又跑到錢鏐那裡，與盛師友爭論起功勞來，乃至奪下左右侍從的長矛，想要刺殺盛師友，大家把沈行思抓住了。錢鏐殺了沈行思，任命盛師友為婺州刺史。

十一月初三日己丑，梁太祖任命寧國節度使、同平章事王景仁擔任北面行營都指揮招討使，潞州副招討使韓勍做他的副手，又任命李思安為先鋒將，奔赴上黨。不久又派王景仁等屯駐魏州，楊師厚回到陝州。

蜀主王建把太子王宗懿改名為元坦。十一月二十四日庚戌，立養子王宗裕為通王，王宗範為夔王，王宗鐬為昌王，王宗壽為嘉王，王宗翰為集王。立自己的兒子王宗仁為普王，王宗輅為雅王，王宗紀為褒王，王宗智為榮王，王宗澤為興王，王宗鼎為彭王，王宗傑為信王，王宗衍為鄭王。

當初，唐朝末年掌管軍隊的宦官大多收養軍中的壯士做兒子來加強自己的力量，從此軍中各將領也仿效起來。而蜀主王建的養子尤其多，只有王宗懿等九人以及王宗特、王宗平是他的親生兒子，王宗裕、王宗鐬、王宗壽都是他的族人。王宗翰姓孟，是蜀主姐姐的兒子，王宗範姓張，他的母親周氏是蜀主的妾；其餘養子一百二十人都是功臣，雖然冒稱王姓並且兄弟連名，但不禁止彼此間又結為姻親。

梁太祖的病稍微好了一些。十一月二十五日辛亥，在伊水、洛水間設圍打獵。

梁太祖懷疑趙王王鎔有二心，私自結交晉王，並且想乘鄴王羅紹威去世而調動鎮、定兩處節度使。適逢燕王劉守光出動軍隊屯駐涞水，想要侵犯定州，梁太祖派供奉官杜廷隱、丁延徽監督魏博軍隊三千人分別屯駐深州、冀州，聲稱擔心燕軍南侵，幫助趙王防守。又說分出部分軍隊到那裡是為了就地取得給養。趙王的將領石公立戍守深州，向趙王王鎔報告，請求拒絕他們屯駐。王鎔卻急忙下令打開城門，把石公立調到城外以避開梁軍。石公立出了深州城門，指著深州城流淚說：「姓朱的滅了唐朝社稷，三尺高的孩童都知道他的為人。但是我們趙王還仗著和他連姻通好，把他當長者看待，這就是所謂的開門請強盜進來。可惜啊，這城裡的人如今要成為俘虜了！」

梁朝有人逃亡到真定，把梁太祖的謀劃告訴了王鎔。王鎔非常恐懼，又不敢先由自己來斷絕和梁朝的關係，只好派遣使者到洛陽，向梁太祖訴說：「燕軍已經退回去了，我和定州的王處直講和如故。深州、冀州的百姓見魏博軍隊進城，四處奔跑，深受驚嚇，乞求皇上把魏博軍隊召回去。」梁太祖派使者到真定慰撫宣諭。不久，杜廷隱等關閉城門把戍守的趙兵全部殺死，登上城牆進行防守。王鎔這才命令石公立攻打，沒有攻下來。於是派使者向燕王、晉王求援。

王鎔的使者到達晉陽，義武節度使王處直的使者也到了，想共同推舉晉王李存勗為盟主，合兵攻打梁朝。晉王召集將領佐吏商量，都說：「王鎔長期向朱溫稱臣，每年都繳納大量財物，還結為兒女姻親，他們的交情太深了。這次一定有詐，應該慢慢觀察一番再說。」晉王說：「王鎔也是選擇過利害後才這樣做的。王氏在唐朝尚且有時歸順，有時叛變，何況如今怎麼肯始終做朱氏的臣子呢？那個朱溫的女兒怎麼比得上壽安公主！如今救死都來不及，哪裡還顧得上婚姻關係！我如果心存疑慮而不去救援，正好落入朱溫的詭計之中。應該急速發兵趕到那裡去，晉、趙合力，打敗梁朝軍隊是肯定的了。」於是發兵，派周德威率領，從井陘出發，屯駐在趙州。

王鎔的使者到達幽州，燕王劉守光正在打獵，幕僚孫鶴馳往野外打獵地對劉守光說：「趙王派人來請求援兵，這是上天想要成全大王的功業了。」劉守光說：「為什麼這麼說？」孫鶴回答說：「近來常常擔心王鎔與朱溫關係牢固。朱溫的志向不吞併完河朔這片地方是不會罷休的。如今他們自己成為仇敵，大王假如和王鎔併力打敗梁朝軍隊，那麼鎮州、定州都要提起衣襟恭恭敬敬地朝見您了。如果大王不早日出兵，只怕晉王會搶在我們前面了。」劉守光說：「王鎔多次背棄約定，如今讓他與梁自己相鬥消耗受損，我可以坐收其利，救他幹什麼！」趙王王鎔的使者往來交錯於道路，劉守光最終還是沒有為他出兵。從此以後，鎮州、定州又恢復使用唐朝天祐的年號，重又把武順軍改回為成德軍。

司天❶言：「來月❷太陰❸虧❹，不利宿兵於外。」上召王景仁等還洛陽。十二月己未❺，上聞趙與晉合，晉兵已屯趙州，乃命王景仁等將兵擊之。庚申❻，景仁等自河陽度河，會羅周翰兵，合四萬，軍于邢、洺。

虔州刺史盧光稠疾病❼，欲以位授譚全播❽，全播不受。光稠卒，其子韶州刺史延昌來奔喪，全播立而事之。吳遣使拜延昌虔州刺史，延昌受之，亦因❾楚王殷通密[1]表於梁，曰：「我受淮南官，以緩其謀耳，必為朝廷經略❿江西。」丙寅⓫，以延昌為鎮南留後。延昌表其將廖爽為韶州刺史，爽，贛人也。吳淮南節度判官嚴可求請置制置使於新淦縣⓬，遣兵戍之，以圖虔州。每更代⓭，輒潛益⓮其兵，虔人不之覺也。

庚午⓯，蜀主以御史中丞周庠、戶部侍郎・判度支庾傳素並為中書侍郎、同平章事。◯太常卿李燕等刊定梁律令格式⓰，癸酉⓱，行之。◯丁丑⓲，王景仁等進軍柏鄉⓳。◯辛巳⓴，蜀大赦，改明年元㉑曰永平。

趙王鎔復告急㉒於晉，晉王以蕃漢副總管李存審守晉陽，自將兵自贊皇㉓東下，王處直遣將將兵五千[2]以從。辛巳，晉王至趙州，與周德威合，獲梁芻蕘者㉔二百人，問之曰：「初發洛陽，梁主有何號令？」對曰：「梁主戒上將㉕云：『鎮州反覆，終為子孫之患。今悉以精兵付汝，鎮州雖以鐵為城，必為我取之。』」

晉王命送於趙[26]。

壬午[27]，晉王進軍，距柏鄉三十里，遣周德威等以胡騎迫[28]梁營挑戰，梁兵不出。癸未[29]，復進，距柏鄉五里，營於野河之北，又遣胡騎迫梁營馳射，且詬[30]之。梁將韓勍等將步騎三萬，分三道追之，鎧冑[31]皆被繒綺[32]，鏤金銀[33]，光彩炫耀，晉人望之奪氣[34]。周德威謂李存璋曰：「梁人志不在戰，徒欲曜[35]兵耳。不挫其銳，則吾軍不振。」乃徇[36]于軍曰：「彼皆汴州天武軍[37]，屠酤[38]傭販[39]之徒耳，衣鎧雖鮮，十不能當汝一。擒獲一夫，足以自富，此乃奇貨，不可失也！」德威自帥[3]精騎[40]千餘[4]擊其兩端[41]，左馳右[5]突[42]，出入數四[43]，俘獲百餘人，且戰且卻，距野河而止。梁兵亦退。

德威言於晉王曰：「賊勢甚盛，宜按兵以待其衰。」王曰：「吾孤軍遠來，救人之急，三鎮[44]烏合[45]，利於速戰，公乃欲按兵持重，何也？」德威曰：「鎮、定之兵，長於守城，短於野戰。且吾所恃者騎兵，利於平原廣野，可以馳突。今壓賊壘門[46]，騎無所展其足。且眾寡不敵，使彼知吾虛實，則事危矣。」王不悅，退臥帳中，諸將莫敢言。德威往見張承業曰：「大王驟勝[47]而輕敵，不量力而務速戰。今去賊咫尺[48]，所限者一水[49]耳，彼若造橋以薄[50]我，我眾立盡矣。不若退軍高邑[51]，誘賊離營，彼出則歸，彼歸則出[52]，別以輕騎掠其饋餉，不過踰月，破之必矣。」承業入，褰[53]帳撫王曰：「此豈王安寢時耶！周德威老將知兵，其言不可忽也！」王蹶然[54]而[6]興曰：「予方思之。」時梁兵閉壘不出，有降者，詰之，曰：「景仁方多造浮橋。」王謂德威曰：「果如公言。」是日，拔營，退保高邑。

辰州[55]蠻酋宋鄴，溆州[56]蠻酋潘金盛，恃其所居深險，數擾楚邊。至是，鄴寇湘鄉[57]，金盛寇武岡[58]。楚王殷遣昭州[59]刺史呂師周將衡山[60]兵五千討之。

寧遠[61]節度使龐巨昭、高州[62]防禦使劉昌魯，皆唐官也。黃巢之寇嶺南也，巨昭為容管觀察使，昌魯為高州刺史，帥羣蠻據險以拒之，巢眾不敢入境。唐嘉其功，置寧遠軍於容州，以巨昭為節度使[63]，以昌魯為高州防禦使。及劉隱據嶺南，二州不從。隱遣弟巖[7]攻高州，昌魯大破之，又攻容州，亦不克。昌魯自度終非隱敵，是歲，致書請自歸於楚，楚王殷大喜，遣橫州[64]刺史姚彥章將兵迎之。彥章至容州，裨將莫彥昭說巨昭曰：「湖南兵遠來疲乏，宜撤儲偫[65]，棄城，潛於山谷以待之。彼必入城，我以全軍掩[66]之，彼外無繼援，可擒也。」巨昭曰：「馬氏方興，今雖勝之，後將何如！不若具牛酒[67]迎之。」彥昭不從，巨昭殺之，舉州迎降。彥章進至高州，以兵援送巨昭、昌魯之族及士卒千餘人歸長沙。楚王殷以彥章知容州事，以昌魯為永順(68)節度副使。昌魯，鄴人也。

【章　旨】以上為第十三段，寫梁、晉兩軍相持於趙州。梁頒行《梁律令格式》。唐寧遠節度使龐巨昭、高州防禦使劉昌魯附於楚王馬殷。

【注　釋】❶司天　唐有司天臺，有監一人為之長，主管觀察天象，稽定曆數。後梁承唐舊制。❷來月　下個月。❸太陰　月亮。❹虧　蝕。❺己未　十二月初三日。❻庚申　十二月初四日。❼疾病　病重。輕者為疾，重者為病。❽譚全播　南康（今江西南康）人，唐末與盧光稠一起起事，據虔、韶、潮等州，梁以光稠為百勝軍防禦使、五嶺開通使，後拜譚全播為防禦使，為吳楊隆演所滅。傳見《新五代史》卷四十一。❾因　通過；借助。❿經略　治理。盧延昌經略江西是企圖得到鎮南軍旌節。⓫丙寅　十二月初十日。⓬新淦縣　縣名，縣治在今江西新幹。時屬吉州。⓭更代　換防。⓮益　增加。⓯庚午　十二月十四日。⓰梁律令格式　梁代法律。據《五代會要》，為《大梁新定格式律令》，包括〈新刪定令〉三十卷，〈式〉二十卷，〈格〉十卷，〈律并目錄〉十三卷，〈律疏〉三十卷，共一百零三卷。⓱癸酉　十二月十七日。⓲丁丑　十二月二十一日。⓳柏鄉　縣名，縣治在今河北柏鄉。⓴辛巳　十二月二十五日。㉑改明年元　由武成改元為永平。㉒告急　因王景仁之軍侵逼，故一再告急。㉓贊皇　縣名，縣治在今河北贊皇。㉔芻蕘者　打柴割草的人。割草曰芻，打柴曰蕘。㉕上將　指王景仁。㉖送於趙　李存勗將俘獲的梁兵送於趙，目的是讓趙人聽到梁兵這番話，堅定依附於晉的決心。㉗壬午　十二月二十六日。㉘迫　逼近。㉙癸未　十二月二十七日。㉚詬　辱罵，以示挑戰。㉛鎧冑　盔甲。冑，作戰時戴的帽子。㉜繒綺　絲綢錦緞。㉝鏤金銀　鏤刻金銀以為裝飾。㉞奪氣　懾於聲威，喪失膽氣。㉟曜　炫耀。㊱徇　向眾宣示。㊲天武軍　梁禁衛軍名。開平二年（西元九〇八年）十二月，改左、右龍虎軍為左、右天武軍，前朝六軍號皆有改易。㊳屠酤　殺豬的和賣酒的。㊴傭販　雇工和小販。㊵精騎　精銳騎兵。㊶擊其兩端　軍陣力量有厚有薄，一般地說，中軍堅厚，不可衝擊；兩端力薄，故擊之。㊷左馳右突　左右疾驅衝突。㊸數四　三四次；多次。㊹三鎮　指晉兵及鎮、定之兵。㊺烏合　倉猝集合之眾。如烏鴉之忽聚忽散。此言三鎮之兵倉猝集合，應當趁剛剛到陣時的銳氣破敵，曠日持久，實情暴露，氣勢衰減，則會軍心離散。㊻壘

門　軍營之門。㊼驟勝　迅速地取得了勝利。㊽咫尺　比喻距離很近。八寸為咫。㊾一水　指野河。㊿薄　迫近。51高邑　縣名，縣治在今河北高邑。時屬趙州，在柏鄉縣北三十多里。52彼出則歸二句　意謂敵進我退，敵退我打。53褰　撩起。54蹶然　疾起的樣子。55辰州　州名，治所在今湖南沅陵。56漵州　州名，治所在今湖南洪江市西北。57湘鄉　縣名，縣治在今湖南湘鄉，時屬潭州。58武岡　縣名，縣治在今湖南城步。59昭州　州名，治所在今廣西平樂西北。60衡山　縣名，縣治在今湖南衡山縣北，時屬潭州。61寧遠　方鎮名，唐昭宗乾寧四年（西元八九七年）升容管觀察使為寧遠軍節度。治所容州，在今廣西北流。62高州　州名，治所在今廣東高州東北。63巨昭為節度使　乾寧四年置寧遠軍時，是以李克用的大將蓋寓為節度使。龐巨昭為節度使在天祐二年（西元九〇五年）。64橫州　州名，治所在今廣西橫縣南。65儲偫　儲備。66掩　乘其不備而襲取之。67牛酒　牛肉酒食。68永順　馬殷併朗州，奏改武貞軍為永順軍。

【校　記】1通密　原作「密通」。據章鈺校，十二行本、乙十一行本、孔天胤本二字皆互乙，今從改。2五千　原無此二字。據章鈺校，十二行本、乙十一行本、孔天胤本皆有此二字，張敦仁《通鑑刊本識誤》同，今據補。3帥　原作「引」。據章鈺校，十二行本、乙十一行本、孔天胤本皆作「帥」，今從改。4精騎千餘　原作「千餘精騎」。據章鈺校，十二行本、乙十一行本、孔天胤本皆作「精騎千餘」，今從改。5馳右　原作「右馳」。據章鈺校，十二行本、乙十一行本、孔天胤本二字皆互乙，今從改。6而　原無此字。據章鈺校，十二行本、乙十一行本、孔天胤本皆有此字，張敦仁《通鑑刊本識誤》同，今據補。7巖　原作「嚴」。據章鈺校，十二行本、乙十一行本、孔天胤本皆作「巖」，張敦仁《通鑑刊本識誤》同，今從改。

【語　譯】司天監說：「下個月月亮虧缺，不利於在外駐軍。」梁太祖召王景仁等返回洛陽。十二月初三日己未，梁太祖聽說趙王與晉王聯合，晉兵已經屯駐在趙州，於是命令王景仁等率軍前去攻打。初四日庚申，王景仁等從河陽渡過黃河，會合羅周翰的軍隊共四萬人，駐紮在邢州、洺州。

虔州刺史盧光稠病重，想把職位交給譚全播，譚全播不肯接受。盧光稠去世，他的兒子韶州刺史盧延昌前來奔喪，譚全播立他為刺史並侍奉他。吳王楊隆演派使者任命盧延昌為虔州刺史，盧延昌接受了，又通過楚王馬殷向梁朝上密表，說：「我接受淮南的官職，是為了延緩他們的圖謀，我一定會為朝廷治理好江西。」十二月初十日丙寅，梁太祖任命盧延昌為鎮南留後。盧延昌上表奏請任命他的部將廖爽為韶州刺史。廖爽，是贛州人。吳淮南節度判官嚴可求請求在新淦縣設立制置使，派兵戍守，以便謀取虔州。每次換防，就暗中增加兵員數目，虔州的人卻並沒有察覺。

十二月十四日庚午，蜀主王建任命御史中丞周庠、戶部侍郎・判度支庾傳素同為中書侍郎、同平章事。○太常卿李燕等人刊定《梁律令格式》。十七日癸酉，正式頒行。○二十一日丁丑，王景仁等進軍柏鄉。○二十五日辛巳，蜀國實行大赦，更改明年年號為永平。

趙王王鎔再次向晉王告急。晉王李存勗命令蕃漢副總管李存審守衛晉陽，親自率軍從贊皇縣向東進發，王處直派部將率軍五千跟從。十二月二十五日辛巳，晉王到達趙州，與周德威的軍隊會合，俘獲割草打柴的梁軍士兵二百人，問他們說：「你們剛從洛陽出發時，梁主有什麼號令？」回答說：「梁太祖告誡大將：『鎮州王鎔反覆無常，終究要成為子孫的禍患。如今我把精銳部隊全部交給你，鎮州即使是用鐵鑄的城，你也一定要為我奪取它。』」晉王命令把這些俘虜送到趙王那裡去。

十二月二十六日壬午，晉王的軍隊向前進發，距離柏鄉還有三十里時，派遣周德威等率領胡人騎兵逼近梁軍軍營挑戰，梁軍不出來應戰。二十七日癸未，又向前推進，距離柏鄉只有五里了，在野河的北面紮營，又派遣胡人騎兵逼近梁軍軍營縱馬射箭，並且辱罵梁軍。梁軍將領韓勍等率領步兵、騎兵三萬人，分三路出來追擊晉軍。梁軍的鎧甲頭盔上都披著絲綢，雕刻著金銀，光彩照耀；晉軍望見後再也沒了膽氣。周德威對李存璋說：「梁軍的意圖不在交戰，只是想炫耀軍力罷了。不挫傷他們的銳氣，我軍就振作不起來。」於是在軍中宣布說：「梁軍都是汴州的天武軍，是些殺豬的、賣酒的以及傭工、小販而已，衣服鎧甲雖然鮮明，但十個人也抵不上你們一個人。擒獲他們一個人，就足以讓自己發財，這是奇貨，不可以失去機會啊！」周德威親自率領精銳騎兵一千多人攻擊梁軍的兩頭，縱馬左衝右突，進出多次，俘獲一百多人，一邊戰鬥一邊後退，一直到野河才停止。梁軍也退回去了。

周德威對晉王說：「敵人的聲勢很盛，應當按兵不動以等待他們士氣衰退。」晉王說：「我們是孤軍遠道而來，解救別人的危急；三個鎮的軍隊倉卒組合，利於速戰，你卻要按兵求穩，這是為什麼？」周德威說：

「鎮州、定州的軍隊，擅長守城，而不擅長野外作戰。再說我們所倚仗的是騎兵，利於在平原曠野展開兵力，可以縱馬奔馳，左衝右突。如今逼近敵人的營壘寨門，戰馬沒有地方來伸展牠的四足。況且敵我軍隊人數一多一少，並不相當，假如對方知道了我軍的虛實，那麼事情就危險了。」晉王很不高興，退入帳中臥床休息，眾將沒有人敢再說什麼。周德威前去見張承業，說：「大王因迅速取勝而輕敵了，不認真估量雙方的力量而務求速戰。如今我們離敵人只有咫尺的距離，中間所隔只是一條野河罷了。他們如果造橋逼近我們，我們的部眾即刻就會被消滅。不如退兵到高邑縣，引誘敵人離開營寨，他們出戰我們就退回去，他們退回去我們就出戰；另外派輕騎兵去奪取他們的糧餉，不過一個多月，一定可以打敗他們了。」張承業進去，撩起帳子拍著晉王身子說：「現在哪裡是大王安穩睡覺的時候啊！周德威是老將，通曉軍事，他的話不能忽視啊！」晉王猛一下子起身說：「我正在考慮這件事。」當時梁軍緊閉營壘不出戰，有來投降的，便詢問他們，回答說：「王景仁正在造許多浮橋。」晉王對周德威說：「果然像你說的那樣。」這一天，轉移營地，退守高邑縣。

辰州蠻的首領宋鄴、溆州蠻的首領潘金盛，倚仗他們所居住的地方在深山險要之處，多次侵擾楚的邊境。到這時候，宋鄴又侵犯湘鄉縣，潘金盛侵犯武岡縣。楚王馬殷派昭州刺史呂師周率領衡山的軍隊五千人去討伐他們。

寧遠節度使龐巨昭、高州防禦使劉昌魯，都是唐朝的官員。黃巢侵犯嶺南時，龐巨昭是容管觀察使，劉昌魯是高州刺史，他們率領各蠻族佔據險要的地方進行抵抗，黃巢的部隊不敢進入他們的轄境。唐朝嘉獎他們的功勞，在容州設置寧遠軍，任命龐巨昭為節度使，又任命劉昌魯為高州防禦使。到劉隱佔據嶺南時，這兩個州不肯服從他。劉隱派弟弟劉巖攻打高州，被劉昌魯打得大敗，又攻打容州，也沒有攻下來。劉昌魯自己估計終究不是劉隱的對手，就在這一年，寫信給楚王請求歸附。楚王馬殷大喜，派橫州刺史姚彥章率軍前去迎接他。姚彥章到了容州，副將莫彥昭勸龐巨昭說：「湖南的軍隊遠道而來十分疲乏，我們最好撤走儲備的物資，放棄容州城，隱藏在山谷裡等待他們。他們一定會進入容州城，我們再出動全軍乘其不備襲擊他們，他們外面沒有後繼的援軍，是可以擒獲的。」龐巨昭說：「馬殷正在興起，現在即使打贏了他，以後將怎麼辦！不如準備牛酒飯食迎接他們。」莫彥昭不肯聽從，龐巨昭把他殺了，率領容州軍民迎接姚彥章向他投降。姚彥章繼續進發到達高州，派軍隊護送龐巨昭、劉昌魯的族人及士兵一千多人回長沙。楚王馬殷任命姚彥章掌管容州的事務，任命劉昌魯為永順節度副使。劉昌魯，是鄴人。

乾化元年（辛未　西元九一一年）

春，正月丙戌朔❶，日有食之。

柏鄉比不儲芻❷，梁兵刈芻自給，晉人以[1]遊軍抄之，梁兵不出。周德威使胡騎環營馳射而詬之，梁兵疑有伏，愈不敢出，剉屋茅坐席以飼馬❸，馬多死。丁亥❹，周德威與別將史建瑭、李嗣源將精騎三千壓梁壘門而詬之，王景仁、韓勍怒，悉眾而出。德威等轉戰而北[2]至高邑南，李存璋以步兵陳於野河之上，梁軍橫亙數里，競前奪橋，鎮、定步兵禦之，勢不能支❺。晉王謂匡衛都指揮使李建及❻曰：「賊過橋則不可復制矣。」建及選卒二百，援槍❼[3]大譟，力戰卻之。建及，許州人，姓王，李罕之之假子也。晉王登高丘以望曰：「梁兵爭進而囂，我兵整而靜，我必勝。」戰自巳❽至午❾，勝負未決。晉王謂周德威曰：「兩軍已合，勢不可離，我之興亡，在此一舉。我為公先登，公可繼之。」德威叩馬❿而諫曰：「觀梁兵之勢，可以勞逸⓫制之，未易以力勝也。彼去⓬營三十餘里，雖挾⑬糗糧⑭，亦不暇食，日昳⑮之後，飢渴內迫，矢刃外交，士卒勞倦，必有退志。當是時，我以精騎乘⑯之，必大捷。於今未可也。」王乃止。

時魏、滑之兵陳於東，宋、汴之兵陳於西。至晡⑰，梁軍未食，士無鬬志，景仁等引兵稍卻，周德威疾呼曰：「梁兵走矣！」晉兵大譟爭進，魏、滑兵先退，李嗣源帥眾譟於西陳⑱之前曰：「東陳已走，爾何久留！」梁兵互相驚怖，遂大潰⑲。李存璋引步兵乘之，呼曰：「梁人亦吾人也，父兄子弟餉軍者⑳勿殺。」於是戰士悉解甲投兵而棄之，囂聲動天地。趙人以深、冀之憾㉑，不顧剽掠，但奮白刃追之，梁之龍驤、神捷㉒精兵殆盡，自野河至柏鄉，僵尸蔽地。王景仁、韓勍、李思安以數十騎走。晉兵夜至柏鄉，梁兵已去，棄糧食、資財、器械不可勝計，凡斬首二萬級。李嗣源等追奔至邢州㉓，河朔大震。保義㉔節度使王檀嚴備，然後開城納敗卒，給以資糧，散遣歸本道。晉王收兵屯趙州。

杜廷隱等聞梁兵敗，棄深、冀而去，悉驅二州丁壯為奴婢，老弱者阬㉕之，城中存者壞垣㉖而已。

癸巳㉗，復以楊師厚為北面都招討使，將兵屯河陽，收集散兵，旬餘，得萬人。己亥㉘，晉王遣周德威、史建瑭將三千騎趣澶㉙、魏，張承業、李存璋以步兵攻邢州，自以大軍繼之，移檄河北州縣，諭以利害。帝遣別將徐仁溥將兵千人，自西山㉚夜入邢州，助王檀城守。己酉㉛，罷王景仁招討使，落平章事㉜。

【章旨】以上為第十四段，寫晉軍在柏鄉大破梁軍，斬殺二萬人，梁軍棄糧食、資財、器械，不可勝計。

【注釋】❶丙戌朔　正月初一日。❷比不儲芻　最近一個時期趙人不在柏鄉儲備草料，怕梁兵來了反而資助了敵人。比，近。❸剉屋茅坐席以飼馬　梁兵不能出去打草，只能把屋上的茅草和坐席鍘碎餵馬。剉，鍘碎。❹丁亥　正月初二日。❺支　支持；支撐。❻李建及　（西元八六三—九二〇年）許州人，本姓王，少事李罕之，從李罕之奔晉，為匡衛指揮使。以戰功授天雄軍教練使，遷遼州刺史、代州刺史。傳見《舊五代史》卷六十五、《新五代史》卷二十五。❼援槍　持槍。❽巳　巳時，上午九時至十一時。❾午　午時，中午十一時至一時。❿叩馬　勒住馬。⓫勞逸　勞苦和安逸。⓬去　離。⓭挾　攜帶。⓮糗糧　乾糧。⓯日昳　日昃，午後日偏斜。昳，過午的太陽。⓰乘　乘機襲擊。梁、晉爭天下，周德威以勇敢善戰聞名。看他對戰爭形勢的分析，以計不以勇，是智勇雙全的將才。⓱晡　申時，午後三時至五時。⓲西陳　指魏、滑兵。⓳大潰　潰散退逃。梁兵置陣橫亙數里，東西不相知，晉軍大噪，故驚怖而潰。⓴餉軍者　運送軍餉的人。㉑深冀之憾　指梁遣杜廷隱殺深、冀戍兵事。㉒龍驤神捷　梁的兩支精銳部隊。開平二年，梁以尹皓部下五百人為神捷軍。㉓追奔至邢州　自柏鄉西南至邢州一百五十多里。㉔保義　方鎮名，領邢、洺、磁三州，治所邢州，在今河北邢臺。㉕阬　同「坑」。活埋；坑陷；殺害。㉖壞垣　斷牆殘壁。㉗癸巳　正月初八日。㉘己亥　正月十四日。㉙澶　州名，治所頓丘，在今河南內黃東南。㉚西山　即太行山連延至上黨諸山。㉛己酉　正月二十四日。㉜落平章事　因王景仁大敗於周德威，故被免去平章事。落，落職；罷免。

【校記】①以　原作「日以」。據章鈺校，十二行本、乙十一行本皆無「日」字，今據刪。②而北　原無此二字。據章鈺校，十二行本、乙十一行本、孔天胤本皆有此二字，張敦仁《通鑑刊本識誤》同，今據補。③槍　原作「鎗」。據章鈺校，十二行本、乙十一行本、孔天胤本皆作「槍」，今從改。

【語譯】乾化元年（辛未　西元九一一年）

春，正月初一日丙戌，發生日蝕。

柏鄉近來沒有儲備餵馬的草料，梁軍只能割草自給。晉軍用游擊部隊搶劫他們，梁軍不敢出來。周德威派胡人騎兵圍著梁軍營寨馳馬射箭並且辱罵他們，梁軍懷疑有埋伏，更加不敢出來，只好鍘碎屋上的茅草和坐的席墊來餵馬，馬多有餓死的。正月初二日丁亥，周德威和別將史建瑭、李嗣源率精銳騎兵三千人迫近梁軍的營門叫罵，王景仁、韓勍大怒，率領全體部眾出戰。周德威等向北轉戰到了高邑南邊，李存璋率步兵在野河岸邊列陣，梁軍綿延幾里，爭著向前搶奪橋樑，鎮州、定州的步兵抵禦他們，從勢頭上看快支撐不住了。晉王李存勗對匡衛都指揮使李建及說：「賊人過了橋就不能再遏制他們了。」李建及挑選士兵二百人，手執長槍大聲呼喊著迎上前去，奮力作戰把梁軍打退。李建及是許州人，本姓王，是李罕之的養子。晉王登上高丘觀察戰場態勢後說：「梁軍爭著向前卻諠鬧雜亂，我軍嚴整而沉靜，我軍必勝。」戰鬥從上午九時一直打到中午一時，還沒有分出勝負。晉王對周德威說：「雙方軍隊已經戰在一起，其勢不可再分開了。我們的興亡，在此一舉。我替你先上陣，你可隨後跟上。」周德威抓住晉王的馬韁勸告說：「我看梁軍的態勢，可以以逸待勞去制服他們，難以拼死力去戰勝他們。他們離開營壘三十多里，即使隨身帶著乾糧，也沒有空閒去吃。太陽偏西以後，腹內飢渴交迫，外部兵刃箭矢交加，士兵勞累疲倦，一定會有退兵的打算。到那個時候，我們用精銳騎兵乘機襲殺過去，必定大勝。現在還未可出擊。」晉王於是不再衝上陣去。

當時魏州、滑州的梁軍在東邊列陣，宋州、汴州的梁軍在西邊列陣。到下午三、五點時，梁軍還沒有進食，士兵沒有鬥志，王景仁等帶領士兵逐漸退卻。周德威急速呼喊道：「梁軍逃跑了！」晉軍大聲呼喊著爭先恐後向前。魏州、滑州的梁軍先退，李嗣源率領部眾在西邊陣前高喊道：「東邊的梁軍已經退走了，你們為什麼還要久留！」梁軍彼此都十分驚恐，於是大敗潰散。李存璋率領步兵乘勝追擊，大喊道：「梁人也是我們的人，父兄子弟給軍隊運送糧餉的不要殺。」於是梁軍士兵全都脫下鎧甲，扔掉兵器，吵鬧聲震動天地。趙人因為深州、冀州兩城的守軍全被梁軍所殺而懷恨在心，顧不上掠奪財物，只是揮舞利刃追殺梁軍。梁朝的龍驤、神捷兩支精兵幾乎全部被殲，從野河至柏鄉，僵臥的屍體滿地都是。王景仁、韓勍、李思安只帶著幾十名騎兵逃走。晉軍夜裡到達柏鄉，梁軍已經逃走，丟下的糧食、資財、器械多得數不清，總共斬殺梁軍二萬人。李嗣源等追擊敗逃的梁軍一直追到邢州，河朔一帶大為震動。保義節度使王檀嚴密戒備，然後打開城門接納敗退下來的梁兵，給他們路費糧食，分別讓他們返回原來的駐地。晉王李存勗收兵屯駐在趙州。

杜廷隱等聽說梁軍戰敗，丟下深州、冀州撤了回去。走時，把兩個州所有的丁壯全部帶走，作為奴僕，老弱沒有用的則被活埋，城裡留下的只有斷牆殘壁而已。

正月初八日癸巳，梁太祖再任命楊師厚為北面都招討使，率軍屯駐在河陽，收攏會集失散的士兵，十多天，收得一萬人。十四日己亥，晉王李存勗派周德威、史建瑭率領三千騎兵奔赴澶州、魏州，派張承業、李存璋率步兵攻打邢州，自己統率大軍在後面跟隨，發布文告曉示河北各州縣，向他們說明利害關係。梁太祖派遣別將徐仁溥率軍千人，從西山趁夜進入邢州城，幫助王檀守城。二十四日己酉，罷免王景仁招討使的職務，並削去平章事之職。

蜀主之女普慈公主❶嫁岐王從子秦州節度使繼崇，公主遣宦者宋光嗣以絹書遺蜀主，言繼崇驕矜❷嗜酒，求歸成都，蜀主召公主歸寧❸。辛亥❹，公主至成都，蜀主留之，以宋光嗣為閤門南院使❺。岐王怒，始與蜀絕。光嗣，福州人也。

呂師周引兵[1]攀藤緣崖❻入飛山❼洞襲潘金盛，擒送武岡，斬之。移兵擊宋鄴[2]。

二月己未❽，晉王至魏州，攻之，不克。上以羅周翰年少，且忌其舊將佐❾，庚申❿，以戶部尚書李振為天雄⓫節度副使，命杜廷隱將兵千人衛之，自楊劉⓬濟河，間道夜入魏州，助周翰城守。癸亥[13]，晉王觀河於黎陽[14]，梁兵萬餘將渡河，聞晉王至，皆棄舟而去[15]。

帝召蔡州刺史張慎思[16]至洛陽，久未除代[17]。蔡州右廂指揮使劉行琮作亂，縱兵焚掠，將奔淮南。順化指揮使王存儼誅行琮，撫遏[18]其眾，自領州事，以眾情[19]馳奏。時東京留守博王友文不先請[20]，遽發兵討之，兵至鄢陵[21]，帝曰：「存儼方懼，若臨之以兵，則飛去矣。」馳使召還。甲子[22]，授存儼權知蔡州事。

乙丑[23]，周德威自臨清[24]攻貝州[25]，拔夏津[26]、高唐[27]。攻博州[28]，拔東武[29]、朝城[30]。攻澶州，刺史張可臻棄城走，帝斬之。德威進攻黎陽，拔臨河[31]、淇門[32]。逼衛州，掠新鄉[33]、共城[34]。庚午[35]，帝帥親[3]軍屯白司馬阪[36]以備之。

盧龍、義昌節度使兼中書令燕王守光既克滄州[37]，自謂得天助，淫虐[38]滋甚。每刑[39]人，必置諸鐵籠[40]，以火逼之。又為鐵刷刷人面。聞梁兵敗於柏鄉，使人謂趙王鎔及王處直曰：「聞二鎮與晉王破梁兵，舉軍南下，僕亦有精騎三萬，欲自將之為諸公啓行[41]。然四鎮[42]連兵，必有盟主，僕若至彼，何以處之[43]？」鎔患之，遣使告于晉王，晉王笑曰：「趙人告急，守光不能出一卒以救之。及吾成功，乃復欲以兵威離間二鎮，愚莫甚焉！」諸將曰：「雲、代與燕接境，彼若擾我城戍㊹，動搖人情，吾千里出征，緩急難應，此亦腹心之患也。不若先取守光，然後可以專意南討㊺。」王曰：「善！」會楊師厚自磁、相引兵救邢、魏。壬申㊻，晉解圍去，師厚追之，逾漳水㊼而還，邢州圍亦解。師厚留屯魏州。

趙王鎔自來謁晉王於趙州，大犒將士，自是遣其養子德明將三十七都常從晉王征討。德明本姓張，名文禮㊽，燕人也。○壬午㊾，晉王發趙州，歸晉陽，留周德威等將三千人戍趙州。

【章旨】以上為第十五段，寫蜀主召回普慈公主，岐王怒，始與蜀絕。燕王劉守光揚言領兵南下討梁，欲為盟主。晉王退兵，決意先除劉守光，然後專意南討。

【注釋】❶普慈公主　蜀主以南朝梁時郡名封其女。普慈，梁郡名，治所在普州安岳縣，即今四川安岳。❷驕矜　驕橫自大。❸歸寧　已嫁女子回娘家省親。❹辛亥　正月二十六日。❺閤門南院使　官名，掌供奉乘輿，朝會遊幸，大宴引贊，引接親王、宰相、百僚、藩國朝見等。❻攀藤緣崖　抓住樹藤沿著懸崖而上。❼飛山　山名，在今湖南靖州北，山高峻，四面絕壁千仞，環山有壕塹。❽己未　二月初四日。❾舊將佐　指羅紹威的原來隨從的將佐。❿庚申　二月初五日。⓫天雄　唐哀帝天祐元年（西元九〇四年）賜魏博節度號天雄軍。⓬楊劉　鎮名，在今山東東阿北，黃河南岸。⓭癸亥　二月初八日。⓮黎陽　縣名，縣治在今河南浚縣北，黃河北岸。⓯棄舟而去　足見梁兵懼怕晉王之甚。⓰張慎思　清河（今河北清河縣）人，唐末任匡國軍節度使。入梁，為左金吾大將軍。開平三年冬，除蔡州刺史，因貪貨詔追赴闕。傳見《舊五代史》卷十五。⓱久未除代　指蔡州刺史長久空缺。除代，授官代替。⓲撫遏　安撫阻止。⓳眾情　王存儼自領州事，要求朝廷承認，假託是群眾的情緒和要求。⓴先請　先請示朝廷。㉑鄢陵　縣名，縣治在今河南鄢陵。㉒甲子　二月初九日。㉓乙丑　二月初十日。㉔臨清　縣名，縣治在今河北臨西縣。㉕貝州　州名，治所在今河北清河縣西。㉖夏津　縣名，縣治在今山東夏津。㉗高

唐　縣名，縣治在今山東高唐。㉘博州　州名，治所在今山東聊城東北。㉙東武　鎮名，在魏州朝城縣境。㉚朝城　縣名，縣治在今山東莘縣西南朝城鎮。㉛臨河　縣名，縣治在今河南浚縣東北。㉜淇門　鎮名，在今河南衛輝東北五十里。㉝新鄉　縣名，縣治在今河南新鄉。㉞共城　縣名，縣治在今河南輝縣。㉟庚午　二月十五日。㊱白司馬阪　亦作白司馬坂，即白馬山，在今河南洛陽東北三十里。㊲克滄州　去年正月攻克滄州。㊳淫虐　荒淫殘暴。㊴刑　刑殺。㊵置諸鐵籠　把被刑之人放在鐵籠裡。㊶啓行　開路。㊷四鎮　指并、幽、鎮、定。㊸何以處之　如何來安排我。這是劉守光以精騎三萬威脅二鎮，企圖充當盟主。㊹城戍　城堡。這裡指邊境守城。㊺南討　伐梁。㊻壬申　二月十七日。㊼漳水　水名，源出山西東南部，有清漳河、濁漳河二源，在河北南部邊境匯合後稱漳河，東南流入衛河。㊽文禮　張文禮（?—西元九二一年），燕人，初為劉仁恭裨將，為人陰險。後奔王鎔，被錄為養子，改名王德明。西元九二一年盡滅王氏之族，自為成德留後。是年八月驚懼而死。傳見《舊五代史》卷六十二、《新五代史》卷三十九。㊾壬午　二月二十七日。

**【校　記】** 1引兵　原無此二字。據章鈺校，十二行本、乙十一行本、孔天胤本皆有此二字，張敦仁《通鑑刊本識誤》同，今據補。2移兵擊宋鄴　原無此五字。據章鈺校，十二行本、乙十一行本、孔天胤本皆有此五字，張敦仁《通鑑刊本識誤》、張瑛《通鑑校勘記》同，今據補。3帥親　原作「親帥」。據章鈺校，十二行本、乙十一行本、孔天胤本皆作「帥親」，今從改。

**【語　譯】** 蜀主王建的女兒普慈公主嫁給岐王李茂貞的姪子秦州節度使李繼崇。普慈公主派宦官宋光嗣帶著寫在絹上的書信送給蜀主，說李繼崇驕傲自大，且又嗜酒成性，要求返回成都。蜀主於是召普慈公主回娘家省親。正月二十六日辛亥，普慈公主到達成都，蜀主讓她留了下來，任命宋光嗣為閤門南院使。岐王李茂貞知道了大怒，開始與蜀國斷絕交往。宋光嗣，是福州人。

呂師周帶領軍隊攀著藤條沿山崖進入飛山洞襲擊潘金盛，把他擒獲押送到武岡斬首。調動軍隊攻擊宋鄴。

二月初四日己未，晉王李存勗到達魏州，開始攻城，沒有攻下。梁太祖認為天雄留後羅周翰年紀輕，並且對他身邊的那些舊日的將領佐吏也不信任，初五日庚申，任命戶部尚書李振為天雄節度副使，命令杜廷隱率領一千士兵保衛他，從楊劉鎮渡過黃河，走小路在夜晚進入魏州，幫助羅周翰守城。初八日癸亥，晉王李存勗到黎陽觀看黃河。梁軍一萬多人正準備渡河，聽說晉王到來，都拋下船隻逃走了。

梁太祖把蔡州刺史張慎思召到洛陽，過了很久也沒有派人接替他的職位。蔡州右廂指揮使劉行琮發動叛亂，放縱士兵放火搶掠，準備投奔淮南。順化指揮使王存儼誅殺劉行琮，安撫遏制了他的部眾，自己主持蔡州事務，並且以受眾人擁護為由向朝廷飛速奏報。當時東京留守博王朱友文沒有先請示朝廷，就急忙發兵討伐王存儼，軍隊到了鄢陵。梁太祖說：「王存儼正內心恐懼，假如用軍隊去威逼他，那他就會迅速脫離我們走掉了。」於是派使者飛馳前去召回朱友文。二月初九日甲子，任命王存儼暫時掌管蔡州事務。

二月初十日乙丑，周德威從臨清攻打貝州，攻克夏津、高唐。又攻打博州，攻克東武、朝城；又攻打澶州，澶州刺史張可臻棄城逃跑，梁太祖把張可臻殺了。周德威進攻黎陽，攻克臨河、淇門。進逼衛州，搶掠新鄉、共城。十五日庚午，梁太祖率領親兵屯駐在白司馬阪以防備晉軍。

盧龍、義昌節度使兼中書令燕王劉守光攻克滄州後，自以為得到上天佑助，荒淫暴虐日益嚴重。每次對人行刑，一定要把人放在鐵籠子裡，用火來逼烤。又做了鐵刷子來刷人的臉。劉守光聽說梁軍在柏鄉戰敗，派人去對趙王王鎔和王處直說：「聽說你們兩鎮與晉王擊敗了梁軍，正率軍南下，我也有精銳騎兵三萬人，想親自率領他們替各位開路。但是四鎮連兵，一定要有盟主，我如果到了那裡，你們怎麼安排我呢？」王鎔很擔憂，派使者向晉王報告。晉王笑著說：「趙人告急時，劉守光不出一兵一卒前去救援。等到我們成功了，卻又想用軍隊的威勢來離間二鎮和我們，真是愚蠢到極點了！」各將領說：「雲州、代州與燕交界，他們如果侵擾我們的城堡，動搖人心，我們千里出征，一旦事情急迫就難以應付，這也是心腹之患。不如先去攻打劉守光，然後就可以專心南下討伐了。」晉王說：「好！」適逢楊師厚從磁州、相州率軍前來救援邢州、魏州。二月十七日壬申，晉軍解除包圍離去。楊師厚發動追擊，越過漳水後才返回，邢州的包圍也解除了。楊師厚留在魏州屯駐。

趙王王鎔親自到趙州來謁見晉王，大大地犒賞了將士，從此以後派遣他的養子王德明率領三十七都的軍隊經常跟隨晉王出征討伐。王德明本來姓張，名叫文禮，是燕人。〇二月二十七日壬午，晉王李存勗從趙州出發，返回晉陽，留下周德威等率軍三千人守衛趙州。

【研析】本卷研析梁震不受高氏辟署，南平王劉隱，梁太祖猜疑逼反劉知俊，劉守光囚父殺兄四件史事。

梁震不受高氏辟署。梁震，唐末進士，邛州依政縣人。依政在今四川邛崍東南。後梁開平二年（西元九〇八年）十月，梁震不仕後梁而歸蜀，路過江陵，荊南節度使高季昌雅愛梁震才識，強留之以為判官。高季昌，陝州硤石人。入唐，避唐隱帝李國昌諱改名季興。硤石，在今河南孟州西。少從朱全忠征伐，官至毅勇軍指揮使。天復二年（西元九〇二年），朱全忠攻鳳翔，李茂貞堅壁不出，高季昌獻計誘岐兵出戰而敗，朱全忠奇之。及至篡唐，後梁逐走荊南節度使趙匡凝，朱全忠委高季昌為荊南節度使。梁震鄙薄高季昌侍奉朱梁，恥為其官。如果強行拒絕，又恐遭毒手。梁震於是對高季昌說：「我梁震一向淡泊名利，不願做官，如果明公認為震還有可取，震願意以一個平民身分在明公身邊傳遞杯盤，何必一定要在幕府任職呢！」梁震效法唐德宗朝李泌，以布衣為帝王賓客，合則留，不合則去。個人沒有名利，不遭受猜疑，既安全又自尊。梁震在高氏幕府始終稱前進士，不接受高氏的辟署，受到高季昌的禮敬。高季昌在荊南，招撫安緝，人士歸之，保境安民，使一個處四戰之地而殘破的荊南日漸富庶起來。梁震也盡心輔佐。梁亡，唐莊宗入洛，高季昌要入朝京師，梁震認為不可，勸其不行。高季昌沒有聽從，差點被唐莊宗幽囚。郭崇韜勸諫唐莊宗要示信於天下，要優禮高季昌以諷勸後來者。唐莊宗這才放歸高季昌還鎮，隨即後悔，想劫殺之於半道。高季昌回到荊南，心有餘悸地向梁震致謝。梁震的勸阻，使高季昌提高了警惕，行動迅疾才沒有被暗害。高季昌朝見唐莊宗，親自目睹唐莊宗的為人，自矜功伐，荒於遊畋，不會有大作為了，荊南的前途沒有危險了。

梁震處於亂世，既堅持了原則，不仕偽朝，不做梁臣，只稱前進士，依舊為大唐之臣，又有靈活性，以賓友為高氏謀主而盡職守以酬知己，明哲保身，可以說是一個智士。

南平王劉隱。劉隱，祖父上蔡人，後徙閩中，因經商而居廣州。隱父劉謙為廣州牙將，有三子，長子即劉隱，次子劉臺、劉巖。劉謙官至封州刺史，謙死，劉隱繼其位。唐昭宗乾寧三年，任命薛王李知柔為嶺南東道節度使，行至湖南，廣州牙將抗拒朝命，阻止李知柔入境。劉隱以封州之眾殺叛將，迎李知柔入廣州，李知柔任劉隱為行軍司馬。其後徐彥若代李知柔為嶺南東道節度使，西元九〇五年徐彥若死，眾推劉隱為節度使。西元九〇七年，朱溫代唐，劉隱奉後梁年號，梁太祖封劉隱為大彭郡王，兼靜海軍節度使、安南都護。劉隱父子興起於封州，能審時度勢，建功於嶺南。劉隱重視人才，中原士人避難嶺南者，或唐名臣謫死南方而子孫在嶺南者，或任官嶺南因中原紛亂而不得還者，皆受到劉隱禮遇。劉隱保境嶺南，不參加擴張的戰爭，維持一方安靜，是南漢國的奠基人。後梁乾化元年（西元九一一年），劉隱死，弟劉巖繼位，改名龔。梁末帝貞明三年（西元九一七年），劉龔稱帝，嶺南成為一割據小國。

梁太祖猜忌逼反劉知俊。劉知俊，字希賢，徐州沛縣人。姿貌雄傑，倜儻有大志，起初為徐帥時溥列校，亦因以勇略為時溥所忌。唐昭宗大順二年（西元八九一年），劉知俊率所部二千人投附朱全忠，勇冠諸將，朱全忠用為左開道指揮使，故時人稱他叫「劉開道」。劉知俊從朱全忠征討秦宗權、時溥，多立戰功，天復元年，因功授同州節度使，朱全忠倚為干城腹心。唐哀帝天祐三年（西元九〇六年），劉知俊以五千之眾，大破岐兵六萬於美原，進克鄜、延等五州，加官檢校太傅、平章事。入梁，開平二年六月，劉知俊大破岐兵於幕谷，李茂貞僅以身免。開平三年六月，劉知俊加官檢校太尉，兼侍中，封大彭郡王。

劉知俊功高震主，威望日隆，引起梁太祖的猜忌。恰好佑國軍節度使王重師亦因猜忌無罪被誅，劉知俊心不自安，於是以同州叛附李茂貞。李茂貞厚給劉知俊俸祿，加官檢校太尉、兼中書令。不久，劉知俊率師救靈武，打敗梁兵，李茂貞署為涇州節度使。李茂貞左右讒毀劉知俊，劉知俊被猜疑，解除兵權。後蜀、岐大交兵，劉知俊奔蜀，王建最初待之甚厚，署劉知俊為武信軍節度使。王建厚待劉知俊，貌恭而心忌，曾經對近侍說：「我王建日漸衰老，五年後沒人能駕御劉知俊，要趁早安排他的去處。」蜀天漢元年（西元九一七年）冬十二月，王建捕斬劉知俊於成都府的炭市中。可憐一世雄傑以悲劇終。

劉知俊雄略善戰，未盡其才。前後歷仕時溥、朱全忠、李茂貞、王建四主，均遭猜疑，當時世風，過於惡劣，賢才遭忌是一個普遍現象。賢俊自保，一有機會就逐殺主人，自為主帥。於是跋扈與猜疑形成惡性循環，像劉知俊這樣的大才無立身之地，發人深思。

劉守光囚父殺兄。劉守光，劉仁恭次子，兄劉守文。劉仁恭，深州人，其父劉晟客居范陽為李可舉巡屬鎮將。李可舉死，眾推牙將李全忠為范陽留後，唐僖宗光啓元年（西元八八五年），李全忠進為節度使，未幾卒，其子李匡威代為留後，進為節度使。劉仁恭為李匡威蔚州鎮將，逾期未代，劉仁恭藉士卒忿怒，反叛李匡威，擁眾攻幽州，為李匡威之弟李匡籌所敗，逃奔晉陽，投靠李克用。李克用優禮待之，任為壽陽鎮將。李克用滅李匡籌，取幽州，留劉仁恭為守將。唐昭宗乾寧二年（西元八九五年），李克用表奏朝廷以劉仁恭為檢校司空、盧龍節度使。第二年，李克用攻魏州，徵兵幽州，劉仁恭託辭不往，又明年，西元八九七年，李克用救朱瑄、朱瑾，再次徵兵幽州，劉仁恭不應，使客數十往，劉仁恭執其以叛。李克用往討，大敗而歸，劉仁恭獻馘於朱全忠，朱全忠表劉仁恭同中書門下平章事。

劉仁恭戰勝李克用，兵馬日益強盛。昭宗興化元年（西元八九八年），劉仁恭使其長子劉守文逐走滄州節度使盧彥威，劉守文自為滄州節度使，擁有滄、景、德三州之地，幽州形勢益張。幽、滄合計步騎十萬，號三十萬，南徇魏鎮，屠貝州，清水為之不流。

劉仁恭性兇殘，反覆無常，為李匡威將，反叛李匡威，為李克用將，反叛李克用。有其父必有其子。劉仁恭次子劉守光比其父更加無行無恥，烝孌父妾，事覺而惱羞成怒，以兵攻劫其父，囚於別室，殺左右婢媵，自稱盧龍節度使。劉守文致討，劉守光戰場落馬，劉守文恐亂兵傷其弟，立馬往救，反被劉守光擒獲。劉守文攻守光，一是救其父，二是訓教守光，未想滅其弟。結果是，對敵人的仁慈，就是對自己的兇殘。劉守光逼父致仕，用暗殺手段滅其兄劉守文。劉守光之兇暴，禽獸不如，其子劉繼威兇虐類其父。劉守光兼併滄、景之地，令劉繼威主留務，劉繼威淫亂於僚屬張萬進之家，被張萬進所殺，劉守光得了現世報。劉守光並未從子死事件中吸取教訓，兇狡人不懂得付學費，劉守光繼續為惡，晉人虎視其旁，劉守光的現世報將及其身。晉王李存勗報不共戴天之父仇，虐殺劉守光及其父劉仁恭，為兇狡人的最後下場畫上句號。此是後話，茲不贅。

# 卷第二百六十八

## 後梁紀三

起重光協洽（辛未 西元九一一年）三月，盡昭陽作噩（癸酉 西元九一三年）十一月，凡二年有奇。

**【題 解】**本卷記事起西元九一一年三月，迄西元九一三年十一月，載述史事凡兩年又九個月。當梁太祖開平四年三月至梁末帝乾化三年十一月。此時期後梁國勢氣數急劇衰落。梁太祖朱晃晚年暴戾荒淫，聲威下跌，人心崩離。朱晃兩次北討，梁軍敗北，朱晃愧恨交加，疾病沉重。義子朱友珪懼怕朱晃傳位朱友文而弒父自立。護國軍節度使朱友謙不服朱友珪而反，附晉求救，呼晉王李存勗為舅舅。大梁鈞王朱友貞連結禁軍殺友珪，在大梁即位，是為末帝，大權旁落武臣楊師厚之手。後梁一年之間兩次宮廷政變，父子相殺，兄弟自殘，君臣不肅，已非晉王敵手。晉王李存勗趁機滅了幽州狂愚而稱帝的燕主劉守光，勢力大振，已有問鼎中原取梁而代之志。蜀、岐大交兵，岐王李茂貞落敗，殘存力量已不堪一擊。南方割據格局態勢，淮南楊氏、杭州錢氏、福州王氏、潭州馬氏，無大變故。荊南高季昌興起，梁加爵為勃海王。

### 太祖神武元聖孝皇帝下

乾化元年（辛未　西元九一一年）

三月乙酉朔❶，以天雄留後羅周翰為節度使。○清海、靜海節度使兼中書令南平襄王劉隱❷病亟❸，表其弟節度副使巖權知留後，丁亥❹，卒。巖襲位。

岐王聚兵臨蜀東鄙❺，蜀主謂羣臣曰：「自茂貞為朱溫所困，吾常振❻其乏絕，今乃負恩為寇，誰為吾擊之？」兼中書令王宗侃請行。蜀主以宗侃為北路行營都統。司天少監❼趙溫珪諫曰：「茂貞未犯邊，諸將貪功深入，糧道阻遠，恐非國家之利。」蜀主不聽，以兼侍中王宗祐、太子少師王宗賀、山南節度使唐道襲為三招討使❽，左金吾大將軍王宗紹為宗祐之副，帥步騎十二萬伐岐。壬辰❾，宗侃等發成都，旌旗數百里。

岐王募華原賊帥溫韜以為假子，以華原為耀州❿，美原為鼎州⓫。置義勝軍⓬，以韜為節度使，使帥邠、岐兵寇長安。詔感化節度使康懷貞、忠武節度使牛存節以同華、河中兵討之。己酉⓭，懷貞等奏擊韜於車度⓮，走之。

夏，四月乙卯朔⓯，岐兵寇蜀興元，唐道襲擊卻之。

上以久疾，五月甲申朔⓰，大赦⓱。○甲辰⓲，以清海留後劉巖為節度使。○巖多延⓳中國⓴士人置於幕府，出為刺史，刺史無武人。○蜀主如利州，命太子監國㉑。六月癸丑朔㉒，至利州㉓。

【章旨】以上為第一段，寫清海、靜海節度使南平王劉隱死，弟劉巖襲位。五月，梁改元乾化。蜀、岐大交兵，蜀主親臨利州督戰。

【注釋】❶乙酉朔　三月初一日。❷南平襄王劉隱　開平三年（西元九〇九年）封劉隱為南平王，卒後謚襄。卒年三十八。❸病亟　病危。❹丁亥　三月初三日。❺鄙　邊。❻振　通「賑」。救濟。❼司天少監　官名，掌天象曆數。司天臺設監一人，少監二人。少監為監之副佐。❽三招討使　分三路進兵以伐岐，各路置一招討使。王宗侃都統三招討之兵。❾壬辰　三月初八日。❿耀州　州名，治所在今陝西耀州。⓫鼎州　州名，治所在今陝西銅川市東南。⓬義勝軍　李茂貞置，治所岐州，在今陝西鳳翔南。⓭己酉　三月二十五日。⓮車度　鎮名，在今陝西蒲城東南。⓯乙卯朔　四月初一日。⓰甲申朔　五月初一日。⓱大赦　據歐陽脩《新五代史》，此下當有「改元」二字，改開平為乾化。⓲甲辰　五月二十一日。⓳延　聘請。⓴中國　指中原地區。㉑監國　君王外出，太子留守，代行處理國政，謂之監國。㉒癸丑朔　六月初一日。㉓至利州　王建至利州，欲親自統兵伐岐。

【語　譯】太祖神武元聖孝皇帝下

乾化元年（辛未　西元九一一年）

三月初一日乙酉，任命天雄留後羅周翰為節度使。〇清海、靜海節度使兼中書令南平襄王劉隱病勢危急，上表奏請讓他的弟弟節度副使劉巖暫時代理留後的職務。初三日丁亥，劉隱去世，劉巖繼位。

岐王李茂貞聚集軍隊臨近蜀國東部邊界，蜀主王建對群臣說：「自從李茂貞受困於朱溫之後，在他困乏和難以為繼時我常常給以接濟，如今他竟辜負恩德來侵犯我，你們誰替我去擊敗他？」兼中書令王宗侃請求出征。蜀主任命王宗侃為北路行營都統。司天少監趙溫珪勸諫說：「李茂貞目前還沒有侵犯我們邊界，各將領貪功率軍深入，運糧的道路既多險阻又十分遙遠，這恐怕不是對國家有利的事。」蜀主不聽，任命兼侍中王宗祐、太子少師王宗賀、山南節度使唐道襲為三路兵馬的招討使，左金吾大將軍王宗紹為王宗祐的副手，率領步兵、騎兵十二萬人討伐岐王李茂貞。三月初八日壬辰，王宗侃等從成都出發，旌旗前後綿延有幾百里長。

岐王李茂貞招募華原的強盜頭子溫韜作為養子，在華原設置耀州，在美原設置鼎州。又設立義勝軍，任命溫韜為節度使，派他率領邠州、岐州的軍隊侵犯長安。梁太祖下詔命令感化節度使康懷貞、忠武節度使牛存節率領同州、華州、河中的軍隊前去討伐。三月二十五日己酉，康懷貞等奏報在車度攻打溫韜，把他打跑了。

夏，四月初一日乙卯，岐王的軍隊侵犯蜀國的興元，唐道襲擊退了他們。

梁太祖因為長期患病的緣故，五月初一日甲申，大赦天下，改元乾化。〇二十一日甲辰，任命清海留後劉巖為節度使。劉巖聘請了中原地區不少讀書人安置在自己的幕府裡，也有派出去擔任刺史的，嶺南的刺史中沒有武人。〇蜀主王建前往利州，命令太子監國。六月初一日癸丑，王建到達利州。

燕王守光嘗衣赭袍❶，顧謂將吏曰：「今天下大亂，英雄角逐，吾兵彊地險，亦欲自帝，何如？」孫鶴曰：「今內難新平❷，公私困竭，太原❸窺吾西，契丹伺❹吾北，遽謀自帝，未見其可。大王但養士愛民，訓兵積穀，德政❺既修，四方自服矣。」守光不悅。

又使人諷❻鎮、定，求尊己為尚父❼，趙王鎔以告晉王。晉王怒，欲伐之，諸將皆曰：「是❽為惡極矣，行當族滅，不若陽為推尊❾以稔❿之。」乃與鎔及義武王處直、昭義李嗣昭、振武周德威、天德⓫宋瑤六節度使⓬共奉冊推守光為尚書令、尚父。

守光不寤⑬，以為六鎮實畏己，益驕，乃具表⑭其狀曰：「晉王等推臣，臣荷⑮陛下厚恩，未之敢受。竊思其宜⑯，不若陛下授臣河北都統⑰，則并、鎮⑱不足平矣。」上亦知其狂愚，乃以守光為河北道采訪使⑲，遣閤門使王瞳、受旨⑳史彥羣冊命㉑之。

守光命僚屬草尚父、采訪使受冊儀㉒。乙卯㉓，僚屬取唐冊太尉儀㉔獻之，守光視之，問何得無郊天㉕、改元之事，對曰：「尚父雖貴，人臣也，安有郊天、改元者乎？」守光怒，投之於地，曰：「我地方二千里，帶甲三十萬，直㉖作河北天子，誰能禁我！尚父何足為哉！」命趣㉗具㉘即帝位之儀，械繫㉙瞳、彥羣及諸道使者於獄，既而㉚皆釋之。

帝命楊師厚將兵三萬屯邢州㉛。〇蜀諸將擊岐兵，屢破之。秋，七月，蜀主西還，留御營使㉜昌王宗鏻屯利州。

【章旨】以上為第二段，寫燕王劉守光狂愚欲稱帝，晉王、趙王及義武王處直等六節度使尊奉守光為尚父以驕其志，梁太祖加守光為河北道采訪使。

【注釋】❶赭袍　紅褐色的袍，唐代天子之服。❷內難新平　指新近平定滄州、德州。❸太原　指晉王李存勗。❹伺　窺伺，暗中注視，找機會而有所圖謀。❺德政　好的政績。❻諷　暗示；婉言勸說。❼尚父　周武王尊崇呂尚為尚父，後世亦有皇帝尊禮大臣稱之為尚父者。意謂可尊尚的父輩。❽是　這。指劉守光的這些做法。❾陽為推尊　表面上推尊。❿稔　穀物成熟。引申為待其惡貫滿盈。⓫天德　方鎮名，本安德都護，治受降城。唐玄宗天寶年間於大同川西築城。唐肅宗乾元年間改為天德軍。治所在今內蒙古烏拉特前旗北。⓬六節度使　成德和義武、昭義、振武、天德並河東共六節度。但自昭義以下皆屬河東。⓭寤　醒悟。⓮具表　撰寫表章。⓯荷　承受。⓰竊思其宜　自己私下裡考慮最妥善的辦法。⓱都統　官名，即諸道行營都統，掌征伐，兵罷則省。⓲并鎮　指晉王李存勗和趙王王鎔。⓳河北道采訪使　官名，唐玄宗開元二十一年（西元七三三年）分全國為十五道，每道置采訪處置使，簡稱采訪使，掌管檢查刑獄和監察州縣官吏，安史之亂後不復置。河北道為十五道之一，轄境相當於今北京市、河北、遼寧大部、河南、山東古黃河以北地區，治所魏州，在今河北大名東北。⓴受旨　官名，崇政院官屬。過去樞密院有承旨，梁避朱晃父朱誠諱，改為受旨。㉑冊命　帝王封立太子、皇后、王妃及諸王的命令。㉒受冊儀　接受冊命的儀式。㉓乙卯　六月初三日。㉔冊太尉儀　冊命太尉的儀式。㉕郊天　郊外祭祀上天。㉖直　逕直。㉗趣　急促。㉘具　準備。㉙械繫　加腳鐐、手銬等刑具拘禁起來。㉚既而　不久。㉛屯邢州　目的在於攻趙。㉜御營使　官名，五代時帝王多親自出征，設御營使以掌行營守衛。

【語譯】燕王劉守光曾經穿著赭紅色的皇帝所穿的袍子看著將吏們說：「如今天下大亂，英雄爭霸，我這裡兵馬強壯，地勢險要，我也想自己稱帝，怎麼樣？」孫鶴說：「如今內部危難剛剛平定，公家私人都困乏之到極點，太原的晉王窺伺我們的西部，契丹王阿保機窺伺我們的北部，急急忙忙謀劃自己稱帝，我看不到它可行的地方。大王只要好好培養士人愛護百姓，訓練士兵貯備糧食，德政建立起來之後，四方自然就歸服了。」劉守光聽了很不高興。

劉守光又派人去暗示鎮州王王鎔、定州王處直，要求他們尊奉自己為尚父，趙王王鎔把這件事告訴晉王李存勗。晉王大怒，準備討伐劉守光，各將領都說：「這種做法真是可惡到極點了，很快就會遭滅族的，不如假裝推尊他讓他的惡行得以實現。」於是和趙王王鎔、義武節度使王處直、昭義節度使李嗣昭、振武節度使周德威、天德節度使宋瑤六個節度使共同奉上冊文推尊劉守光為尚書令、尚父。

劉守光沒有醒悟，以為六鎮節度使確實畏懼自己，更加驕橫，於是向梁太祖上表報告這一情況說：「晉王等推尊我，我蒙受陛下厚恩，沒敢接受。我私下考慮過如何做才更適宜，不如陛下授予我河北都統之職，那麼并州、鎮州都不值得去平定了。」梁太祖也知道劉守光狂妄愚蠢，於是任命劉守光為河北道采訪使，派閤門使王瞳、受旨史彥羣前去頒賜冊命。

劉守光命令屬官草擬接受冊封尚父、采訪使的禮儀。六月初三日乙卯，屬官取唐朝冊封太尉的禮儀進獻，劉守光看了以後，問怎麼能沒有南郊祭天、改元這些禮儀。屬官回答說：「尚父雖然尊貴，仍然是臣子，怎麼能有南郊祭天、改元這些禮儀呢？」劉守光發怒了，把禮儀冊扔在地上，說：「我控制的土地方圓二千里，全副武裝的士兵有三十萬，逕直做河北的天子，又有誰能禁止我！尚父哪裡值得去做！」命令趕快準備即皇帝位的禮儀，對王瞳、史彥羣和各道來的使者加上刑具拘禁在獄中，不久又把他們都釋放了。〇梁太祖命令楊師厚率軍三萬人屯駐在邢州。

蜀國各將領攻擊岐王的軍隊，多次打敗他們。秋，七月，蜀主王建西還成都，留下御營使昌王王宗鐬屯駐在利州。

辛丑❶，帝避暑於張宗奭第❷，亂其婦女殆徧。宗奭子繼祚❸不勝❹憤恥，欲弒之。宗奭止之曰：「吾家頃❺在河陽，為李罕之所圍，啗❻木屑以度朝夕，賴其救我，得有今日，此恩不可忘也。」乃止。甲辰❼，還宮。

趙王鎔以楊師厚在邢州，甚懼❽，會晉王于承天軍❾。晉王謂鎔父友❿也，事之甚恭。鎔以梁寇為憂，晉王曰：「朱溫之惡極矣，天將誅之，雖有師厚輩不能救也。脫⑪有侵軼⑫，僕自帥眾當之，叔父勿以為憂。」鎔捧卮⑬為壽，謂晉王為四十六舅⑭。鎔幼子昭誨⑮從行，晉王斷衿⑯為盟，許妻以女。由是晉、趙之交遂固。

八月庚申⑰，蜀主至成都。○燕王守光將稱帝，將佐多竊議以為不可，守光乃置斧鑕⑱[1]於庭曰：「敢諫者斬！」孫鶴曰：「滄州之破，鶴分⑲當死，蒙王生全⑳，以至今日[2]，敢愛死而忘恩乎！竊以為今日之帝未可也。」守光怒，伏諸質上，令軍士冎㉑而啗㉒之。鶴呼曰：「百日之外，必有急兵[3]！」守光命以土窒㉓其口，寸斬㉔之。

甲子㉕，守光即皇帝位，國號大燕，改元應天。以梁使王瞳為左相，盧龍判官齊涉為右相，史彥羣為御史大夫。受冊㉖之日，契丹陷平州㉗，燕人驚擾。

【章旨】以上為第三段，寫劉守光稱帝，國號大燕，改元應天。

【注釋】❶辛丑　七月二十日。❷張宗奭第　開平元年（西元九〇七年）賜張全義名宗奭，張宗奭私第在洛陽會節坊。❸繼祚　張全義之子張繼祚（？—西元九三六年），官至蔡州刺史、西衛上將軍。晉高祖天福初，與張從賓反於河陽被殺。傳見《舊五代史》卷九十六，並附《新五代史》卷四十五〈張全義傳〉。❹不勝　受不住。❺頃　不久前。唐僖宗文德元年（西元八八八年）李罕之為河陽節度使，張全義為河南尹。由於李罕之苛求無厭，全義襲河陽，兼領節度使。李罕之求救於李克用，兵圍河陽，張全義求救於朱全忠解圍。事見本書卷二百五十七僖宗文德元年。❻啗　吃。今作「啖」。❼甲辰　七月二十三日。

❽甚懼　邢州北至趙州只有一百四十四里，兵臨其境，故極為恐懼。❾承天軍　在今山西平定東北八十五里，後名承天寨。❿父友　王鎔與李克用曾並肩事唐，且通好。李存勗把他當做父親的朋友。⓫脫　倘或；假如。⓬侵軼　侵擾襲擊。⓭巵　「卮」的異體字。酒器。⓮四十六舅　李存勗本族兄弟大排行第四十六。⓯昭誨　王鎔幼子王昭誨。西元九二一年王鎔被親兵所殺，昭誨為軍人所救，逃至湖南為僧，後唐明宗授朝議大夫，遷少府監。傳附《舊五代史》卷五十四〈王鎔傳〉。⓰衿　同「襟」。衣襟。⓱庚申　八月初九日。⓲斧鑕　斧用以砍人。鑕即砧板，用以載人。⓳分　本該；應當。⓴生全　保全性命。劉守光因父殺兄，孫鶴時為滄州節度判官，曾推守文之子延祚為帥，乘城拒守。開平四年（西元九一〇年）正月，劉延祚力盡出降，劉守光釋孫鶴。㉑冎　同「剮」。分割人肉體的酷刑，即凌遲。㉒噉　同「啖」。吃。㉓窒　堵塞。㉔寸斬　斬成一寸一寸的。㉕甲子　八月十三日。㉖受冊　指王瞳、齊涉等受劉守光冊封。㉗平州　州名，治所在今河北盧龍。

**【校　記】**①斧鑕　原作「斧質」。據章鈺校，乙十一行本作「斧鑕」，今從改。②今日　「今日」原重。據章鈺校，十二行本、乙十一行本、孔天胤本二字皆不重，今據刪。③百日之外必有急兵　原作「不出百日，大兵當至」。據章鈺校，十二行本、乙十一行本皆作「百日之外，必有急兵」，張敦仁《通鑑刊本識誤》同，今從改。

**【語　譯】**七月二十日辛丑，梁太祖到張宗奭的宅第裡避暑，把張家的婦女幾乎都姦淫遍了。張宗奭的兒子張繼祚內心的憤怒和恥辱無法忍受，想要殺死梁太祖。張宗奭阻止他說：「我家前不久在河陽，被李罕之包圍，靠吃木屑勉強度日，靠著他來救我，才能有今天，這個恩情不可以忘記。」張繼祚這才作罷。二十三日甲辰，梁太祖回宮。

趙王王鎔因為楊師厚在邢州，深感恐懼，就到承天軍去會見晉王。晉王認為王鎔是父親李克用的朋友，接待他很恭敬。王鎔為梁朝的侵犯而憂慮，晉王說：「朱溫的罪惡已經到了極點，上天將會誅滅他，即使有楊師厚等人也不能救他。如果他來侵擾襲擊，我親自率軍抵擋他，叔父不要因為這事憂慮。」王鎔捧起酒杯向晉王敬酒，祝他長壽，稱他為四十六舅。王鎔幼子王昭誨隨行，晉王撕斷衣襟訂下盟約，答應把女兒嫁給王昭誨。從此晉、趙的交情就更加穩固了。

八月初九日庚申，蜀主回到成都。〇燕王劉守光將要稱帝，將領佐吏大多私下議論認為不可。劉守光於是在庭院裡放置斧頭和砧板，說：「有敢勸諫的斬首！」孫鶴說：「滄州被攻破的時候，我本就該死了，蒙大王保全性命，一直到今天，我豈敢因吝惜死而忘掉恩情呢！我私下認為今天稱帝是不可以的。」劉守光大怒，把孫鶴按倒伏在砧板上，命令軍士把他的肉一塊塊割下來吃掉。孫鶴大聲呼喊說：「百日之後，一定會有突發的戰亂！」劉守光命令軍士用土塞住他的嘴，把他一寸寸地斬殺。

八月十三日甲子，劉守光即皇帝位，國號大燕，改年號為應天。任命梁朝的使者王瞳為左相，盧龍判官齊涉為右相，史彥羣為御史大夫。受冊封的這一天，契丹攻陷平州，燕國人都驚恐騷動。

岐王使劉知俊、李繼崇將兵擊蜀。乙亥❶，王宗侃、王宗賀、唐道襲、王宗紹與之戰於青泥嶺❷，蜀兵大敗，馬步使王宗浩奔興州❸，溺死於江❹，道襲奔興元。先是，步軍都指揮使王宗綰城西縣❺，號安遠軍，宗侃、宗賀等收散兵走保之，知俊、繼崇追圍之。眾議欲棄興元，道襲曰：「無興元則無安遠，利州❻遂為敵境矣。吾必以死守之。」蜀主以昌王宗鐬為應援招討使，定戎團練使王宗播為四招討❼馬步都指揮使，將兵救安遠軍，壁❽於廉、讓❾之間，與唐道襲合擊岐兵，大破之於明珠曲❿。明日又戰於鳧口⓫，斬其成州⓬刺史李彥琛。

九月，帝疾稍愈，聞晉、趙謀入寇，自將拒之。戊戌⓭，以張宗奭為西都⓮留守。庚子⓯，帝發洛陽。甲辰⓰，至衛州，方食，軍前奏晉軍已出井陘。帝遽命輦⑰北趣邢、洺，晝夜倍道⑱兼行。丙午⑲，至相州⑳，聞晉兵不出，乃止。相州刺史李思安不意㉑帝猝㉒至，落然無具㉓，坐㉔削官爵。

湖州刺史錢鏢酗酒㉕殺人，恐吳越王鏐罪之。冬，十月辛亥朔㉖，殺都監潘長、推官㉗鍾安德，奔于吳。

晉王聞燕王守光稱帝，大笑曰：「俟彼卜年㉘，吾當問其鼎㉙矣。」張承業請遣使致賀以驕之㉚，晉王遣太原少尹㉛李承勳㉜往。承勳至幽州，用鄰藩㉝通使㉞之禮。燕之典客㉟者曰：「吾主[1]帝矣，公當稱臣庭見。」承勳曰：「吾受命於唐朝為太原少尹，燕王自可臣其境內㊱，豈可臣它國之使乎！」守光怒，囚之數日，出而問之曰：「臣我乎？」承勳曰：「燕王能臣我王，則我請為臣，不然，有死而已！」守光竟不能屈。

蜀主如利州㊲，命太子監國。決雲軍㊳虞候㊴王琮敗岐兵，執其將李彥太，俘斬三千五百級。乙卯㊵，捉生將㊶彭君集破岐二寨，俘斬三千級。王宗侃遣裨將林思諤自中巴㊷間行至泥溪㊸，見蜀主告急，蜀主命開道都指揮使王宗弼將兵救安遠，及劉知俊戰于斜谷㊹，破之。

甲寅㊺夜，帝發相州。乙卯㊻，至洹水㊼。是夜，邊吏言晉、趙兵南下，帝即時進軍。丙辰㊽，至魏縣㊾。或告云：「沙陀至矣！」士卒恟懼，多逃亡，嚴刑不能禁。既而復告云無寇㊿，上下始定。戊午(51)，貝州奏晉兵寇東武(52)，尋引去。帝以夾寨、柏鄉(53)屢失利，故力疾(54)北巡，思一雪其恥，意鬱鬱(55)，多躁忿，功臣宿將往往以小過被誅(56)，眾心益懼。既而晉、趙兵竟不出。十一月壬午(57)，帝南還。

【章旨】以上為第四段，寫岐兵擊蜀，大破蜀兵於青泥嶺。梁太祖舉兵北巡至相州，晉、趙兵不出，還至洛陽。

【注釋】❶乙亥　八月二十四日。❷青泥嶺　山名，在興州長舉縣西北五十里，今甘肅徽縣境內。懸崖萬仞，上多雲雨，行者多逢泥淖。❸興州　州名，治所在今陝西略陽。❹江　嘉陵江。❺城西縣　城，用如動詞，築城。西縣，縣名，在興元府西一百里，今陝西勉縣西。❻利州　州名，治所在今四川廣元。興元西至西縣百里，西縣抵利州界四十五里。自州界至利州二百六十餘里。❼四招討　蜀主原已派王宗祐、王宗賀、唐道襲為三招討使，現又以王宗鐬為應援招討使，合為四招討。❽壁　用如動詞，修築軍壘。❾廉讓　二水名，廉水出大巴山北谷中，讓水源起於廉水，溉田之餘，東南流至古廉水城之側，二水在南鄭東南。❿明珠曲　地名，在今陝西勉縣西。⓫梟口　地名，去明珠曲不遠。確切地點不詳。⓬成州　州名，治所在今甘肅西和西。⓭戊戌　九月十八日。⓮西都　梁以洛陽為西都。⓯庚子　九月二十日。⓰甲辰　九月二十四日。⓱輦　天子所乘的車。⓲倍道　兼程而行。⓳丙午　九月二十六日。⓴相州　州名，治所在今河南安陽。㉑不意　沒想到。㉒猝　突然。㉓落然無具　冷落沒有準備。㉔坐　獲罪。㉕酗酒　飲酒無節，撒酒瘋。㉖辛亥朔　十月初一日。㉗推官　官名，節度使、觀察使的屬官。㉘卜年　以占卜預測傳國的年數。㉙問其鼎　圖謀王位。《左傳》宣公三年：「楚子伐陸渾之戎，遂至於雒，觀兵於周疆。定王使王孫滿勞楚子，楚子問鼎之大小輕重焉。」三代以九鼎為傳國寶，楚子問鼎，有取而代之之意。㉚以驕之　促使其驕。㉛少尹　官名，唐代諸郡皆置司馬，開元元年（西元七一三年）改為少尹，是府州長官的副職。㉜李

承勳　（？—西元九一一年）善於奉命出使，名聞軍中。傳見《舊五代史》卷五十五。㉝鄰藩　相鄰的藩鎮。㉞通使　互通使者往來。㉟典客　官名，掌郊廟祭祀和朝覲的贊禮事務。㊱臣其境內　意謂使境內的人稱臣。臣，使動用法。㊲如利州　王建聞王宗侃為岐兵所敗，故再去利州，以為增援。如，去；到。㊳決雲軍　蜀部隊名。㊴虞候　官名，軍中戒嚴執法官。㊵乙卯　十月初五日。㊶捉生將　武官稱號，言其能活捉敵人。㊷中巴　指巴郡，因巴郡在三巴，即巴西、巴郡、巴東之中，故謂之中巴。㊸泥溪　地名，在劍州北利州界。㊹斜谷　在今陝西眉縣西南三十里。㊺甲寅　十月初四日。㊻乙卯　十月初五日。㊼洹水　縣名，縣治在今河北魏縣西南，時屬魏州。㊽丙辰　十月初六日。㊾魏縣　縣名，縣治在今河北魏縣東南。㊿無寇　無敵人入寇。(51)戊午　十月初八日。(52)東武　縣名，漢置東武城縣，晉去東字曰武城，縣治在今山東武城西。(53)夾寨柏鄉　夾寨之敗見卷二百六十六開平二年，柏鄉之敗見卷二百六十七乾化元年。(54)力疾　勉強支撐病體。(55)鬱鬱　憂悶。(56)宿將句　據《舊五代史》本紀，朱晃至相州，左龍驤都教練使鄧季筠、魏博馬軍都指揮使何令稠、右廂馬軍都指揮使陳令勳，因部下馬瘦，並腰斬於軍門。至魏縣，先鋒指揮使黃文靖亦被誅。宿將，老將。(57)壬午　十一月初二日。

【校　記】[1]主　原作「王」。據章鈺校，乙十一行本作「主」，張敦仁《通鑑刊本識誤》同，今從改。

【語　譯】岐王李茂貞派劉知俊、李繼崇率軍攻打蜀國。八月二十四日乙亥，王宗侃、王宗賀、唐道襲、王宗紹在青泥嶺與他們交戰，蜀軍大敗，馬步使王宗浩逃往興州，淹死在嘉陵江中，唐道襲逃往興元。在此之前，步軍都指揮使王宗綰在西縣築城駐防，號稱安遠軍。王宗侃、王宗賀等收攏逃散的士兵退保西縣，劉知俊、李繼崇又追擊包圍了他們。將領們商議想要放棄興元，唐道襲說：「沒有興元就沒有安遠，利州就會成為敵人的地方了。我們一定要拼死來守衛興元。」蜀主王建任命昌王王宗鐬為應援招討使，定戎團練使王宗播為四招討馬步都指揮使，率軍救援安遠軍，在廉水、讓水之間修築軍壘，與唐道襲合擊岐王的軍隊，在明珠曲把他們打得大敗。第二天又在梟口交戰，斬殺了岐王的成州刺史李彥琛。

九月，梁太祖的病稍微好一些，聽說晉、趙圖謀進犯，親自率軍抵禦。十八日戊戌，任命張宗奭為西都留守。二十日庚子，梁太祖從洛陽出發。二十四日甲辰，到達衛州，正在吃飯，先頭部隊報告說晉軍已出井陘關。梁太祖馬上命令所乘坐的輦車向北奔赴邢、洺，日夜加倍趕路。二十六日丙午，到達相州，聽說晉軍沒有出來，這才停止前進。相州刺史李思安沒有料到梁太祖突然到來，冷冷清清，什麼都沒有準備，因此獲罪被削去官職爵位。

湖州刺史錢鏢酗酒殺人，害怕吳越王錢鏐治他的罪。冬，十月初一日辛亥，殺死都監潘長、推官鍾安德，逃到吳王楊隆演那裡。

晉王李存勗聽說燕王劉守光稱帝，大笑著說：「等他卜算在位年數時，我就該取而代之了。」張承業請求派使者前去致賀，讓他更加驕橫，於是晉王派太原少尹李承勳前往。李承勳到達幽州，用的是相鄰藩鎮互通使者的禮儀。燕國的禮賓官員說：「我君王已經稱帝了，你應該稱臣在朝廷上覲見。」李承勳說：「我受唐朝的任命擔任太原少尹，燕王自可讓他境內的人稱臣，怎麼可以讓其他國家的使者稱臣呢！」劉守光大怒，把李承勳關了好幾天，然後放出來問他：「向我稱臣嗎？」李承勳說：「燕王如果能讓我們晉王稱臣，那麼我請求稱臣，不然，只有一死而已！」劉守光最終也不能使李承勳屈服。

蜀主王建前往利州，命令太子監國。決雲軍虞候王琮打敗了岐王的軍隊，抓獲其將領李彥太，俘獲斬殺岐兵三千五百人。十月初五日乙卯，捉生將彭君集攻破了岐軍的兩個營寨，俘獲斬殺岐兵三千人。王宗侃派副將林思諤從中巴走小路到達泥溪，面見蜀主告急。蜀主命令開道都指揮使王宗弼率軍救援安遠，與劉知俊遭遇，在斜谷交戰，打敗了劉知俊。

十月初四日甲寅夜裡，梁太祖從相州出發。初五日乙卯，到達洹水鎮。這天夜裡，邊境上的官吏報告說晉、趙的軍隊南下，梁太祖立即進軍。初六日丙辰，到達魏縣。有人報告說：「沙陀軍隊到了！」士兵們震驚恐懼，很多人逃跑了，用嚴刑懲罰也不能禁止。不久又報告說沒有敵人入侵，上上下下才安定下來。初八日戊午，貝州奏報晉軍侵犯東武，但不久之後又撤離了。梁太祖因在潞州夾寨、柏鄉多次失利，所以竭力支撐著病體巡視北部地區，想要洗刷當年的恥辱，心情憂鬱煩悶，時常暴躁發怒，功臣老將往往因為小的過失而被斬殺，大家心裡更加恐懼。後來晉、趙的軍隊一直沒有出來。十一月初二日壬午，梁太祖南下返回。

燕主守光集將吏謀攻易、定，幽州參軍❶景城❷馮道❸以為未可。守光怒，繫獄，或救之，得免。道亡奔晉，張承業薦於晉王，以為掌書記。丁亥❹，王處直告難于晉。

懷州❺刺史開封段明遠妹為美人❻。戊子❼，帝至獲嘉❽，明遠饋獻豐備，帝悅。○庚寅❾，保塞節度使高萬興奏遣都指揮使高萬金❿將兵攻鹽州⓫，刺史高行存降。○壬辰⓬，帝至洛陽，疾復作。

蜀王宗弼敗岐兵於金牛⓭，拔十六寨，俘斬六千餘級，擒其將郭存等。丙申⓮，王宗鐬、王宗播敗岐兵於黃牛川⓯，擒其將蘇厚等。丁酉⓰，蜀主自利州如興元。援軍既集，安遠軍望其旗⓱，王宗侃等鼓譟而出，與援軍夾攻岐兵，大破之，拔二十一寨，斬其將李廷志等。己亥⓲，岐兵解圍⓳遁去。唐道襲先伏兵於斜谷邀擊，又破之。庚子⓴，蜀主西還。

岐王左右㉑石簡顒讒㉒劉知俊於岐王，王奪其兵。李繼崇言於王曰：「知俊壯士，窮來歸我㉓，不宜以讒廢之。」王為之誅簡顒以安之。繼崇召知俊舉族居于秦州㉔。○戊申㉕，燕主守光將兵二萬寇易、定，攻容城㉖。王處直告急于晉。

十二月乙卯㉗，以朗州留後馬賨㉘為永順㉙節度使、同平章事。

鎮南留後盧延昌遊獵無度，百勝軍指揮使黎球殺之，自立。將殺譚全播，全播稱疾請老，乃免。丙辰㉚，以球為虔州㉛防禦使。未幾，球卒，牙將李彥圖代知州事，全播愈稱疾篤㉜。劉巖聞全播病，發兵攻韶州㉝，破之，刺史廖爽奔楚，楚王殷表為永州㉞刺史。

丁巳㉟，蜀主至成都㊱。○戊午㊲，以靜海㊳留後曲美為節度使。

癸亥㊴，以靜江㊵行軍司馬姚彥章為寧遠㊶節度副使，權知容州，從楚王殷之請也。劉巖遣兵攻容州，殷遣都指揮使許德勳以桂州兵救之。彥章不能守，乃遷容州士民及其府藏奔長沙，巖遂取容管及高州㊷。

甲子㊸，晉王遣蕃漢馬步總管周德威將兵三萬攻燕，以救易、定。○是歲，蜀主以內樞密使潘炕為武泰㊹節度使，炕從弟宣徽南院使峭為內樞密使。

【章　旨】以上為第五段，寫蜀兵大破岐兵，岐王先後損四將、三十餘寨退軍。燕王劉守光南犯易定，晉王發兵三萬攻燕以救易定。

【注　釋】❶參軍　官名，刺史屬官。唐代州之組織，以參軍為僚屬之長，總攬內部一切事務，參謀軍務。❷景城　縣名，縣治在今河北滄州西。❸馮道　（西元八八一－九五四年）字可道，初事劉守光為參軍，為人刻苦儉約，歷後唐、後晉、契丹、後漢、後周五朝，入周為太師、中書令。傳見《舊五代史》卷一百二十六、《新五代史》卷五十四。❹丁亥　十一月初七日。❺懷州　州名，治所在今河南沁陽。❻美人　妃嬪稱號。❼戊子　十一月初八日。❽獲嘉　縣名，縣治在今河南獲嘉。

❾庚寅　十一月初十日。❿高萬金　（？—西元九一八年）高萬興之弟，入梁為保大軍節度使。傳附《新五代史》卷四十〈高萬興傳〉。⓫鹽州　州名，治所在今陝西定邊。⓬壬辰　十一月十二日。⓭金牛　縣名，縣治在今陝西寧強東北金牛驛。⓮丙申　十一月十六日。⓯黃牛川　地名，在今陝西勉縣西。⓰丁酉　十一月十七日。⓱旗　蜀主之旗。⓲己亥　十一月十九日。⓳解圍　解安遠之圍而逃。⓴庚子　十一月二十日。㉑左右　身邊近臣。㉒讒　說別人的壞話。㉓窮來歸我　劉知俊原為忠武節度使兼侍中，因功高受朱晃猜忌，以同州歸附於岐。窮，困厄。㉔秦州　州名，治所在今甘肅秦安西北。時李繼崇鎮秦州。㉕戊申　十一月二十八日。㉖容城　縣名，縣治在今河北容城。㉗乙卯　十二月初五日。㉘馬賨　馬殷之弟。㉙永順　方鎮名，梁太祖時，馬殷請升朗州為永順軍。㉚丙辰　十二月初六日。㉛虔州　州名，治所在今江西贛州。㉜疾篤　病重。㉝韶州　州名，治所在今廣東韶關市。㉞永州　州名，治所在今湖南零陵。㉟丁巳　十二月初七日。㊱至成都　蜀主自興元還至成都。㊲戊午　十二月初八日。㊳靜海　方鎮名，唐懿宗咸通七年（西元八六六年）升安南都護為靜海軍節度使。治所交州，在今越南河內。㊴癸亥　十二月十三日。㊵靜江　方鎮名，唐昭宗光化三年（西元九〇〇年）升桂管經略使為靜江軍節度使。治所桂州，在今廣西桂林。㊶寧遠　方鎮名，唐昭宗乾寧四年（西元八九七年）升容管觀察使為寧元軍節度使。治所容州，在今廣西北流。㊷高州　州名，治所在今廣東高州北。㊸甲子　十二月十四日。㊹武泰　方鎮名，唐昭宗大順元年（西元八九〇年）賜黔州觀察使號武泰軍節度。治所黔州，在今重慶市彭水苗族土家族自治縣。

【語　譯】燕主劉守光召集將領官吏商量攻打易州、定州，幽州參軍景城人馮道認為不可行。劉守光大怒，把他關進監獄，有人出面營救，這才得以免去治罪。馮道逃奔到晉，張承業把他推薦給晉王，晉王任命他為掌書記。十一月初七日丁亥，王處直向晉王告急求救。

懷州刺史開封人段明遠的妹妹是宮中被封的美人。十一月初八日戊子，梁太祖到達獲嘉，段明遠進獻的物品豐盛完備，梁太祖非常高興。〇初十日庚寅，保塞節度使高萬興上奏說派遣都指揮使高萬金率軍攻打鹽州，鹽州刺史高行存投降。〇十二日壬辰，梁太祖回到洛陽，病又發作了。

蜀國的王宗弼在金牛打敗了岐王的軍隊，攻下十六個營寨，俘獲斬殺六千多人，擒獲岐軍將領郭存等。十一月十六日丙申，王宗鐬、王宗播在黃牛川又打敗了岐軍，擒獲岐軍將領蘇厚等。十七日丁酉，蜀主王建從利州前往興元。救援的軍隊已經集結，安遠軍望見蜀主的旗幟，王宗侃等人便擊鼓呼喊著衝了出去，與援軍夾攻岐軍，把岐軍打得大敗，攻下二十一個營寨，斬殺岐軍將領李廷志等。十九日己亥，岐軍解除對安遠軍的包圍逃走。唐道襲預先在斜谷埋伏軍隊截擊，又打敗了他們。二十日庚子，蜀主西返成都。

岐王李茂貞身邊的近臣石簡顒向岐王說劉知俊的壞話，岐王削奪了劉知俊的兵權。李繼崇對岐王說：「劉知俊是一位壯士，處境困窘來投靠我們，不應該因為讒言而遭廢棄。」李茂貞為此殺了石簡顒以安撫劉知俊。李繼崇召請劉知俊帶著他全族遷居到自己的駐地秦州。〇十一月二十八日戊申，燕主劉守光率軍二萬人侵犯易州、定州，攻打容城。王處直向晉王告急。

十二月初五日乙卯，梁朝任命朗州留後馬賓為永順節度使、同平章事。

鎮南留後盧延昌出遊打獵毫無節制，百勝軍指揮使黎球把他殺了，自立為留後。還準備殺譚全播，譚全播稱說有病請求致仕，這才免去了殺身之禍。十二月初六日丙辰，任命黎球為虔州防禦使。不久，黎球去世，牙將李彥圖代理主持虔州事務，譚全播更聲稱病勢加重。劉巖聽說譚全播病重，發兵攻打韶州，把韶州攻了下來。韶州刺史廖爽逃到楚王那裡，楚王馬殷上表奏請任命廖爽為永州刺史。

十二月初七日丁巳，蜀主王建回到成都。〇初八日戊午，梁朝任命靜海留後曲美為靜海節度使。

十二月十三日癸亥，梁朝任命靜江行軍司馬姚彥章為寧遠節度副使，暫時掌管容州事務，這是依從楚王馬殷的請求。劉巖派兵攻打容州，馬殷派都指揮使許德勳率桂州的軍隊前去救援。姚彥章守不住了，便遷移容州士民和府庫中的財物逃到長沙，劉巖於是取得了容管和高州。

十二月十四日甲子，晉王李存勗派蕃漢馬步總管周德威率軍三萬攻燕，以此來救援易州、定州。〇這一年，蜀主王建任命內樞密使潘炕為武泰節度使，潘炕的堂弟宣徽南院使潘峭為內樞密使。

## 二年（壬申　西元九一二年）

春，正月，德威東出飛狐❶，與趙王❷將王德明、義武❸將程巖會于易水❹。丙戌❺，三鎮❻兵進攻燕祁溝關❼，下之。戊子❽，圍涿州❾。刺史劉知溫城守❿，劉守奇⓫之客劉去非大呼於城下，謂知溫曰：「河東小劉郎⓬來為父討賊，何豫⓭汝事而堅守邪？」守奇免冑⓮勞⓯之，知溫拜於城上，遂降。周德威疾⓰守奇之功，譖⓱諸晉王，王召之。守奇恐獲罪，與去非及進士趙鳳來奔，上以守奇為博州⓲刺史。去非、鳳，皆幽州人也。先是，燕主守光籍⓳境內丁壯，悉文面⓴為兵，雖士人亦[1]不免，鳳詐為僧奔晉，守奇客之㉑。

丁酉㉒，德威至幽州城下，守光來求救。二月，帝疾小愈，議自將擊鎮、定以救之。

帝聞岐、蜀相攻。辛酉㉓，遣光祿卿㉔盧玭等使于蜀，遺蜀主書，呼之為兄㉕。甲子㉖，帝發洛陽。從官以帝誅戮無常，多憚行㉗，帝聞之，益怒。是日，至白馬頓㉘，賜從官食，多未至，遣騎㉙趣之於路。左散騎常侍㉚孫騭、右諫議大夫張衍、兵部郎中㉛張儁最後至，帝命撲殺之。衍，宗奭之姪也。

丙寅㉜，帝至武陟㉝。段明遠供饋有加於前。丁卯㉞，至獲嘉，帝追思李思安去歲供饋有闕㉟，貶柳州司戶，告辭㊱稱明遠之能曰：「觀明遠之忠勤如此，見思安之悖慢㊲何如！」尋長流思安於崖州，賜死。明遠後更名凝。

乙亥㊳，帝至魏州，命都招討使・宣義節度使楊師厚、副使・前河陽節度使李周彝圍棗強㊴，招討應接使・平盧節度使賀德倫、副使・天平留後袁象先圍蓨縣㊵。德倫，河西胡人。象先，下邑㊶人也。◯戊寅㊷，帝至貝州㊸。◯辰州蠻酋宋鄴、昌師益皆帥眾降於楚，楚王殷以鄴為辰州刺史，師益為溆州刺史。

【章旨】以上為第六段，寫晉趙聯兵攻燕，梁太祖朱晃親自帥眾往救。

【注釋】❶飛狐　縣名，縣治在今河北淶源。❷趙王　指王鎔。❸義武　指王處直。❹易水　水名，在今河北西部，大清河上源支流，有北、中、南三支，均源出易縣境，匯合後入南拒馬河。❺丙戌　正月初七日。❻三鎮　指并、鎮、定。❼祁溝關　關名，或作「岐溝關」，在今河北淶水縣東。❽戊子　正月初九日。❾涿州　州名，治所在今河北涿州。❿城守　據城守禦。⓫劉守奇　劉守光之弟，梁太祖開平元年（西元九〇七年）奔晉。事見本書卷二百六十六。⓬河東小劉郎　即劉守奇。⓭豫　通「與」。參與。⓮免胄　脫去頭盔。⓯勞　慰問。⓰疾　妒忌。⓱譖　誣陷。⓲博州　州名，治所在今山東聊城東北。⓳籍　登記。⓴文面　臉上刺字或記號，防止士兵逃走。㉑客之　以為門客。㉒丁酉　正月十八日。㉓辛酉　二月十二日。㉔光祿卿　官名，專管皇室祭品、膳食及招待酒宴之官。㉕呼之為兄　朱晃與王建同時起於低賤，現王建據四川，兵強地險，朱晃雖稱帝中原，自度無力控制四川，故以國與國之間的禮節，呼之為兄。㉖甲子　二月十五日。㉗憚行　害怕隨行。㉘白馬頓　地名，在河南洛陽東北。㉙遣騎　派騎兵。㉚左散騎常侍　官名，在皇帝左右掌侍奉規諫，備顧問應對。唐時隸門下省。㉛兵部郎中　官名。兵部以尚書為長官，侍郎為尚書的佐官。其下置郎中、員外郎為兵部主要吏員。㉜丙寅　二月十七日。㉝武陟　縣名，縣治在今河南武陟。㉞丁卯　二月十八日。㉟闕　通「缺」。㊱告辭　寫在告身上的文辭。㊲悖慢　違逆傲慢。㊳乙亥　二月二十六日。㊴棗強　縣名，縣治在今河北棗強東。㊵蓨縣　亦作「條縣」、「蓚縣」、「脩縣」。縣名，縣治在今河北景縣。㊶下邑　縣名，縣治在今河南夏邑。㊷戊寅　二月二十九日。㊸貝州　州名，治所在今河北清河縣西。

【校記】①亦 原無此字。據章鈺校，十二行本、乙十一行本皆有此字，今據補。

【語譯】二年（壬申 西元九一二年）

春，正月，周德威率軍東出飛狐縣，與趙王王鎔的部將王德明、義武節度使王處直的部將程巖在易水會合。初七日丙戌，三鎮軍隊進攻燕國的祁溝關，把它攻了下來。初九日戊子，包圍了涿州。涿州刺史劉知溫據城防守，劉守奇的門客劉去非在城下大聲呼喊，對劉知溫說：「河東的劉守奇來為他的父親討伐賊人，和你有什麼關係，你為什麼還要堅守呢？」劉守奇脫下頭盔慰問劉知溫，劉知溫在城上叩拜，於是投降。周德威妒忌劉守奇的功勞，在晉王面前誣陷劉守奇，晉王召見劉守奇。劉守奇擔心獲罪，與劉去非及進士趙鳳逃到梁太祖那裡。梁太祖任命劉守奇為博州刺史。劉去非、趙鳳都是幽州人。此前，燕主劉守光登記境內的成年男子，全部在他們臉上刺上字，讓他們當兵，即使是讀書人也不能免除。趙鳳假裝是僧人騙了過去，逃奔晉地，劉守奇收下他為門客。

正月十八日丁酉，周德威率軍到達幽州城下，劉守光派人來求救。二月，梁太祖的病稍有起色，商議要親自率軍攻打鎮州、定州以解救劉守光。

梁太祖聽說岐王、蜀主互相攻打。二月十二日辛酉，派光祿卿盧玭等出使蜀國，給蜀主王建書信，稱他為兄。

二月十五日甲子，梁太祖從洛陽出發。隨從的官員因為梁太祖隨意殺戮，捉摸不定，大多害怕隨行，梁太祖聽到這件事，更加動怒。這一天，到達白馬頓，賞賜隨從的官員進食，卻大多還沒到達，於是派騎兵在路上催促。左散騎常侍孫騭、右諫議大夫張衍、兵部郎中張儁最後到達，梁太祖命令把他們殺死。張衍，是張宗奭的姪子。

二月十七日丙寅，梁太祖到達武陟。段明遠供應進獻的物品比先前更加豐盛。十八日丁卯，到達獲嘉，梁太祖回想李思安去年供應進獻的物品短缺，把他貶為柳州司戶，寫在官員告身上的文辭稱讚段明遠的能力說：「看到段明遠如此忠誠勤勉，更可以想見李思安是何等違逆怠慢了！」不久又把李思安長期流放到崖州，賜他自盡。段明遠後來改名段凝。

二月二十六日乙亥，梁太祖到達魏州，命令都招討使・宣義節度使楊師厚、副使・前河陽節度使李周彝包圍棗強，招討應接使・平盧節度使賀德倫、副使・天平留後袁象先包圍蓨縣。賀德倫，是河西胡人。袁象先，是下邑人。〇二十九日戊寅，梁太祖到達貝州。〇辰州蠻首領宋鄴、昌師益都率領部眾降於楚王馬殷。楚王馬殷任命宋鄴為辰州刺史，昌師益為溆州刺史。

帝晝夜兼行，三月辛巳❶，至下博❷南，登觀津冢❸。趙將符習❹引數百騎出[1]巡邏，不知是帝，遽❺前逼之。或告曰：「晉兵大至矣！」帝棄行幄❻，亟引兵趨棗彊❼，與楊師厚軍合。習，趙州人也。

棗彊城小而堅，趙人聚精兵數千人守之，師厚急攻之，數日不下，城壞復修，死傷者❽以萬數。城中矢石將竭，謀出降，有一卒奮曰：「賊自柏鄉喪敗已來，視我鎮人裂眥❾，今往歸之，如自投虎狼之口耳。困窮如此，何用身為❿！我請獨往試之。」夜，縋⓫城出，詣梁軍詐降，李周彝召問城中之備，對曰：「非半月未易下也。」因謀⓬[2]曰：「某既歸命⓭，願得一劍，效死⓮先登，取守城將首。」周彝不許，使荷擔⓯[3]從軍。卒得間⓰舉擔擊周彝首，踣⓱地，左右救至，得免。

帝聞之，愈怒，命師厚晝夜急攻。丙戌[18]，拔之，無問老幼皆殺之，流血盈城[19]。

初，帝引兵度河，聲言五十萬。晉忻州[20]刺史李存審屯趙州，患兵少，裨將趙行實請入土門[21]避之，存審不可。及賀德倫攻蓨縣，存審謂史建瑭、李嗣肱[22]曰：「吾王方有事幽薊，無兵此來，南方之事委吾輩數人。今蓨縣方急，吾輩安得坐而視之！使賊得蓨縣，必西侵深、冀，患益深矣。當與公等以奇計破之。」存審乃引兵扼[23]下博橋[24]，使建瑭、嗣肱分道擒生[25]。建瑭分其麾下為五隊，隊各百人，一之[26]衡水[27]，一之南宮[28]，一之信都[29]，一之阜城[30]，自將一隊深入，與嗣肱遇梁軍之樵芻者[31]皆執之，獲數百人。明日會於下博橋，皆殺之，留數人斷臂縱去，曰：「為我語朱公：晉王大軍至矣！」時蓨縣未下，帝引楊師厚兵五萬，就賀德倫共攻之。丁亥[32]，始至縣西，未及置營，建瑭、嗣肱各將三百騎，效[33]梁軍旗幟服色，與樵芻者雜行，日且暮，至德倫營門。殺門者[34]，縱火大譟，弓矢亂發，左右馳突，既暝[35]，各斬馘[36]執俘而去。營中大擾，不知所為。斷臂者復來曰：「晉軍大至矣！」帝大駭，燒營夜遁[37]，迷失道，委曲[38]行百五十里，戊子旦[39]乃至冀州[40]。蓨之耕者皆荷鉏[41]奮梃[42]逐之，委棄[43]軍資器械不可勝計，既而復遣騎覘[44]之，曰：「晉軍實未來，此乃史先鋒[45]遊騎耳。」帝不勝慚憤[46]，由是病增劇，不能乘肩輿㊼。留貝州旬餘，諸軍始集㊽。

【章　旨】以上為第七段，寫梁太祖朱晃連戰損兵，惶懼退軍至冀州，疾甚。

【注　釋】❶辛巳　三月初二日。❷下博　縣名，縣治在今河北深州東南。❸觀津冢　地名，在今河北武邑東南。觀津為漢縣名。古城東南有青山，為漢文帝竇后之父冢。竇后父少遭秦亂，漁釣隱身，墜淵而死。漢景帝時，竇后遣使者填深淵葬之，起大墳於觀津城東南，時人謂之竇氏青山。❹符習　趙州人，少事趙王王鎔為軍校，入晉為天平、平盧等鎮節度使。傳見《舊五代史》卷五十九、《新五代史》卷二十六。❺遽　倉猝；急速。❻行幄　行軍帳篷。❼趣棗彊　棗彊，即「棗強」。自下博至棗強六十餘里。❽死傷者　指攻城之卒死傷者。❾裂眥　形容極其憤怒的神態。眥，亦作「眦」。眼眶。❿何用身為　意謂還要這個身體幹什麼。⓫縋　用繩子懸人從城上墜下。⓬因謀　趁機出謀劃策。⓭歸命　歸順。⓮效死　盡死效力。⓯荷擔　挑擔子。⓰得間　得空；得機會。⓱踣　跌倒。⓲丙戌　三月初七日。⓳盈城　滿城。⓴忻州　州名，治所在今山西忻州。㉑土門　即井陘。入土門則退歸晉陽了。㉒李嗣肱　（？—西元九二三年）李克脩之子，從周德威數立戰功，為馬步軍都虞候，累遷蔚、澤、代州刺史。傳附《舊五代史》卷五十、《新五代史》卷十四〈李克脩傳〉。㉓扼　控制。㉔下博橋　漳水流經下博縣，縣人在漳水上所架之橋。㉕擒生　捉活俘虜。㉖之　往；去。㉗衡水　縣名，縣治在今河北衡水縣西。㉘南宮　縣名，縣治在今河北南宮西。㉙信都　縣名，縣治在今河北冀州。時為冀州治所。㉚阜城　縣名，縣治在今河北阜城。㉛樵芻者　打柴草的士兵。㉜丁亥　三月初八日。㉝效　仿照。㉞門者　守門的人。㉟暝　天黑。㊱馘　割取敵人的耳朵。㊲夜遁　夜間逃跑。朱晃乘夜狼狽逃跑，說明主將上下先有畏晉之心。㊳委曲　曲折輾轉。㊴戊子旦　三月初九日晨。㊵冀州　州名，治所在今河北冀州。㊶荷鉏　扛著鋤頭。鉏，同「鋤」。㊷奮梃　舉起木棒。㊸委棄　丟棄於地。㊹覘　窺探。㊺史先鋒　史建瑭時為先鋒指揮使，故稱。㊻慙憤　慚愧氣憤。慚愧是因為親御六軍，見敵人遊兵而遁；氣憤是因為軍隊屢出屢敗。㊼肩輿　用人力抬扛的代步工具。㊽諸軍始集　潰散的各支部隊方才集合起來。

【校　記】[1]出　原無此字。據章鈺校，十二行本、乙十一行本皆有此字，張敦仁《通鑑刊本識誤》同，今據補。[2]謀　嚴衍《通鑑補》改作「請」。「謀」字義長。[3]荷擔　原作「荷檐」。據章鈺校，十二行本、乙十一行本皆作「荷擔」，今從改。

【語　譯】梁太祖日夜兼程而進，三月初二日辛巳，到達下博縣南面，登上觀津冢。趙王的部將符習帶領幾百騎兵出外巡邏到這裡，不知道是梁太祖，迅速向前逼近。有人報告說：「晉軍大隊人馬到了！」梁太祖丟下行軍時使用的帷帳，趕緊率領軍隊奔赴棗強，與楊師厚的軍隊會合。符習，是趙州人。

棗強城比較小，但很堅固，趙人聚集了幾千名精兵防守。楊師厚猛攻棗強，幾天沒有攻下來，城牆打壞了又被修好，攻城梁軍死傷的數以萬計。城裡防守用的箭矢石塊快要用完，商量出城投降。有一個士兵激奮地說：「賊人自從柏鄉失敗以來，見到我們鎮州人恨得眼眶都要裂開，現在去歸降他們，如同自己投入虎狼口中一樣。局勢已困窘到如此地步，留著這個身子還有什麼用！我請求獨自前去試試。」夜裡，用繩索縋出城外，到梁軍那裡假裝投降。李周彝召他來詢問城中守備情況，他回答說：「不用半個月時間是不容易攻下的。」於是建議說：「我既然來歸順你們了。希望能得到一把劍，拼死效力去搶先登城，取下守城將領的首級。」李周彝沒有答應他，讓他挑著擔子跟隨軍隊。這個士兵得到機會舉起扁擔猛擊李周彝，李周彝跌倒在地，左右前來營救的人迅速趕到，才免被擊死。梁太祖聽到這件事，更加憤怒，命令楊師厚日夜猛攻。三月初七日丙戌，把城攻了下來，城中人不分老幼全都殺死，鮮血流遍全城。

當初，梁太祖率軍渡過黃河，聲稱有五十萬人。晉忻州刺史李存審屯駐在趙州，擔心守軍人數少，副將趙行實請求退入土門避開梁軍，李存審認為不可。等到賀德倫攻打蓨縣，李存審對史建瑭、李嗣肱說：「我王正在幽州、薊州有事，派不出軍隊到這裡來，南方的戰事委託給我們這幾個人。如今蓨縣正形勢緊急，我們怎麼能坐視！假如賊兵奪得蓨縣，必然會西進侵犯深州、冀州，禍患就更加深重了。應當和你們用奇計去打敗他們。」李存審於是率軍扼守下博橋，派史建瑭、李嗣肱分路去捉拿梁軍俘虜。史建瑭把自己的部下分為五隊，每隊各一百人，一隊前往衡水，一隊前往南宮，一隊前往信都，一隊前往阜城，自己親率一隊深入敵境，與李嗣肱遇到出來砍柴割草的梁軍士兵，全都抓起來，抓獲了幾百人。第二天在下博橋會合，把這些俘虜都殺了，只留下幾個人砍斷手臂後放他們離開，說：「替我告訴朱公，晉王的大軍到了！」當時蓨縣還沒有攻下來，梁太祖率領楊師厚的軍隊五萬人，會同賀德倫一起攻城。三月初八日丁亥，剛到蓨縣的西邊，還沒有來得及安營，史建瑭、李嗣肱各自率領三百騎兵，仿用梁軍的旗幟服色，和砍柴割草的梁軍士兵混雜行走。太陽快要落山時，到達賀德倫的營門，殺死守門人，到處放火並大聲叫嚷，弓箭亂射，左衝右突。天黑以後，各自斬下敵人首級割去左耳帶著俘虜離去了。梁朝軍營中大亂，不知道發生了什麼事。被晉軍砍斷手臂的梁軍士兵又回來報告：「晉軍大隊人馬到了！」梁太祖大驚，燒毀營壘連夜逃跑，又迷失了道路，曲折輾轉行走了一百五十里，初九日戊子清晨才到達冀州。蓨縣種田的百姓都拿著鋤頭舉著棍棒追逐梁軍，梁軍丟棄的軍用物資和器械多得數不清。不久梁太祖又派出騎兵窺探，回來報告說：「晉軍大隊人馬其實並沒有來，這些只是先鋒指揮使史建瑭的流動騎兵而已。」梁太祖聽了心中極其羞愧而又氣憤，從此病情加重，連轎子都不能乘坐。梁太祖在貝州停留了十多天，潰散的各支軍隊才聚集到了一起。

義昌節度使劉繼威年少，淫虐類❶其父❷，淫於都指揮使張萬進家，萬進怒，殺之。詰旦❸，召大將周知裕，告其故。萬進自稱留後，以知裕為左都押牙❹。庚子❺，遣使奉表請降，亦遣使降于晉，晉王命周德威安撫之。知裕心不自安，求為景州❻刺史[1]，遂來奔❼，帝為之置歸化軍，以知裕為指揮使，凡軍士自河朔來者皆隸之❽。辛丑❾，以萬進為義昌留後。甲辰❿，改義昌為順化軍，以萬進為節度使。

乙巳⓫，帝發貝州。丁未⓬，至魏州。

戊申⓭，周德威遣裨將李存暉等攻瓦橋關⓮，其將吏及莫州⓯刺史李嚴⓰皆降。

嚴，幽州人也，涉獵⑰書傳，晉王使傳⑱其子繼岌，嚴固辭。王[2]怒，將斬之，教練使⑲孟知祥⑳徒跣㉑入諫曰：「彊敵未滅，大王豈宜以一怒戮嚮義之士㉒乎！」乃免之。知祥，遷㉓之弟子，李克讓㉔之壻也。

吳鎮南節度使劉威，歙州觀察使陶雅，宣州觀察使李遇，常州刺史李簡，皆武忠王㉕舊將，有大功，以徐溫自牙將㉖秉政，內不能平。李遇尤甚，常言：「徐溫何人，吾未嘗識面，一旦乃當國㉗邪！」

館驛使㉘徐玠使於吳越，道過宣州，溫使玠說遇入見新王㉙，遇初許之。玠曰：「公不爾㉚，人謂公反。」遇怒曰：「君言遇反，殺侍中㉛者非反邪！」侍中，謂威王㉜也。溫怒，以淮南節度副使王檀為宣州制置使㉝，數㉞遇不入朝之罪，遣都指揮使柴再用帥昇、潤、池、歙兵納㉟檀于宣州，昇州副使徐知誥為之副。遇不受代㊱，再用攻宣州，踰月不克。

夏，四月癸丑㊲，以楚王殷為武安、武昌、靜江、寧遠㊳節度使，洪、鄂四面行營都統。○乙卯㊴，博王友文來朝㊵，請帝還東都。丁巳㊶，發魏州。己未㊷，至黎陽㊸，以疾淹留㊹。乙丑㊺，至滑州。

維州㊻羌胡董琢反，蜀主遣保鑾軍使㊼趙綽討平之。○己巳㊽，帝至大梁。○

帝聞嶺南與楚相攻，甲戌㊾，以右散騎常侍韋戢等為潭、廣和叶使㊿，往解之。○戊寅(51)，帝發大梁。○周德威白晉王，以兵少不足攻城(52)，晉王遣李存審將吐谷渾(53)、契苾(54)騎兵會之。李嗣源攻瀛州(55)，刺史趙敬降。

五月甲申(56)，帝至洛陽，疾甚。○司空、門下侍郎、同平章事薛貽矩卒。

燕王守光遣其將單廷珪將精兵萬人出戰，與周德威遇於龍頭岡(57)。廷珪曰：「今日必擒周楊五以獻。」楊五[3]，德威小名也。既戰，見德威於陳，援(58)槍單騎(59)逐之，槍及德威背，德威側身避之，奮檛反擊廷珪墜馬(60)，生擒，置於軍門。燕兵退走，德威引騎乘(61)之，燕兵大敗，斬首三千級。廷珪，燕驍將也，燕人失之，奪氣(62)。

【章旨】以上為第八段，寫昌義軍將張萬進殺劉守光子節度使劉繼威，自為留後，梁改昌義軍為順化軍，以張萬進為節度使。周德威大破燕軍，生擒其驍將單廷珪，燕人奪氣。

【注釋】❶類　相像。❷其父　劉守光。❸詰旦　明早。❹左都押牙　武官名，管領儀仗侍衛。❺庚子　三月二十一日。❻景州　州名，治所在今河北東光。❼來奔　謂周知裕投奔梁朝。❽隸之　隸屬於歸化軍。❾辛丑　三月二十二日。❿甲辰　三月二十五日。⓫乙巳　三月二十六日。⓬丁未　三月二十八日。⓭戊申　三月二十九日。⓮瓦橋關　在今河北雄縣。⓯莫州　州名，治所在今河北雄縣南。⓰李嚴　（?—西元九二七年）初名讓坤，幽州人，事劉守光為莫州刺史，後事唐莊宗為客省使。同光三年（西元九二五年）使於蜀。唐明宗天成二年（西元九二七年）出任西川監軍，為孟知祥所殺。傳見《舊五代史》卷七十、《新五代史》卷二十六。⑰涉獵　廣泛閱讀。⑱傅　輔導。⑲教練使　官名，掌訓練習武之事。⑳孟知祥（西元八七四—九三四年）字保胤，邢州龍岡（今河北邢臺西南）人，後蜀國的建立者。唐莊宗時為太原留守。同光三年唐滅前蜀，為成都尹，充西川節度使。唐明宗長興三年（西元九三二年）攻殺東川節度使董璋，次年為東、西川節度使，封蜀王。應順元年（西元九三四年）稱帝，國號蜀，史稱後蜀。傳見《舊五代史》卷一百三十六、《新五代史》卷六十四。㉑跣光著腳。形容其著急之狀。㉒嚮義之士　指李嚴。嚮，嚮慕。㉓遷　指孟遷。唐昭宗大順元年（西元八九〇年）以邢州降晉。傳附《新唐書》卷一百八十七。㉔李克讓　李克用之弟。㉕武忠王　指楊行密。㉖牙將　指右牙指揮使，徐溫曾任此職。見本書卷二百六十六開平元年。㉗當國　執政；主持國事。㉘館驛使　官名，館驛為供郵傳行旅食宿的旅舍驛站。唐代自代宗大曆十四年（西元七七九年）起，兩京各以御史一人知驛，號館驛使。㉙新王　指楊隆演。㉚不爾　不如此。這裡謂不入見新王。㉛殺侍中　開平二年（西元九〇八年）五月，徐溫與張顥謀殺淮南節度使兼侍中楊渥。㉜威王　楊渥謚威王。㉝制置使　官名，負責經營謀劃邊防軍務。㉞數　列舉。㉟納　接納。這裡指護送。㊱受代　官吏去職，被人替代。㊲癸丑　四月初五日。㊳武安武昌靜江寧遠　皆方鎮名，武安治潭州，武昌治鄂州，靜江治桂州，寧遠治容州。以馬殷為四鎮節度使和洪、鄂四面行營都統，欲使之攻楊氏。㊴乙卯　四月初七日。㊵來朝　朝於魏州行宮。㊶丁巳　四月初九日。㊷己未　四月十一日。㊸黎陽　縣名，縣治在今河南浚縣。㊹淹留　滯留；停留。㊺乙丑　四月十七日。㊻維州　州名，治所在今四川理縣北。㊼保鑾軍使　官名，統領皇帝的近衛部隊。皇帝的車駕叫鑾駕，保鑾即謂皇帝的衛士。㊽己巳　四月二十一日。㊾甲戌　四月二十六日。㊿和叶使　臨時派出調解嶺南和楚之間爭端的使者。(51)戊寅　四月三十日。(52)攻城　攻幽州城。(53)吐谷渾　我國古代鮮卑族所建立的王朝名。(54)契苾　民族名，敕勒諸部之一。(55)瀛州　州名，治所在今河北河間。(56)甲申　五月初六日。(57)龍頭岡　亦云羊頭岡，在今北京市東南。(58)援　執；持。(59)單騎　一人一馬。(60)墜馬　從馬上墜下。單廷珪馬正在急馳，勢不可止。周德威側身避其鋒，奮檛反擊，廷珪無法躲避，所以墜馬。(61)乘　乘勝追擊。(62)奪氣　喪失士氣。

【校記】①求為景州刺史　原無此六字。據章鈺校，十二行本、乙十一行本、孔天胤本皆有此六字，張瑛《通鑑校勘記》同，今據補。②王　原作「晉王」。據章鈺校，十二行本、乙十一行本皆無「晉」字，今據刪。③楊五　原作「楊五者」。據章鈺校，十二行本、乙十一行本皆無「者」字，今據刪。

【語　譯】義昌節度使劉繼威年紀輕，荒淫暴虐卻與其父劉守光相像。他在都指揮使張萬進家淫亂，張萬進大怒，把劉繼威殺了。第二天早上，張萬進召請大將周知裕，告訴他殺死劉繼威的緣故。張萬進自稱義昌留後，任命周知裕為左都押牙。三月二十一日庚子，張萬進派使者帶著奏表向梁太祖請求投降，同時也派使者向晉王李存勗投降，晉王命令周德威去安撫他。周知裕心裡不安，請求擔任景州刺史，於是就來投奔梁朝。梁太祖為他設置了歸化軍，任命周知裕為指揮使，凡是從河朔來歸順的軍士都隸屬於歸化軍。二十二日辛丑，任命張萬進為義昌留後。二十五日甲辰，改義昌為順化軍，任命張萬進為節度使。

三月二十六日乙巳，梁太祖從貝州出發。二十八日丁未，到達魏州。

三月二十九日戊申，周德威派副將李存暉等進攻瓦橋關，守關的將領官吏及莫州刺史李嚴都投降了。李嚴是幽州人，廣泛閱讀過各種著作和傳述。晉王讓他輔導自己的兒子李繼岌，李嚴堅決推辭。晉王發怒了，要殺死李嚴。教練使孟知祥赤著腳進王府勸諫說：「強敵還沒有消滅，大王怎麼能因一時的憤怒而殺了嚮慕道義來歸順的士人呢！」於是赦免了李嚴。孟知祥，是孟遷弟弟的兒子，李克用弟弟李克讓的女婿。

吳鎮南節度使劉威，歙州觀察使陶雅，宣州觀察使李遇，常州刺史李簡，都是武忠王楊行密的舊將，立有大功，因為徐溫是由牙將一路升遷直至主持國政的，他們內心都憤憤不平。李遇尤其嚴重，常常說：「徐溫是什麼人，我還沒有見過面；有一天竟然主持國事了！」館驛使徐玠出使吳越，路過宣州，徐溫讓徐玠勸李遇到廣陵去朝見新王楊隆演，李遇一開始答應了。徐玠說：「您不這樣做，別人會說您謀反的。」李遇發怒說：「您說我謀反，難道殺死侍中的人不是謀反嗎！」侍中，指的是威王楊渥。徐溫也發怒了，任命淮南節度副使王檀為宣州制置使，列舉敘說了李遇不入朝的罪過，派遣都指揮使柴再用率領昇州、潤州、池州、歙州的軍隊把王檀送進宣州上任，昇州副使徐知誥擔任王檀的副手。李遇不接受替代。柴再用攻打宣州，攻了一個多月也沒有攻下來。

夏，四月初五日癸丑，梁太祖任命楚王馬殷為武安、武昌、靜江、寧遠節度使，洪、鄂四面行營都統。

○初七日乙卯，博王朱友文前來朝見梁太祖，請梁太祖返回東都。初九日丁巳，梁太祖從魏州出發。十一日己未，到達黎陽，因為生病停留了幾天。十七日乙丑，到達滑州。

維州羌胡董琢反叛，蜀主王建派保鑾軍使趙綽前去討伐，把他平定了。○四月二十一日己巳，梁太祖到達大梁。○梁太祖聽說嶺南劉巖和楚王馬殷互相攻伐，二十六日甲戌，任命右散騎常侍韋戩等為潭、廣和叶使，前往調解。○三十日戊寅，梁太祖從大梁出發。○周德威向晉王李存勗報告說，因兵力太少不足以攻打幽州城，晉王派李存審率領吐谷渾、契苾的騎兵前去與周德威會合。李嗣源攻打瀛州，刺史趙敬投降。

五月初六日甲申，梁太祖到了洛陽，病情嚴重。○司空、門下侍郎、同平章事薛貽矩去世。

燕主劉守光派他的部將單廷珪率精兵一萬人出戰，在龍頭岡與周德威相遇。單廷珪說：「今天一定要活捉周楊五回去獻捷。」楊五，是周德威的小名。雙方交戰後，在戰場上看到了周德威，單廷珪拿著槍獨自騎馬就追了過來，槍尖刺向周德威的後背，周德威側身避開，奮力揮動馬鞭回身把單廷珪打下馬來，活捉了他，把他放在軍營門前。燕軍退走，周德威率騎兵乘勝追擊，燕軍大敗，被斬殺的有三千人。單廷珪，是燕國的勇將，燕軍失去他以後，再也沒了膽氣。

己丑❶，蜀大赦。○李遇少子為淮南牙將，遇最愛之，徐溫執之，至宣州城下示之，其子啼號求生，遇由是不忍戰。溫使典客❷何蕘入城，以吳王命說之，曰：「公本志果反，請斬蕘以徇❸，不然，隨蕘納款❹。」遇乃開門請降，溫使柴再用斬之，夷其族。於是諸將❺始畏溫，莫敢違其命。

徐知誥以功遷昇州刺史。知誥事溫甚謹，安於勞辱❻，或通夕不解帶，溫以是特愛之，每謂諸子曰：「汝輩事我能如知誥乎？」時諸州長吏多武夫，專以軍旅為務，不恤❼民事。知誥在昇州，獨選用廉吏❽，修明政教❾，招延❿四方士大夫，傾家貲⑪無所愛。洪州進士宋齊丘，好縱橫之術⑫，謁知誥，知誥奇之，辟⑬為推官⑭，與判官⑮王令謀、參軍⑯王翃專主謀議，以牙吏⑰馬仁裕、周宗、曹悰為腹心。仁裕，彭城⑱人。宗，漣水⑲人也。

閏月壬戌⑳，帝疾增甚，謂近臣曰：「我經營天下三十年㉑，不意太原餘孽㉒更昌熾㉓如此！吾觀其志不小，天復奪我年㉔，我死，諸兒非彼敵也，吾無葬地矣！」因哽咽，絕㉕而復蘇㉖。

高季昌潛㉗有據荊南㉘之志，乃奏築江陵外郭㉙，增廣之。○丙寅㉚，蜀門下侍郎、同平章事王鍇罷為兵部尚書。

帝長子郴王友裕早卒。次假子博王友文㉛，帝特愛之，常留守東都，兼建昌宮㉜使。次郢王友珪，其母亳州營倡㉝也，為左右控鶴都指揮使，無寵[1]。次均王友貞，為東都馬步都指揮使。

初，元貞㉞張皇后嚴整多智，帝敬憚之。后殂㉟，帝縱意聲色，諸子雖在外，常徵㊱其婦入侍，帝往往亂㊲之。友文婦王氏色美，帝尤寵之，雖未以友文為太子，帝意常屬㊳之。友珪心不平。友珪嘗有過，帝撻㊴之，友珪益不自安。帝疾甚，命王氏召友文於東都㊵，欲與之訣㊶，且付以後事。友珪婦張氏亦朝夕侍帝側，知之，密告友珪曰：「大家(42)以傳國寶付王氏懷(43)往東都，吾屬死無日矣。」夫婦相泣。左右或說之曰：「事急計生，何不改圖，時不可失！」

六月丁丑朔(44)，帝命敬翔(45)出友珪為萊州(46)刺史，即令之官(47)。已宣旨，未行敕(48)。時左遷(49)者多追賜死，友珪益恐。

戊寅(50)，友珪易服微行(51)入左龍虎軍(52)，見統軍韓勍，以情告之。勍亦見功臣宿將多以小過被誅，懼不自保，遂相與合謀。勍以牙兵五百人從友珪雜(53)控鶴(54)士入，伏於禁中(55)，中夜(56)斬關(57)入，至寢殿，侍疾者(58)皆散走。帝驚起，問：「反者為誰？」友珪曰：「非他人也。」帝曰：「我固疑此賊，恨不早殺之。汝悖逆(59)如此，天地豈容汝乎！」友珪曰：「老賊萬段(60)！」友珪僕夫馮廷諤刺帝腹，刃出於背。友珪自以敗氈(61)裹之，瘞(62)於寢殿，祕不發喪(63)。遣供奉官丁昭溥馳詣東都，命均王友貞殺友文。

己卯(64)，矯詔(65)稱：「博王友文謀逆(66)，遣兵突入殿中，賴郢王友珪忠孝，將兵誅之，保全朕躬(67)。然疾因震驚，彌(68)致危殆(69)，宜令友珪權(70)主軍國之務。」韓勍為友珪謀，多出府庫金帛賜諸軍及百官以取悅。

辛巳(71)，丁昭溥還，聞友文已死，乃發喪，宣遺制(72)，友珪即皇帝位。

時朝廷新有內難(73)，中外人情恟恟(74)，許州(75)軍士更相告變，匡國節度使韓建皆不之省(76)，亦不為備。丙申(77)，馬步都指揮使張厚作亂，殺建，友珪不敢詰(78)。甲辰(79)，以厚為陳州(80)刺史。

秋，七月丁未(81)，大赦。

【章旨】以上為第九段，寫梁太祖次子郢王朱友珪弒父自立，又矯詔殺博王朱友文。

【注釋】❶己丑　五月十一日。❷典客　官名，掌管郊廟祭祀和朝覲的贊禮事務。❸徇　示眾。❹納款　歸順；降服。❺諸將　謂劉威、陶雅等人。❻勞辱　勞苦。❼恤　顧及；體念。❽廉吏　清廉的官吏。❾政教　政治教化。❿招延　招攬聘請。⓫傾家貲　拿出全部家中資財。⓬好縱橫之術　喜歡縱橫家遊說之術。⓭辟　徵召。⓮推官　官名，唐代節度使、觀察使、團練使、防禦使的僚屬，職掌審訊，推鞫獄訟。徐知誥為刺史，亦置此官，所職應同舊制。⓯判官　朝廷外任大臣可自置判官，以資佐助政務。屬中級官吏。⓰參軍　官名，刺史僚屬中的主要官吏，職掌參謀軍務。⓱牙吏　即衙吏。⓲彭城　郡名，治所在今江蘇徐州。⓳漣水　縣名，縣治在今江蘇漣水縣。⓴壬戌　閏五月十五日。㉑三十年　自唐僖宗中和三年（西元八八三年）朱溫鎮宣武，為創業之始，至此時已三十一年。㉒太原餘孽　指晉王李存勗。餘孽，殘餘的徒眾。㉓昌熾　猖獗。㉔天復奪我年　老天爺又要我的命。奪年，奪去生命，為死亡的委婉語。㉕絕　氣絕。㉖蘇　蘇醒。㉗潛　暗中。㉘荊南　方鎮名，治所在今湖北江陵。㉙外郭　外城。㉚丙寅　閏五月十九日。㉛友文　本名康勤，朱溫養以為子，改名朱友文。㉜建昌宮　朱溫以大梁舊第為建昌宮。㉝其母亳州營倡　營倡即營伎，古代軍中官伎。據《舊五代史》卷十二〈朱友珪傳〉：友珪小字遙喜，母失其姓，本亳州營伎。唐光啓中，朱溫奪取亳州，召而侍寢。月餘，捨之而去，伎以娠告。時元貞張后賢而有寵，朱溫素畏之，故不敢將友珪母子攜歸大梁，而留亳州。及期，伎以生男相告，朱溫喜，故取名「遙喜」。㉞元貞　張氏初封魏國夫人，唐哀帝天祐元年（西元九〇四年）以疾卒。朱溫即位，追冊為賢妃。末帝立，追謚元貞皇太后。㉟殂　死。㊱徵　徵召。㊲亂　淫亂。㊳屬　專注。㊴撻　用鞭棍等打人。㊵東都　梁以大梁為東都，朱友文為東都留守。㊶訣　永別。

㊷大家　宮中近臣和后妃對皇帝的稱呼。㊸懷　用如動詞。懷揣。㊹丁丑朔　六月初一日。㊺敬翔　時為宣政使。㊻萊州　州名，治所在今山東煙臺。㊼之官　去赴任。㊽行敕　正式頒發詔書。敬翔輔佐朱晃多年，軍國大事無不參與。現朱晃於彌留之際出朱友珪於外，如果敬翔能妥善處理這件事，不至於釀成大禍。㊾左遷　貶官。㊿戊寅　六月初二日。51易服微行　換便衣出行，不使人知道身分。52左龍虎軍　禁衛軍之一。53雜　夾雜；混雜。54控鶴　梁以侍衛親軍為控鶴軍。55禁中　宮中。56中夜　半夜。57斬關　斬斷門栓。58侍疾者　侍奉朱晃疾病的人。59悖逆　犯上作亂。60萬段　碎屍萬段。61敗氈　破毯子。62瘞　埋。63祕不發喪　保守祕密，不將死訊公告於眾。64己卯　六月初三日。65矯詔　詐稱朱晃之詔書。66謀逆　謀反。67朕躬　皇帝自稱。68彌　更加。69危殆　危險。70權　代理。71辛巳　六月初五日。72宣遺制　宣布朱晃的遺詔。73內難　指朱晃之死。74忷忷　紛亂不安。75許州　州名，治所在今河南許昌。76省　明白。77丙申　六月二十日。78詰責　問。79甲辰　六月二十八日。80陳州　州名，治所在今河南淮陽。81丁未　七月初二日。

【校記】1無寵　原無此二字。據章鈺校，十二行本、乙十一行本、孔天胤本皆有此二字，張敦仁《通鑑刊本識誤》同，今據補。

【語譯】五月十一日己丑，蜀國大赦。〇李遇的小兒子擔任淮南的牙將，李遇最喜歡他，徐溫把他抓了起來，押到宣州城下給李遇看；李遇的小兒子大聲痛哭求父親救他一命，李遇因此不忍心再戰。徐溫派典客何蕘入城，用吳王楊隆演的命令勸說他，說：「您如果本意真要造反，請殺了我示眾，如果不是這樣，請跟隨我出城歸順。」李遇於是打開城門請求投降。徐溫派柴再用把李遇斬首，滅了他全族。於是各將領開始畏懼徐溫，沒有人敢違抗他的命令。

徐知誥因功升任昇州刺史。徐知誥侍奉徐溫很恭謹，安於勞苦，有時通宵都不解衣休息，徐溫因此特別喜愛他，經常對兒子們說：「你們侍奉我能像徐知誥那樣嗎？」當時各州長官大多是武人，專只致力於征戰，不顧念老百姓的事情。徐知誥在昇州，獨獨選用清廉的官吏，修明政治教化，招攬聘請四方賢士大夫，用盡所有家財也毫不吝惜。洪州進士宋齊丘，喜好縱橫家遊說之術，前來拜謁徐知誥，徐知誥認為他不同尋常，徵召為推官，與判官王令謀、參軍王翃專門負責替他出主意，把牙吏馬仁裕、周宗、曹悰當做自己的心腹。

馬仁裕，是彭城人。周宗，是漣水人。

閏五月十五日壬戌，梁太祖的病情更加嚴重了，對親近的大臣們說：「我經營天下三十年，沒想到太原李克用的餘孽更加猖獗竟到如此地步！我看李存勗的志向不小，上天又奪去我的年壽，我死後，我的兒子們不是他的對手，我將沒有葬身之地了！」於是哽咽失聲，一度氣絕，而後才又蘇醒過來。

高季昌暗中有佔據荊南的意圖，於是上奏說要修築江陵的外城，擴大城的範圍。〇閏五月十九日丙寅，蜀國的門下侍郎、同平章事王鍇被免去原職，降為兵部尚書。

梁太祖的長子郴王朱友裕早死。其次是養子博王朱友文，梁太祖特別喜愛他，常命他留守東都大梁，兼任建昌宮使。其次是郢王朱友珪，他的母親是亳州的營伎，他擔任左右控鶴都指揮使，不受寵愛。其次是均王朱友貞，擔任東都馬步都指揮使。

起初，元貞張皇后嚴謹而多智，梁太祖既敬重她而又怕她。張皇后去世以後，梁太祖縱情於歌舞女色；他的兒子們就是在外地，他也常常徵召他們的妻子入宮侍奉，梁太祖往往和她們發生淫亂。朱友文的妻子王氏容貌美麗，梁太祖尤其寵愛她，雖然沒有立朱友文為太子，梁太祖的心意卻常常放在朱友文身上。朱友珪內心很不平。朱友珪曾經有過失，梁太祖用鞭子打了他，朱友珪更加感到不安。梁太祖的病越來越嚴重，命令王氏把朱友文從東都大梁召回來，想要和他訣別，並且託付後事。朱友珪的妻子張氏也日夜侍奉在梁太祖身邊，知道了這件事，祕密地告訴朱友珪說：「皇上把傳國寶璽交給王氏帶在身上前往東都大梁去了，我們不久就會沒命了。」夫妻兩人相對哭泣。左右有人勸他們說：「事情一急迫，辦法就會產生，為什麼不另作打算呢，時機不可失去啊！」

六月初一日丁丑，梁太祖命敬翔把朱友珪調出京城去當萊州刺史，立即讓他赴任。已經宣布梁太祖的旨意了，但還沒有頒發敕書。當時貶官的大多隨後就賜死，朱友珪更加恐懼。

六月初二日戊寅，朱友珪換上便裝，在不暴露身分的情況下進入左龍虎軍，會見統軍韓勍，把情況告訴他。韓勍也看到功臣老將往往因為小的過失而被誅殺，害怕不能保全自己，於是與朱友珪共同謀劃。韓勍派牙兵五百人跟著朱友珪混雜在侍衛親軍控鶴軍的士兵中入宮，埋伏在宮內，等到半夜，斬斷門栓入內，到達梁太祖的寢殿，侍候護理病人的人都逃散了。梁太祖驚起，問：「謀反的人是誰？」朱友珪說：「不是別人。」梁太祖說：「我原本就懷疑你這個賊子，只恨沒有早把你殺掉。你如此抗命作亂，天地豈能容你！」朱友珪說：「老賊你該碎屍萬段！」朱友珪的僕人馮廷諤刺梁太祖的腹部，刀尖從背上穿出。朱友珪自己用一條破毯子把梁太祖包起來，埋在寢殿裡，對外封鎖消息不公布梁太祖的死訊。又派遣供奉官丁昭溥快馬趕往東都大梁，命令均王朱友貞殺死朱友文。

六月初三日己卯，朱友珪假傳梁太祖詔書宣稱：「博王朱友文謀反，派軍隊衝入殿中，幸賴郢王朱友珪忠孝，率軍誅殺了他，保全了朕的性命。然而朕的病因為受到驚嚇，更加危險了，應該讓朱友珪暫時來主持軍國事務。」韓勍為朱友珪出主意，多多取出府庫裡的金帛賜給各路軍隊和文武百官以博取他們的歡心。

六月初五日辛巳，丁昭溥從東都大梁返回，朱友珪聽說朱友文已死，這才發喪，宣布先帝的遺詔，朱友珪即位當皇帝。

當時朝廷因內部新近發生不幸的事情，內外人心騷動不安。許州軍士輪番報告發生變亂，匡國節度使韓建都不去瞭解，也不作防備。六月二十日丙申，馬步都指揮使張厚作亂，殺死韓建，朱友珪也不敢追查。二十八日甲辰，任命張厚為陳州刺史。

秋，七月初二日丁未，大赦天下。

天雄❶節度使羅周翰❷幼弱，軍府事皆決於牙內都指揮使潘晏。北面都招討使、宣義❸節度使楊師厚軍於魏州，久欲圖之，憚太祖威嚴，不敢發。至是，師厚館於銅臺驛❹，潘晏入謁，執而殺之，引兵入牙城，據位視事❺。壬子❻，制以師厚為天雄節度使，徙周翰為宣義節度使。

以侍衛諸軍使韓勍領匡國節度使⑦。○甲寅⑧，加吳越王鏐尚父⑨。○甲子⑩，以均王友貞為開封尹、東都留守。○蜀太子元坦更名元膺⑪。○丙寅⑫，廢建昌宮使，以河南尹張宗奭為國計使⑬，凡天下金穀舊隸建昌宮者悉主之。

八月，龍驤軍三千人戍懷州⑭者，潰亂東走，所過剽掠。戊子⑮，遣東京馬步軍都指揮使霍彥威⑯、左耀武指揮使杜晏球⑰討之，庚寅⑱，擊破亂軍。執其都將劉重遇於鄢陵⑲。甲午⑳，斬之。

郢王友珪既篡立，諸宿將多憤怒，雖曲㉑加恩禮，終不悅。告哀使㉒至河中，護國㉓節度使冀王朱友謙泣曰：「先帝數十年開創基業，前日變起宮掖㉔，聲聞甚惡，吾備位㉕藩鎮，心竊恥㉖之。」友珪加友謙侍中、中書令，以詔書自辨㉗，且徵㉘之。友謙謂使者曰：「所立者為誰？先帝晏駕㉙不以理㉚，吾且至洛陽問罪，何以徵為！」戊戌㉛，以侍衛諸軍使韓勍為西面行營招討使，督諸軍討之㉜。友謙以河中附於晉以求救。九月丁未㉝，以感化節度使康懷貞為河中都招討使，更以韓勍副之。

友珪以兵部尚書、知崇政院事敬翔，太祖腹心，恐其不利於己，欲解其內職㉞，恐失人望。庚午㉟，以翔為中書侍郎、同平章事。壬申㊱，以戶部尚書李振充崇政院使。翔多稱疾不預事㊲。

康懷貞等與忠武節度使牛存節合兵五萬屯河中城西，攻之甚急。晉王遣其將李存審、李嗣肱、李嗣恩㊳將兵救之，敗梁兵于胡壁㊴。嗣恩，本駱氏子也。

吳武忠王㊵之疾病也，周隱㊶請召劉威，威由[1]是為帥府㊷所忌。或譖之於徐溫，溫將討之。威幕客黃訥說威曰：「公受謗雖深，反本無狀㊸，若輕舟入覲㊹，則嫌疑皆亡㊺矣。」威從之。陶雅聞李遇敗，亦懼，與威偕詣廣陵，溫待之甚恭，如事武忠王㊻之禮，優加官爵，雅等悅服，由是人皆重溫。訥，蘇州人也。溫與威、雅帥將吏請於李儼㊼，承制加嗣吳王隆演太師、吳王，以溫領鎮海節度使、同平章事，淮南行軍司馬如故，溫遣威、雅還鎮㊽。

【章旨】以上為第十段，寫後梁冀王朱友謙附晉。淮南與楚、荊南相攻。

【注釋】❶天雄　方鎮名，治所魏州，在今河北大名。❷羅周翰　（西元八九八—九一二年）羅紹威次子，襲父位為天雄節度使，為楊師厚所逐，徙為宣義軍節度使。傳附《舊五代史》卷十四、《新五代史》卷三十九〈羅紹威傳〉。❸宣義　方鎮名，治所滑州，在今河南滑縣東。❹銅臺驛　驛站名，因銅雀臺而得名。❺視事　辦理公務。❻壬子　七月初七日。❼領匡國節度使　韓建為張厚所殺，韓勍因與朱友珪同謀弒朱晃有功，領節。❽甲寅　七月初九日。❾尚父　皇帝尊禮大臣所加的尊號。❿甲子　七月十九日。⓫元膺　初名宗懿，更名元坦，見上卷開平四年。據《新五代史》卷六十三〈王建世家〉，蜀主王建於什仿縣得銅牌子，有文二十餘字，王建以為符讖，取之以名諸子，故元坦又更名元膺。⑫丙寅　七月二十一日。⑬國計使　官名，掌天下金、穀。朱晃即位後，以博王友文領建昌宮使，專領金、穀。現朱友珪既殺友文，故廢建昌宮使而置國計使。⑭懷州　州名，治所在今河南沁陽。懷州是防止晉人南下，屏衛洛陽的門戶。⑮戊子　八月十三日。⑯霍彥威　（？—西元九二八年）字子重，洺州曲周（今河北曲周東北）人，梁將霍存養子。以功拜邠寧節度使。後唐莊宗滅梁，賜姓名李紹真，為武寧節度使。莊宗崩，從明宗入洛陽，首率群臣勸進，徙鎮平盧。傳見《舊五代史》卷六十四、《新五代史》卷四十六。⑰杜晏球　（西元八六七—九二九年）字瑩之，洛陽人，原姓王，少為汴州富人杜氏養以為子，遂改姓杜。朱全忠鎮宣武時，為廳子都指揮使。朱友珪立，以功遷龍驤第一指揮使。末帝即位，拜澶州刺史。後降唐，莊宗賜名李紹虔，拜齊州防禦使。明宗時拜歸德軍節度使、天平軍節度使。傳見《舊五代史》卷六十四、《新五代史》卷四十六。⑱庚寅　八月十五日。⑲鄢陵　縣名，縣治在今河南鄢陵。⑳甲午　八月十九日。㉑曲　委曲己意。㉒告哀使　朝廷派出報喪的使者。㉓護國　方鎮名，治所蒲州，在今山西永濟西南。㉔宮掖　宮禁之中。掖，宮中旁舍，妃嬪居住的地方。㉕備位　謙詞，意謂聊以充數，徒佔其位。㉖竊恥　心中暗自以為恥。朱友謙原本陝州牙將朱簡，唐末歸附朱溫，賜名友謙，列於諸子，故以友珪弒逆而不能誅之為恥。㉗自辨　為自己辯解。㉘徵　徵召入朝。㉙晏駕　帝王卒，古人諱言，稱為晏駕。㉚不以理　不合情理。㉛戊戌　八月二十三日。㉜討之　討伐朱友謙。㉝丁未　九月初三日。㉞內職　在朝廷內擔任的官職。此指知崇政院事。㉟庚午　九月二十六日。㊱壬申　九月二十八日。㊲翔多稱疾不預事　敬翔、李振皆為先朝佐命之臣。李振代敬翔為崇政院使，則與朱友珪同惡。敬翔雖故意稱病不參與朝政，亦難逃罪責。不預事，不參與朝政。㊳李嗣恩　（？—西元九一八年）本姓駱，吐谷渾部人。少事李克用，為突陣指揮使，賜姓名，養為子。莊宗時為天雄軍馬步都指揮使、代州刺史、振武節度使。傳見《舊五代史》卷五十二、《新五代史》卷三十六。㊴胡壁　鎮名，在今山西萬榮西南。㊵武忠王　指楊行密。㊶周隱　時為節度判官。楊行密病危，使周隱召楊渥，周隱認為楊渥非保家之王，建議召劉威。劉威時為廬州刺史。事見本書卷二百六十五昭宣帝天祐二年。㊷帥府　指廣陵帥府。㊸反本無狀　本無反叛的情況。㊹覲　諸侯朝見天子。此指晉見吳王。㊺亡　通「無」。㊻如事武忠王　如事楊行密。因劉威、陶雅皆為與楊行密同時起事的將領，徐溫貴而不敢忘舊。㊼李儼　昭宗天復二年（西元九〇二年）唐室所遣江淮宣諭使。㊽還鎮　返回本鎮。時劉威鎮洪州，陶雅鎮歙州。

**【校　記】** 1由　原作「日」。據章鈺校，十二行本、乙十一行本、孔天胤本皆作「由」，今從改。

【語　譯】天雄節度使羅周翰年幼懦弱，軍府事務都由牙內都指揮使潘晏決定。北面都招討使、宣義節度使楊師厚率軍駐紮在魏州，很久以來一直想要謀取天雄，只是忌憚害怕梁太祖的威嚴，不敢動手。到此時，楊師厚在銅臺驛暫住，潘晏進去謁見，楊師厚把他抓起來殺了，領兵進入牙城，佔了天雄節度使的職位主持事務。七月初七日壬子，下制書任命楊師厚為天雄節度使，調任羅周翰為宣義節度使。

任命侍衛諸軍使韓勍兼領匡國節度使。〇七月初九日甲寅，加封吳越王錢鏐為尚父。〇十九日甲子，任命均王朱友貞為開封尹、東都留守。〇蜀國太子王元坦改名元膺。〇二十一日丙寅，廢除建昌宮使，任命河南尹張宗奭為國計使，凡是天下金銀錢穀過去歸建昌宮管理的都由張宗奭掌管。

八月，戍守懷州的龍驤軍三千人，潰散作亂後向東流竄，沿途搶劫掠奪。十三日戊子，派遣東京馬步軍都指揮使霍彥威、左耀武指揮使杜晏球討伐他們。十五日庚寅，霍彥威等打敗了亂軍，在鄢陵抓獲他們的都將劉重遇。十九日甲午，把劉重遇斬首。

郢王朱友珪篡位當了皇帝後，各老將大多內心憤怒；雖然朱友珪極力給他們施以恩賞禮遇，但他們始終不高興。告哀使到了河中，護國節度使冀王朱友謙哭著說：「先帝幾十年間開創了這個基業，前些日子宮中發生變亂，名聲很壞，我位居藩鎮雖說只是充數，內心也暗自感到恥辱。」朱友珪加封朱友謙為侍中、中書令，用詔書替自己辯解，並且徵召他入朝。朱友謙對使者說：「繼位的人是誰？先帝去世很多事情不合常理，我正準備到洛陽去問罪，要他徵召幹什麼！」八月二十三日戊戌，朱友珪任命侍衛諸軍使韓勍為西面行營招討使，監督指揮各路軍隊去討伐朱友謙。朱友謙把河中歸附於晉向晉王李存勗求救。九月初三日丁未，朱友珪任命感化節度使康懷貞為河中都招討使，改命韓勍為他的副手。

朱友珪因兵部尚書、知崇政院事敬翔是太祖的心腹，害怕他對自己不利，想要解除他知崇政院事的職務，又怕因此而引起眾人失望。九月二十六日庚午，任命敬翔為中書侍郎、同平章事。二十八日壬申，任命戶部尚書李振充任崇政院使。敬翔便常常稱病而不再參與政事。

康懷貞等與忠武節度使牛存節合兵五萬人屯駐在河中城西，攻城很猛。晉王李存勗派他的部將李存審、李嗣肱、李嗣恩率軍解救朱友謙，在胡壁鎮打敗了梁軍。李嗣恩，原本是吐谷渾部駱氏的兒子。

吳武忠王楊行密病勢加重的時候，周隱請求召回劉威，劉威由此受到廣陵帥府裡人的嫉恨。有人在徐溫面前誣陷劉威，徐溫準備討伐他。劉威的幕客黃訥勸說劉威道：「您受到誹謗傷害雖然很深，但說您謀反原本就沒有事實依據，如果您乘坐輕便小船到廣陵去晉見，那麼嫌疑就都會消除了。」劉威聽從了他的話。陶雅聽說李遇敗亡，也很懼怕，與劉威一起前往廣陵。徐溫待他們很恭敬，禮節如同侍奉武忠王楊行密一樣，並且優厚地給他們封賞官職爵位。陶雅等心悅誠服，從此大家都推崇徐溫。黃訥，是蘇州人。徐溫與劉威、陶雅率領將領官吏向李儼請求，請他稟承皇帝旨意加封吳王繼承人楊隆演為太師、吳王，任命徐溫兼任鎮海節度使、同平章事，淮南行軍司馬的職務如舊。徐溫派劉威、陶雅各回本鎮。

辛巳❶，蜀改劍南東川曰武德軍。○朱友謙復告急于晉。冬，十月，晉王自將自澤潞❷而西，遇康懷貞於解縣❸，大破之，斬首千級，追至白徑嶺❹而還。梁兵解圍，退保陝州。友謙身自至猗氏❺謝晉王，從者數十人，撤武備❻，詣晉王帳，拜之為舅。晉王夜置酒張樂❼，友謙大醉。晉王留宿帳中，友謙安寢，鼾息自如❽。明日復置酒而罷。

楊師厚既得魏博之眾，又兼都招討使，宿衛勁兵❾多在麾下，諸鎮兵皆得調發❿，威勢甚重，心輕郢王友珪，遇事往往專行不顧。友珪患之，發詔召之，云：「有北邊軍機⓫，欲與卿面議。」師厚將行，其腹心皆諫曰：「往必不測⓬。」

師厚曰：「吾知其為人，雖往，如我何！」乃帥精兵萬餘人，渡河趣洛陽，友珪大懼。丁亥[13]，至都門[14]，留兵於外，與十餘人入見，友珪喜，甘言遜詞[15]以悅之，賜與巨萬。癸巳[16]，遣還。

十一月，趙將王德明將兵三萬掠武城[17]，至于臨清[18]，攻宗城[19]，下之。癸丑[20]，楊師厚伏兵唐店[21]，邀擊，大破之，斬首五千餘級。○甲寅[22]，葬神武元聖孝皇帝于宣陵[23]，廟號太祖。

吳淮南節度副使陳璋等將水軍襲楚岳州。執刺史苑玫[24]。楚王殷遣水軍都指揮使楊定真救岳州。璋等進攻荊南，高季昌遣其將倪可福拒之。吳恐楚人救荊南，遣撫州刺史劉信帥江、撫、袁、吉、信[25]五州兵屯吉州[26]，為璋聲援。

十二月戊寅[27]，蜀行營都指揮使王宗汾攻岐文州[28]，拔之，守將李繼夔走。

○是歲，隰州[29]都將劉訓[30]殺刺史，以州降晉，晉王以為瀛州刺史。訓，永和人也。○虔州防禦使李彥圖卒，州人奉譚全播知州事，遣使內附[31]，詔以全播為百勝[32]防禦使、虔・韶二州節度開通使[33]。○高季昌出兵，聲言助梁伐晉，進攻襄州[34]，山南東道節度使孔勍[35]擊敗之。自是朝貢路絕[36]。勍，兗州人也。

【章　旨】以上為第十一段，寫晉王李存勗親自率軍救朱友謙，大破梁軍，友謙拜晉王為舅。隰州附於晉。虔州將士奉譚全播知州事。

【注　釋】❶辛巳　十月初七日。❷澤潞　澤州和潞州。❸解縣　縣名，縣治在今山西運城西南解縣鎮。❹白徑嶺　在今山西運城東北。❺猗氏　縣名，縣治在今山西臨猗。❻武備　武裝戒備；警衛。❼張樂　奏樂。❽鼾息自如　朱友謙以此向晉王表示委心晉王，無所猜忌。❾宿衛勁兵　精銳的警衛部隊。❿調發　調遣發動。⓫軍機　軍中機要之事。⓬不測　意外的事。⓭丁亥　十月十三日。⓮都門　城外郭門。⓯甘言遜詞　好聽的話，謙遜的言詞。⓰癸巳　十月十九日。⓱武城　縣名，縣治在今河北武城西，屬貝州。⓲臨清　縣名，縣治在今河北臨西縣，屬貝州。⓳宗城　縣名，縣治在今河北威縣東，屬貝州。⓴癸丑　十一月初九日。㉑唐店　鎮名，在唐宗城縣南。㉒甲寅　十一月初十日。㉓宣陵　在唐河南伊闕縣，縣治在今河南伊川縣西南。㉔苑玫　梁太祖開平三年（西元九〇九年）苑玫自江西降楚，楚使之守岳州。㉕江撫袁吉信　皆州名，江州治所在今江西九江市，撫州治所在今江西臨川市，袁州治所在今江西宜春，吉州治所在今江西吉安，信州治所在今江西上饒。㉖屯吉州　屯兵吉州以張聲勢，表面上好像要進兵攻打潭、衡二地，以此來牽制楚兵。㉗戊寅　十二月初五日。㉘文州　州名，治所在今甘肅文縣。㉙隰州　州名，治所在今山西隰縣。㉚劉訓　字遵範，隰州永和（今山西永和）人，初事李克用為馬軍隊長，後隸河中，為隰州防禦都將，歸李存勗後，歷瀛州刺史、襄州節度使、建雄軍節度使。傳見《舊五代史》卷六十一。㉛內附　指歸附梁。㉜百勝　虔州原有百勝軍指揮使，現以百勝為軍州名。㉝開通使　官名，負責開通道路，南達交州、廣州。㉞襄州　州名，治所在今湖北襄樊。高季昌時為荊南節度使。㉟孔勍　（西元八四七—九二六年）字鼎文，兗州人，初事朱全忠，漸至太守，貞明中授山南東道節度使。傳見《舊五代史》卷六十四。㊱朝貢路絕　高季昌既與孔勍爭戰，入梁之路斷絕，不復朝貢。

【語　譯】十月初七日辛巳，蜀國把劍南、東川改稱為武德軍。〇朱友謙再次向晉王李存勗告急。冬，十月，晉王親自率軍從澤潞西進，在解縣遇到康懷貞的軍隊，把康懷貞打得大敗，斬殺一千人，一直追到白徑嶺才返回。梁軍解除了對河中的包圍，退守陝州。朱友謙親自到猗氏縣去感謝晉王，跟隨的只有幾十個人，撤去武裝，來到晉王的營帳，拜晉王為舅舅。晉王在晚上設置酒宴演奏音樂加以招待，朱友謙喝得大醉。晉王留他在自己的營帳中住宿，朱友謙睡得很安穩，鼾聲自然如常。第二天早晨晉王又設酒宴招待後才結束。

楊師厚得到魏博的軍隊後，又兼任都招討使，宮中值宿警衛的精壯士兵大多在他的手下，各鎮的軍隊他也都能調遣發動，聲威權勢很盛，心裡輕視郢王朱友珪，遇事往往獨斷專行而不把朱友珪放在眼裡。朱友珪對他很擔憂，發詔書召他進京，說：「有關於北邊的軍事機要，想與卿當面商議。」楊師厚準備啟程，他的心腹都勸諫說：「去了一定會有意外的災禍發生。」楊師厚說：「我知道朱友珪的為人，即使去了，他能拿我怎麼樣！」於是率領精兵一萬多人，渡過黃河直奔洛陽，朱友珪大為恐懼。十月十三日丁亥，楊師厚到達洛陽外城的都門，把部隊留在城外，只帶著十多個人入城進見。朱友珪很高興，對楊師厚說了許多好聽的話，用詞謙恭，以討取他的歡心，賞賜的財物上萬。十九日癸巳，讓他返回。

十一月，趙將王德明率軍三萬人搶掠武城縣，直到臨清縣，並攻打宗城縣，把它攻了下來。初九日癸丑，楊師厚在唐店設下伏兵，進行攔擊，大敗趙軍，斬殺五千多人。〇初十日甲寅，梁朝安葬神武元聖孝皇帝於宣陵，廟號太祖。

吳淮南節度副使陳璋等率領水軍襲擊楚的岳州，抓獲岳州刺史苑玫。楚王馬殷派水軍都指揮使楊定真救援岳州。陳璋等進攻荊南，高季昌派其部將倪可福抵禦。吳國擔心楚人救援荊南，又派撫州刺史劉信率領江、撫、袁、吉、信五個州的軍隊屯駐在吉州，聲援陳璋。

十二月初五日戊寅，蜀國的行營都指揮使王宗汾攻打岐王的文州，把它攻了下來，文州守將李繼夔逃走。〇這一年，隰州都將劉訓殺死刺史，獻出隰州投降晉王，晉王任命劉訓為瀛州刺史。劉訓，是永和人。〇虔州防禦使李彥圖去世，州裡的人擁舉譚全播掌管州中事務，派遣使者請求歸附梁朝。朱友珪下詔任命譚全播為百勝防禦使、虔・韶二州節度開通使。〇高季昌出兵，揚言幫助梁朝討伐晉王。進攻襄州，山南東道節度使孔勍打敗了高季昌。從此高季昌到梁朝進貢的道路被切斷。孔勍，是兗州人。

均王[1]上上

乾化三年（癸酉 西元九一三年）

春，正月丁巳[2]，晉周德威拔燕順州[3]。○癸亥[4]，郢王友珪朝享[5]太廟。甲子[6]，祀圜丘[7]，大赦，改元鳳曆。○吳陳璋攻荊南[8]，不克而還，荊南兵與楚兵會於江口[9]以邀之。璋知之，舟二百艘駢[10]為一列，夜過，二鎮兵遽出追之，不能及。○晉周德威拔燕安遠軍[11]，薊州將成行言等降于晉。

二月壬午[12]，蜀大赦。

郢王友珪既得志，遽為荒淫，內外憤怒，友珪雖啗[13]以金繒，終莫之附[14]。駙馬都尉[15]趙巖[16]，犨[17]之子，太祖之壻也。左龍虎統軍、侍衛親軍都指揮使袁象先，太祖之甥[18]也。巖奉使至大梁，均王友貞密與之謀誅友珪，巖曰：「此事成敗，在招討楊令公[19]耳。得其一言[20]諭禁軍，吾事立辦。」均王乃遣腹心馬慎交之魏州說楊師厚曰：「郢王篡弒[21]，人望[22]屬[23]在大梁[24]，公若因[25]而成之，此不世之功[26]也！」且許事成之日賜犒軍錢五十萬緡。師厚與將佐謀之，曰：「方郢王弒逆，吾不能即討。今君臣之分[27]已定，無故改圖，可乎？」或曰：「郢王親弒君父，賊也。均王舉兵復讎，義也。奉義討賊，何君臣之有[28]！彼若一朝破賊，公將何以自處乎？」師厚驚[1]曰：「吾幾㉙誤計。」乃遣其將王舜賢至洛陽，陰與袁象先謀，遣招討馬步都虞候譙㉚人朱漢賓㉛將兵屯滑州㉜為外應。趙巖歸洛陽，亦與象先密定計。

友珪治龍驤軍潰亂者㉝，搜捕其黨，獲者族之，經年不已㉞。時龍驤軍有戍大梁者，友珪徵之，均王因使人激怒其眾曰：「天子㉟以懷州屯兵叛，追汝輩欲盡阬㊱之。」其眾皆懼，莫知所為。丙戌㊲，均王奏龍驤軍疑懼，未肯前發。戊子㊳，龍驤將校見均王，泣請可生之路㊴，王曰：「先帝與汝輩三十餘年征戰，經營王業。今先帝尚為人所弒，汝輩安所逃死乎！」因出太祖畫像示之而泣曰：「汝能自趣洛陽雪讎恥，則轉禍為福矣。」眾皆踊躍呼萬歲，請兵仗㊵，王給之。

庚寅日㊶，袁象先等帥禁兵數千人突入宮中。友珪聞變，與妻張氏及馮廷諤㊷趨北垣㊸樓下，將踰城，自度不免，令廷諤先殺妻，次[2]殺己，廷諤亦自剄。諸軍㊹十餘萬大掠都市，百司㊺逃散，中書侍郎、同平章事、侍講學士㊻李珽皆為亂兵所殺，門下侍郎、同平章事于兢、宣政使李振被傷。至晡㊼乃定。

象先、巖齎㊽傳國寶詣大梁迎均王，王曰：「大梁國家創業之地㊾，何必洛陽！」乃即帝位於大梁，復稱乾化三年，追廢友珪為庶人，復博王友文官爵。

丙申(50)，晉李存暉等[3]攻燕檀州(51)，刺史陳確以城降。〇蜀唐道襲自興元罷歸，復為樞密使。太子元膺廷疏(52)道襲過惡，以為不應復典(53)機要，蜀主不悅。庚子(54)，以道襲為太子少保[4]。

三月甲辰朔(55)，晉周德威拔燕盧臺軍(56)。〇丁未(57)，帝更名鍠。久之，又名瑱。〇庚戌(58)，加楊師厚兼中書令，賜爵鄴王，賜詔不名(59)，事無巨細必咨(60)而後行。〇帝遣使招撫朱友謙。友謙復稱藩(61)，奉梁年號。〇丙辰(62)，立皇弟友敬為康王。〇乙丑(63)，晉將劉光濬克古北口(64)，燕居庸關(65)使胡令圭等奔晉。〇戊辰(66)，以保義(67)留後戴思遠為節度使，鎮邢州。

【章　旨】以上為第十二段，寫後梁均王朱友貞滅朱友珪，即帝位於大梁，改名鍠，後又改名瑱，是為梁末帝。

【注　釋】❶均王　後梁末帝。朱晃第三子，原名友貞，即位改名鍠，後又改名瑱。開平元年（西元九〇七年）封均王。乾化三年討兄友珪而即帝位。西元九一三—九二三年在位。事見《舊五代史》卷九卷十、《新五代史》卷三。❷丁巳　正月十四日。❸順州　州名，治所在今北京市順義。❹癸亥　正月二十日。❺朝享　宗廟之祭。❻甲子　正月二十一日。❼圜丘　古時祭天的圓形高壇。❽荊南　方鎮名，治所荊州，在今湖北江陵。❾江口　荊江口，洞庭水入江處，在今湖南岳陽北。❿駢　並列。⓫安遠軍　在薊州（今天津市薊縣）北。⓬壬午　二月初九日。⓭啗　以利誘人。⓮終莫之附　意謂朱友珪雖以金帛拉攏人，但最終沒有人依附於他。⓯駙馬都尉　官名，掌副車之馬，多以宗室及外戚與諸公子孫任之。魏晉以後，帝婿例加駙馬都尉稱號，簡稱駙馬。⓰趙巖　（？—西元九二七年）趙犨次子，尚朱晃女長樂公主，梁末帝時為戶部尚書、租庸使。

傳附《舊五代史》卷十四、《新五代史》卷四十二〈趙犨傳〉。⑰犨　趙犨，青州人，世為陳州牙將，後事朱全忠為忠武軍節度使。⑱袁象先二句　袁象先之父袁敬初，尚朱晃妹萬安大長公主。⑲招討楊令公　指楊師厚。楊當時官中書令，為北面都招討使，故稱之為令公。⑳得其一言　意謂只要有楊師厚的一句話。楊時握梁之重兵，動名為眾所服，所以趙巖企圖得楊師厚的話號令禁軍。㉑篡弒　殺君父篡位。㉒人望　眾人所仰望。㉓屬　歸屬。㉔大梁　指朱友貞。時為開封尹、東都留守。㉕因　依靠；順應。㉖不世之功　非常之功；世上罕有之功。㉗分　名分。㉘何君臣之有　哪裡還有什麼君臣的名分。㉙幾　幾乎；差一點。㉚譙　縣名，縣治在今安徽亳州。㉛朱漢賓　（西元八七一—九三五年）字績臣，朱全忠養子。為落雁都指揮使、天威軍使、安遠軍節度使。入唐為昭義軍節度使。傳見《舊五代史》卷六十四、《新五代史》卷四十五。㉜滑州　州名，治所在今河南滑縣。㉝龍驤軍潰亂者　懷州龍驤軍亂發生在上一年。㉞經年不已　歷時一年還不停止。㉟天子　此指朱友珪。㊱阬　坑殺；活埋。㊲丙戌　二月十三日。㊳戊子　二月十五日。㊴可生之路　可以保全性命的途徑。㊵兵仗　武器。㊶庚寅旦　二月十七日天明。㊷馮廷諤　朱友珪僕夫。㊸垣　牆。㊹諸軍　汴兵尚未到洛陽，禁兵已殺朱友珪，諸軍至而掠都市。㊺百司　朝廷大臣、王公以下百官的總稱。㊻侍講學士　官名，侍讀皇帝，講論經史。㊼晡　申時，即下午三時至五時。㊽齎　攜帶。㊾創業之地　梁太祖朱晃以大梁為基地，由宣武節度使兼併諸鎮。㊿丙申　二月二十三日。(51)檀州　州名，治所在今北京市密雲。(52)廷疏　朝會時在殿廷分條列舉。(53)典　掌管。(54)庚子　二月二十七日。(55)甲辰朔　三月初一日。(56)盧臺軍　在今北京市西南。(57)丁未　三月初四日。(58)庚戌　三月初七日。(59)不名　不直呼其名。表示優禮或尊重。(60)咨　諮詢；徵求意見。(61)稱藩　自稱藩臣。朱友謙去年附晉，現雖稱梁藩臣，其實仍然陰附於晉。(62)丙辰　三月十三日。(63)乙丑　三月二十二日。(64)古北口　長城要口之一。在今北京市密雲東北。關口兩旁山勢陡峭，極為險要。(65)居庸關　長城要口之一。在今北京市昌平西北。因控軍都山隘道中樞，故又稱「軍都關」。(66)戊辰　三月二十五日。(67)保義　方鎮名，唐昭義軍原統潞、澤、邢、洺、磁五州。唐末混戰，晉得潞州，仍以為昭義軍。從孟方立以至於梁，皆以邢、洺、磁三州為昭義軍。所以有兩個昭義軍，現梁改邢、洺、磁為保義軍，而以原來治陝州的保義軍改名鎮國軍。

【校　記】[1]驚　原無此字。據章鈺校，十二行本、乙十一行本、孔天胤本皆有此字，今據補。[2]次　原作「後」。據章鈺校，十二行本、乙十一行本、孔天胤本皆作「次」，今從改。[3]等　原無此字。據章鈺校，十二行本、乙十一行本、孔天胤本皆有此字，今據補。[4]少保　原作「太保」。據章鈺校，十二行本、乙十一行本皆作「少保」，今從改。

【語 譯】均王上上

乾化三年（癸酉 西元九一三年）

春，正月十四日丁巳，晉周德威攻下了燕國的順州。○二十日癸亥，郢王朱友珪祭祀太廟。二十一日甲子，在圜丘祭天，實行大赦，改年號為鳳曆。○吳國的陳璋攻打荊南，沒有攻下就退了回去。荊南的軍隊和楚王馬殷的軍隊在荊江口會合準備攔擊。陳璋得知了這一情況，把二百艘船並排連在一起，趁夜過江。荊南、楚二鎮的軍隊急忙出來追趕，沒能追上。○晉周德威攻下了燕國的安遠軍，薊州將領成行言等向晉王投降。

二月初九日壬午，蜀國實行大赦。

郢王朱友珪得志以後，迅即大行荒淫之事，朝廷內外都很憤怒。朱友珪雖然用金銀絲帛引誘拉攏，最終還是沒有人依附於他。駙馬都尉趙巖，是趙犨的兒子，梁太祖朱溫的女婿。左龍虎統軍、侍衛親軍都指揮使袁象先，是梁太祖朱溫的外甥。趙巖奉命出使到大梁，均王朱友貞祕密與他謀劃誅殺朱友珪。趙巖說：「這件事的成敗，就在於都招討使楊令公的態度。只要得到他一句話來曉諭禁軍，我們的事立即就可以辦成。」均王於是派心腹馬慎交到魏州去勸說楊師厚道：「郢王朱友珪殺父篡位，天下人的期望歸於大梁的均王。您如果順應人心助成此事，這是當世無雙的功勞啊！」並且答應事成之日賞賜給他犒勞軍隊的錢五十萬緡。楊師厚與將領佐吏商量這件事，說：「當郢王殺父篡位時，我不能立即去討伐。如今君臣的名分已經定了，無緣無故地再改變主意，這樣可以嗎？」有人說：「郢王親自殺死君王父親，這是賊人。均王興兵復仇，這是合於道義的。尊奉道義去討伐賊人，哪裡還用考慮什麼君臣的名分！他們要是有一天打敗了賊人，您將怎樣安頓自己呢？」楊師厚大驚說：「我差一點謀慮失誤。」於是派他的部將王舜賢到洛陽，暗中與袁象先謀劃，又派招討馬步都虞候譙人朱漢賓率軍屯駐在滑州作為外應。趙巖回到洛陽，也與袁象先祕密制定計策。

朱友珪懲治龍驤軍中潰散作亂的人，搜捕他們的餘黨，抓獲的人都被滅族，歷時一年仍不停止。當時龍驤軍有戍守大梁的，朱友珪徵召他們回洛陽，均王朱友貞於是派人去激怒他們說：「天子因為屯駐懷州的龍驤軍反叛，所以追捕你們想要全部坑殺掉。」龍驤軍的士兵都十分恐懼，不知道應該怎麼辦。二月十三日丙戌，均王上奏說大梁的龍驤軍士兵疑慮恐懼，不肯出發前往洛陽。十五日戊子，龍驤軍的將領們進見均王，哭著請求指示一條生路。均王說：「先帝和你們征戰三十多年，經營帝王事業。如今先帝尚且被人所殺，你們還能到哪裡去逃避死亡呢！」於是拿出梁太祖的畫像給他們看，並且流著淚說：「你們如果能自己到洛陽去為先帝報仇雪恥，就可以轉禍為福了。」大家都跳躍高呼萬歲，請求發給兵器，均王給了他們。

二月十七日庚寅早上，袁象先等率領禁兵幾千人衝入宮中。朱友珪聽說發生變亂，與妻子張氏及馮廷諤跑到北垣牆樓下，準備翻城牆出去。朱友珪估計自己終究不免一死，於是命令馮廷諤先殺死他妻子張氏，再殺死他，馮廷諤也自殺了。各路軍隊十多萬人在街市上大肆搶掠，百官都逃散了，中書侍郎、同平章事杜曉，侍講學士李珽都被亂兵所殺，門下侍郎、同平章事于兢，宣政使李振也受了傷。一直到太陽落山時才安定下來。

袁象先、趙巖帶著傳國寶璽前往大梁迎接均王朱友貞，均王說：「大梁是國家創業之地，何必要到洛陽去呢！」於是在大梁即皇帝位，年號重又改稱乾化三年，追廢朱友珪為平民，恢復博王朱友文的官職爵位。

二月二十三日丙申，晉將李存暉等攻打燕國的檀州，檀州刺史陳確獻城投降。○蜀國的唐道襲從興元罷兵回到成都，又擔任樞密使的職務。太子王元膺在朝廷上歷數唐道襲的過失罪惡，認為不應當讓他再掌管國家的機要，蜀主王建很不高興。二十七日庚子，任命唐道襲為太子少保。

三月初一日甲辰，晉周德威攻下了燕國的盧臺軍。○初四日丁未，梁帝朱友貞改名為鍠。過了很久，又改名為瑱。○初七日庚戌，加封楊師厚兼任中書令，賜爵鄴王，下詔書給他時不直呼他的名字以示尊重，事無巨細一定要先徵求他的意見然後才施行。○梁帝派使者招撫朱友謙。朱友謙重又自稱藩臣，並奉行梁朝的年號。○十三日丙辰，立皇弟朱友敬為康王。○二十二日乙丑，晉將劉光濬攻克古北口，燕國的居庸關使胡令圭等人投奔晉王。○二十五日戊辰，任命保義留後戴思遠為節度使，鎮守邢州。

燕王守光命大將元行欽將騎七千，牧馬於山北❶，募山北兵以應契丹❷。又以騎將高行珪❸為武州❹刺史，以為外援。晉李嗣源分兵徇❺山後八軍，皆下之。晉王以其弟存矩為新州❻刺史使[1]總之❼，以燕納降軍使盧文進❽為裨將。李嗣源進攻武州，高行珪以城降。元行欽聞之，引兵攻行珪。行珪使其弟行周❾為[2]質於晉軍以求救，李嗣源引兵救之，行欽解圍去。嗣源與行周追至廣邊軍❿，凡八戰，行欽力屈而降，嗣源愛其驍勇，養以為子。嗣源進攻儒州⓫，拔之，以行珪為代州⓬刺史。行周留事嗣源，常與嗣源假子從珂⓭分將牙兵以從。從珂母魏氏，鎮州人，先適⓮王氏，生從珂，嗣源從晉王克用戰河北，得魏氏，以為妾，故從珂為嗣源子，及長，以勇健善戰[3]知名，嗣源愛之。

吳行營招討使李濤帥眾二萬出千秋嶺⓯，攻吳越衣錦軍⓰。吳越王鏐以其子湖州刺史傳瓘為北面應援都指揮使以救之，睦州⓱刺史傳璙為招討收復都指揮使，將水軍攻吳東洲⓲以分其兵勢。

夏，四月癸未⓳，以袁象先領鎮南節度使⓴、同平章事。

晉周德威進軍逼幽州南門，壬辰㉑，燕王守光遣使致書於德威以請和，語甚卑而哀。德威曰：「大燕皇帝尚未郊天㉒，何雌伏㉓如是邪！予受命討有罪者，結盟繼好，非所聞也。」不答書。守光懼，復遣人祈哀[24]，德威乃以聞於晉王。

千秋嶺道險狹，錢傳瓘使人伐木以斷吳軍之後而擊之，吳軍大敗，虜李濤及士卒三千餘人以歸。

己亥[25]，晉劉光濬拔燕平州[26]，執刺史張在吉。五月，光濬攻營州[27]，刺史楊靖降。○乙巳[28]，蜀主以兵部尚書王鍇為中書侍郎、同平章事。

楊師厚與劉守奇將汴、滑、徐、兗、魏、博、邢、洺之兵十萬大掠趙[29]境，師厚自柏鄉入攻土門，趣趙州，守奇自貝州入趣冀州，所過焚掠。庚戌[30]，師厚至鎮州，營於南門外，燔[31]其關城。壬子[32]，師厚自九門[33]退軍下博[34]，守奇引兵與師厚會攻下博，拔之。晉將李存審、史建瑭戍趙州，兵少，趙王告急於周德威。德威遣騎將李紹衡會趙將王德明同拒梁軍。師厚、守奇自弓高[35]度御河[36]而東，逼滄州，張萬進懼，請遷于河南。師厚表徙萬進鎮青州，以守奇為順化[37]節度使。吳遣宣州副指揮使花虔將兵會廣德鎮遏使渦[38]信屯廣德[39]，將復寇衣錦軍。吳越錢傳瓘就攻之。

六月壬申朔[40]，晉王遣張承業詣幽州，與周德威議軍事。

丙子[41]，蜀主以道士杜光庭為金紫光祿大夫[42]、左諫議大夫，封蔡國公，進號廣成先生。光庭博學善屬文㊸，蜀主重之，頗與議政事。

吳越錢傳瓘拔廣德，虜花虔、渦信以歸。○戊子㊹，以張萬進為平盧節度使。

○辛卯㊺，燕王守光遣使詣張承業，請以城降。承業以其無信，不許。

【章　旨】以上為第十三段，寫吳越軍大敗淮南軍於千秋嶺。燕王劉守光力屈，請降於晉，不許。

【注　釋】❶山北　燕山之北。❷應契丹　劉守光求救於契丹，故使元行欽招募山北兵士與契丹相呼應。❸高行珪　高思繼兄之子。劉仁恭初以為牙將，守光時為武州刺史。後降晉為大同節度使。明宗入立，徙鎮威勝、安遠。傳附《舊五代史》卷六十五、《新五代史》卷四十八〈高行周傳〉。❹武州　州名，治所在今河北宣化。❺徇　攻取；略地。❻新州　州名，治所在今河北涿鹿。❼總之　總領山後八軍。❽盧文進　字大用，范陽人，初為劉守光騎將，降唐為壽州刺史。後殺李存矩反，奔契丹。明宗即位又歸唐，為義成軍節度使。後投李昇，為天雄統軍、宣潤節度使。傳見《舊五代史》卷九十七、《新五代史》卷四十八。❾行周　即高行周，字尚質，嬀州（今河北懷來東）人，思繼之子，高懷德之父。隨高行珪降晉，以功領端州刺史，後遷振武軍節度使。石敬瑭時為西京留守，徙鎮天雄。後漢高祖劉嵩入京師，加守中書令，徙鎮天平軍，封臨清王。傳見《舊五代史》卷一百二十三、《新五代史》卷四十八。❿廣邊軍　即故白雲城，在嬀州北一百三十里。高行周兄弟原籍廣邊軍鵰窠村。⓫儒州　州名，治所在今北京市延慶。⓬代州　州名，治所在今山西代縣。⓭從珂　即唐廢帝、唐末帝李從珂（西元八九二—九三六年），鎮州平山（今河北平山縣東）人，本姓王，明宗養以為子，取名從珂。以戰功拜河中節度使，封潞王，後為鳳翔節度使。閔帝即位後，徙為河東節度使，拒命起兵，西元九三四年入洛陽，即皇帝位，改元清泰。西元九三六年，河東節度使石敬瑭反，勾結契丹引兵南下，從珂自焚。傳見《舊五代史》卷四十六、《新五代史》卷七。⓮適　嫁。⓯千秋嶺　山名，在今浙江臨安西北，與安徽寧國相連。⓰衣錦軍　錢鏐出生地，為臨安縣廣義鄉，梁開平二年（西元九〇八年）改名衣錦鄉，又名衣錦軍。⓱睦州　州名，治所在今浙江建德東。⓲東洲　又名東布洲，在今江蘇啟東市北呂泗鎮一帶。本為長江口沙洲，後併入北岸。⓳癸未　四月十一日。⓴領鎮南節度使　袁象先遙領鎮南節度使，即所謂名號節度使。鎮南，方鎮名，治所洪州。時屬吳。㉑壬辰　四月二十日。㉒郊天　於郊外祭祀上天。㉓雌伏　謂屈居人下。《後漢書》卷二十七〈趙典傳〉引趙溫之語云：「大丈夫當雄飛，安能雌伏！」㉔祈哀　祈求；哀求。㉕己亥　四月二十七日。㉖平州　州名，治所在今河北盧龍。㉗營州　州名，治所在今遼寧朝陽。㉘乙巳　五月初四日。㉙掠趙　楊師厚趁燕、晉交兵，乘虛掠趙。㉚庚戌　五月初九日。㉛燔　焚燒。㉜壬子　五月十一日。㉝九門　縣名，縣治在今河北正定東。㉞下博　縣名，縣治在今河北深州東南。㉟弓高　縣名，縣治在今河北東光西北。㊱御河　即永濟渠。隋煬帝大業四年（西元六〇八年）穿永濟渠，引沁水南達於黃河，北通涿郡，後人謂之御河。㊲順化　方鎮名，去年改滄州義昌軍為順化軍。㊳渦　姓。㊴廣德　縣名，縣治在今安徽廣德。㊵壬申朔　六月初一日。㊶丙子　六月初五日。㊷金紫光祿大夫　正三品文散官。魏、晉以後，左右光祿大夫、光祿大夫皆銀章青綬，其重者，詔加金章紫綬，謂之金紫光祿大夫。㊸屬文　寫作。㊹戊子　六月十七日。㊺辛卯　六月二十日。

【校　記】①使　原無此字。據章鈺校，十二行本、孔天胤本皆有此字，張敦仁《通鑑刊本識誤》同，今據補。②為　原無此字。據章鈺校，十二行本、乙十一行本、孔天胤本皆有此字，張敦仁《通鑑刊本識誤》同，今據補。③善戰　原無此二字。據章鈺校，十二行本、乙十一行本、孔天胤本皆有此二字，今據補。

【語　譯】燕主劉守光命令大將元行欽率騎兵七千人，在山北牧馬，召募山北的士兵以接應契丹的援軍。又任命騎兵將領高行珪為武州刺史，作為外援。晉將李嗣源分出一部分兵力攻打山後的八軍，全部攻了下來。晉王李存勗任命他的弟弟李存矩為新州刺史來總管山後的八軍，任命燕納降軍使盧文進為副將。李嗣源進攻武州，高行珪獻城投降。元行欽聽到此事後，率軍攻打高行珪。高行珪派他的弟弟高行周到晉軍中當人質以求援。李嗣源率軍救援，元行欽解除包圍離開了。李嗣源與高行周一路追到廣邊軍，總共打了八仗，元行欽力竭而降，李嗣源喜愛元行欽驍勇，收他為養子。李嗣源攻打儒州，把它攻了下來，任命高行珪為代州刺史。高行周留下侍奉李嗣源，常常與李嗣源的養子李從珂分別率領牙兵跟隨李嗣源。李從珂的母親魏氏是鎮州人，先嫁給王氏，生下從珂。李嗣源跟隨晉王李克用在河北作戰，得到魏氏，收為妾，所以從珂成為李嗣源的兒子，長大以後，以英勇強健善於作戰而知名，李嗣源很喜愛他。

吳國行營招討使李濤率軍二萬人出千秋嶺，攻打吳越的衣錦軍。吳越王錢鏐任命他的兒子湖州刺史錢傳瓘為北面應援都指揮使前往救援，睦州刺史錢傳璙為招討收復都指揮使，率水軍攻打吳國的東洲來分散吳軍的兵力。

夏，四月十一日癸未，任命袁象先兼領鎮南節度使、同平章事。

晉將周德威進軍逼近幽州南門。四月二十日壬辰，燕主劉守光派使者送信給周德威請求講和，言辭謙卑而哀傷。周德威說：「大燕皇帝還沒有來得及到南郊祭天，為什麼像這樣屈居人下呢！我奉命前來討伐有罪的人，至於結盟修好，我沒有聽說過。」不答覆他的來信。劉守光十分恐懼，又派人前去哀求，周德威這才把這件事向晉王報告。

千秋嶺道路險峻狹窄，錢傳瓘派人砍伐樹木以切斷吳軍的後路，然後發動攻擊。吳軍大敗，錢傳瓘俘虜了李濤和士兵三千多人返回。

四月二十七日己亥，晉將劉光濬攻克燕國的平州，抓獲平州刺史張在吉。五月，劉光濬攻打營州，營州刺史楊靖投降。〇五月初四日乙巳，蜀主王建任命兵部尚書王鍇為中書侍郎、同平章事。

楊師厚與劉守奇率領汴州、滑州、徐州、兗州、魏州、博州、邢州、洺州的軍隊總共十萬人大肆掠奪趙地。楊師厚從柏鄉入攻土門，趕往趙州，劉守奇從貝州進來趕赴冀州，所過之處縱火搶掠。五月初九日庚戌，楊師厚到達鎮州，在南門外紮營，放火燒了鎮州的關城。十一日壬子，楊師厚從九門退兵到下博，劉守奇領兵與楊師厚會合進攻下博，把它攻了下來。晉將李存審、史建瑭戍守趙州，兵力少，趙王王鎔向周德威告急。周德威派騎兵將領李紹衡會合趙王部將王德明一起抵禦梁軍。楊師厚、劉守奇從弓高渡過御河東進，逼近滄州，張萬進害怕了，請求遷到河南。楊師厚上表請求調張萬進鎮守青州，任命劉守奇為順化節度使。

吳國派宣州副指揮使花虔率軍會同廣德鎮遏使渦信屯駐在廣德，準備再次侵犯衣錦軍。吳越錢傳瓘接近吳軍發動攻擊。

六月初一日壬申，晉王李存勗派張承業到幽州，與周德威商議軍事。

六月初五日丙子，蜀主王建任命道士杜光庭為金紫光祿大夫、左諫議大夫，封蔡國公，進號廣成先生。

杜光庭學識廣博，善寫文章，蜀主很看重他，常常和他商議政事。

吳越的錢傳瓘攻下廣德，俘虜了花虔、渦信返回。〇六月十七日戊子，梁朝任命張萬進為平盧節度使。〇二十日辛卯，燕主劉守光派使者前往張承業那裡，請求獻城投降。張承業認為劉守光沒有信用，沒有答應。

蜀太子元膺，豭喙齲齒❶，目視不正，而警敏知書，善騎射，性狷急猜忍❷。蜀主命杜光庭選純靜有德者使侍東宮，光庭薦儒者許寂❸、徐簡夫，太子未嘗與之交言，日與樂工羣小嬉戲無度，僚屬莫敢諫。

秋，七月，蜀主將以七夕❹出遊。丙午❺，太子召諸王大臣宴飲，集王宗翰、內樞密使潘峭、翰林學士承旨高陽❻毛文錫不至，太子怒曰：「集王不來，必峭與文錫離間也。」大昌軍使徐瑤、常謙，素為太子所親信，酒行，屢目少保❼唐道襲，道襲懼而起。丁未旦❽，太子入白蜀主曰：「潘峭、毛文錫離間兄弟。」蜀主怒，命貶逐峭、文錫，以前武泰節度使兼侍中潘炕為內樞密使。

太子出，道襲入，蜀主以其事告之，道襲曰：「太子謀作亂，欲召諸將、諸王，以兵錮❾之，然後舉事耳。」蜀主疑焉，遂不出❿。道襲請召屯營兵⓫入宿衛，許之。內外戒嚴。

太子初不為備，聞道襲召兵，乃以天武⓬甲士自衛，捕潘峭、毛文錫至，撾⓭

之幾死，因諸東宮。又捕成都尹潘嶠，因諸得賢門。戊申⑭，徐瑤、常謙與懷勝軍⑮使嚴璘等各帥所部兵奉太子攻道襲。至清風樓，道襲引屯營兵出拒戰，道襲中流矢，逐至城西，斬之。殺屯營兵甚眾，中外驚擾。

潘炕言於蜀主曰：「太子與唐道襲爭權耳，無它志也。陛下宜面諭大臣以安社稷。」蜀主乃召兼中書令王宗侃、王宗賀、前利州團練使王宗魯等[1]，使發兵討為亂者徐瑤、常謙等。宗侃等陳⑯於西毬場門，兼侍中王宗黯自大安門梯城而入，與瑤、謙戰於會同殿前，殺數十人，餘眾皆潰[2]。瑤死，謙與太子奔龍躍池⑰，匿於艦中，及暮稍定[3]。己酉⑱旦[4]，太子出就舟人匄⑲[5]食，舟人以告蜀主，遣[6]集王宗翰往慰撫之。比至⑳，太子已為衛士所殺。蜀主疑宗翰殺之，大慟不已。左右恐事變，會張格㉑呈慰諭軍民牓，讀至「不行斧鉞㉒之誅，將誤社稷之計」，蜀主收涕曰：「朕何敢以私害公！」於是下詔廢太子元膺為庶人。宗翰奏誅手刃太子者，元膺左右坐誅死者數十人，貶竄者甚眾。○庚戌㉓，贈唐道襲太師，謚忠壯。復以潘峭為樞密使。

【章　旨】以上為第十四段，寫蜀太子王元膺日與群小嬉戲無度，與大臣唐道襲交惡，兩人相攻，俱亡。

【注　釋】❶猳喙齙齒　一副公豬嘴臉。猳，公豬。喙，嘴。齙齒，露齒。❷狷急猜忍　性情褊狹急躁，猜疑殘忍。❸許寂（？—西元九三六年）字閑閑，少有山水之好，泛覽經史。蜀主王建待以師禮，位至蜀相。蜀亡，卜居洛。傳見《舊五代史》卷七十一。❹七夕　農曆七月初七夜。❺丙午　七月初六日。❻高陽　縣名，縣治在今河北高陽東。❼少保　官名，與少師、少傅稱三孤或三少。只作為榮銜，無職事。❽丁未旦　七月初七日晨。❾錮　禁錮。❿不出　不以七夕出遊。⓫屯營兵　駐守在軍營中的部隊。⓬天武　軍隊名。⓭檛　擊；敲打。⓮戊申　七月初八日。⓯懷勝軍　軍隊名。⓰陳　通「陣」。列陣。⓱龍躍池　即摩訶池。今湮。原在四川成都城內。隋開皇中欲伐陳，築此池以教水戰。⓲己酉　七月初九日。⓳匄　乞求。⓴比至　此謂等王宗翰到達。㉑張格　時為宰相。㉒斧鉞　殺人的斧子。此指刑殺。㉓庚戌　七月初十日。

【校　記】①等　原無此字。據章鈺校，十二行本、乙十一行本、孔天胤本皆有此字，張敦仁《通鑑刊本識誤》同，今據補。②餘眾皆潰　原無此四字。據章鈺校，十二行本、乙十一行本、孔天胤本皆有此四字，張敦仁《通鑑刊本識誤》同，今據補。③及暮稍定　原無此四字。據章鈺校，十二行本、乙十一行本、孔天胤本皆有此四字，張瑛《通鑑校勘記》同，今據補。④旦　原無此字。據章鈺校，十二行本、乙十一行本、孔天胤本皆有此字，張敦仁《通鑑刊本識誤》同，今據補。⑤匄　原作「匃」。據章鈺校，十二行本、乙十一行本皆作「匄」，張瑛《通鑑校勘記》同，今從改。⑥遣　原作「亟遣」。據章鈺校，十二行本、乙十一行本、孔天胤本皆無「亟」字，今據刪。

【語　譯】蜀國的太子王元膺，嘴如公豬，牙齒突出在嘴唇外面，目光不正，但卻機警敏捷，通曉詩書，擅長騎馬射箭，性情急躁，多疑而殘忍。蜀主王建命令杜光庭選擇性情純靜、道德、品行好的人去侍奉太子。杜光庭推薦了儒生許寂、徐簡夫，但太子從未與他們交談過，成天與樂工下人玩樂，毫無節制，屬官沒有人敢勸諫。

秋，七月，蜀主準備在七夕出遊。初六日丙午，太子召集各王和大臣宴飲，集王王宗翰、內樞密使潘峭、翰林學士承旨高陽人毛文錫沒有到，太子大怒，說：「集王不來，一定是潘峭和毛文錫在中間挑撥離間。」大昌軍使徐瑤、常謙，平素就受到太子的親近信任，飲酒的時候，多次盯著少保唐道襲，唐道襲心裡害怕而起身告退。初七日丁未早上，太子入宮稟報蜀主說：「潘峭、毛文錫離間我們兄弟。」蜀主大怒，命令將潘峭、毛文錫貶官放逐出去，任命前武泰節度使兼侍中潘炕為內樞密使。

太子出宮後，唐道襲入宮進見，蜀主把這件事告訴他。唐道襲說：「太子陰謀作亂，想要召集各將領和各王，派兵把他們都監禁起來，然後發動叛亂。」蜀主聽了心生疑慮，七夕就不出遊了。唐道襲請求召集屯營兵進入宮中值宿警衛，蜀主答應了。宮內外嚴密戒備。

太子起初沒有什麼防備，聽說唐道襲召集軍隊，於是用天武甲士進行自衛，把潘峭、毛文錫抓來，把他們打得幾乎要斷氣了，囚禁在東宮內。又抓捕了成都尹潘嶠，囚禁在得賢門。七月初八日戊申，徐瑤、常謙與懷勝軍使嚴璘等各率所屬部隊隨從太子攻打唐道襲。到了清風樓，唐道襲帶領屯營兵出來迎戰抵禦，唐道襲被亂箭射中，太子等一直追他到城西，把他殺了，並且殺死很多屯營兵，朝廷內外驚慌騷亂。

潘炕向蜀主王建進言說：「太子是與唐道襲爭權而已，沒有其他的心思。陛下應該當面曉諭大臣以安定社稷。」蜀主於是召兼中書令王宗侃、王宗賀、前利州團練使王宗魯等人，命他們發兵討伐作亂的徐瑤、常謙等人。王宗侃等在西毬場門列陣。兼侍中王宗黯從大安門搭梯翻過城牆進入宮中，與徐瑤、常謙在會同殿前交戰，殺死幾十人，其他人都潰散了。徐瑤戰死，常謙與太子逃往龍躍池，藏身在戰船中，到傍晚才稍微安定下來。七月初九日己酉早上，太子從藏身處出來向船夫討食物吃，船夫把這事報告了蜀主。蜀主派集王王宗翰前往慰問安撫。等到了那裡，太子已經被衛士殺死。蜀主懷疑是王宗翰殺了太子，痛哭不止。左右的官員擔心發生事變，恰好這時張格把擬好的安慰曉諭軍民的告示獻上來，當讀到「不對叛逆作亂的人實行誅殺，就要貽誤國家的大事」這一句時，蜀主收住眼淚說：「朕怎麼敢因私情危害公事！」於是頒下詔書把太子王元膺廢為庶人。王宗翰上奏請求誅殺動手殺太子的人，王元膺左右侍從獲罪被誅殺的有幾十人，被降職流放的人更多。〇初十日庚戌，蜀主王建追贈唐道襲為太師，諡號忠壯。重又任命潘峭為樞密使。

甲子❶，晉五院軍使❷李信[1]拔莫州❸，擒燕將畢元福。八月乙亥❹，李信拔瀛州。○賜高季昌爵勃海王。○晉王與趙王鎔會于天長❺。○楚寧遠❻節度使姚彥章將水軍侵吳鄂州，吳以池州團練使呂師造為水陸行營應援使，未至，楚兵引去。

九月甲辰❼，以御史大夫姚洎為中書侍郎、同平章事。○燕王守光引兵夜出，復取順州❽。

吳越王鏐遣其子傳瓘、傳璙及大同節度使傳瑛攻吳常州，營於潘葑❾。徐溫曰：「浙人輕而怯。」帥諸將倍道❿赴之。至無錫，黑雲都將陳祐言於溫曰：「彼謂吾遠來罷倦，未能戰[2]，請以所部乘其無備擊之。」乃自他道出敵後，溫以大軍當其前，夾攻之，吳越大敗，斬獲甚眾。

高季昌造戰艦五百艘，治城塹，繕器械，為攻守之具，招聚亡命⓫，交通吳、蜀，朝廷浸⓬不能制。

【章旨】以上為第十五段，寫梁封荊南節度使高季昌為勃海王。高季昌招聚亡命，交通吳、蜀，梁不能制。吳人在常州大敗來犯的吳越兵。

【注釋】❶甲子　七月二十四日。❷五院軍使　五院軍為軍隊名。五院謂監察、殿中、侍御史、中丞、大夫。五院子弟多頑劣之徒。《舊唐書》卷一百四十〈劉闢傳〉載闢謀反，死前回答憲宗說：「臣不敢反，五院子弟為惡，臣不能制。」疑五院軍是以五院子弟為骨幹的軍隊，五院軍使領之。❸莫州　州名，治所在今河北雄縣南。❹乙亥　八月初六日。❺天長　鎮名，在今河北井陘西，時屬鎮州。❻寧遠　方鎮名，治所容州，在今廣西容縣。開平四年（西元九一〇年）寧遠節度使龐巨昭附於馬殷。❼甲辰　九月初五日。❽順州　州名，治所在今北京市順義。是年春正月，晉周德威拔燕順州。❾潘葑　鎮名，在今江蘇無錫西北。❿倍道　兼程。⓫亡命　逃亡在外的人。⓬浸　漸漸。

【校　記】1李信　原無此二字。據章鈺校，十二行本、乙十一行本、孔天胤本皆有此二字，張敦仁《通鑑刊本識誤》同，今據補。2戰　原作「決戰」。據章鈺校，十二行本、乙十一行本、孔天胤本皆無「決」字，今據刪。

【語　譯】七月二十四日甲子，晉五院軍使李信攻克莫州，擒獲燕國將領畢元福。八月初六日乙亥，李信又攻克瀛州。〇梁朝賜高季昌爵位為勃海王。〇晉王李存勗與趙王王鎔在天長鎮會面。〇楚寧遠節度使姚彥章率水軍進犯吳國的鄂州。吳國任命池州團練使呂師造為水陸行營應援使，吳援軍還沒有到達，楚軍就退回去了。

九月初五日甲辰，梁朝任命御史大夫姚洎為中書侍郎、同平章事。〇燕主劉守光率領軍隊在夜晚出擊，又奪回了順州。

吳越王錢鏐派他的兒子錢傳瓘、錢傳璙及大同節度使錢傳瑛攻打吳國的常州，在潘葑紮營。徐溫說：「浙人輕浮而且怯懦。」率領眾將領兼程急行，趕去迎戰。到了無錫，黑雲都將陳祐對徐溫說：「他們以為我們遠道趕來十分疲憊，不可能馬上打仗。請允許我帶領我的部隊乘他們沒有戒備去攻擊他們。」於是從另外的一條路繞到了敵人後面，徐溫則率領大軍在前面迎敵，前後夾攻。吳越的軍隊大敗，被殺死、俘獲的吳越士兵很多。

高季昌建造戰艦五百艘，修築城牆挖掘溝塹，整治器械，作為進攻和守衛的工具，招集亡命之人，和吳國、蜀國往來勾結，梁朝漸漸不能控制高季昌了。

冬，十月己巳朔❶，燕王守光帥眾五千夜出，將入檀州❷。庚午❸，周德威自涿州❹引兵邀擊，大破之。守光以百餘騎逃歸幽州，其將卒降者相繼。

蜀潘炕屢請立太子，蜀主以雅王宗輅類己❺，信王宗傑才敏，欲擇一人立之。鄭王宗衍❻最幼，其母徐賢妃有寵，欲立其子，使飛龍使❼唐文扆諷張格上表請立宗衍。格夜以表示功臣王宗侃等，詐云受密旨，眾皆署名。蜀主令相者❽視諸子，亦希旨❾言鄭王相最貴。蜀主以為眾人實欲立宗衍，不得已許之，曰：「宗衍幼懦，能堪❿其任乎？」甲午⓫，立宗衍為太子。受冊畢，潘炕以朝廷無事，稱疾請老，蜀主不許，涕泣固請，乃許之。國有大疑⓬，常遣使就第⓭問之。

嶺南節度使劉巖求昏於楚，楚王許以女妻之。

盧龍巡屬⓮皆入于晉，燕王守光獨守幽州城，求援於契丹。契丹以其無信，竟不救。守光屢請降於晉，晉人疑其詐，終不許。至是，守光登城謂周德威曰：「俟晉王至，吾則開門泥首⓯聽命。」德威使白晉王。十一月甲辰⓰，晉王以監軍張承業權知軍府事，自詣幽州。辛酉⓱，單騎抵城下，謂守光曰：「朱溫篡逆，余本欲[1]與公合河朔五鎮⓲之兵興復唐祚。公謀之不臧⓳，乃效彼狂僭⓴。鎮、定二帥㉑皆俛首㉒事公，而公曾不之恤㉓，是以有今日之役。丈夫成敗須決所向，公將何如？」守光曰：「今日俎上肉㉔耳，惟王所裁㉕。」王憫之，與折弓矢為誓，曰：「但出相見，保無他也㉖。」守光辭以它日。

先是，守光愛將李小喜多贊成守光之惡，言聽計從，權傾㉗境內。至是，守光將出降，小喜止之。是夕，小喜踰城詣晉軍降[2]，且言城中力竭。壬戌㉘，晉王督諸軍四面攻城，克之，擒劉仁恭及其妻妾，守光帥妻子亡去。癸亥㉙，晉王入幽州。

以寧國㉚節度使王景仁為淮南西北行營招討應接使，將兵萬餘侵廬、壽。

【章旨】以上為第十六段，寫晉王李存勗克幽州，擒劉仁恭，劉守光逃亡，燕亡。

【注釋】❶己巳朔　十月初一日。❷檀州　州名，治所在今北京市密雲。❸庚午　十月初二日。❹涿州　州名，治所在今河北涿州。❺類己　很像自己。❻宗衍　（？—西元九二六年）王建之子，本名宗衍，後去「宗」字，字化源。繼承王建帝位之後，縱情聲色，朝政委於宦官宋光嗣等，李存勗於西元九二五年命將入蜀，衍迎降，後被殺。傳見《舊五代史》卷一百三十六、《新五代史》卷六十三。❼飛龍使　官名，掌飛龍廄，即皇宮養馬之所。❽相者　相面的人。❾希旨　迎合在上者的意旨。❿堪　承當。⓫甲午　十月二十六日。⓬大疑　重大的難以決策的問題。⓭就第　到府第。⓮巡屬　所屬州郡。⓯泥首　以泥塗首，自辱服罪。⓰甲辰　十一月初六日。⓱辛酉　十一月二十三日。⓲五鎮　指潞、鎮、定、幽、滄。⓳臧　善。⓴狂僭　狂妄僭越。此指劉守光稱帝。㉑鎮定二帥　指鎮帥王鎔，定帥王處直。㉒俛首　低頭。㉓恤　顧惜。劉守光於西元九一一年攻易、定，義武節度使王處直向晉告急，晉王遣周德威將兵三萬攻燕以救之。㉔俎上肉　比喻任人宰割。俎，切肉用的砧板。㉕裁　決斷。㉖但出相見二句　意謂只管出來相見，保證不殺。但，只。㉗傾　超越。㉘壬戌　十一月二十四日。㉙癸亥　十一月二十五日。㉚寧國　方鎮名，治所宣州，在今安徽宣城。

【校記】[1]欲　原無此字。胡三省注云：「『本』下當有『欲』字。」據章鈺校，十二行本、孔天胤本皆有此字，今據補。

②降　原無此字。據章鈺校，十二行本、孔天胤本皆有此字，張敦仁《通鑑刊本識誤》同，今據補。

【語譯】冬，十月初一日己巳，燕主劉守光率領部眾五千人在夜裡出發，準備進入檀州。初二日庚午，周德威從涿州率軍攔擊，把他打得大敗。劉守光帶領一百多名騎兵逃回幽州，他的將領、士兵向晉軍投降的接連不斷。

蜀國的潘炕多次請求蜀主王建冊立太子。蜀主認為雅王王宗輅像自己，信王王宗傑才思敏捷，想要選擇一人立為太子。鄭王王宗衍年齡最小，他的母親徐賢妃受到王建寵幸，想立自己的兒子，讓飛龍使唐文扆暗示張格上表奏請冊立王宗衍為太子。張格在夜裡把寫好的奏表給功臣王宗侃等人看，欺騙他們說是接受了蜀主的密旨而寫的，王宗侃等人都在奏表上署了名。蜀主讓相面的人看各個兒子的面相，相面的人也迎合說鄭王王宗衍的面相最尊貴。蜀主以為大家確實想要立王宗衍為太子，不得已而答應了，說：「王宗衍年幼懦弱，能夠勝任他的職務嗎？」十月二十六日甲午，立王宗衍為太子。受冊完畢，潘炕認為朝廷不會再有什麼大事了，就聲稱自己有病，請求告老去職，蜀主不答應，潘炕流著眼淚堅決請求，蜀主這才答應了他。但國家有了重大的疑難事情，蜀主還是常常派使者到潘炕家裡去徵詢他的意見。

嶺南節度使劉巖向楚王馬殷求婚，楚王馬殷答應把女兒嫁給他。

盧龍所轄的州縣全都落入晉王手中，燕主劉守光只據守著幽州一城，向契丹求援。契丹因為劉守光沒有信用，最終也不來救援。劉守光屢次請求向晉投降，晉人懷疑他有詐，始終沒有答應。到這時候，劉守光登上城樓對周德威說：「等晉王到了，我就打開城門俯首聽命。」周德威派使者稟報晉王。十一月初六日甲辰，晉王任命監軍張承業暫時代理主持軍府事務，親自來到幽州。二十三日辛酉，晉王單騎直抵幽州城下，對劉守光說：「朱溫叛逆篡位，我本來想要和你會合潞、鎮、定、幽、滄五鎮的軍隊一起復興唐朝的皇統，可是你圖謀不軌，竟然效法朱溫狂妄僭越。鎮州王鎔、定州王處直二帥都俯首侍奉你，而你從不體恤他們，所以才有了今天這一場仗。男子漢無論成敗都必須決定去向，你打算怎麼辦？」劉守光說：「今天我不過是塊砧俎上的肉罷了，全憑大王裁決。」晉王憐憫劉守光，與劉守光折斷弓箭起誓，說：「只要你出城相見，我保你無事。」劉守光推辭說改日再談。

此前，劉守光的愛將李小喜多佐助促成劉守光的惡行，劉守光對李小喜言聽計從，李小喜的權勢超過燕國其他人。到這時候，劉守光準備出城投降，李小喜阻止了他。當晚，李小喜翻越城牆到晉軍那裡投降，並且說幽州城中的人已精疲力竭了。十一月二十四日壬戌，晉王李存勗督率各軍從四面攻城，攻下了幽州城，擒獲劉仁恭和他的妻妾，劉守光帶著妻子兒女逃跑了。二十五日癸亥，晉王進入幽州城。

梁朝任命寧國節度使王景仁為淮南西北行營招討應接使，率領軍隊一萬多人進犯廬州、壽州。

【研　析】本卷研析蜀、岐大交兵、李遇救子遭滅全族、梁太祖為子所弒三件史事。

蜀、岐大交兵。蜀王王建，岐王李茂貞，隴蜀地望相接，列強爭雄，勢不兩立。李茂貞據隴擋住了蜀王王建的出路。王建擴張，李茂貞成為首要之敵。李茂貞只守隴地，唐王室在關中，地處邊垂，狹小人寡，死路一條。李茂貞自雄，兼吞巴蜀，是首選的攻擊目標。蜀、岐交兵，形勢必然。當朱全忠圍攻鳳翔之時，王建乘機奪取李茂貞山南之地。當昭宗東遷，朱全忠篡唐之志明朗，一是列鎮受唐昭宗詔令勤王，二是列鎮要自保，適應形勢，蜀、岐為唇齒之邦，不宜自相攻伐。李茂貞釋嫌與王建交好，結為婚姻，一致共討朱全忠。李茂貞在前沿，王建為之後援，供給岐兵衣糧器械。不久，朱全忠篡唐，忙於內務，隨及受到晉王李存勗進攻，梁朝減輕了西向的壓力，蜀、岐蜜月結束，雙方爆發了更大的爭鬥，蜀、岐大交兵。李茂貞向王建索取山南之地，無異於虎口奪食，甚至是與虎謀皮，這是最不理智的妄動。李茂貞興兵強奪，王建親率大軍與之爭。岐兵弱小，本就不是蜀兵對手，先勝而後大敗，被迫和解，李茂貞勢力進一步衰落。

李遇救子遭滅全族。李遇，淮南宣州觀察使，楊行密舊將，位在牙將徐溫之上。楊行密舊將鎮南使劉威，歙州觀察使陶雅，常州刺史李簡，位亦在徐溫之上。楊行密死，徐溫秉政，歷楊渥、楊隆演，貴重日隆，甚至操廢立大權，四人心內不平，李遇尤甚，散布言論說：「徐溫是什麼人，我們這些舊人連徐溫的面都沒有見過，他憑什麼主持政務。」徐溫派館驛使徐玠出使吳越，路過宣州，勸李遇入淮南面見新主楊隆演。李遇已經答應了，徐玠多說了一句：「公不入見新主，落下話柄，說你造反。」李遇大怒說：「你憑什麼說我李遇造反，殺侍中的人反而不是造反的人！」侍中，指楊渥，殺侍中的人指徐溫。李遇直斥徐溫是造反者，徐溫大怒，委派淮南節度副使王檀為宣州制置使，宣布李遇不入見新主之罪，令柴再用率昇、潤、池、歙諸州之兵送王檀到宣州赴任，李遇反叛，起兵相拒。柴再用圍攻宣州一月有餘，沒能取勝。李遇的小兒子為淮南牙將，李遇最疼愛。徐溫執送李遇少子到宣州城下啼號求生，李遇為了救子，不戰而降，徐溫族滅李遇一門。

李遇才薄，不服徐溫當政，取死之道。既然反叛，宜舉義旗聲討徐溫弒主之罪，傳檄諸州共同清君之側，或有僥倖，即使敗亡，也留得英名。爭天下者不顧家，豈能以不戰而得救子者乎？三尺童子皆知，李遇不知，可見其無能為也。李遇救子出降，父子俱死。李遇不出降，子死父存，激勵全軍一戰，不失為大丈夫。李遇使性大言，輕率反叛，臨事而懼，是一個無智無勇的小丑，禍害全家，雖死不足悲也！

梁太祖為子所弒。梁太祖朱晃，晚年猜忌，多殺功臣，又縱情聲色，諸子在外，令兒媳入侍，亂倫縱淫。梁太祖長子朱友裕早卒，次子博王朱友文為義子，梁太祖絕愛之，於是屬意立朱友文為太子。郢王朱友珪亦梁太祖義子，年次朱友文。朱友珪任控鶴都指揮使，侍奉在梁太祖左右。乾化二年（西元九一二年）六月，梁太祖病重，召博王朱友文欲託以後事，郢王朱友珪婦侍側，知其事以告朱友珪說：「大家把傳國璽交給王氏懷揣著到東都，我們不知哪一天就要死了。」夫妻相向哭泣。朱友珪身邊的人說：「事情緊急，趕快拿定主意找出路，機會不可喪失。」一句話點醒朱友珪，他趕緊去聯絡那些被梁太祖誅殺的功臣子弟，又召來親信左龍虎軍統軍韓勍，告以實情，趁朱友文還在東都，立即發動政變。韓勍率領五百名牙兵，在朱友珪及其親兵控鶴士的帶領下埋伏在宮中。到了夜半，伏兵齊出，殺死守門衛士，朱友珪帶頭衝入梁太祖寢殿，守候的人全都逃走。梁太祖驚懼起身，問：「是誰造反？」朱友珪應聲回答說：「不是別人，是我朱友珪。」梁太祖說：「我本來就懷疑你，恨早沒有殺你，你犯上作亂，天地不容。」朱友珪反唇相譏說：「天地不容的是老賊，應該碎屍萬段。」隨著朱友珪的罵聲，朱友珪僕人馮廷諤狠狠一刀從梁太祖腹部刺入，刀尖穿透到背部。朱友珪用破氈包裹梁太祖，就地掩埋在寢殿內，祕不發喪。朱友珪矯詔殺了朱友文，這才發喪，宣布遺詔，朱友珪繼承帝位。

朱友珪之母，原本是軍伎，友珪受到的是不良教育，更以兇殘荒淫的朱晃為榜樣，所以用殘忍的手段弒父弒君。朱友珪非法奪取帝位，毫不珍惜，即位伊始不為一善政，效其父荒淫好殺，內外憤怒，不久就被均王朱友貞誅殺。

梁太祖病重之時，曾對左右親近說：「我經營天下三十多年，想不到太原賊勢更加猖獗，我看李存勗小兒志向不小，老天又要奪我的命，我死，兒子們沒有一個是李存勗的對手，我死無葬身之地啊！」梁太祖萬萬沒有想到，死無葬身之地，卻遭的是兒子的毒手。

亂唐天下的安祿山、史思明，奪唐天下的朱晃，都死於兒子之手。這幫兇殘的人渣，無道無義，天地不容，人神共憤，悲慘下場，天理最當。

# 古籍今注新譯叢書

## 哲學類

| | |
|---|---|
| 新譯四書讀本 | 謝冰瑩等編譯 |
| 新譯學庸讀本 | 王澤應注譯 |
| 新譯論語新編解義 | 胡楚生編著 |
| 新譯孝經讀本 | 賴炎元等注譯 |
| 新譯易經讀本 | 郭建勳注譯 |
| 新譯周易六十四卦經傳通釋 | 黃慶萱注譯 |
| 新譯乾坤經傳通釋 | 黃慶萱注譯 |
| 新譯易經繫辭傳解義 | 吳　怡著 |
| 新譯禮記讀本 | 姜義華注譯 |
| 新譯儀禮讀本 | 顧寶田等注譯 |
| 新譯孔子家語 | 羊春秋注譯 |
| 新譯老子讀本 | 余培林注譯 |
| 新譯帛書老子 | 趙　鋒注譯 |
| 新譯老子解義 | 吳　怡著 |
| 新譯莊子讀本 | 黃錦鋐注譯 |
| 新譯莊子讀本 | 張松輝注譯 |
| 新譯莊子本義 | 水渭松注譯 |
| 新譯莊子內篇解義 | 吳　怡著 |
| 新譯列子讀本 | 莊萬壽注譯 |
| 新譯管子讀本 | 湯孝純注譯 |
| 新譯墨子讀本 | 李生龍注譯 |
| 新譯公孫龍子 | 丁成泉注譯 |
| 新譯晏子春秋 | 陶梅生注譯 |
| 新譯鄧析子 | 徐忠良注譯 |
| 新譯荀子讀本 | 王忠林注譯 |
| 新譯尹文子 | 徐忠良注譯 |
| 新譯尸子讀本 | 水渭松注譯 |
| 新譯鶡冠子 | 趙鵬團注譯 |
| 新譯鬼谷子 | 王德華等注譯 |
| 新譯韓非子 | 傅武光等注譯 |
| 新譯呂氏春秋 | 朱永嘉等注譯 |
| 新譯韓詩外傳 | 孫立堯注譯 |
| 新譯淮南子 | 熊禮匯注譯 |
| 新譯春秋繁露 | 朱永嘉等注譯 |
| 新譯新書讀本 | 饒東原注譯 |
| 新譯新語讀本 | 王　毅注譯 |
| 新譯潛夫論 | 彭丙成注譯 |
| 新譯論衡讀本 | 蔡鎮楚注譯 |
| 新譯申鑒讀本 | 林家驪等注譯 |
| 新譯人物志 | 吳家駒注譯 |
| 新譯張載文選 | 張金泉注譯 |
| 新譯近思錄 | 張京華注譯 |
| 新譯傳習錄 | 李生龍注譯 |
| 新譯呻吟語摘 | 鄧子勉注譯 |
| 新譯明夷待訪錄 | 李廣柏注譯 |

## 文學類

| | |
|---|---|
| 新譯詩經讀本 | 滕志賢注譯 |
| 新譯楚辭讀本 | 林家驪注譯 |
| 新譯楚辭讀本 | 傅錫壬注譯 |
| 新譯文心雕龍 | 羅立乾注譯 |
| 新譯六朝文絜 | 蔣遠橋注譯 |
| 新譯世說新語 | 劉正浩等注譯 |
| 新譯昭明文選 | 周啟成等注譯 |
| 新譯古文觀止 | 謝冰瑩等注譯 |
| 新譯古文辭類纂 | 黃　鈞等注譯 |
| 新譯樂府詩選 | 溫洪隆注譯 |
| 新譯古詩源 | 馮保善注譯 |
| 新譯千家詩 | 邱燮友等注譯 |
| 新譯詩品讀本 | 成　林等注譯 |
| 新譯花間集 | 朱恒夫注譯 |
| 新譯南唐詞 | 劉慶雲注譯 |
| 新譯絕妙好詞 | 聶安福注譯 |
| 新譯唐詩三百首 | 邱燮友注譯 |
| 新譯宋詩三百首 | 陶文鵬注譯 |
| 新譯宋詞三百首 | 汪　中注譯 |
| 新譯宋詞三百首 | 劉慶雲注譯 |
| 新譯元曲三百首 | 賴橋本等注譯 |
| 新譯明詩三百首 | 趙伯陶注譯 |
| 新譯清詩三百首 | 王英志注譯 |
| 新譯清詞三百首 | 陳水雲等注譯 |
| 新譯唐人絕句選 | 卞孝萱等注譯 |
| 新譯唐才子傳 | 戴揚本注譯 |
| 新譯拾遺記 | 石　磊注譯 |
| 新譯搜神記 | 黃　鈞注譯 |
| 新譯唐傳奇選 | 束　忱等注譯 |
| 新譯宋傳奇小說選 | 束　忱注譯 |
| 新譯明傳奇小說選 | 陳美林等注譯 |
| 新譯容齋隨筆選 | 朱永嘉等注譯 |
| 新譯明散文選 | 周明初注譯 |
| 新譯明清小品文選 | 鄭　婷注譯 |

新譯人間詞話　馬自毅注譯
新譯白香詞譜　劉慶雲注譯
新譯幽夢影　馮保善注譯
新譯菜根譚　吳家駒注譯
新譯小窗幽記　馬美信注譯
新譯圍爐夜話　馬美信注譯
新譯郁離子　吳家駒注譯
新譯歷代寓言選　黃瑞雲注譯
新譯賈長沙集　林家驪注譯
新譯揚子雲集　葉幼明注譯
新譯曹子建集　曹海東注譯
新譯建安七子詩文集　韓格平注譯
新譯阮籍詩文集　林家驪注譯
新譯嵇中散集　崔富章注譯
新譯陸機詩文集　王德華注譯
新譯陶淵明集　溫洪隆注譯
新譯江淹集　羅立乾等注譯
新譯庾信詩文選　歸　青注譯
新譯初唐四傑詩集　李福標注譯
新譯駱賓王文集　黃清泉注譯
新譯王維詩文集　陳鐵民注譯
新譯孟浩然詩集　楊　軍注譯
新譯李白詩全集　郁賢皓注譯
新譯李白文集　郁賢皓注譯
新譯杜甫詩選　張忠綱等注譯
新譯杜詩菁華　林繼中注譯
新譯高適岑參詩選　孫欽善等注譯
新譯昌黎先生文集　周啟成等注譯
新譯劉禹錫詩文選　閻　琦注譯

新譯柳宗元文選　卞孝萱等注譯
新譯白居易詩文選　陶　敏等注譯
新譯元稹詩文選　郭自虎注譯
新譯李賀詩集　彭國忠注譯
新譯杜牧詩文集　張松輝注譯
新譯李商隱詩選　朱恒夫等注譯
新譯范文正公選集　王興華等注譯
新譯蘇洵文選　羅立剛注譯
新譯蘇軾文選　滕志賢注譯
新譯蘇軾詞選　鄧子勉注譯
新譯蘇軾詩選　鄧子勉注譯
新譯蘇轍文選　朱　剛注譯
新譯曾鞏文選　高克勤注譯
新譯王安石文選　沈松勤注譯
新譯唐宋八大家文選　鄧子勉注譯
新譯柳永詞集　侯孝瓊注譯
新譯李清照集　姜漢椿等注譯
新譯陸游詩文選　韓立平注譯
新譯辛棄疾詞選　聶安福注譯
新譯歸有光文選　鄔國平注譯
新譯唐順之詩文選　馬美信注譯
新譯徐渭詩文選　周　群等注譯
新譯袁宏道詩文選　孫立堯注譯
新譯薑齋文集　平慧善注譯
新譯顧亭林文集　劉九洲注譯
新譯納蘭性德詞　馮　乾注譯
新譯方苞文選　鄔國平等注譯
新譯閒情偶寄　馬美信注譯
新譯鄭板橋集　朱崇才注譯

新譯袁枚詩文選　王英志注譯
新譯李慈銘詩文選　潘靜如注譯
新譯聊齋誌異選　任篤行等注譯
新譯閱微草堂筆記　嚴文儒注譯
新譯浮生六記　馬美信注譯
新譯弘一大師詩詞全編　徐正綸編著

## 歷史類

新譯史記　韓兆琦注譯
新譯漢書　吳榮曾等注譯
新譯後漢書　魏連科等注譯
新譯三國志　吳樹平等注譯
新譯資治通鑑　韓兆琦等注譯
新譯史記—名篇精選　韓兆琦注譯
新譯尚書讀本　吳　璵注譯
新譯尚書讀本　郭建勳注譯
新譯周禮讀本　賀友齡注譯
新譯逸周書　牛鴻恩注譯
新譯左傳讀本　郁賢皓等注譯
新譯公羊傳　雪　克注譯
新譯穀梁傳　顧寶田注譯
新譯春秋穀梁傳　周　何注譯
新譯戰國策　溫洪隆注譯
新譯國語讀本　易中天注譯
新譯說苑讀本　左松超注譯
新譯說苑讀本　羅少卿注譯
新譯新序讀本　葉幼明注譯
新譯吳越春秋　黃仁生注譯
新譯西京雜記　曹海東注譯

新譯列女傳　黃清泉注譯
新譯越絕書　劉建國注譯
新譯燕丹子　曹海東注譯
新譯東萊博議　李振興等注譯
新譯唐六典　朱永嘉等注譯
新譯唐摭言　姜漢椿注譯

## 宗教類

新譯金剛經　徐興無注譯
新譯高僧傳　朱恒夫等注譯
新譯碧巖集　吳　平注譯
新譯百喻經　顧寶田注譯
新譯楞嚴經　賴永海等注譯
新譯梵網經　王建光注譯
新譯圓覺經　商海鋒注譯
新譯法句經　劉學軍注譯
新譯六祖壇經　李中華注譯
新譯禪林寶訓　李中華注譯
新譯維摩詰經　陳引馳等注譯
新譯經律異相　顏洽茂注譯
新譯阿彌陀經　蘇樹華注譯
新譯無量壽經　邱高興注譯
新譯無量壽經　蘇樹華注譯
新譯妙法蓮華經　張松輝注譯
新譯景德傳燈錄　顧宏義注譯
新譯大乘起信論　韓廷傑注譯
新譯釋禪波羅蜜　蘇樹華注譯
新譯八識規矩頌　倪梁康注譯
新譯永嘉大師證道歌　蔣九愚注譯

新譯華嚴經入法界品　楊維中注譯
新譯地藏菩薩本願經　李承貴注譯
新譯悟真篇　劉國樑等注譯
新譯无能子　張松輝注譯
新譯坐忘論　張松輝注譯
新譯列仙傳　張金嶺注譯
新譯抱朴子　李中華注譯
新譯神仙傳　周啟成注譯
新譯性命圭旨　傅鳳英注譯
新譯老子想爾注　顧寶田等注譯
新譯周易參同契　劉國樑注譯
新譯道門觀心經　王　卡注譯
新譯養性延命錄　曾召南注譯
新譯樂育堂語錄　戈國龍注譯
新譯冲虛至德真經　張松輝注譯
新譯長春真人西遊記　顧寶田等注譯
新譯黃庭經・陰符經　劉連朋等注譯

## 軍事類

新譯司馬法　王雲路注譯
新譯尉繚子　張金泉注譯
新譯三略讀本　傅　傑注譯
新譯六韜讀本　鄔錫非注譯
新譯吳子讀本　王雲路注譯
新譯孫子讀本　吳仁傑注譯
新譯李衛公問對　鄔錫非注譯

## 教育類

新譯爾雅讀本　陳建初等注譯

新譯顏氏家訓　李振興等注譯
新譯聰訓齋語　馮保善注譯
新譯曾文正公家書　湯孝純注譯
新譯三字經　黃沛榮注譯
新譯百家姓　馬自毅等注譯
新譯幼學瓊林　馬自毅注譯
新譯增廣賢文・千字文　馬自毅注譯
新譯格言聯璧　馬自毅注譯

## 政事類

新譯商君書　貝遠辰注譯
新譯鹽鐵論　盧烈紅注譯
新譯貞觀政要　許道勳注譯

## 地志類

新譯山海經　楊錫彭注譯
新譯水經注　陳橋驛等注譯
新譯佛國記　楊維中注譯
新譯大唐西域記　陳　飛等注譯
新譯洛陽伽藍記　劉九洲注譯
新譯徐霞客遊記　黃　珅注譯
新譯東京夢華錄　嚴文儒注譯

## ◎新譯樂府詩選

溫洪隆、溫強／注譯

「樂府詩」最初指的是由樂府採集、可以配樂演唱的詩歌，主政者可以藉此觀風俗，知民情。由於它來自民間，語言大都生動形象，樸素自然，且強於敘事，表現方法豐富多彩，為古典詩歌注入一股清涼活水。宋朝郭茂倩所編的《樂府詩集》，收錄上起陶唐，下至五代的樂府歌辭，內容徵引浩博，援據精審，被譽為「樂府中第一善本」。本書依其分類，選錄其中二一二首樂府詩精華加以注譯研析，引領讀者進入樂府詩歌的無邪世界中盡情遨遊。